KOCHKURS.

KOCHKURS.

Grundkochbuch mit
Schritt für Schritt Steps.

BERATUNG: CAROLE CLEMENTS

ISBN 3-89815-075-5

Herausgeber: Joanna Lorenz
Autoren: Norma MacMillan, Frances Cleary
Projektleitung: Carole Clements
Design: Sheila Volpe
Cover: Mathias Becker
Art Direction Eurobooks: M. Becker
Fotografie: Armanda Heywood
Food Styling: Frances Cleary, Carole Handslip, Elizabeth Wolf-Cohen
Einzelschritte: Marilyn Forbes, Cara Hobday, Nicola Fowler

Die Autoren bedanken sich bei Jill Eggleton für die Beratung bei den Rezepten.

Der Verlag bedankt sich bei Cuisinarts Corporation

WWS 2000

~ Inhalt ~

~ Einleitung ~

Ganz gleich, ob Sie ein absoluter Anfänger sind oder ein erfahrener Koch: Manchmal wünscht man sich ein Kochbuch, das grundlegende Arbeitstechniken einfach und verständlich erklärt – ein Kochbuch wie dieses.

Zusätzlich wird Ihnen eine Vielzahl an Rezepten geboten, so dass Sie Ihre Kochkünste ausprobieren können. Die einzelnen Rezepte sind auf eine bestimmte Arbeitstechnik zugeschnitten. Wenn Sie ein Rezept nachkochen wollen, sollten Sie prüfen, welche Techniken Sie außerdem brauchen. Diese können Sie dann bei Bedarf im Index nachschlagen.

NÜTZLICHE KÜCHENGERÄTE

Wenn das Kochen gelingen soll, brauchen Sie gute Küchengeräte. Sie müssen sich keine Unmengen an Töpfen oder Pfannen anschaffen; wichtiger ist eine vernünftige und durchdachte Grundausstattung.

Beim Kauf der Küchengeräte sollten Sie nicht auf den Preis achten. Billige Pfannen oder Töpfe können sich verziehen; die Speisen brennen schneller an. Solide, gut verarbeitete Geräte zahlen sich langfristig aus, denn Sie sparen Zeit und Geld, und das Kochen

macht mehr Spaß.

Geräte für den Küchenherd

Bei der Auswahl der Töpfe und Pfannen sollten Sie auf schwere Böden, isolierte Griffe und festschließende Deckel achten. Denken Sie dabei auch an das Gewicht einer schweren Pfanne oder eines großen Nudeltopfes, wenn Sie sie vom Herd heben.

Kupfergeschirr ist der beste Wärmeleiter, braucht aber auch die meiste Pflege. Aluminium heizt sich schnell auf, ebenso wie Gusseisen, das aber vor Rost geschützt werden muss. Edelstahlgeschirr ist langlebig und leicht, leitet die Wärme aber ungleichmäßig. Ein Schichtboden aus anderen Metallen kann die Wärmeleitfähigkeit verbessern.

- ***Unbedingt notwendig:*** mindestens drei Kochtöpfe (1, 2 und 3 Liter); kleine und große Bratpfanne, eine große feuerfeste Kasserolle (Schmortopf), einen Topf für Fonds oder Nudeln; alle Geräte mit Deckel.
- ***zusätzliche Geräte:*** Pfanne für Omelette und Pfannkuchen, Wok,

Dampfkochtopf, Grillpfanne.

Geräte für den Ofen

Backbleche und Kuchenformen sollten wegen der gleichmäßigen Wärmeleitung aus Aluminium oder Edelstahl sein; für Pasteten- und Auflaufformen sind stumpfes Metall, Glas oder Keramik geeignet. Bräter und Schmortöpfe müssen aus massivem und robustem Material sein.

- ***Unbedingt notwendig:*** 2 runde Sandwichbleche; runde und eckige Backformen (20 od. 23 cm); große und kleine Brotbackformen; eine große Kuchenform (33 x 23 cm); tiefe Biskuitformen; 23-cm-Pastetenform; 23-cm-Springform; Schweizer Brötchenform; Kuchenring; 2 Backbleche; Bräter; große Auflaufschüssel; flache und tiefe Backschüsseln; Grillpfanne mit Abtropfschale und Gestell; Kuchengitter; Ofenhandschuhe; Ofen- und Fleischthermometer.
- ***zusätzliche Geräte:*** Sandwichbleche; runde und eckige Kuchenformen; Formen für Pasteten, Törtchen und Gebäck in verschiedenen Größen; verschiedene Soufflé-

und Gratinformen; Metallspieße.

Schneidwerkzeuge

Ein gutes Messer-Set ist das wichtigste Werkzeug bei der Zubereitung von Speisen. Trotzdem geben sich viele Köche immer noch mit schlechten, stumpfen Messern zufrieden, mit denen sogar das Zwiebelschneiden zu einer mühsamen Angelegenheit wird.

Messer aus hochkarbonhaltigen, rostfreien Edelstahl lassen sich gut schärfen und sind langlebig, aber nicht ganz billig. Gewöhnliche Edelstahlmesser lassen sich schlecht schärfen.

Welche Art Messer Sie auch verwenden – Sie sollten sie immer scharf halten. Stumpfe Messer sind häufiger für Küchenunfälle verantwortlich als scharfe Messer.

- ***Unbedingt notwendig:*** Chefmesser mit 25 cm-Schneide; Schälmesser mit 7,5 cm-Schneide; biegsames, spitzes Gemüsemesser mit Sägerand; festes Sägemesser mit 25-30 cm-Schneide; robuste Küchenscheren; Messerblock oder Magnethalter; Schneidbretter in verschiedenen Größen.
- ***zusätzliche Geräte:*** Filetmesser mit dünner, spitzer und biegsamer 18 cm-Schneide; Grätenmesser mit dünner 15 cm-Schneide; Gebrauchsmesser mit 15 cm-Schneide; Grapefruitmesser mit gebogener, gesägter Schneide; Geflügelschere; Schleifmesser.

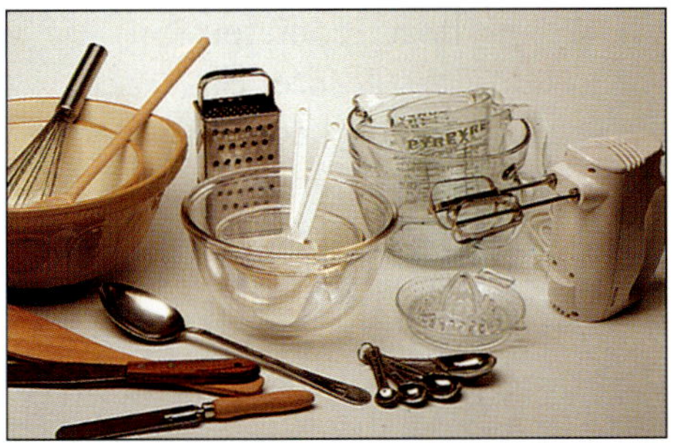

Geräte für die Zubereitung

Mit einer großen Schüssel und einem Löffel läßt sich einiges anfangen, aber es gibt viele andere Hilfsmittel, die das Kochen einfacher machen.

- ***Unbedingt notwendig:*** vier Rührschüsseln in verschiedenen Größen; Holzlöffel; Schöpfkelle; Holz- und Gummispatel in verschiedenen Größen; Palettmesser mit biegsamer 25 cm-Schneide; Fischmesser; Zangen; großer Schneebesen; Handmixgerät; Kartoffelstampfer; Zitronenpresse; Seiher; Eieruhr; Küchenwaage; Meßbecher und -löffel; Gemüseschäler; Raspel; ein Metall- und ein Nylonsieb; lange zweizinkige Gabel; Nudelholz; Dosenöffner; Korkenzieher; Bindfaden; Papiertücher.
- ***zusätzliche Geräte:*** Salatschleuder; Küchenmaschine und/oder Mixer; Kartoffelreibe; Fleischklopfer; Häcksler; Apfelausstecher; Melonenmesser; Kirschentkerner; Teigschaber; Nudelmaschine; Dressiernadel; Backpapier.

LEBENSMITTELKAUF UND -LAGERUNG

Eine gute Vorratshaltung erleichtert die Zubereitung der Mahlzeiten. Planen Sie Ihre Menüs für die nächsten Tage oder die kommende Woche und stellen Sie eine Einkaufsliste zusammen, die sowohl Frischprodukte als auch Grundnahrungsmittel enthält. Denken Sie auch daran, Ihre Vorräte aufzustocken oder zu ersetzen, wenn das Haltbarkeitsdatum abgelaufen ist. Achten Sie beim Einkauf auf Sonderangebote und wählen Sie frisches Obst und Gemüse der Saison.

Es wird Ihnen eine Hilfe beim Einkauf sein, wenn Sie wissen, wo und wie lange frische oder haltbare Produkte gelagert werden können.

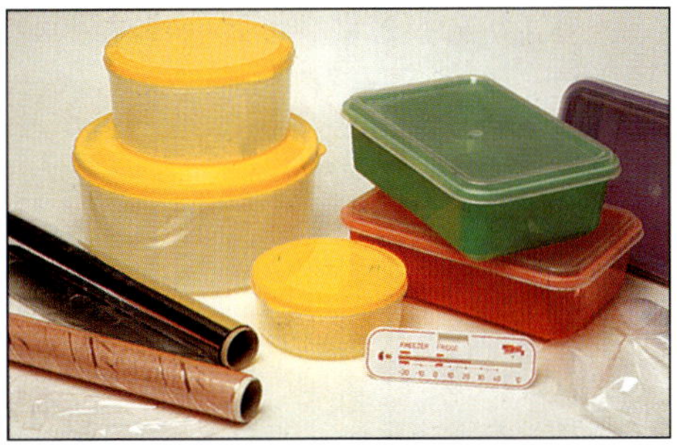

Lagerung im Kühlschrank

Alle Lebensmittel im Kühlschrank oder in der Gefriertruhe sollten gut verpackt sein, entweder in Papier oder in fest verschließbaren Dosen. Dadurch bleiben sie frisch und nehmen nicht den Geruch der anderen Speisen an. Besonders wichtig ist dies bei Frischfleisch und Geflügel, damit der Fleischsaft nicht auslaufen und Bakterien übertragen kann.

Schnell verderbliche Waren (Fleisch, Geflügel, Fisch, Eier, Milchprodukte) werden bei einer Temperatur von 1-5° C gelagert oder bei Bedarf bei -18° C eingefroren. Überreste von Mahlzeiten sollten ebenfalls gekühlt oder eingefroren werden. Prüfen Sie von Zeit zu Zeit die Temperatur mit einem Spezialthermometer. Wenn die Temperatur zu hoch ist, verderben die Speisen schnell.

Lagerung von Frischobst

Aprikosen, Mangos, Nektarinen, Papayas, Pfirsiche, Kiwis, Birnen, Pflaumen und Ananas reifen bei Zimmertemperatur nach. Wenn sie reif sind, sollten sie gekühlt und innerhalb von 2-3 Tagen verbraucht werden.

Zu den Obstsorten, die bei kühlen Zimmertemperaturen gelagert werden können, zählen Äpfel (einige Tage; bei Kühlschranklagerung allerdings bleiben sie länger knackig), Bananen, Datteln (mehrere Wochen), Grapefruits und Orangen (bis zu einer Woche).

Wenn Sie frisches und vollreifes Obst nicht sofort verbrauchen wollen, können Sie es für 2-3 Tage im Kühlschrank aufbewahren. Dafür geeignet sind Beerenfrüchte, Weintrauben, Feigen, Kirschen, Melonen, Zitronen, Granatäpfel, Limetten und Mandarinen.

Lagerung von Frischgemüse

Auch bestimmte Gemüsesorten können bei Zimmertemperatur gelagert werden, am besten an einem kühlen (ca. 10° C), dunklen und luftigen Ort. Dazu zählen Zwiebeln, Knoblauch, Kartoffeln, Kürbis und Steckrüben. Sie halten sich bis zu zwei Monaten. Lagern Sie Tomaten bei Zimmertemperatur, bis sie reif sind; danach müssen sie gekühlt werden.

Schnell verderbliches Gemüse gehört in den Kühlschrank. Erbsen und Mais sollten schnell verbraucht werden; Kohl und Möhren halten sich länger. Die meisten Gemüsesorten werden erst kurz vor der Zubereitung geputzt. Ausnahmen sind Kresse, Kräuter, Spinat, Sellerie, Friseé- und Kopfsalat; diese sollten Sie vorher säubern und waschen.

Lagerung von Konserven

Prall gefüllte Vorratsräume sind ein Segen für jeden Koch, aber auch Konserven können verderben, wenn sie nicht sachgemäß gelagert werden. Vorräte in der Küche sollten kühl bei nicht mehr als 18° C stehen. Für Grundnahrungsmittel wie Mehl, Salz, Zucker, Nudeln und Getreide sind fest verschließbare Behälter geeignet, damit sie nicht feucht werden können. Ungeschälter Reis hält sich nicht so lange wie weißer, geschälter Reis, dasselbe gilt auch für andere Produkte mit Vollkornanteil (Mehl, Nudeln).

Getrocknete Kräuter und Gewürze bewahren ihr Aroma und ihren Duft nur im Dunklen; stellen Sie sie deshalb besser in einen Schrank als auf ein offenes Regal. Auch Öl sollte dunkel stehen. Nussöle halten sich im Kühlschrank länger.

Kräuter und Gewürze

Die wohldosierte Verwendung von Kräutern und Gewürzen kann ein einfaches Gericht in eine Delikatesse verwandeln.

Wählen Sie wenn möglich frische Kräuter wegen ihres wundervollen Aromas und Duftes. Es gibt sie inzwischen in jedem Supermarkt zu kaufen; sie wachsen aber auch auf dem Fensterbrett in der Küche. Frische Kräuter sollten erst kurz vor ihrer Zubereitung geschnitten und kurz vor dem Servieren an die Speisen gegeben werden, damit ihr Aroma erhalten bleibt. Beachten Sie bei der Dosierung, dass ein Teelöffel Trockenkräuter einem Esslöffel frischer Kräuter entspricht.

Die meisten Gewürze brauchen ihre Zeit, um ihr Aroma voll zu entfalten. Wenn Sie frische Kräuter zerkleinern wollen, verwenden Sie eine Gewürzmühle, einen Mörser oder einen Häcksler. Der geschmackliche Unterschied zwischen fertig vorgeschnittenen und frisch gemahlenen Kräutern ist erstaunlich.

DIE RICHTIGE ZEITPLANUNG

Für den reibungslosen Ablauf der Essenszubereitung ist eine gute Organisation genauso wichtig wie Ihre Kochkünste. Bei der Planung eines Menüs – ob für die Familie oder für Gäste – sollten Sie darauf achten, dass das Essen nicht nur köstlich schmeckt, sondern auch möglichst viele gesunde Nährstoffe enthält.

Wenn Sie sich für ein Menü entschieden haben, sollten Sie abschätzen, welche Arbeiten Sie im voraus erledigen können und was noch kurz vor dem Servieren zu tun bleibt, damit dann auch alle Gerichte zur selben Zeit fertig werden.

Als ersten Schritt legen Sie den Hauptgang fest und die passenden Beilagen dazu, wie etwa Gemüse, Brot oder Salat. Umrahmen Sie das Gericht mit einer kalten Vorspeise und einem Dessert, das im voraus zubereitet werden kann.

Wenn Sie zwei oder mehr warme Gerichte wählen, müssen Sie die jeweiligen Garzeiten und Ofentemperaturen berücksichtigen. Schwierig wird es, wenn Sie nur einen Ofen haben und in den Rezepten für die Gerichte verschiedene Temperaturen verlangt werden.

Als Nächstes schreiben Sie eine Einkaufsliste, nachdem Sie sich versichert haben, dass auch alle benötigten Küchengeräte zur Hand sind. Danach können Sie mit der Vorbereitung des Menüs beginnen.

Lesen Sie jedes Rezept noch einmal gründlich durch und schätzen Sie ab, wie lange Sie für die einzelnen Zubereitungsschritte brauchen werden. Wenn Ihnen einige Techniken nicht vertraut sind, schlagen Sie sie im Index noch einmal nach. Setzen Sie dann den Zeitpunkt fest, zu dem das Menü serviert werden soll, und rechnen Sie die Zeit zurück, damit Sie wissen, wann Sie mit den Vorbereitungen anfangen müssen.

Wenn Sie eine Vorspeise servieren, müssen Sie festlegen, welche Zutaten ohne Aufsicht kochen können, während Sie am Tisch sitzen. Denken Sie auch daran, dass tiefgekühlte Vorspeisen einige Zeit zum Auftauen benötigen.

Lassen Sie sich in Ihrem Zeitplan ausreichend Raum für einige letzte Arbeiten, die erfahrungsgemäß alle kurz vor dem Servieren anfallen: Abschmecken, Gemüse abgießen, Fleisch schneiden. Planen Sie auch die Zeit ein, die zum Abräumen des Tisches gebraucht wird, wenn Sie mehrere Gänge servieren.

Heizen Sie immer zuerst den Ofen vor, wenn das Rezept es verlangt; und die Zeit, die das Wasser für Nudeln oder Gemüse braucht, bis es kocht, können Sie nutzen, um die Zutaten zu schneiden und vorzubereiten.

Halten Sie alle benötigen Zutaten in der richtigen Menge bereit. Falls eine Zutat für mehrere Gerichte gebraucht wird, z.B. Zwiebeln, bereiten Sie gleich die gesamte Menge vor.

Nun können Sie entsprechend Ihrem Zeitplan mit dem Kochen anfangen. Halten Sie sich an das Rezept und schnuppern und schmecken Sie zwischendurch immer mal wieder – so macht das Kochen noch mehr Spaß!

MESSTECHNIKEN

Köche mit jahrelanger Erfahrung brauchen ihre Zutaten nicht mehr abzumessen; aber wenn Sie Anfänger sind oder ein Rezept zum erstenmal ausprobieren und Ihr Kochergebnis nicht dem Zufall überlassen wollen, sollten Sie sich an die genauen Mengenangaben des Rezepts halten.

Wenn nichts anderes angegeben ist, entspricht in den Rezepten die Größe der Eier der Größe 3. Die Rezepte sind unter Verwendung eines konventionellen Backofens mit Ober- und Unterhitze getestet worden, nicht mit einem Umluftherd.

NÜTZLICHE MESSEINHEITEN ZUM UMRECHNEN	
1 Teelöffel	5 ml
3 Teelöffel = 1 Esslöffel	15 ml
8 Esslöffel = 1 Tasse	125 ml
Gasherd	*Elektroherd*
Stufe 1/4	110°C
Stufe 1/2	130°C
Stufe 1	140°C
Stufe 2	150°C
Stufe 3	170°C
Stufe 4	180°C
Stufe 5	190°C
Stufe 6	200°C
Stufe 7	220°C
Stufe 8	230°C
Stufe 9	240°C

1 ▲ Abmessen von Flüssigkeiten in Millilitern oder Litern: Nehmen Sie einen Messkrug mit einer Skala in Litern und/oder Millilitern und stellen Sie ihn auf eine ebene Fläche. Gießen Sie die Flüssigkeit bis zu dem im Rezept angegebenen Messwert ein.

2 ▲ Abmessen von Flüssigkeiten mit Messlöffel: Gießen Sie die Flüssigkeit bis zum Rand in den Messlöffel und von dort in die Rührschüssel. Halten Sie den Löffel während des Abmessens nicht über die Schüssel, weil er überlaufen könnte.

3 ▲ Abmessen von trockenen Zutaten mit dem Messlöffel: Füllen Sie den Löffel bis zum Rand auf und glätten Sie die Oberfläche mit der Messerkante.

4 ▲ Abmessen von trockenen Zutaten mit einer Messwaage: Schütten Sie die Zutat auf eine Küchenwaage und lesen Sie die Skala sorgfältig ab.

5 ▲ Abmessen von braunem Zucker : Schütten Sie den Zucker in eine Tasse oder einen Löffel, drücken Sie ihn fest und glätten Sie die Oberfläche.

6 ▲ Abmessen von Butter: Schneiden Sie die Butter mit einem scharfen Messer und wiegen Sie das Stück oder richten Sie sich nach der Markierung auf dem Einwickelpapier.

Geflügel

~

Geflügelgerichte sind für den wöchentlichen Speisezettel oder für das Festtagsmenü unverzichtbar. Lernen Sie hier, wie Sie feinen Hühnerfonds herstellen können, oder wie Sie Ihr Geflügel selber zerlegen und dressieren – es ist einfacher als Sie denken.

Geflügel dressieren

Das Dressieren hält das Geflügel zusammen, damit es während des Kochens seine Form behält, und verhindert, dass die Füllung herausfällt. Für das Dressieren können Sie kräftigen Bindfaden oder spezielle Dressierspieße verwenden.

Für eine andere Dressiertechnik als die hier gezeigte brauchen Sie feinen Baumwollfaden und eine lange Dressiernadel: Ziehen Sie den Faden in zwei Richtungen durch die Rumpföffnung hindurch, dann von Flügel zu Flügel und verknoten ihn. Die Nadel durch den Bürzel stecken und den Faden um die Keulenenden wickeln.

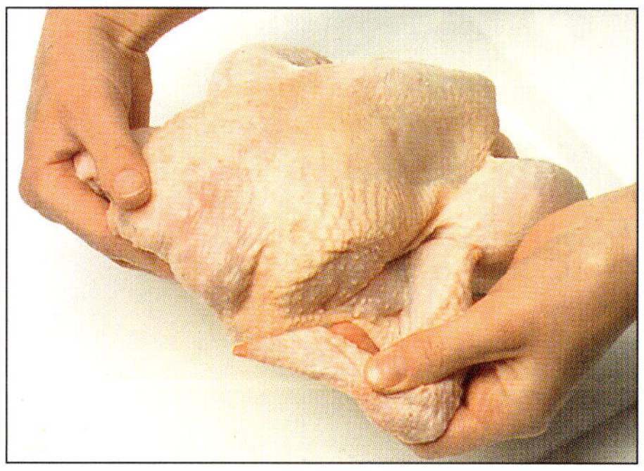

1 ▲ **Für Geflügel ohne Füllung:** Legen Sie das Geflügel mit der Brustseite nach unten und ziehen die Haut am Hals über die Halsöffnung. Biegen Sie die Flügelspitzen so zurück, dass sie fest hinter der Schulter liegen.

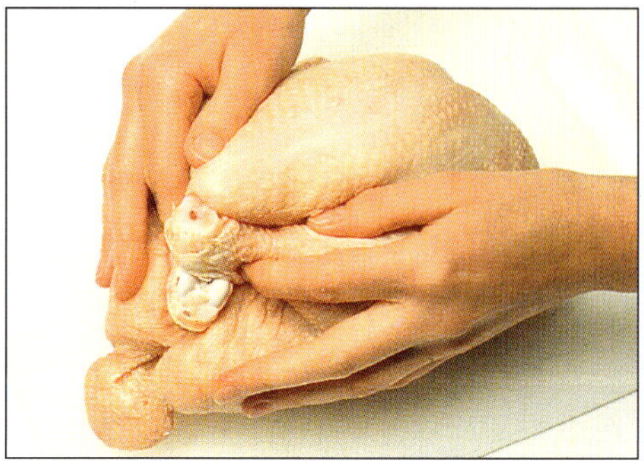

2 ▲ Drücken Sie die Keulen fest nach unten in die Brust. Falls sich über dem Bürzel ein Hautstreifen befindet, stecken Sie die Keulenenden unter diese Haut.

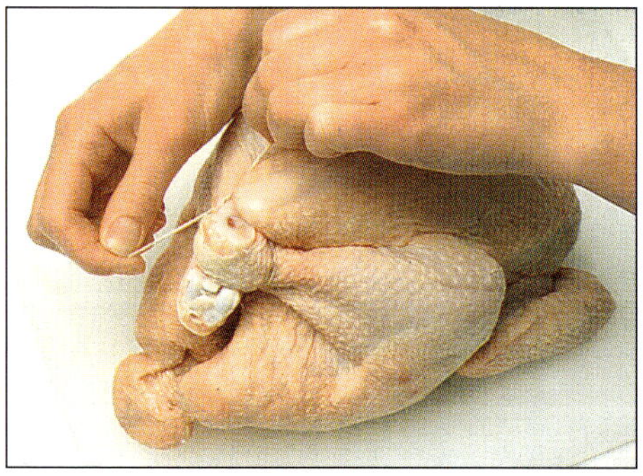

3 ▲ Sie können auch die Keulenenden kreuzen oder führen sie dicht zusammen. Umwickeln Sie die Keulen ein paar Mal mit einem Faden und verknoten ihn dann. Schneiden Sie die überschüssigen Fadenenden ab.

4 ▲ **Für Geflügel mit Füllung:** Biegen Sie die Flügelspitzen zurück. Nachdem die Halsöffnung gefüllt ist, ziehen Sie die Halshaut darüber und stecken Sie sie mit einem Spieß fest.

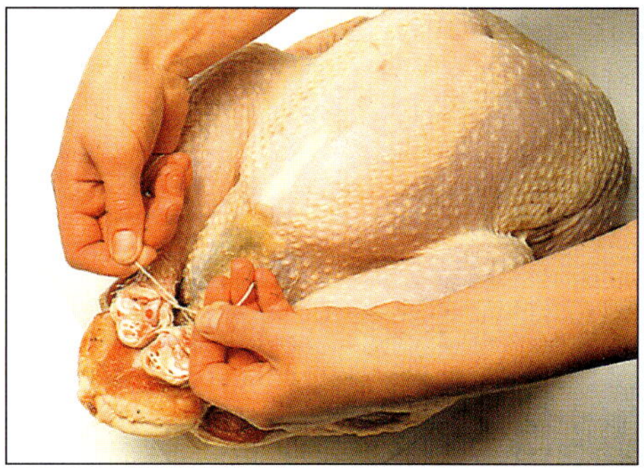

5 ▲ Füllen Sie das Geflügel nach Belieben und binden Sie die Keulenenden wie oben gezeigt zusammen. Umwickeln Sie dabei auch den Bürzel.

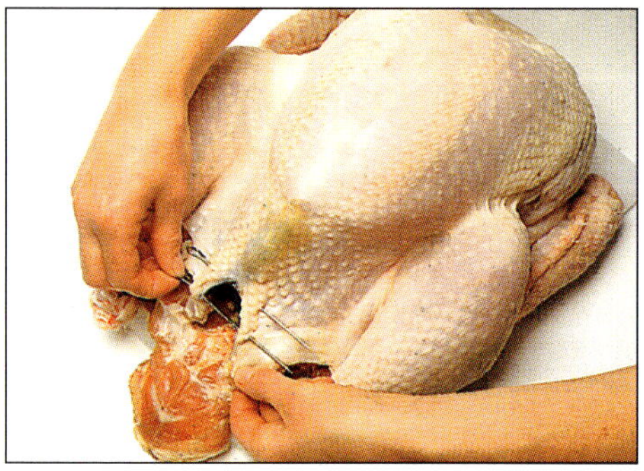

6 ▲ Die Rumpföffnung können Sie auch mit Dressiernadeln verschließen: Stecken Sie zwei oder mehr Nadeln quer über die Öffnung und durchstechen Sie dabei mehrmals die Haut.

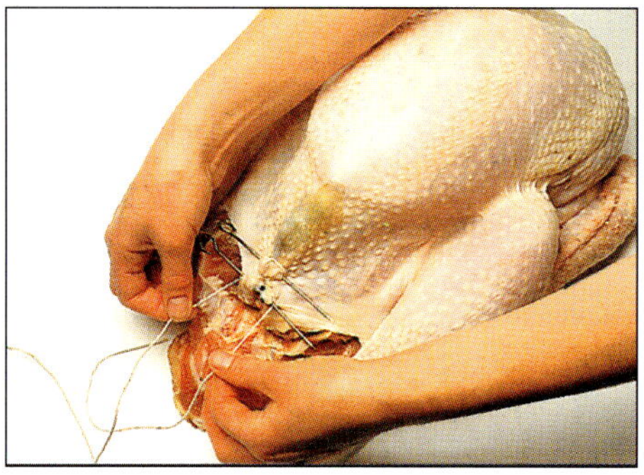

7 ▲ Binden Sie die Nadeln mit Faden zusammen und befestigen Sie die Keulenenden über den Nadeln. Vor dem Servieren entfernen Sie alle Nadeln und den Dressierfaden.

Tipps für Füllungen

Die Füllung sollte weder zu kalt noch zu heiß sein. Füllen Sie die Mischung locker ein, da sie sich während des Bratens ausdehnt. Reste von der Füllung kochen Sie in einem Extratopf. Füllen Sie das Geflügel erst, kurz bevor es in den Ofen oder auf den Herd kommt. Sehr großes Geflügel sollte besser nicht gefüllt werden; die Füllung könnte verhindern, dass das Fleisch richtig durchgart und dadurch alle Krankheitskeime abgetötet werden.

Hähnchen im Schmortopf

Für 6 Personen
2 Hähnchen (à 1-1,2 kg)
2 Esslöffel Pflanzenöl
360 ml Hühnerbrühe, oder je zur Hälfte Wein
1 Lorbeerblatt
Für die Füllung
450 g Wurstfleisch vom Schwein
1 kleine gehackte Zwiebel
1-2 Knoblauchzehen, fein gehackt
1 Teelöffel Rosenpaprika
1/2 Teelöffel Thymian, getrocknet
1/4 Teelöffel gemahlener Piment
45 g grobe, frische Brotkrumen
1 Ei, geschlagen
Salz und Pfeffer

1 Auf 180° C/Gas 4 vorheizen.

2 ▲ Für die Füllung das Wurstfleisch, Zwiebel und Knoblauch in einer Pfanne bei mittlerer Hitze braten, bis das Fleisch leicht gebräunt ist. Vom Feuer nehmen und die restlichen Zutaten untermischen, mit Salz und Pfeffer würzen.

3 Die Mischung in die Hähnchen einfüllen, oder nach Belieben nur die Halsöffnung füllen und den Rest der Füllung getrennt servieren. Die Hähnchen dressieren.

4 ▼ Das Öl in einem nicht zu großen Schmortopf erhitzen und die Hähnchen von allen Seiten anbraten.

~ VARIATION ~

Für Perlhuhn im Schmortopf nehmen Sie 2 Perlhühner statt eines Hähnchens.

5 ▲ Hühnerbrühe und Lorbeerblatt hinzufügen. Geschlossenen Topf zum Kochen bringen, dann in den Ofen stellen. 1 1/4 Std. schmoren lassen, bis das Fleisch gar ist.

6 Dressiernadel und -faden entfernen, Hähnchen und Füllung anrichten und mit der durchgeseihten Kochflüssigkeit servieren.

Geflügel-Braten

Was wäre ein großes Familienfest ohne einen köstlichen Gänsebraten? Abgesehen vom beliebten Hähnchen eignen sich alle Geflügelsorten zum Braten, ob kleines Küken oder großer Truthahn. Älteres Geflügel gelingt allerdings besser in der Kasserolle.

Geflügelfleisch würzen
Vor dem Braten die Brusthaut vorsichtig ablösen und weiche Butter auf das Fleisch verteilen, die mit Kräutern oder Knoblauch gewürzt ist. Danach die Haut wieder glatt andrücken.

Einfaches Brathähnchen
Den Saft einer halben Zitrone über ein Hähnchen von ca. 1,5 kg Gewicht gießen und die Zitronenhälften in das Hähnchen hineinstecken. 15 g Butter über der Brust verstreichen. Im Ofen bei 190° C/Gas Stufe 5 für etwa 1 1/4 Stunden braten. Das Fett vom Bratensaft abschöpfen und 120 ml Wasser hinzufügen. Zum Kochen bringen und umrühren. Mit Salz und Pfeffer würzen und diese Sauce zum Hähnchen servieren. *Für 4 Personen.*

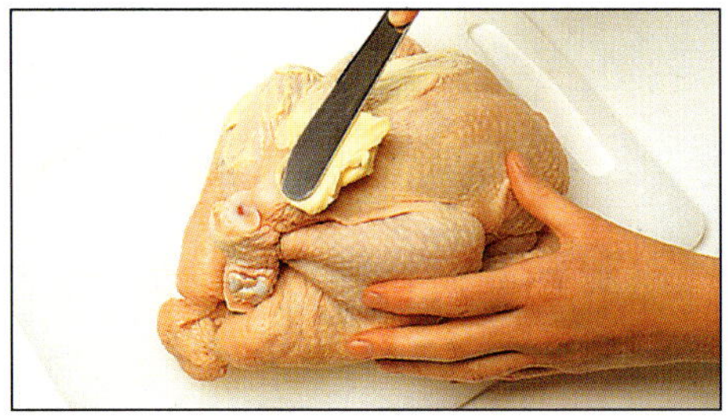

1 ▲ Das Geflügel innen und außen feucht abwischen. Je nach Rezept füllen und dressieren. Die Brust mit weicher Butter oder Öl bestreichen. Mageres Geflügel mit Speck belegen, bei Ente oder Gans die Haut einstechen.

2 ▲ Das Geflügel mit der Brustseite nach oben in einen flachen Bräter legen. Wenn Sie mageres Wildgeflügel braten, legen Sie es mit der Brust nach unten in den Bräter.

3 ▲ Das Geflügel braten; nach der ersten halben Stunde alle 10 Min. mit Fett und Bratensaft übergießen. Wenn das Geflügel zu schnell braun wird, Alufolie locker darüberlegen.

4 ▲ Den fertigen Braten auf ein Schneidbrett legen und mind. 15 Min. ruhen lassen. Währenddessen aus dem Bratensaft eine einfache Sauce herstellen (s. Seite 38).

GARZEITEN FÜR GEFLÜGEL

Bitte beachten: Die angegebenen Zeiten gelten für ungefülltes Geflügel. Bei Braten mit Füllung verlängert sich die Garzeit um ca. 20 Min.

Stubenküken	450–700 g	1–1/4 Std. bei 180° C/Gas 4
Hähnchen	1,1–1,4 kg	1–1/4 Std. bei 190° C/Gas 5
	1,5–1,8 kg	1 1/4–1 3/4 Std. bei 190° C/Gas 5
	2,0–2,3 kg	1 1/2–2 Std. bei 190° C/Gas 5
	2,3–2,7 kg	1 3/4–2 1/2 Std. bei 190° C/Gas 5
Kapaun	2,3–3,0 kg	1 3/4–2 Std. bei 170° C/Gas 3
Ente	1,4–2,3 kg	1 3/4–2 1/4 Std. bei 200° C/Gas 6
Gans	3,6–4,5 kg	2 1/2–3 Std. bei 180° C/Gas 4
	4,5–5,4 kg	3–3 1/2 Std. bei 180° C/Gas 4
Truthahn (ganzer Vogel)	2,7–3,6 kg	3–3 1/2 Std. bei 170° C/Gas 3
	3,6–5,4 kg	3–4 Std. bei 170° C/Gas 3
	5,4–7,2 kg	4–5 Std. bei 170° C/Gas 3
Truthahn (ganze Brust)	1,8–2,7 kg	1 1/2–2 1/4 Std. bei 170° C/Gas 3
	2,7–3,6 kg	2 1/4–3 1/4 Std. bei 170° C/Gas 3

Stubenküken Waldorf

Für 4 Personen
6 Stubenküken à 575 g
Pfeffer und Salz
45-55 g Butter
Für die Füllung
30 g Butter
1 feingehackte Zwiebel
300 g gekochter Reis
2 Selleriestangen, fein geschnitten
2 rote Äpfel, entkernt und in Scheiben
55 g gehackte Walnüsse
5 Esslöffel Cream Sherry oder Apfelsaft
2 Esslöffel Zitronensaft

1 Ofen auf 180°C/Gas 4 vorheizen.

2 Für die Füllung die Butter in einer Pfanne schmelzen und die Zwiebel anbraten, bis sie weich ist; gelegentlich umrühren. Butter und Zwiebel in eine Schüssel geben, und die restlichen Zutaten hinzufügen. Mit Pfeffer und Salz abschmecken und gut vermischen.

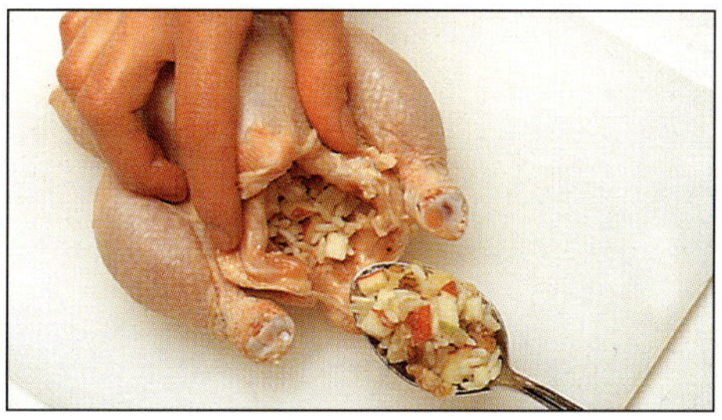

3 ◀ Die Küken füllen und dressieren, im Bräter zurechtlegen. Mit Pfeffer und Salz bestreuen und mit flüssiger Butter übergießen.

4 Etwa 1 1/4-1 1/2 Std. braten. Vor dem Servieren Dressierfäden und Spieße entfernen.

Geflügel portionieren

Um Ihren Braten in appetitliche Portionen zu zerteilen, brauchen Sie ein scharfes langes Messer oder ein Elektromesser, eine lange zweizinkige Gabel und ein Schneidbrett mit Abtropfrinne, um den Fleischsaft aufzufangen.

Entfernen Sie alle Dressierfäden. Holen Sie die Füllung aus dem Braten und servieren Sie sie in einer Schüssel. Entfernen Sie das Gabelbein, um besser schneiden zu können.

Halten Sie das Geflügel mit der Gabel fest. Trennen Sie die Keulen vom Körper ab, indem Sie auf jeder Seite das Gelenk durchschneiden.

1 ▲ Trennen Sie von der Keule das Schenkelfleisch ab. Bei einem Truthahn schneiden Sie parallel zum Knochen das Schenkelfleisch in Scheiben ab. Hähnchenkeulen und -schenkel bleiben im Ganzen und werden nicht zerteilt.

2 ▲ Das Brustfleisch eines Truthahns oder Hähnchens wird an beiden Seiten entlang des Brustbeins in ca. 3-5 mm dicke Scheiben geschnitten. Bei kleinerem Geflügel wird das Brustfleisch erst im Ganzen entfernt und dann geschnitten.

GANS UND ENTE ZUM BRATEN VORBEREITEN

Das meiste Fleisch bei Ente und Gans sitzt in der Brust. Die dicke Fettschicht unter der Geflügelhaut kann das Fleisch fettig werden lassen; man entfernt sie deshalb vor dem Kochen oder läßt sie während des Garens ausbraten.

Von Natur aus mager
Wildenten und -gänse sind nicht so fett wie die Tiere aus Geflügelfarmen; das Brustfleisch sollte daher mit Speckscheiben belegt werden, damit es beim Braten nicht austrocknet.

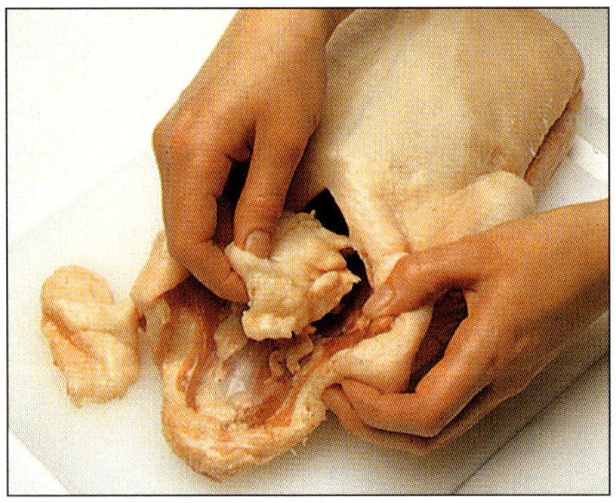

1 ▲ Alles Fett aus Körper- und Halsöffnung entfernen. Die Brusthaut mit einem Cocktailspieß mehrmals einstechen. Dadurch kann das geschmolzene Fett unter der Haut während des Bratens auslaufen.

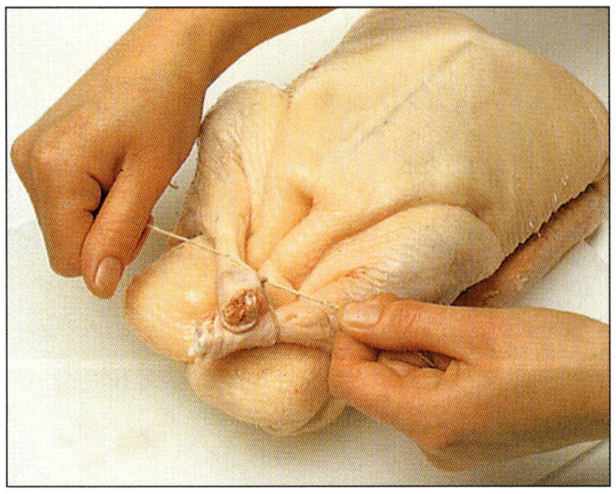

2 ▲ Die Keulenenden, wie bei einem Hähnchen auch, mit einem Faden zusammenbinden.

Ente mit Pfirsichsauce

FÜR 4 PERSONEN

- 1 bratfertige Ente (2,3–2,7 kg)
- Pfeffer und Salz
- 5 reife, feste Pfirsiche
- 240 ml Orangensaft
- 4 Esslöffel Pfirsichbrandy oder -saft oder Southern Comfort-Rum
- 1 Teelöffel Maismehl
- 2 Teelöffel Wasser
- 2 Teelöffel Dijon-Senf
- frische Petersilie oder Brunnenkresse zum Garnieren

1 Ofen auf 200° C/Gas 6 vorheizen.

2 Die Ente mit Pfeffer und Salz einreiben. Mit der Brust nach oben für 1 1/4 Stunden braten.

3 Die Pfirsiche für 30 Sek. in kochendes Wasser tauchen, danach in Eiswasser legen, damit sich die Pfirsichhaut löst. In Hälften teilen und 2 Pfirsichhälften zusammen mit dem Orangensaft pürieren.

4 Die übrigen Pfirsichhälften in einen Saucentopf legen, mit Brandy, Rum oder Pfirsichsaft begießen.

5 ▲ Das Entenfett abgießen. Die Ente wieder in den Bräter legen und mit der Pfirsich-Orangensaftmischung übergießen. Noch einmal für etwa 15 Min. braten, dabei immer wieder begießen, bis die Ente gar ist (zur Probe mit einer zweizinkigen Gabel anheben: Wenn der austretende Fleischsaft klar ist, ist der Braten gar).

6 ▲ Die Ente auf ein Schneidbrett legen und warmstellen. Alles Fett aus dem Bratensaft abschöpfen und ihn dann bei mittlerer Hitze zum Kochen bringen. Maismehl mit Wasser mischen, zur Sauce geben, unter Rühren köcheln lassen, bis die Sauce andickt.

7 Die Ente vierteln. Die Pfirsichhälften anwärmen, mit einem Löffel herausheben, den Senf zugeben und gut verrühren. Diese Mischung zur Bratensauce geben, abschmecken und servieren. Die Ente mit den Pfirsichhälften servieren, mit Petersilie oder Brunnenkresse garnieren.

Geflügel zum Grillen vorbereiten

Hähnchen, Stubenküken, Perlhühner und Wildgeflügel können in der Mitte aufgebrochen werden, so dass sie flach wie ein Buch auf dem Grill liegen und gleichmäßiger bräunen und garen. Um das Geflügel zu spalten, können Sie ein Chefmesser verwenden; Geflügelscheren sind jedoch einfacher zu handhaben.

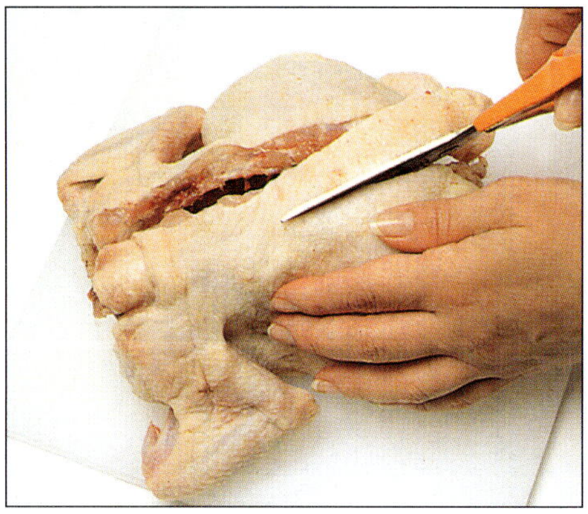

1 ▲ Durch den Brustkorb entlang des Rückgrates schneiden. Beim Bürzel anfangen und zum Hals durcharbeiten. Auch die andere Seite des Rückgrates auf diese Weise freischneiden. Das Rückgrat bei Bedarf für eine Brühe behalten.

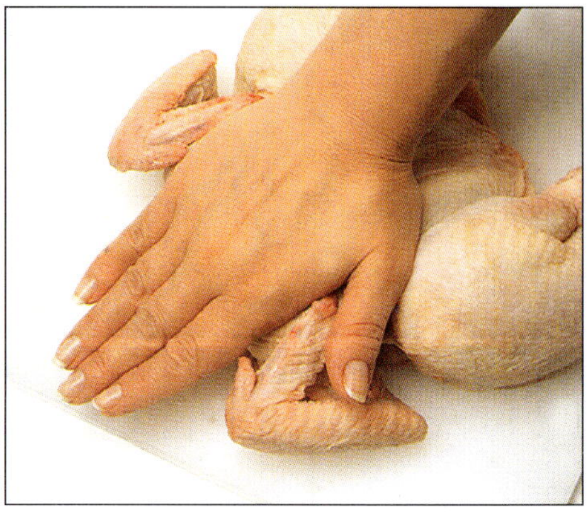

2 ▲ Das Geflügel mit der Brustseite nach oben legen. Mit dem Handballen kräftig auf das Brustbein drücken, um es durchzubrechen.

3 ▲ Die Flügelspitzen hinter die Schultern zurückbiegen. Einem langen Spieß von einem Flügel zum anderen und dabei durch die Brustspitze hindurchstechen.

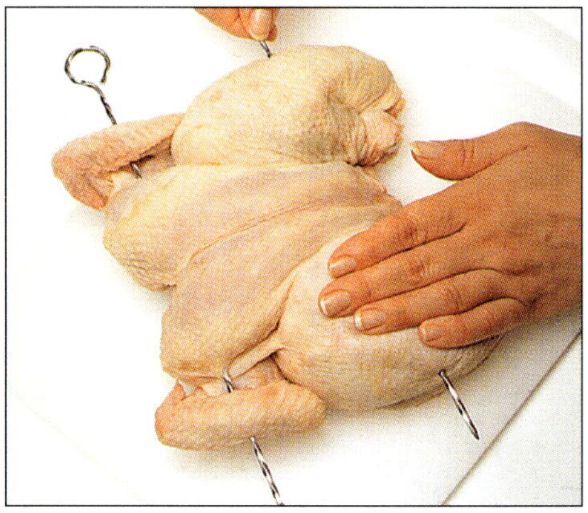

4 ▲ Einen zweiten Metallspieß durch die Keulen und die untere Brust hindurchstechen. Dadurch bleibt das Geflügel beim Grillen flach und läßt sich leichter wenden.

Gartest für Geflügel

Wenn Geflügel zu lange brät, wird das Fleisch zäh, trocken und verliert Geschmack. Ob der Braten gar ist, können Sie mit einem Fleischthermometer prüfen, das tief in das Schenkelfleisch gesteckt wird. Die innere Temperatur sollte 80°C betragen. Stattdessen können Sie auch den Schenkel mit einem Spieß anstechen. Der austretende Fleischsaft sollte klar und farblos sein. Oder heben Sie das Geflügel mit einer langen Gabel an, um den aus der Körperöffnung austretenden Fleischsaft zu prüfen. Einzelne Geflügelstücke können Sie durch Fingerdruck prüfen: Das Fleisch sollte fest sein und bei Druck leicht nachfedern.

GRILLZEITEN FÜR GEFLÜGEL

Bitte beachten: Grillen Sie in einer Entfernung von 10–15 cm vom Feuer; dünnere Stücke können um ca. 2,5 cm näher am Feuer gegrillt werden.

Stubenküken, grillfertig vorbereitet	20–25 Minuten
Hähnchen, in Hälften oder grillfertig vorbereitet	30–40 Minuten
Hähnchenbrust oder -keule	30–35 Minuten
Hähnchenbrust ohne Haut und Knochen	10–12 Minuten
Entenbrust ohne Knochen	10–12 Minuten

Gegrillte Stubenküken

Für 4 Personen
4 Stubenküken à 450 g, grillfertig vorbereitet
Pfeffer und Salz
Olivenöl
Für die Kräuter-Zwiebel-Sauce
2 Esslöffel Dry Sherry
2 Esslöffel Zitronensaft
2 Esslöffel Olivenöl
55 g Frühlingszwiebeln, gehackt
1 Knoblauchzehe, fein gehackt
4 Esslöffel fein gehackte frische Kräuter wie Petersilie, Estragon, Thymian, Majoran, Zitronenmelisse

1 Den Ofengrill vorheizen oder den Holzkohlegrill vorbereiten.

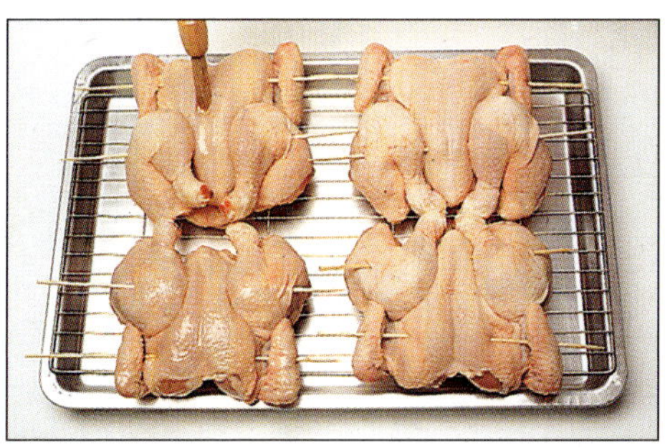

2 ▲ Die Küken würzen und mit Olivenöl bestreichen. Auf den Grillrost im Abstand von 10 cm vom Grill legen, bei einem Holzkohlegrill im Abstand von 15 cm vom Feuer.

3 ▲ Für 20-25 Min. grillen. Nach der Hälfte der Grillzeit wenden und mit Öl bestreichen.

4 ▲ Inzwischen die Zutaten für die Sauce mischen: Sherry, Zitronensaft, Olivenöl, Frühlingszwiebel und Knoblauch. Mit Pfeffer und Salz würzen.

5 ▼ Die fertigen Stubenküken auf einer Servierplatte arrangieren. Kräuter zur Sauce hinzugeben, verrühren und über die Küken verteilen. Mit einem Deckel oder mit Folie abdecken und 15 Min. ruhen lassen, dann servieren.

Geflügel zerlegen

Obwohl Hähnchen und anderes Geflügel bereits in einzelne Teile zerlegt verkauft wird, ist es für Sie manchmal praktischer, wenn Sie Ihr Geflügel selber zerlegen. Ein ganzer Vogel ist preiswerter als Einzelteile, und Sie können ihn in genau die Stücke zerlegen, die Sie für ein bestimmtes Rezept benötigen. Knochen und andere Geflügelteile können für eine Hühnerbrühe verwendet werden.

Mit einem scharfen Messer oder einer Geflügelschere ist das Zerlegen von Geflügel kein Problem.

1 ▲ Mit einem scharfen Messer entlang zwischen Rumpf und Schenkel einschneiden. Den Schenkel nach außen biegen und drehen und dabei die Gelenkpfanne durchbrechen.

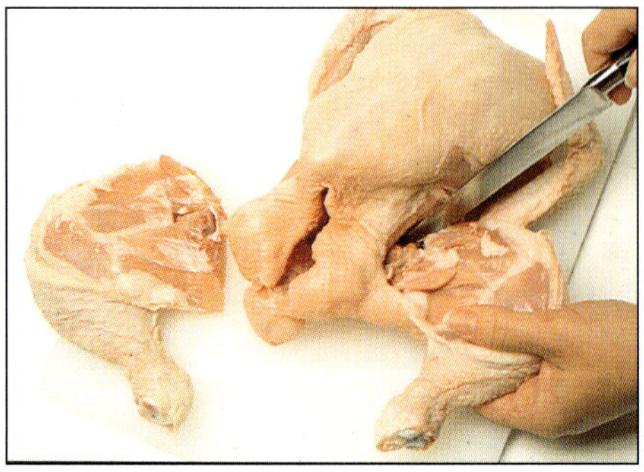

2 ▲ Den Schenkel vom Körper wegbiegen und das Gelenk durchschneiden. Auch den zweiten Schenkel auf diese Weise lösen.

Der sichere Umgang mit rohem Geflügelfleisch

Rohes Geflügel kann schädliche Bakterien wie z.B. Salmonellen enthalten. Vor und nach der Arbeit mit Geflügelfleisch sollten Sie deshalb immer Ihre Hände sowie Schneidbrett, Messer und Geflügelschere in heißem Seifenwasser waschen. Benutzen Sie für das Schneiden von Geflügel immer dasselbe Brett und säubern Sie es mit so heißem Wasser wie möglich. Tiefgefrorenes Fleisch muss vor dem Kochen vollständig aufgetaut sein.

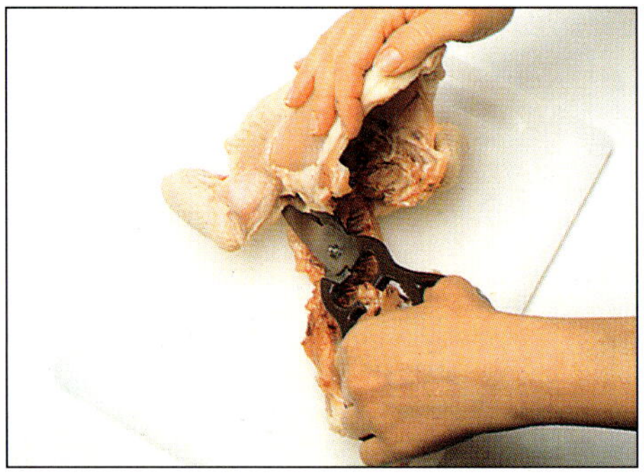

3 ▲ Durch die Haut direkt unter den Rippen in Richtung Hals schneiden, um die Brust abzutrennen. Brust und Rücken auseinanderziehen und die Gelenke durchschneiden, die die Brust an jeder Seite mit dem Rücken verbinden.

4 ▲ Die Brust mit der Haut nach unten hinlegen. Jede Brustseite in eine Hand nehmen und kräftig durchbiegen, damit der Brustknochen freispringt. Den Knochen an beiden Seiten mit den Fingern lösen und mit einem Messer entfernen.

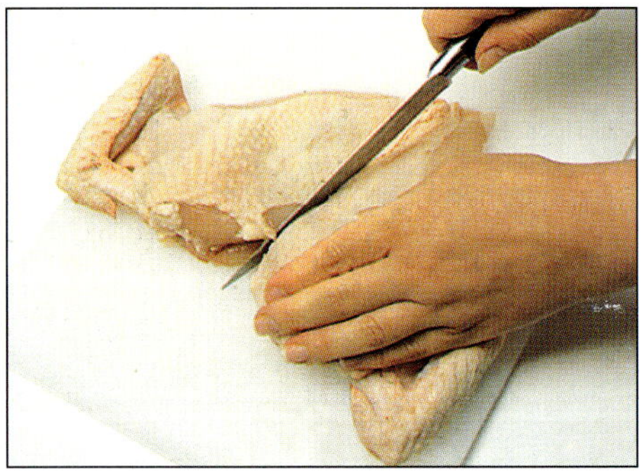

5 ▲ Die Brust zusammen mit dem Gabelbein der Länge nach durchschneiden. Sie haben nun 2 Brusthälften mit Flügel und 2 Schenkel.

6 ▲ Für 8 Portionen jede Brusthälfte noch einmal durchschneiden, so dass ein Brustviertel einen Flügel behält. Vorspringende Knochen entfernen.

7 ▲ Mit einem Messer bei jedem Geflügelbein das Oberschenkelfleisch von der Keule trennen.

Einfaches Hühnercurry

FÜR 4 PERSONEN

2 Esslöffel Pflanzenöl
1 Zwiebel, gehackt
1 grüne oder rote Paprika, ohne Kerne und gewürfelt
1 Knoblauchzehe, fein gehackt
1 1/2 Esslöffel Curry
1/2 Teelöffel getrockneter Thymian
450g Tomaten, enthäutet und ohne Kerne, gehackt
2 Esslöffel Zitronensaft
120ml Wasser
55g Korinthen oder Rosinen
Pfeffer und Salz
1 Hähnchen à 1,5kg, in 8 Portionen zerteilt und enthäutet
Gekochter Reis als Beilage

1 Ofen auf 180° C/Gas 4 vorheizen.

2 Öl in einer tiefen großen Pfanne oder einer feuerfesten Kasserolle erhitzen. Zwiebel, Paprikawürfel und Knoblauch hinzugeben und unter Rühren weichkochen.

3 ▲ Curry und Thymian unterrühren, dann Tomaten, Wasser und Zitronensaft hinzugeben. Die Sauce unter ständigem Rühren zum Kochen bringen. Korinthen oder Rosinen einstreuen, mit Pfeffer und Salz würzen.

4 ▲ Die Hähnchenteile in die Pfanne oder Kasserolle legen, in der Sauce wenden. Mit einem Deckel verschließen und im Ofen für ca. 40Min. backen. Nach der Hälfte der Zeit die Hähnchenteile wenden.

5 Hähnchen mit der Sauce auf einem vorgewärmten Teller anrichten, mit frisch gekochtem Reis servieren.

~ VARIATION ~

Statt der Paprika verwenden Sie 1 1/2 Esslöffel frischen, fein gehackten Ingwer und eine gehackte grüne Chilischote ohne Kerne. Bei Schritt 3 verrühren Sie den Curry mit 450ml Jogurt und lassen Tomaten, Zitronensaft und Wasser weg. Diese Sauce zusammen mit den Hähnchenteilen im Ofen für 1-1 1/4Std. bei 170° C/Gas 3 kochen.

Geflügel-Sauté herstellen

Mit einer Sauté können Sie Brat- und Schmortechniken miteinander kombinieren und besonders saftige Resultate erzielen. Diese Methode eignet sich sowohl für Geflügelteile als auch für kleinere ganze Vögel wie Wachteln und Stubenküken.

Das Geflügel sollte vorher gut mit Papiertüchern getrocknet werden, damit es schnell und gleichmäßig anbräunt.

1 ▲ Wenig Öl oder eine Mischung aus Öl und Butter in einer großen Pfanne erhitzen.

2 ▲ Geflügel hinzugeben und bei starker Hitze goldbraun anbraten, dabei mehrmals wenden.

3 ▲ Je nach Rezept Flüssigkeit und Gewürze hinzugeben, zum Kochen bringen, die Pfanne mit einem Deckel verschließen und bei mäßiger Hitze weiterkochen lassen, bis das Fleisch gar ist. Ab und zu das Fleisch wenden.

4 ▲ Geflügel aus der Pfanne nehmen, warmstellen und die Sauce zubereiten: Je nach Rezept können Sie sie noch einmal aufkochen und die Flüssigkeit dabei reduzieren oder sie mit Butter oder Sahne anreichern.

5 ▲ **Andicken der Sauce:** Die Sauté zu gleichen Teilen mit Butter und Mehl andicken, im Verhältnis von etwa 30 g Butter und Mehl auf 240 ml Flüssigkeit. Gleichmäßig mit einem Schneebesen einrühren, um Klümpchen zu vermeiden.

6 ▲ Eine andere Methode zum Andicken: Mischen Sie 2 Teelöffel Maismehl mit 1 Esslöffel Wasser und rühren die Mischung in 240 ml Saucenflüssigkeit ein. 2-3 Min. unter ständigem Rühren kochen, bis die Sauce sämig ist.

Hähnchen nach Bauernart
175 g gewürfelten Speck in 2 Teelöffel Öl bei starker Hitze anbraten und beiseite stellen. Ein Hähnchen (1,5 kg) in 8 Portionen zerteilen und mit Mehl und Gewürzen bestäuben. Im Speckfett anbraten und anbräunen. 3 Esslöffel trockenen Weißwein und 240 ml Hühnerbrühe hinzugeben und zum Kochen bringen. 225 g Champignonviertel in Butter schmoren und zusammen mit dem Speck hinzufügen. Abgedeckt bei schwacher Hitze ca. 20-25 Min. schmoren.
Für 4 Personen.

Gefüllte Hähnchenbrust mit Sahnesauce

Für 4 Personen

4 große Hähnchenbrüste ohne Haut und Knochen
55 g Butter
3 große Stangen Lauch (nur der weiße und zartgrüne Teil) in dünnen Scheiben
1 Teelöffel geriebene Zironenschale
Pfeffer und Salz
240 ml Hühnerbrühe oder je zur Hälfte Brühe und trockener Weißwein
120 ml Schlagsahne
1 Esslöffel Zitronensaft

1 ▼ In den dicksten Teil der Hähnchenbrust horizontal einschneiden und eine tiefe, weite Tasche formen. Achten Sie darauf, dass Sie die Brust nicht ganz durchschneiden.

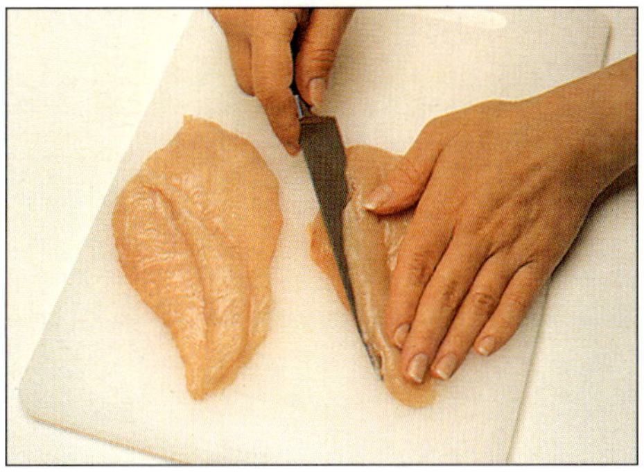

2 Die Hälfte der Butter bei schwacher Hitze in einer schweren Pfanne schmelzen. Lauch und Zitronenschale hinzufügen und für 15-20 Min. kochen, bis der Lauch weich ist; er darf aber nicht braun werden.

3 Den Lauch in eine Schüssel geben und mit Salz und Pfeffer würzen. Abkühlen lassen. Pfanne säubern.

~ VARIATION ~

Für eine Zwiebelfüllung verwenden Sie 2 Gemüsezwiebeln, dünn geschnitten, anstelle des Lauchs.

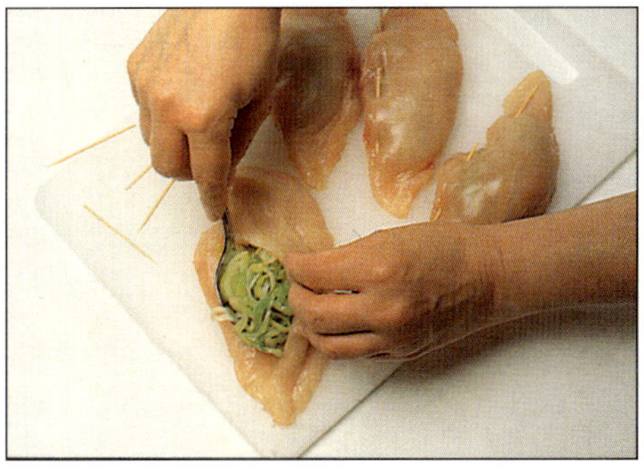

4 ▲ Die Hähnchenbrüste mit dem Lauch füllen. Die Tasche mit hölzernen Cocktailstäbchen verschließen.

5 Die restliche Butter in der Pfanne schmelzen, das gefüllte Fleisch hineingeben und von beiden Seiten leicht bräunen.

6 Hühnerbrühe hinzufügen und zum Kochen bringen. Pfanne mit Deckel verschließen und für ca. 10 Min. sieden lassen. Das Fleisch nach 5 Min. wenden.

7 Die Hähnchenbrüste mit einer Schöpfkelle aus der Pfanne nehmen und warm stellen. Die Flüssigkeit bis zur Hälfte einkochen.

8 ▼ Die Sahne in die Kochflüssigkeit einrühren und einkochen, bis sie zur Hälfte reduziert ist. Zitronensaft einrühren. Mit Pfeffer und Salz würzen.

9 Die Cocktailstäbchen entfernen und jede Brust schräg in ca. 1 cm dicke Scheiben schneiden. Mit Sahnesauce übergießen und servieren.

HÄHNCHEN BRATEN

Brathähnchen ist aus verständlichen Gründen beliebt: außen knusprig, innen zart und saftig. Die Bratmethode ist schnell und einfach und eignet sich auch für Stücke von Kaninchen, Hase und Truthahn.

Die Stücke vor dem Braten gründlich trocknen, sonst bräunen sie nicht richtig. Die Stücke je nach Rezept im Ausbackteig, in Ei oder in Paniermehl wälzen.

Saftiges Brathähnchen
In einer flachen Schüssel 240 ml Milch mit einem geschlagenen Ei mischen. 145 g Mehl, 1 Teelöffel Paprika, etwas Salz und Pfeffer vermischen. Nacheinander 8 Hähnchenstücke in die Eimischung tauchen, dann in der Mehlmischung wälzen und leicht abklopfen. Für 25-30 Min. frittieren, dabei hin und her drehen, damit die Stücke gleichmäßig bräunen. Auf Papiertüchern abtropfen lassen und sehr heiß servieren. *Für 4 Personen.*

1 ▲ **Braten in der Pfanne:** Öl oder Öl mit Butter in einer großen schweren Pfanne erhitzen. Wenn das Fett sehr heiß ist, die Hähnchenstücke mit der Haut nach unten hineingeben. Nicht zuviele Stücke auf einmal braten, sie bräunen sonst nicht gut.

2 ▲ Solange braten, bis alle Stücke von allen Seiten goldbraun und durchgebraten sind. Erst die Bruststücke aus der Pfanne nehmen, danach Keulen und Schenkel, weil helles Fleisch schneller gar wird als dunkles. Das Fleisch auf Papiertüchern abtropfen lassen.

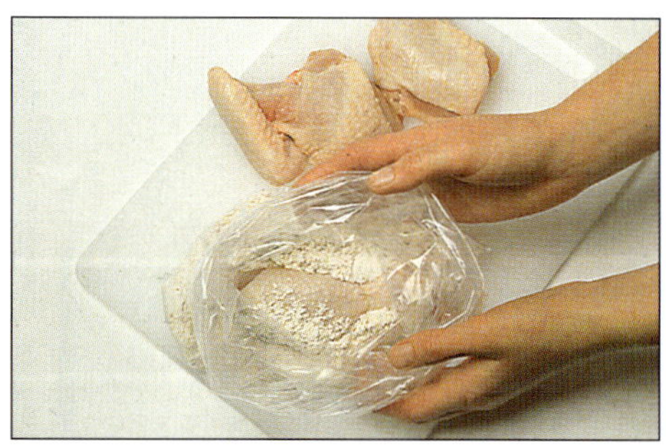

3 ▲ **Frittieren:** Die Fleischstücke in eine Mischung aus Milch und Ei tauchen und dann vorsichtig in gewürztem Mehl wenden. 20 Min. ruhen lassen, dann frittieren oder kurz vor dem Frittieren in Backteig tauchen.

4 ▲ Einen tiefen Topf zur Hälfte mit Pflanzenöl füllen und auf 185 °C anheizen. Sie können die Temperatur mit einem Brotstück testen: Wenn es innerhalb von 50 Sek. braun wird, hat das Öl die richtige Temperatur.

5 ▲ Die Fleischstücke mit einer Zange in das Öl tauchen, ein Stück nach dem anderen, ohne der Topf zu voll wird. Frittieren, bis sie goldbraun und gar sind. Wenden, damit sie gleichmäßig bräunen.

6 ▲ Auf Papiertüchern abtropfen. Wenn Sie fertige Stücke warm halten wollen, stellen Sie sie in den lauwarmen Ofen. Nicht abdecken, sonst werden sie matschig.

Hähnchen mit Cajun-Sauce

FÜR 4 PERSONEN

1 Hähnchen (1,5 kg), in 8 Teile zerlegt
100 g Mehl
Pfeffer und Salz
240 ml Buttermilch oder Milch
Pflanzenöl für das Fritieren
1 gehackte Frühlingszwiebel zum Garnieren

FÜR DIE SAUCE

115 g Schweineschmalz oder Pflanzenöl
70 g Mehl
2 Zwiebeln, gehackt
2-3 Selleriestangen, gehackt
1 große grüne Paprika, gewürfelt
2 Knoblauchzehen, fein gehackt
240 ml Tomatensauce
450 ml Rotwein oder Hühnerbrühe
225 g Tomaten, gehäutet und gehackt
2 Lorbeerblätter
1 Esslöffel brauner Zucker
1 Teelöffel geriebene Orangenschale
1/2 Teelöffel Cayennepfeffer

1 Für die Sauce das Schmalz oder Öl in einem großen, schweren Topf erhitzen und das Mehl einrühren. Für 15-20 Min. bei mittlerer Hitze kochen oder solange, bis die Sauce angebräunt ist.

2 ▲ Zwiebeln, Sellerie, Paprika und Knoblauch hinzufügen und unter Rühren weichkochen.

3 Die übrigen Saucenzutaten einrühren und mit Salz und Pfeffer würzen. Zum Kochen bringen und 1 Std. simmern lassen bis die Sauce dick geworden ist. Ab und zu umrühren.

4 Währenddessen Mehl in eine Plastiktüte füllen und mit Salz und Pfeffer würzen. Die Fleischstücke einzeln in Buttermilch tauchen und dann in die Tüte mit Mehl geben und schütteln. Die Hähnchenteile für 20 Min. beiseite stellen, damit sich die Panade setzen kann.

5 In einer großen Pfanne etwa 2,5 cm hoch Öl einfüllen und erhitzen, bis es zu sieden beginnt. Die Fleischteile für 30 Min. frittieren, dabei einmal wenden, bis sie rundum goldbraun und durchgegart sind.

6 ▼ Die Hähnchenteile auf Papiertüchern trocknen, zur Sauce geben und mit Frühlingszwiebel garnieren.

~ VARIATION ~

Sie können die Cajun-Sauce auch mit Schweinekoteletts servieren sowie mit Steak, Fisch und Garnelen.

Hähnchen- und Truthahnbrüste entbeinen

Ganze oder halbe Truthahnbrust ohne Knochen gibt es überall zu kaufen, aber sie ist teurer als Brust mit Knochen. Sie sparen Geld, wenn Sie das Fleisch selber entbeinen, und es geht wirklich sehr einfach. Das ideale Werkzeug ist ein scharfes Knochenmesser.

Einige Begriffe für Brustfleisch
Stücke ohne Knochen werden oft Filets genannt. Ein Bruststück mit Flügel wird gewöhnlich als Suprême bezeichnet.

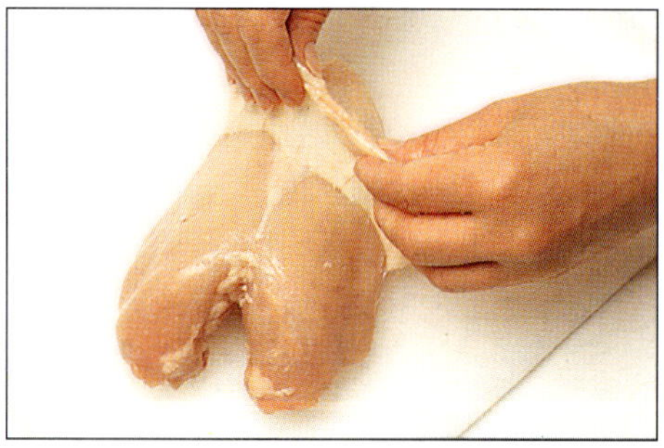

1 ▲ **Aus einem Bruststück werden zwei Teile ohne Knochen:** Zuerst alles Fett entfernen und die Haut abziehen. Dann mit dem Messer durch das Brustfleisch an beiden Seiten entlang des Brustbeins schneiden.

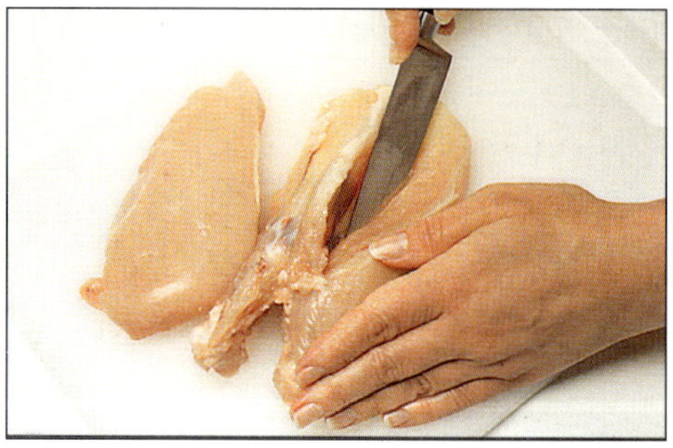

2 ▲ Das Brustfleisch mit dem Messer vorsichtig von den Rippen kratzen, so dass es sich als ganzes Stück löst. Auf der anderen Seite wiederholen. Sie erhalten 2 Bruststücke ohne Haut und Knochen.

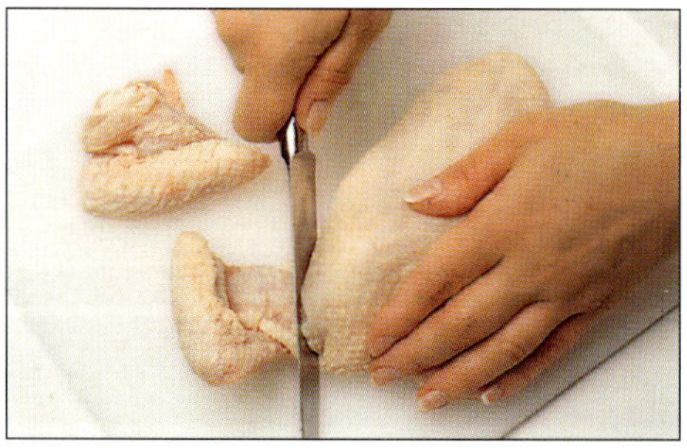

3 ▲ **Das Brustfleisch lösen:** Wenn das Bruststück einen Flügel hat, trennen Sie ihn ab, indem Sie das Gelenk durchschneiden. Den Flügel für Hühnerbrühe verwenden. Nach Belieben die Haut abziehen.

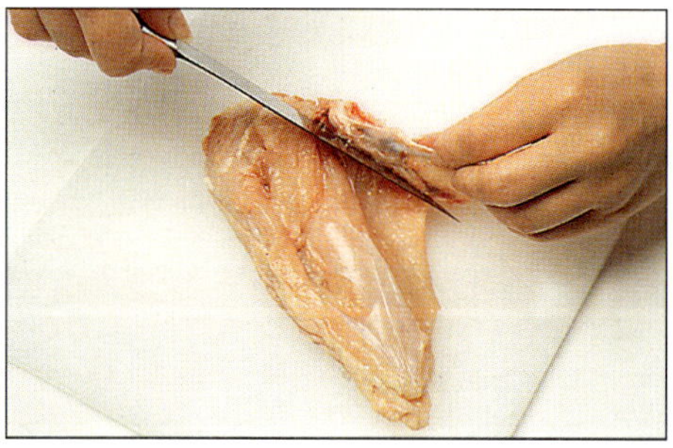

4 ▲ Das Brustfleisch mit einem Messer vorsichtig vom Knochen abziehen.

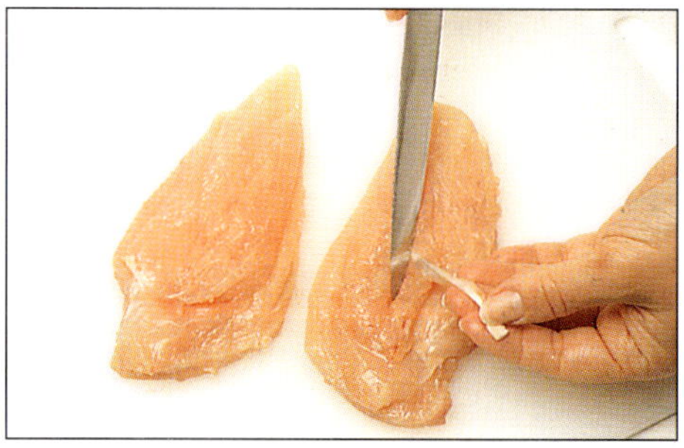

5 ▲ Vor dem Kochen die Sehne an der Unterseite des Filets entfernen: Sie wird an einem Ende freigeschnitten und dann mit Hilfe des Messers sauber vom Fleisch abgezogen.

6 ▲ Alles Fett von den Bruststücken entfernen und sie dann zwischen zwei Klarsichtfolien legen. Mit einem Fleischklopfer oder einem Nudelholz das Filet vorsichtig glätten.

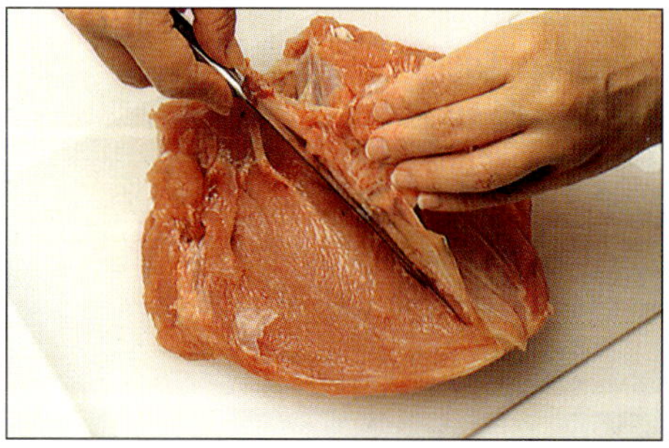

7 ▲ **Ein Bruststück für eine Füllung entbeinen:** Die Haut muss intakt bleiben. Brust mit der Haut nach unten legen und das Fleisch auf jeder Seite von den Rippenbögen bis hin zum Rückgrat ablösen.

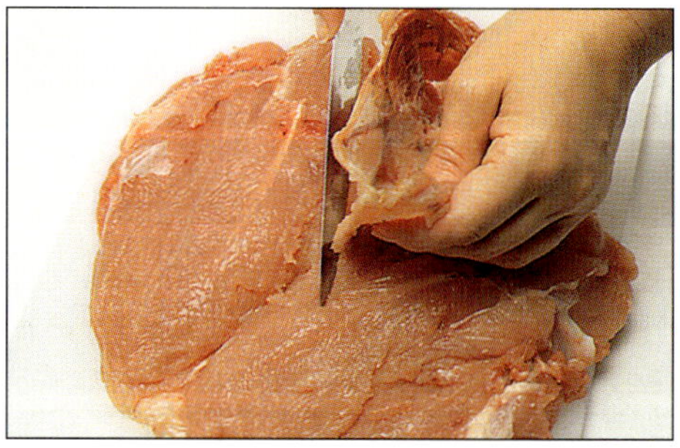

8 ▲ Wenn das Brustfleisch auf beiden Seiten des Rückgrats frei liegt, den Brustkorb anheben und vorsichtig mit dem Messer die Haut vom Rückgrat abziehen. Dabei darf die Haut nicht verletzt werden. Das ganze Bruststück ist nun entbeint.

Gefüllte Truthahnbrust

FÜR 8 PERSONEN
1 Truthahnbrust (2-2,3 kg), entbeint und mit Haut
Salz und Pfeffer
55 g geschmolzene Butter
4 Esslöffel trockener Madeira oder trockener Weißwein
360 ml Truthahn- oder Hühnerfonds oder Wasser
FÜR DIE FÜLLUNG
30 g Butter
1 Zwiebel, fein gehackt
225 g Räucherschinken, gehackt
55 g frische Semmelbrösel
2 Esslöffel frische Petersilie, gehackt
1/2 Teelöffel getrockneter Thymian
55 g blanchierte Mandeln, grob gehackt
1 Ei, geschlagen

1 Ofen auf 170° C/Gas 3 vorheizen.

2 ▲ Für die Füllung die Butter in einer Pfanne schmelzen und die Zwiebel anbraten. Butter und Zwiebel in eine Schüssel geben, Schinken, Semmelbrösel, Kräuter, Mandeln und Ei hinzugeben. Mit Salz und Pfeffer würzen und gut vermischen.

3 Die Truthahnbrust flach mit der Haut nach unten hinlegen, mit Salz und Pfeffer würzen. Die Füllung gleichmäßig auf dem Fleisch veteilen.

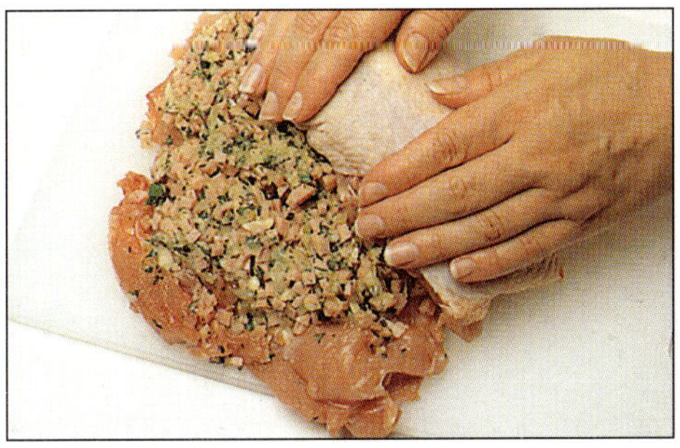

4 ▲ Das Brustfleisch sauber aufrollen, mit Faden umwickeln, an den Enden mit Spießen feststecken.

5 Truthahnbrust auf einen Rost in einen Bräter legen, mit der Hälfte der Butter einreiben. Restliche Butter mit dem Wein mischen. Für 2-2 1/2 Std. braten, dabei öfters mit der Buttermischung bestreichen. Die Fleischtemperatur sollte 77° C betragen.

6 Die Truthahnbrust auf ein Schneidbrett legen, warm stellen und für mind. 15 Min. ruhen lassen.

7 ▼ Inzwischen den Bräter stark erhitzen, Brühe oder Wasser hinzugeben, zum Kochen bringen und gut rühren. Für 3-4 Min. kochen. Abseihen und abschmecken. Fäden entfernen und die Brust in Scheiben schneiden. Mit der Sauce servieren.

Truthahn-Schnitzel zubereiten

Schnitzel sind Fleischscheiben, die schräg von der Truthahnbrust geschnitten werden. Sie lassen sich vielseitig zubereiten, sind fett- und kalorienarm und eignen sich daher als Ersatz für Kalbfleisch. Truthahnschnitzel können Sie auf dieselbe Art zubereiten wie Rinder- und Hähnchenfilet oder Schweineschnitzel.

Schnitzel, die quer zur Richtung der Fleischfasern geschnitten werden, bleiben beim Braten flach und behalten ihre Form.

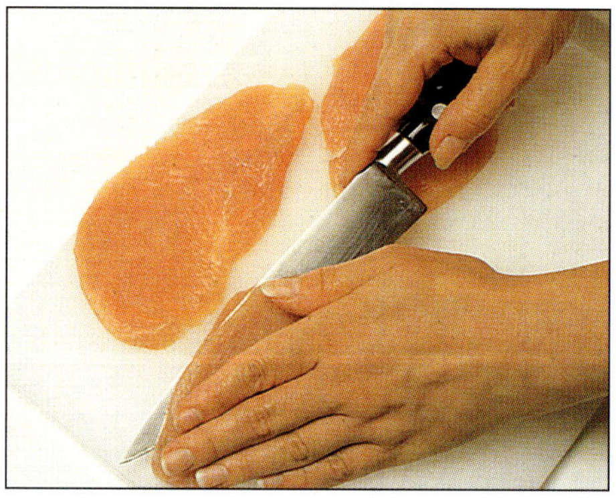

1 ▲ Ein langes scharfes Messer leicht schräg ansetzen und das Brustfleisch quer zur Maserung in 1cm dicke Scheiben schneiden.

2 ▲ Jedes Schnitzel zwischen zwei Klarsichtfolien legen und vorsichtig glattdrücken, etwa mit dem Boden einer Pfanne, einem Fleischklopfer oder einem Nudelholz, bis die Scheiben etwa 3-5 mm dick sind.

Truthahnröllchen mit Preiselbeeren

Für 4 Personen

- 4 Truthahnschnitzel, bratfertig
- Pfeffer und Salz
- 2 Esslöffel Pflanzenöl
- 120 ml Preiselbeersaft oder fruchtiger Rotwein
- je 1/2 Teelöffel Pfeilwurz-Gewürz, und Wasser, verrührt

Für die Füllung

- 100 g Preiselbeeren
- 170 g blaue Weintrauben ohne Kerne
- 1 großer roter Apfel, geviertelt, ohne Kerngehäuse
- 1 Esslöffel Honig
- 2 Teelöffel frischer Ingwer, fein gehackt
- 1/2 Teelöffel Piment gemahlen

1 Für die Füllung Preiselbeeren, Apfel und Weintrauben im Mixer oder Häcksler zerkleinern.

2 Die Mischung in einem Sieb auspressen; den Saft in einer Schüssel auffangen. Die Früchte mit Honig, Ingwer und Piment mischen.

3 Die Truthahnschnitzel mit Salz und Pfeffer würzen. Die Füllung gleichmäßig auf die Schnitzel bis zum Rand verteilen.

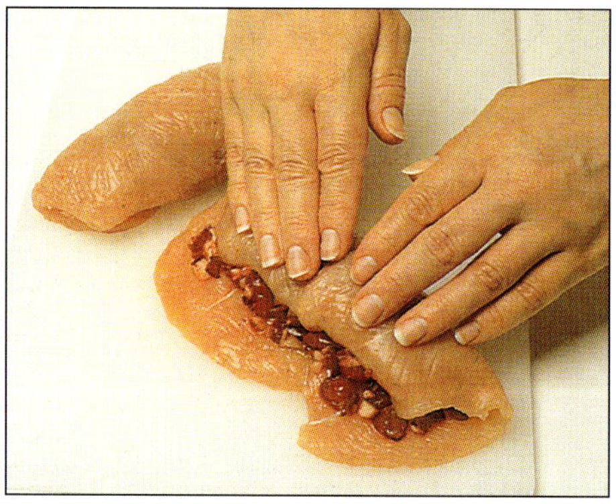

4 ▲ Die Schnitzel an den Enden einschlagen und aufrollen; 2- 3 mal mit Faden umwickeln oder mit Spießen feststecken.

5 Öl in einer ausreichend großen Pfanne erhitzen, die Truthahnröllchen hineingeben und von allen Seiten bei starker Hitze für 5-7 Min. anbräunen.

6 ▲ Den ausgepreßten Fruchtsaft und den Preiselbeersaft oder Wein hinzugießen. Aufkochen, mit Deckel verschließen und für ca. 20 Min. kochen lassen. Nach der Hälfte der Zeit die Röllchen wenden.

7 Die Röllchen aus der Pfanne nehmen und warm stellen. Die Sauce nochmals aufkochen, bis sie auf etwa 180 ml reduziert ist. Die Pfeilwurzmischung einrühren und für 2 Min. kochen. Fäden und Spieße entfernen und die Röllchen in Scheiben schneiden. Mit der Sauce servieren.

Hühnerfonds herstellen

Ein guter hausgemachter Hühnerfonds ist einfach herzustellen und tiefgefroren bis zu 6 Monaten haltbar. Außer Flügeln und anderen Geflügelteilen können Sie auch Innereien verwenden (außer der Leber).

Ergibt 2,5 Liter

- 1-1,4 kg Geflügelteile (Hals, Rücken, Flügel)
- 2 Zwiebeln, geviertelt, ungeschält
- 4 Liter kaltes Wasser
- 2 Möhren, grob geschnitten
- 2 Selleriestangen, wenn möglich mit Grün, grob gehackt
- eine kleine Handvoll frische Petersilie
- ein paar Zweige frischen Thymians oder 3/4 Teelöffel Trockenthymian
- 1 oder 2 Lorbeerblätter
- 10 schwarze Pfefferkörner, gemahlen

1 ▲ Geflügelteile (Hals, Rücken, Flügel) und Zwiebeln in einen großen Topf geben und bei mäßiger Hitze anbraten, bis die Geflügelteile und die Zwiebel leicht gebräunt sind. Gelegentlich umrühren.

2 ▲ Wasser hinzufügen und gut mit dem Bodensatz verrühren. Aufkochen und die nach oben steigenden Verunreinigungen abschöpfen.

3 ▲ Die übrigen Zutaten hinzufügen, Topf halb schließen und für 3 Std. leicht köcheln lassen.

4 ▲ Die Brühe durch ein Sieb in eine Schüssel gießen und kühlen.

5 ▲ Bei der abgekühlten Brühe die obere Fettschicht entfernen.

Einfache Hühnerbrühe
Hühnerbrühe wird aus Geflügelknochen und anderen nicht essbaren Teilen zusammen mit Gemüse und Gewürzen gekocht. Sammeln Sie genügend Geflügelreste für Ihre Brühe. Sie wird vielleicht nicht so reichhaltig werden wie eine Brühe aus ganzen fleischhaltigen Stücken, aber immer noch frischer und weniger salzig schmecken als fertige Brühwürfel.

Tipps für eine Hühnerbrühe
Statt Knochen und Flügel können Sie auch ganze Geflügel für eine Brühe nehmen. Ein Suppenhuhn gibt einen wundervollen Geschmack und reichlich Fleisch für Salate, Eintöpfe und Schmorgerichte.

Weil sich durch das Kochen der Flüssigkeitsanteil reduziert, konzentriert sich auch der Geschmack; Salz deshalb erst beim fertigen Gericht hinzugeben

Cremige Frühlingszwiebelsuppe

Für 4-6 Personen

- 30 g Butter
- 1 kleine Zwiebel, gehackt
- 145 g Frühlingszwiebeln, nur die weißen Teile, geschält und gehackt
- 225 g Kartoffeln (mittelgroß), geschält und gewürfelt
- 600 ml Hühnerbrühe
- 360 ml Sahne
- Salz und weißer Pfeffer
- 2 Esslöffel Zitronensaft
- gehackte Frühlingszwiebeln oder frischer Schnittlauch zum Garnieren

1 ▲ Die Butter in einem Saucentopf schmelzen und Zwiebeln hinzugeben. Abdecken und bei kleiner Hitze ca. 10 Min. kochen, bis sie weich sind.

2 ▲ Kartoffelwürfel und Brühe hinzufügen, zum Kochen bringen und wieder abdecken. Für etwa 30 Min. bei mittlerer Hitze köcheln lassen.

3 Die abgekühlte Suppe in einem Mixer pürieren.

4 ▼ Wenn Sie die Suppe heiß servieren wollen, schütten Sie sie zurück in den Topf. Die Sahne hinzugeben und mit Salz und Pfeffer würzen. Langsam erhitzen und dabei öfters umrühren. Zitronensaft einrühren.

5 ▲ Wenn Sie die Suppe kalt servieren wollen, schütten Sie sie in eine Schüssel, rühren Sahne und Zitronensaft ein und würzen mit Salz und Pfeffer. Für ca. 1 Std. kühlen.

6 Vor dem Servieren mit gehackten Frühlingszwiebeln bestreuen.

FLEISCH

~

Ob gegrillt, gebraten oder geschmort – die Zubereitungsmöglichkeiten von Fleisch sind schier unbegrenzt. Mit den folgenden grundlegenden Arbeitstechniken haben Sie aus dieser Vielfalt die freie Auswahl.

FLEISCH VORBEREITEN

Supermärkte und Fleischereien liefern koch- und bratfertiges Fleisch. Je nach Rezept müssen manche Stücke jedoch zusätzlich bearbeitet werden, wie z.B Fleisch für einen gefüllten Rollbraten.

Wieviel Fleisch pro Person?
Als Faustregel berechnen Sie bei Fleisch ohne Knochen und mit wenig Fett 145-200 g, für Fleisch mit Knochen und Fettrand 225 g pro Portion. Bei Stücken mit geringem Fleischanteil wie z.B. Rippchen oder Schweinshaxe brauchen Sie 450 g pro Portion.

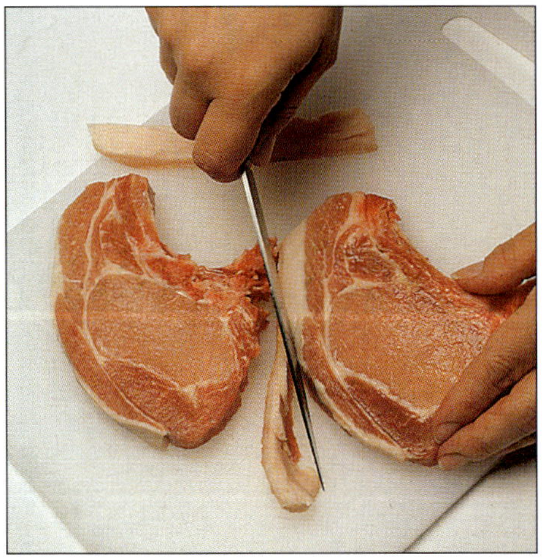

1 ▲ **Fleisch zurechtschneiden:** Mit einem scharfen Messer Fettränder, Schwarten, Bänder und festes Bindegewebe entfernen. Bei Steaks den Fettrand nicht wegschneiden, sondern einritzen, damit sich das Fleisch in der Pfanne nicht wölbt. Auch bei Bratenfleisch einen Fettrand von ca. 3-5 mm lassen.

2 ▲ Nach Wunsch können Sie Fett und Knorpel von hervorstehenden Knochen abkratzen, wie z.B. bei Rippenstücken oder Koteletts.

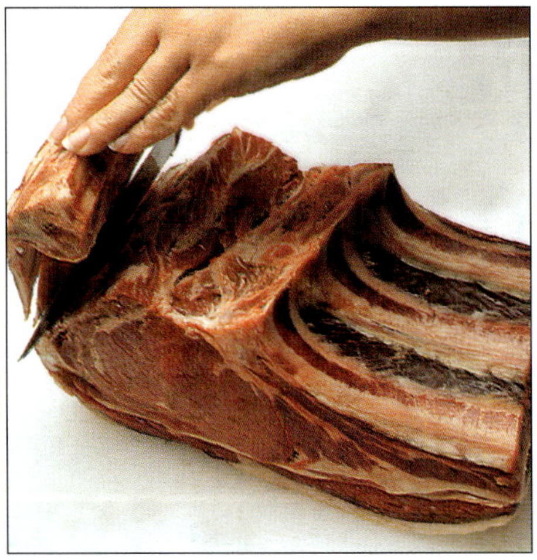

3 ▲ **Das Rückgrat entfernen:** Bei größeren Bratenstücken ist es ratsam, das Rückgrat dort, wo die Rippen anschließen, zu lösen oder ganz zu entfernen. Sie können dies selbst mit einer Knochensäge oder einem scharfen Messer erledigen oder Ihren Fleischer darum bitten. Ohne das Rückgrat kann der Braten später besser geschnitten werden.

4 ▲ **Einen Braten spicken:** Wenn Sie sehr mageres Fleisch ohne eine schützende Kruste (aus Kräutern, Öl, oder Semmelbröseln) braten, sollten Sie es mit Fett umwickeln, damit es saftig bleibt. Dazu nehmen Sie sehr dünne Speckscheiben (Schinken- oder weißen Speck), wickeln sie um den Braten und binden sie fest. Das Fett wird vor dem Servieren entfernt.

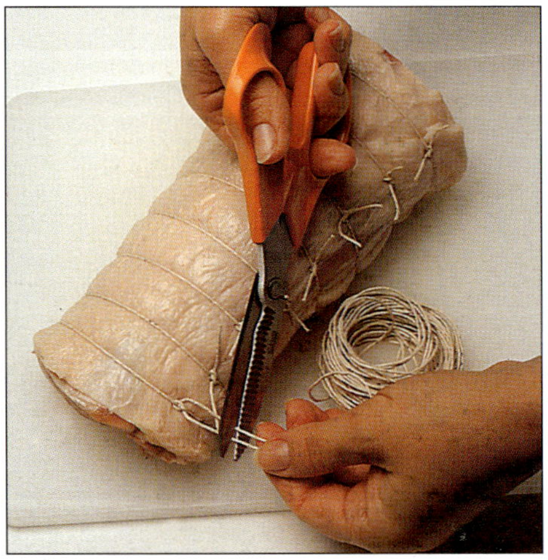

5 ▲ **Einen Braten binden:** Bratenstücke ohne Knochen sollten gebunden werden, damit sie beim Braten oder Schmoren ihre Form behalten. Rollen Sie das Fleisch, so dass es überall einen gleichmäßigen Umfang hat. Nehmen Sie Schlachtergarn und binden Sie es in regelmäßigen Abständen (ca. 2,5 cm) um den Braten herum fest.

Schweinelende mit Apfel-Sahne-Sauce

FÜR 6 PERSONEN
1 Stück aus der Schweinelende (1,4 kg) ohne Knochen, gerollt und gebunden
1 Esslöffel frischer Thymian oder 1 Teelöffel getrockneter Thymian
Salz und Pfeffer
frische Thymianzweige, Brunnenkresse und Apfelschnitze zum Garnieren
FÜR DIE SAUCE
20 g Butter
2 Äpfel (z.B. Granny Smith), geschält, entkernt und gehackt
150 ml Schlagsahne
1 1/2 Teelöffel Dijon-Senf
1 Esslöffel Sahnemeerrettich

1 Ofen auf 190° C/Gas 5 vorheizen.

2 ▲ Die Schweinelende auswickeln und ausrollen, die Haut und das meiste Fett entfernen. Mit der Hautseite nach unten hinlegen und mit den Gewürzen einreiben.

3 Den Braten wieder aufwickeln und mit Garn zu einer Rolle binden.

4 Das Fleisch in einem kleinen Bräter mit Bratenrost legen. Für ca. 1 1/4-1 1/2 Std. braten.

5 ▼ Die Butter in einem Topf schmelzen, Zwiebel und Äpfel hinzufügen und 20-25 Min. bei kleiner Hitze kochen lassen, bis die Zutaten weich sind. Ab und zu umrühren.

6 ▲ Die Apfelmischung leicht abkühlen lassen und dann in den Mixer geben. Sahne, Senf und Meerettich hinzufügen und mixen, bis eine glatte Masse entsteht. Mit Salz und Pfeffer würzen, zurück in den Topf geben und anwärmen.

7 Die Schweinelende für 10 Min. ruhen lassen, dann aufschneiden. Mit Thymian, Brunnenkresse und Äpfeln garnieren. Mit der Sauce servieren.

~ KOCHTIPP ~

Ein Braten ohne Knochen braucht länger, bis er gar ist, weil Knochen die Hitze schneller leiten als das Fleisch.

Fleisch braten

Die trockene Hitze des Bratofens ist bestens daür geeignet, um Fleisch zart zu machen. Wenn die Stücke mager sind und ohne Fettmaserung, sollten sie mit Fett umwickelt werden. Sie können das Fleisch aber auch marinieren oder während des Bratens mit Flüssigkeit begießen.

Vor dem Braten sollte das Fleisch Zimmertemperatur haben. Braten Sie es auf einem Rost in einem Topf, der etwas größer ist als das Bratenstück. Ohne den Rost wird das Stück an der Unterseite nicht knusprig.

Es gibt zwei Methoden für das Braten: Bei der einen wird das Fleisch bei großer Hitze schnell angebräunt und für die restliche Zeit bei reduzierter Hitze weitergebraten. Bei der anderen Methode wird das Fleisch bei konstanter Hitze gebraten. Beide Methoden führen zu guten Ergebnissen. Probieren Sie es einfach aus oder richten Sie sich nach den Rezepten.

Empfohlene Bratzeiten
Nach der zweiten Bratmethode gelten bei 180°C/Gas 4 folgende ungefähre Zeiten in Minuten pro 450g Fleisch:
- Rind, blutig, 20 + 20 extra*
- medium, 25 + 25 extra
- durchgebraten 30 + 30 extra
- Kalb, 25 + 25 extra
- Lamm, 25 + 25 extra
- Schwein, 35 + 35 extra

(* Lende oder Rippe vom Rind brauchen weniger Zeit)

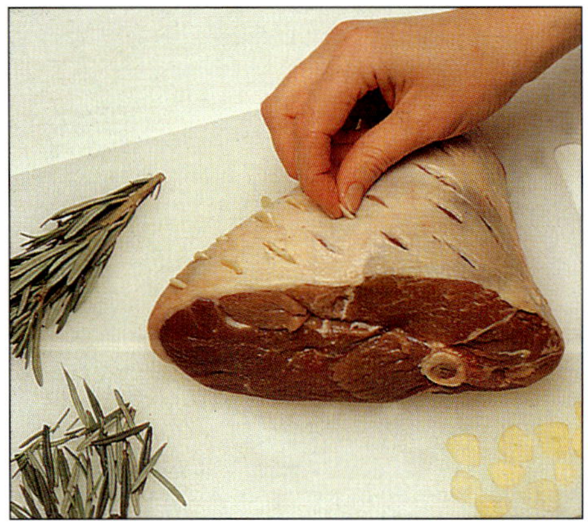

1 ▲ Je nach Rezept das Fleisch mit Öl oder Butter einreiben und würzen. Um den Geschmack zu erhöhen, können Sie in die Fleischoberfläche mit der Messerspitze kleine Schlitze einschneiden und Gewürze hineingeben wie Kräuter, Knoblauch, Olivenscheiben, Ingwer usw.

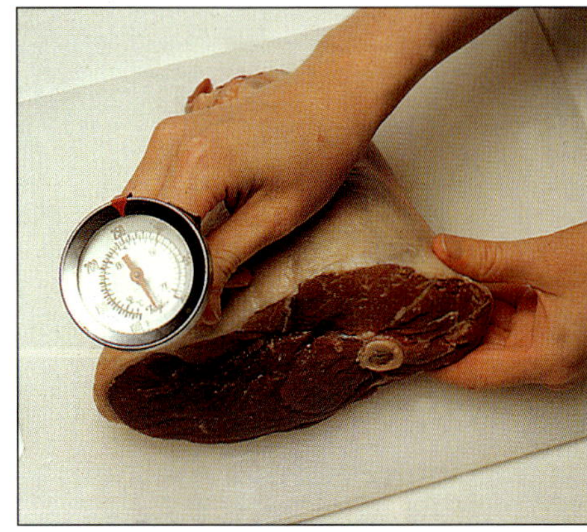

2 ▲ Ein Fleischthermometer in die dickste Stelle des Bratens einführen, ohne den Knochen zu berühren. (Ein Instant-Thermometer wird meist erst kurz vor Ende der Bratenzeit eingeführt). Das Fleisch für die empfohlene Zeit braten, wenn nötig begießen.

3 ▲ Den Braten auf ein Schneidbrett legen und 10-15 Min. ruhen lassen. Während dieser Zeit können Sie aus dem Bratensaft eine Sauce herstellen (s. Seite 38).

FLEISCHTHERMOMETER-MESSWERTE

Rind	
blutig (rare)	52-54°C
rosa (medium rare)	57°C
halb durch (medium)	60-63°C
durchgebraten (well done)	71°C
Kalb	
durchgebraten (well done)	71°C
Lamm	
blutig (rare)	54-57°C
halb durch (medium)	60-63°C
durchgebraten (well done)	71°C
Schwein	
halb durch (medium)	66°C
durchgebraten (well done)	71-74°C

Gebratene Lammkeule
Eine (2,3-2,7kg) Lammkeule zuschneiden und das meiste Fett entfernen. 2-3 Knoblauchzehen in feine Scheiben schneiden, die Keule mit den Knoblauchscheiben und mit Rosmarinblättern spicken, mit Olivenöl einreiben und mit Salz und Pfeffer würzen. Bis zum gewünschten Garpunkt braten.
Für 8 Personen.

Garzeit überprüfen

Die im Rezept angegebenen Bratzeiten sind nur eine Richtlinie. Schon die Form eines Bratenstückes kann die Bratzeit beeinflussen, und wir haben alle unsere Vorlieben, wie wir das Fleisch am liebsten mögen. Deshalb sollten Sie nachprüfen, ob das Fleisch gar ist.

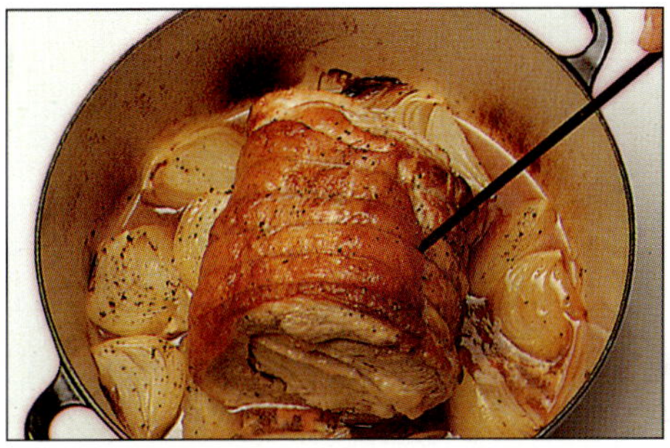

Das Naturgesetz des Bratens
Ein Braten gart noch immer für 5-10 Min. in seiner eigenen Flüssigkeit nach. Deshalb sollten Sie ihn aus dem Ofen herausnehmen, kurz bevor die Bratzeit abgelaufen ist.

1 ▲ Größere Bratenstücke können mit einem Metallspieß geprüft werden. Den Spieß für 30 Sek. in die dickste Stelle stechen und herausziehen: Fühlt er sich warm an, ist der Braten innen noch roh, fühlt er sich heiß an, ist er gar.

2 ▲ Das verläßlichste Ergebnis liefert das Fleischthermometer, das in die Mitte des Bratens gesteckt wird. Lesen Sie auf der Skala die Innentemperatur des Fleisches ab.

Zubereitungsarten und Fleischsorten

Braten
Rind: Hochrippe (Roastbeef), mittlere Rippe, Filet (Lende), Fehlrippe (Zungenstück), Ober- und Unterschale, Schwanzrolle
Kalb: Schulter (Bug), Nackenspitze, Lende, vorderes Kotelett, Filet, Brust, Haxe, Rücken (Rollbraten), Keule
Lamm: Schulter (gerollt), Nackenspitze, Rücken, Lendenrollbraten, Brust, Keule, Kotelett
Schwein: Rücken (Karbonade, Kotelett), Keule, Nacken, Spareribs, Schulter (Rollbraten), Bauchfleisch, Ober- und Unterschale, Schinkenbraten, Schinkeneisbein, Haxe

Schmoren
Rind: Brust, Hochrippe, Lende, Flanke, Ober- und Unterschale, Blume (Kugel), Zungengrat, Schwanzrolle
Kalb: Schulter (Bug), Querrippe, Nackenspitze, Brust, vorderes Kotelettstück, Keule, Haxe, Flanke
Lamm: Schulter (Bug), Brust, Lende, Hals (Ragout), Nackenrollbraten und -koteletts, Keule
Schwein: Filetkotelettstück, Nacken, Schulter (Bug), Schinkeneisbein, Rippchen

Eintopf (Kochfleisch)
Rind: Schulter (Bugschaufelstück), Nacken, Querrippe (Zwerchrippe), Hochrippe, Beinfleisch, Vorder- und Hinterhesse, Bauchlappen, Brustkern, Leiterstück, Fehlrippe (Gulasch)
Kalb: Hals, Schulter, Brust, Haxe
Lamm: Nacken, Schulter, Brust, Kotelett, Keulenfleisch
Schwein: Brustspitze, Dicke Rippe, Eisbein, Bauch, Rippchen, Lendenfilet

In der Pfanne kurzbraten
Rind: Filetsteak (Tournedos), Lendensteak (Porterhouse), Rumpsteak, T-Bone-Steak, Entrecote, Chateaubriand
Kalb: Kotelett, Schnitzel, Filetsteaks, Medaillons aus der Hüfte
Lamm: Stielkoteletts, Lendenkoteletts, Filet, Steaks
Schwein: Lendenkotelett, Spareribs, Rücken- und Schinkenspeck, Karbonade, Kasseler Nackenkotelett, Schnitzel, Filet

Grillen
Rind: Filetsteak (Tournedos), Lendensteak (Porterhouse), Rumpsteak, T-Bone-Steak, Hamburger
Kalb: Koteletts mit und ohne Knochen, Lendenkoteletts, Filetsteaks, Medaillons aus Hüfte und Rücken
Lamm: Stielkoteletts, Lendenkoteletts
Schwein: Nackenkotelett, Karbonade, Filetkotelett (Lende), Medaillons aus Filetfleisch, Schnitzel, Rückenspeck

Geschnetzeltes für Pfanne und Wok
Rind: Streifen oder Würfel von Filet, Rumpsteak oder anderem Steakfleisch
Kalb: Streifen vom Schnitzelfleisch
Lamm: Steifen oder Würfel vom Schulterfilet oder aus der Keule
Schwein: Streifen oder Würfel vom Filet (Lende)

BRATENSAUCE ZUBEREITEN

Eine aus dem Bratensaft zubereitete Sauce ist sehr schmackhaft und hat eine schöne Farbe. Sie ist ein unverzichtbarer Begleiter von gebratenem Fleisch und Geflügel.

Als Alternative zu der hier gezeigten Sauce wird auf S. 48 ein anderes Rezept vorgestellt, das eine dünnere Sauce ergibt.

Ruhezeit des Bratens
Sobald ein Braten aus dem Ofen kommt, sollte er an einem warmen Platz für 10-15 Min. „ausruhen". In dieser Zeit verteilt sich im Braten die Temperatur, und der Braten nimmt einen Teil der Flüssigkeit wieder auf, so dass sie beim Schneiden nicht ausläuft.

1 ▲ Den größten Teil des Fetts aus der Bratpfanne entfernen. Die Pfanne bei starker Hitze auf dem Herd anheizen. Wenn der Bratensaft zu sieden anfängt, Mehl einstreuen und gut mit der Flüssigkeit verrühren.

2 ▲ Den braunen Bodensatz des Bratgefäßes mit dem Löffel auskratzen und gut unterrühren, so dass eine glatte braune Sauce entsteht. Brühe oder je nach Rezept andere Flüssigkeit hinzugeben und unter Rühren aufkochen. Solange weiterkochen, bis die Sauce die richtige Konsistenz hat, und mit Pfeffer und Salz würzen.

Rinderrippe mit Schalotten

FÜR 8 PERSONEN

- 1 vordere Rippe vom Rind (4,5 kg) mit etwa 4 Rippen
- Pflanzenöl
- Pfeffer und Salz
- 450 g runde Schalotten, ungeschält
- 1 1/2 Esslöffel Mehl
- 360 ml Rinderbrühe oder 240 ml Rinderbrühe und 120 ml Rotwein

1 Ofen auf 180° C/Gas 4 vorheizen.

2 Je nach Wunsch die hervorstehenden Rippenenden sauber abkratzen. und mit Öl einreiben. Fleisch mit Salz und Pfeffer würzen und mit der Fettseite nach oben in einen Bräter legen

3 Die Rippe bis zum gewünschten Garpunkt braten, und zwischendurch immer wieder mit Bratflüssigkeit begießen.

4 ▲ Die äußersten braunen Schalen der Schalotten entfernen, mindestens 2 Schalen an den Zwiebeln lassen. Wenn nötig, Stengel abschneiden.

5 30 Min. vor Ende der Bratzeit die Schalotten rund um das Fleisch in den Bräter legen.

6 Den fertigen Braten auf ein Schneidbrett legen und für 15 Min. ruhen lassen. Die Schalotten herausnehmen und warm stellen.

7 ▼ Alles Fett aus dem Bräter entfernen bis auf etwa 2 Esslöffel. Mit diesem Fett und mit Mehl und Brühe eine Bratensauce zubereiten.

8 Den Braten aufschneiden. Mit der Bratensauce und den Schalotten servieren, die sich leicht aus ihrer Schale lösen lassen. Als Beilage passen Röstkartoffeln gut dazu.

Lammkeule entbeinen

Wenn Sie bei einer Lammkeule den Knochen entfernen, läßt sie sich viel einfacher schneiden und portionieren. Die so entstandene „Tasche“ können Sie füllen und den Braten danach umwickeln, um ihm eine schöne Form zu geben.

Eine entbeinte Keule gart um ca. ein Drittel schneller als eine mit Knochen, und sie kann dann auch gegrillt werden.

Vor dem Entbeinen schneiden Sie zunächst alles Fett ab.

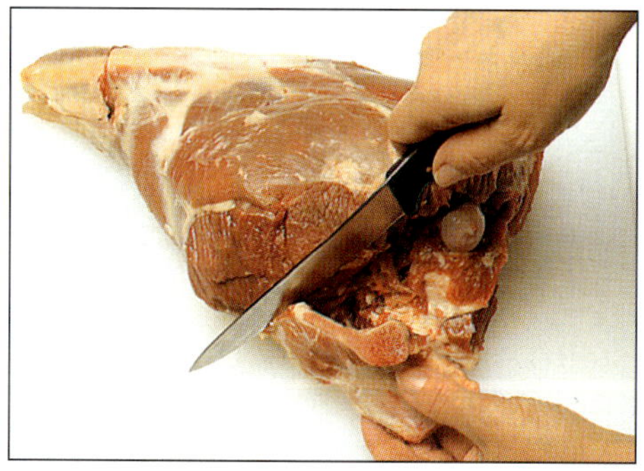

1 ▲ Die Keule mit dem Beckenknochen nach oben legen. Am Filetende beginnen, um das Hüftgelenk herumschneiden und vom Fleisch lösen. Den Beckenknochen freischneiden und entfernen.

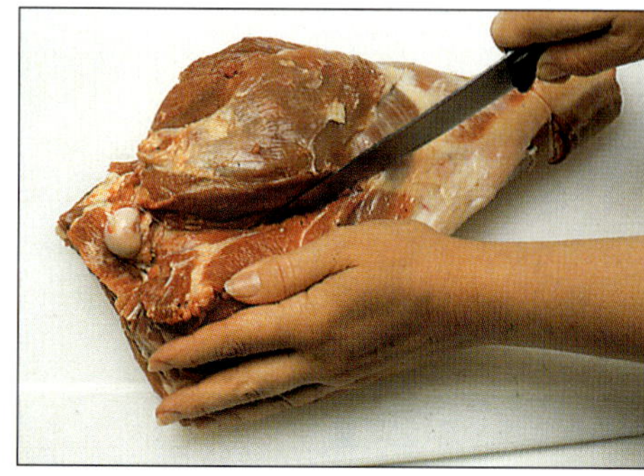

2 ▲ Durch das Fleisch entlang des Schenkelknochens schneiden, von der Hüfte bis herunter zum Knie.

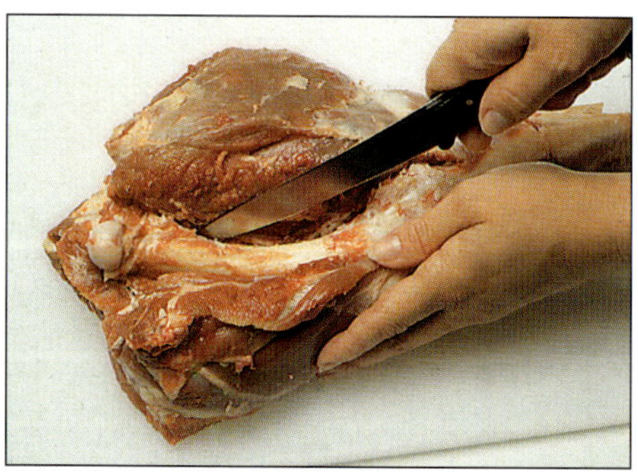

3 ▲ Mit kurzen Messerstichen das Fleisch vom Schenkelknochen freischneiden. Falls nötig, die Kniescheibe entfernen.

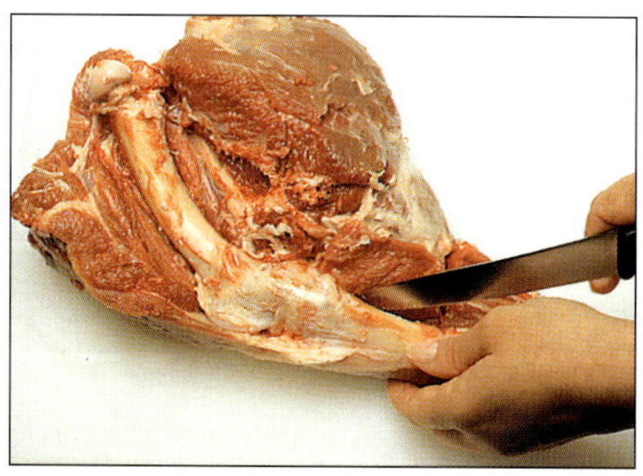

4 ▲ Weiter am Schenkelknochen entlangschneiden bis herunter zum Unterschenkel.

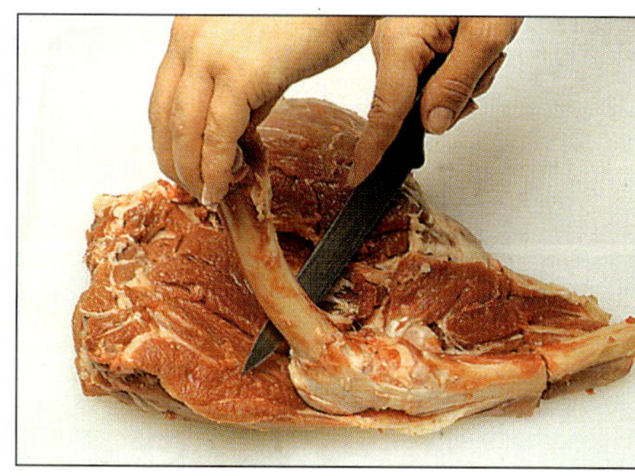

5 ▲ Das Filetende der Keule anheben und um das Knie herum schneiden, um das Fleisch zu lösen. Die Unterschenkelsehnen entfernen.

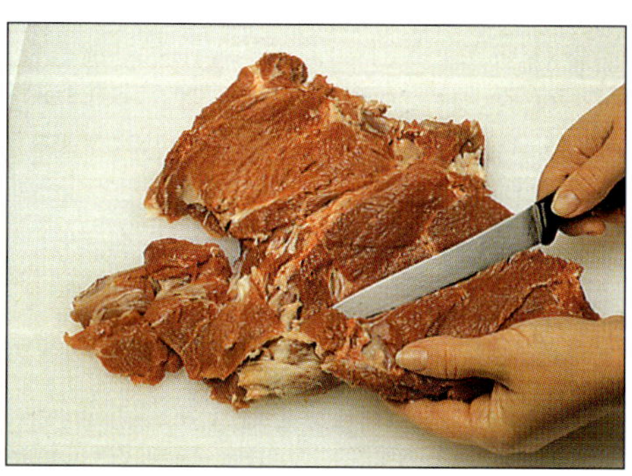

6 ▲ **Die Schmetterlingsform**: Die entbeinte Keule flach hinlegen. Alles sichtbare Fett entfernen, dann die dickeren Fleischschichten mit dem Messer teilen und glattdrücken.

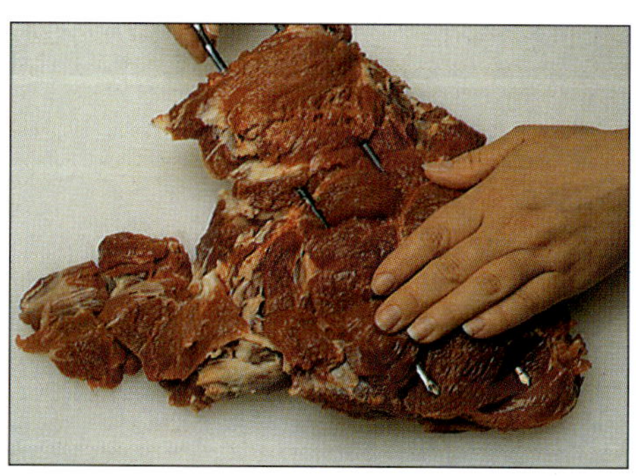

7 ▲ Zwei Metallspieße quer durch das Fleischstück stecken, dort, wo es am breitesten ist. Dadurch bleibt es beim Braten oder Grillen flach.

Fleisch für Grill und Barbecue
Im Ofen wird das Fleisch direkt unter der Heizquelle gegrillt, beim Holzkohle- oder Barbecuegrill liegt es über der heißen Grillkohle. In beiden Fällen entsteht die trockene Hitze, die das Fleisch zart und saftig macht. Die Garzeit hängt von der Temperatur und von der Entfernung des Fleisches von der Heizquelle ab: normalerweise 7,5 cm unter dem Ofengrill oder 10-15 cm über dem Holzkohlefeuer.

Lammkeule mit Senfkruste

FÜR 6-8 PERSONEN

- 115 g Dijon-Senf
- 1-2 Knoblauchzehen, fein gehackt
- 2 Esslöffel Olivenöl
- 2 Esslöffel Zitronensaft
- 2 Esslöffel frischer Rosmarin, gehackt oder 1 Teelöffel Trockenrosmarin
- Pfeffer und Salz
- 1 Lammkeule (2,3 kg) ohne Knochen, in Schmetterlingsform

1 ▲ Senf, Knoblauch, Rosmarin, Öl, Zitronensaft, Salz und Pfeffer in einer flachen Glas- oder Keramikschüssel gut vermischen.

2 ▲ Die Lammkeule hineinlegen und gut mit der Senfmischung einreiben. Die Schüssel abdecken und für mindestens 3 Std. ziehen lassen. Wenn die Keule im Kühlschrank mariniert, sollte sie vor dem Grillen auf Zimmertemperatur angewärmt sein.

3 Den Ofengrill vorheizen oder den Holzkohlegrill vorbereiten.

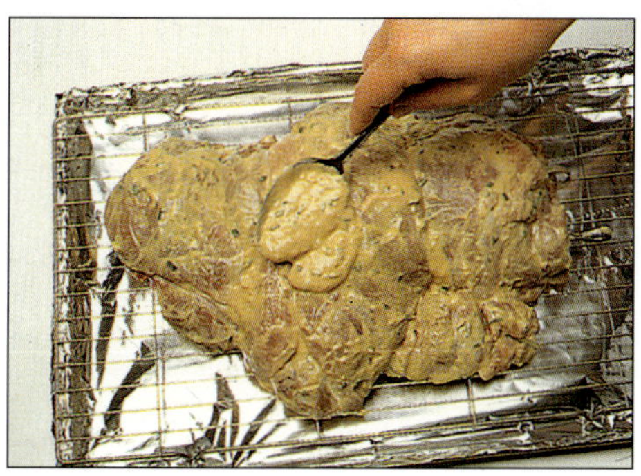

4 ▲ Die Keule flach in eine mit Alufolie ausgelegte Grillpfanne mit Rost geben und in den Ofen oder auf den Kohlegrill stellen. Die restliche Senfmischung verteilen.

5 Beim Grillen sollte die Keule ca. 10-13 cm von der Heizquelle entfernt sein. Grillen, bis die Keule goldbraun geröstet ist: 10-15 Min. für innen blutiges Fleisch, 20 Min. für halb und 25 Min. für gut durchgebratenes Fleisch.

6 Die Keule auf ein Schneidbrett legen und für 10 Min. ruhen lassen, dann vor dem Servieren in nicht zu dünne Scheiben schneiden.

FLEISCH SCHARF ANBRATEN

Vor dem eigentlichen Braten im Ofen werden größere Fleischstücke manchmal bei sehr hoher Hitze in einem Topf kurz scharf angebraten. Dadruch erhalten sie eine geschmackvolle braune Kruste.

Schmorbraten
Mit dieser Kochmethode wird auch zähes Fleisch zart und saftig. Auch hochwertige Stücke wie Filetfleisch können geschmort werden, aber die Garzeit ist dann wesentlich kürzer. Fleisch, das geschmort werden soll, können Sie je nach Geschmack vorher scharf anbraten.

1 ▲ **Anbraten auf dem Herd:** Das Fleisch gut mit Papiertüchern trocknen. Wenig Öl in einer Bratpfanne oder feuerfesten Kasserolle erhitzen, bis es sehr heiß ist. Das Fleisch hineingeben und bei sehr starker Hitze anbraten, bis es überall gleichmäßig gebräunt ist. Zum Wenden zwei Holzspatel benutzen.

2 ▲ Wenn der Braten auf dem Herd weitergeschmort werden soll: Ein wenig Flüssigkeit hinzugeben und den Topf fest verschließen. Wenn Sie eine Pfanne zum Anbraten benutzt haben, verwenden Sie den Bratensaft und das Fett in der Pfanne, um daraus eine Bratensauce zuzubereiten und geben Sie sie zum Fleisch in den Schmortopf hinzu.

Geschmorter Kalbsbraten mit Kräutern

FÜR 6 PERSONEN

- 1 Esslöffel Pflanzenöl
- Kalbsschulter (1,4 kg) ohne Knochen, gerollt und gebunden
- 4 mittelgroße Zwiebeln in Vierteln
- 150 ml Hühnerbrühe
- frische Zweige von Rosmarin, Thymian und Majoran oder je 3/4 Teelöffel Trockenkräuter
- Salz und Pfeffer

1 Herd auf 150° C/Gas 2 vorheizen.

2 Das Öl in einer feuerfesten, nicht zu großen Kasserolle erhitzen, das Fleisch hineingeben und bei starker Hitze von allen Seiten gut anbräunen.

3 ▼ Die Zwiebeln,Brühe und Kräuter in den Topf geben, mit Pfeffer und Salz würzen. Wieder fest verschließen und für ca. 2 1/2-3 Std. schmoren.

VARIATION

Sie können das Kalbfleisch auch durch eine Schweineschulter ohne Knochen ersetzen.

4 ▲ Die Zwiebeln aus dem Topf nehmen, das Fleisch auf ein Brett legen und für mindestens 10 Min. ruhen lassen, dann die Rollfäden entfernen und in Scheiben schneiden.

5 Das Fett von der Schmorflüssigkeit abschöpfen, zum Kochen bringen und abseihen. Abschmecken und mit dem Kalbsbraten und den Zwiebeln servieren.

Geschmorte Lammkoteletts mit Möhren

FÜR 4 PERSONEN

4 Lammkoteletts à 450 g
4 kleine Zwiebeln in Hälften
2 große Selleriestangen, in Stücken
1 Lorbeerblatt
300 ml Brühe vom Lamm oder Huhn
2 Esslöffel Tomatenpüree
1 Teelöffel Worcestersauce
1 Esslöffel frische Petersilie, gehackt
Pfeffer und Salz
225 g Möhren längs halbiert

Geschmacksverstärkung
Wenn Sie lieber die natürlichen Geschmacksstoffe der einzelnen Zutaten verstärken wollen, verzichten Sie auf das Anbraten.

1 Ofen auf 180° C/Gas 4 vorheizen. Die Lammkoteletts in einer feuerfesten Kasserolle zurechtlegen und Zwiebeln, Sellerie und Lorbeer hinzufügen.

2 ▼ Brühe, Tomatenpüree, Worcestersauce, Petersilie, Salz und Pfeffer mischen, über dem Fleisch verteilen und für 1 Std. schmoren.

3 Die Möhren hinzufügen und den Topf wieder schließen. Noch 1 Std. weiterschmoren, bis das Fleisch sehr zart ist und sich vom Knochen löst.

4 ▲ Die Koteletts und das Gemüse auf einem Servierteller anrichten. Das Fett von der Kochflüssigkeit abschöpfen und den Lorbeer entfernen, dann das fertige Gericht damit übergießen. Heiß servieren.

Fleisch für Eintöpfe anbraten

Fleisch und Gemüse für Eintöpfe, die vorher angebraten wurden, verleihen dem Eintopfgericht einen herrlich kräftigen Geschmack. Durch die lange Kochzeit werden die Zutaten weich und zart. Verwenden Sie zum Kochen wenn möglich einen schweren Topf oder eine Kasserolle.

Den Geschmack bewahren
Wenn das Fleisch in einer Extra-Pfanne angebraten wurde, verwenden Sie die Bratflüssigkeit für den Eintopf: Wein, Brühe oder Wasser hinzufügen, aufkochen, den Bodensatz gut unterrühren und zum Eintopf hinzugeben.

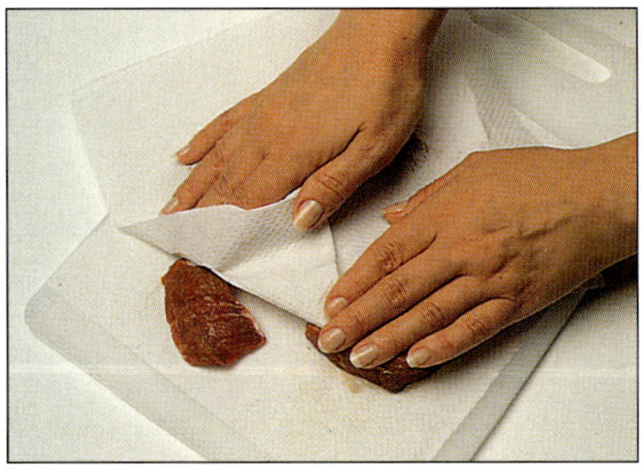

1 ▲ Das Eintopffleisch in gleichmäßig große Stücke schneiden und mit Papiertüchern trocknen. Je nach Rezept leicht mit Mehl bestäuben.

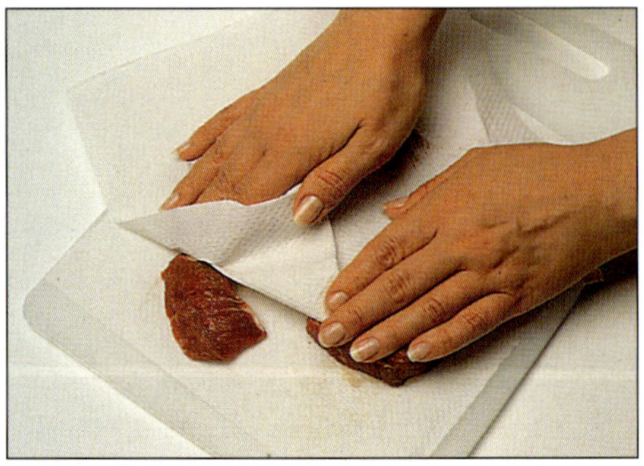

2 ▲ Wenig Öl in einer Pfanne oder Kasserolle stark erhitzen. Ein paar Fleischstücke hineingeben, gerade nur soviel, dass der Boden bedeckt ist und die Stücke sich nicht berühren. Wenn Sie zuviel Fleisch auf einmal anbraten, wird es nicht richtig braun und knusprig.

3 ▲ Bei starker Hitze braten und das Fleisch immer wieder wenden, bis es rundherum gebräunt ist. Die fertigen Stücke herausnehmen.

4 ▲ Das Gemüse hinzufügen und bei gelegentlichem Rühren und gut anbräunen. Je nach Rezept überschüssiges Öl abgießen.

5 ▲ Das Fleisch wieder in den Topf geben. Wenn Mehl hinzugefügt werden soll, streuen Sie es ein und verrühren es gut mit den Eintopfzutaten.

6 ▲ Mit Flüssigkeit auffüllen, so dass die Zutaten gerade bedeckt sind und umrühren. Gewürze einstreuen und aufkochen, dann die Hitze reduzieren und leise garköcheln lassen.

7 ▲ Zum Schluss können Sie den Eintopf andicken, indem Sie eine Butter-Mehlmischung zubereiten (s. Seite 22) und diese in den Eintopf einrühren.

8 ▲ Sie können auch eine Mischung aus Maismehl und Wasser verwenden (s. Seite 22) oder Fleisch und Gemüse abschöpfen und die Flüssigkeit durch weiteres Kochen reduzieren.

Rindereintopf mit Klößchen

Für 4 Personen

- 30 g Mehl
- Pfeffer und Salz
- 700 g Rindersteak in ca. 4 cm dicke Würfel geschnitten
- 3 Esslöffel Pflanzenöl
- 2 große Zwiebeln, gehackt
- 2 Selleriestangen, grob gehackt
- 2 große Möhren in dicken Scheiben
- 170 g Steckrüben, gewürfelt
- 450 ml Rinderbrühe
- 1 Esslöffel Sojasauce
- 1 Lorbeerblatt
- 1 1/2 Teelöffel frischer Thymian oder 1/2 Teelöffel getrockneter Thymian

Für die Klösschen

- 145 g Mehl
- 2 Teelöffel Backpulver
- 1/2 Teelöffel Salz
- 1/4 Teelöffel Senfpulver
- 150 ml Milch
- 2 Esslöffel Pflanzenöl

1 Das Mehl und etwas Salz und Pfeffer mischen und die Fleischwürfel darin wenden, überschüssiges Mehl abklopfen.

2 ▲ Das Öl in einer feuerfesten Kasserolle stark erhitzen und die Fleischwürfel portionsweise darin anbraten, bis sie von allen Seiten gebräunt sind. Das fertig angebratene Fleisch beiseite stellen.

3 Zwiebeln, Steckrüben, Sellerie und Möhren in die Kasserolle geben und anbräunen, dabei öfters umrühren.

4 ▲ Das Fleisch hinzugeben, mit Brühe und Sojasauce auffüllen, Lorbeer und Thymian hinzufügen, aufkochen und dabei gut umrühren, um den Bodensatz zu lösen.

5 Mit Deckel verschließen und bei geringer Hitze für ca. 2 Std. köcheln lassen, bis das Fleisch gar ist.

6 Die trockenen Zutaten für die Klößchen in eine Schüssel sieben. Milch und Öl hinzufügen und solange rühren, bis ein glatter Teig entsteht.

7 ▲ Den Deckel abnehmen und den Eintopf zum Kochen bringen. Den Klößchenteig löffelweise hineingeben (ca. 8-10 Klößchen).

8 Im geschlossenen Topf für 12-15 Min. bei geringer Hitze köcheln lassen oder bis die Klößchen duftig-locker sind. Sofort servieren.

~ VARIATION ~

Klößchen weglassen und stattdessen den Eintopf in einer Backform für 25 Min. bei 200° C/Gas 6 mit Blätterteig überbacken.

Fleisch und Gemüse anschwitzen

Wenn Sie bei Eintöpfen den Eigengeschmack der Zutaten betonen wollen, empfiehlt es sich, auf das scharfe Anbräunen zu verzichten, weil das kräftige Brataroma den Eigengeschmack der Zutaten überdeckt.

Stattdessen können Sie die Zutaten ohne Zugabe von Butter oder Öl im eigenen Saft oder im natürlichen Fettanteil des Fleisches „anschwitzen".

1 ▲ **Anschwitzen ohne Fettzugabe:** Das Fleisch in eine Kasserolle geben, je nach Rezept Gemüse, Flüssigkeit und Gewürze hinzufügen.

2 ▲ Die Flüssigkeit aufkochen, dann den Topf abdecken. Auf dem Herd weiterkochen oder im Ofen schmoren lassen.

3 ▲ **Fleisch anschwitzen:** Das Fleisch mit wenig Flüssigkeit in einen Topf geben, mit Deckel verschließen und bei geringer Hitze anbraten.

4 ▲ Deckel abnehmen und den Fleischsaft aufkochen, bis er sämig ist. Unter kräftigem Rühren das Fleisch anbräunen, aus dem Topf nehmen.

5 ▲ Mit Flüssigkeit ablöschen, Gemüse, Gewürze und das Fleisch hinzufügen, rühren und unter weiterer Flüssigkeitszugabe gar kochen.

Gebackene Schweinskoteletts mit Äpfeln

FÜR 4 PERSONEN

- 30 g Butter
- 4 große Schweinekoteletts
- 1 kleine Zwiebel in dünnen Scheiben
- 2 Äpfel, geschält, in dünnen Scheiben
- 1 Teelöffel Paprikapulver edelsüß
- 1/2 Esslöffel frischer Salbei, gehackt oder 1/2 Teelöffel getrockener Salbei
- Pfeffer und Salz
- 4 Esslöffel Apfelsaft
- 580-700 g Süßkartoffeln, in dicken Scheiben

1 Ofen auf 180° C/Gas 4 vorheizen.

2 ▼ Eine Backform mit einem Viertel der Butter ausfetten, die Koteletts in einer Schicht hineinlegen.

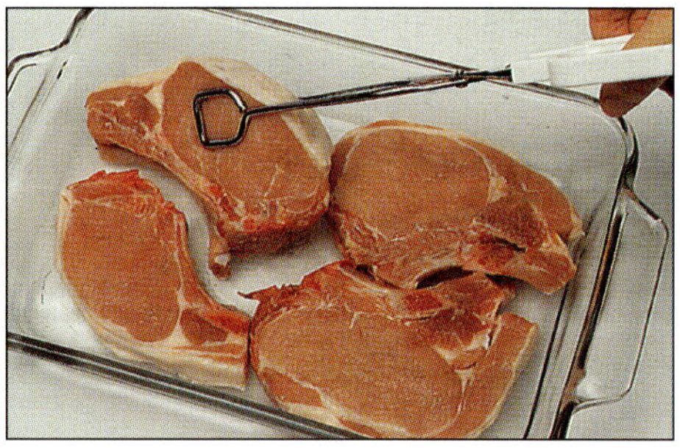

3 Zwiebel und Äpfel obenauf verteilen, mit den Gewürzen bestreuen und mit dem Apfelsaft übergießen.

4 ▲ Die Kartoffelscheiben auf der Oberfläche so verteilen, dass sie sich leicht überlappen. Mit Deckel oder Folie schließen und für 1 1/2 Std. backen. Abdecken und mit Butterflocken bestreuen. Unbedeckt für 20-30 Min. fertig backen.

Lammeintopf mit Erbsen

FÜR 4-6 PERSONEN

1 entbeinte Lammschulter (900-1,2 kg), von Fett befreit und in ca. 4cm große Würfel geschnitten
450 ml Lamm- oder Hühnerbrühe
1 Zwiebel, gehackt
1 Esslöffel gehackter frischer Rosmarin oder 1 Teelöffel trockener Rosmarin
Pfeffer und Salz
300 g Tiefkühlerbsen, aufgetaut und abgetropft
1 Esslöffel Minzgelee

1 Die Lammwürfel zusammen mit 120 ml Brühe in eine Kasserolle geben, abdecken und bei mittlerer Hitze für ca. 30 Min. schmoren, bis der Fleischsaft austritt.

2 Deckel abnehmen und die Flüssigkeit zum Kochen bringen, bis sie zu einer braunen Masse eingekocht ist.

3 ▼ Weiter rühren und das Fleisch dabei von allen Seiten gut anbräunen, dann herausnehmen und beiseite stellen.

4 Soviel Fett wie möglich abschöpfen, dann noch einmal 120 ml Brühe hinzugießen, aufkochen und unter Rühren den Bodensatz ablösen und mit der Flüssigkeit vermischen.

5 ▲ Zwiebeln und Rosmarin hinzufügen und die Zwiebel weichkochen, gelegentlich rühren. Die Lammwürfel wieder mit der restlichen Brühe in die Kasserolle geben, würzen und aufkochen. Abdecken und ca. für 1 Std. leise köcheln lassen, bis das Fleisch zart ist.

6 Lammfleisch herausnehmen und warmstellen. Fett von der Flüssigkeit abschöpfen, die Erbsen hinzufügen, für 2 Min. simmern lassen. Minzgelee und Fleisch einrühren.

Gebackene Schweinskoteletts mit Äpfeln (links); Lammeintopf mit Erbsen

IN DER PFANNE BRATEN UND SAUTIEREN

Zarte Fleischstücke wie Steaks, Koteletts, Kalbsleber oder Frikadellen eignen sich gut dafür, um in der Pfanne kurz gebraten zu werden. Aus dem Bratensaft läßt sich schnell und einfach eine Sauce herstellen.

Vor dem Braten und Sautieren alles überschüssige Fett vom Fleisch entfernen und dann sehr sorgfältig mit Papiertüchern trocknen.

Verwenden Sie ein hoch erhitzbares Fett. Wenn Sie Butter nehmen wollen, mischen Sie sie mit der gleichen Menge Pflanzenöl, sonst verbrennt sie.

1 ▲ Das Fett stark erhitzen, es darf aber nicht braun werden. Die Fleischstücke in die Pfanne legen; sie sollten nicht zu dicht beieinander liegen.

2 ▲ Von beiden Seiten anbräunen und bis zum gewünschten Garpunkt braten. Schweine- und Lammkoteletts bei mittlerer Hitze braten.

Steak testen
Sie können Ihr Steak per Fingerdruck prüfen. Blutig (*raw*): weich, läßt sich zusammenquetschen; rosa (*rare*): gibt auf Druck nur leicht nach; halb durchgebraten (*medium*): roter Fleischsaft tritt aus; durchgebraten (*well done*): fest, gibt auf Druck kaum nach.

Pfannensteak „Teriyaki“

3 Esslöffel Pflanzenöl mit je 1 Esslöffel folgender Zutaten mischen: Sojasauce, Honig, roter Weinessig, fein gehackte Zwiebel, 1 gepresste Knoblauchzehe und 1/2 Teelöffel Ingwer. 4 Rump- oder Filetsteaks darin wälzen und für 2 Std. in dieser Mischung marinieren, trockentupfen und in der Pfanne bis zum gewünschten Garpunkt braten.
Für 4 Personen.

EINE SAUCE IN DER BRATPFANNE ZUBEREITEN

Nach dem Braten oder Sautieren in der Pfanne können Sie auf einfache Weise eine schmackhafte Sauce zubereiten. Mit dieser Sauce lassen sich auch Schmorgerichte und Eintöpfe geschmacklich verstärken.

Nehmen Sie zunächst das Fleisch aus der Pfanne und stellen Sie es warm. Alles Fett aus der Pfanne abschöpfen. Wenn das Rezept es verlangt, lassen Sie 1-2 Teelöffel Fett in der Pfanne, um darin Schalotten, Knoblauch oder anderes Gemüse anzubraten.

1 ▲ Je nach Rezept Flüssigkeit eingießen (Wein, Brühe, Essig etc.), aufkochen und gut rühren, um den Bratensatz vom Pfannenboden zu lösen und eine gleichmäßige Farbe zu erhalten.

2 ▲ Bei starker Hitze für 1-2 Min. kochen lassen, bis die Flüssigkeit sämig wird. Je nach Wunsch die Sauce mit Butter oder Sahne anreichern und mit Salz und Pfeffer würzen.

Pfeffersteak mit Champignons

FÜR 4 PERSONEN

- 4 Esslöffel schwarze Pfefferkörner, grob gemahlen
- 4 Filets- oder Rumpsteaks à 170-230 g, gut zurechtgeschnitten
- 3 Esslöffel Pflanzenöl
- 15 g Butter
- 145 g Champignons in Scheiben
- 2 Esslöffel Cognac oder Whisky
- 150 ml Schlagsahne
- Salz

1 ▲ Die Steaks von beiden Seiten mit den Pfefferkörnern einreiben und den Pfeffer andrücken.

2 ▲ Einen Esslöffel Öl mit der Butter in einer schweren Bratpfanne erhitzen, die groß genug ist für die Steaks. Champignons hineingeben und bei mittlerer Hitze unter Rühren anbraten, bis sie weich sind.

3 Die Hitze erhöhen, bis die Champignons leicht gebräunt sind und ihre Feuchtigkeit verdunstet ist. Mit einem Schöpflöffel aus der Pfanne heben und beiseite stellen.

4 ▲ Das restliche Öl in die Pfanne geben und stark erhitzen, dann die Steaks hineingeben. Auf jeder Seite für 2 Min. anbraten und je nach gewünschtem Garpunkt weiter braten (nach Bedarf mit Fingerdruck prüfen). Die Steaks aus der Pfanne nehmen und warm stellen.

5 ▲ Alles Fett aus der Pfanne abschöpfen. Den Cognac oder Whisky hineingießen und aufkochen, dabei gut mit dem Bodensatz verrühen. Die Sahne hinzugeben und für 1 Min. kochen lassen.

6 Die Champignons einrühren und nochmals erhitzen. Abschmecken und die Sauce über die Steaks gießen.

Geschnetzeltes Fleisch

Die Vorbereitungen für geschnetzeltes Fleisch dauern meist länger als der eigentliche Bratvorgang, weil das Fleisch gleichmäßig zurechtgeschnitten werden muss, damit es gut und schnell durchgart.

Für Geschnetzeltes ist ein Wok mit seinen hohen Wänden ausgezeichnet geeignet, weil sich in ihm das Fleisch kräftig durchrühren läßt. Benutzen Sie zum Rühren langstielige Kochlöffel oder hölzerne Spatel.

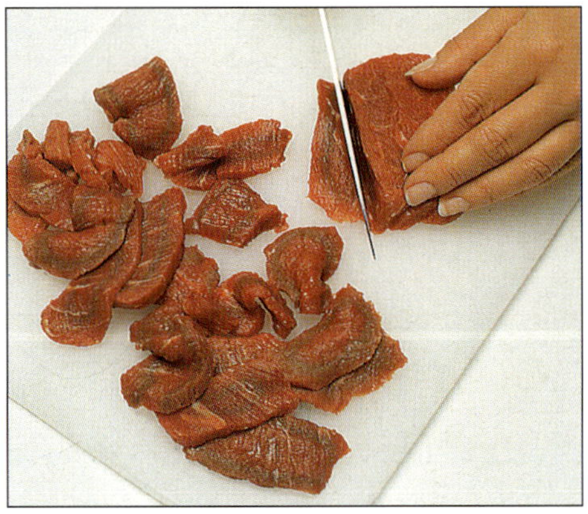

1 ▲ Das Schnetzelfleisch in gleichmäßig große Stücke schneiden.

2 ▲ Einen Wok oder eine tiefe Pfanne stark erhitzen und das Öl von den Seiten her hineinlaufen lassen.

3 ▲ Wenn das Öl heiß genug ist (d.h. wenn ein Gemüsestück im Öl zu brutzeln anfängt), die Zutaten der Reihe nach hineingeben; diejenigen mit längerer Garzeit kommen zuerst. Nicht zuviele Zutaten auf einmal in den Wok geben, sonst könnten sie anbrennen.

4 ▲ Beim Braten ständig mit dem Spatel rühren und die Zutaten wenden. Das Gemüse sollte bissfest und knackig bleiben und das Fleisch zart und saftig sein.

5 ◄ Die Zutaten an die Seite des Woks schieben oder herausnehmen. Je nach Rezept Flüssigkeit oder Sauce eingießen, unter Rühren weiterkochen und die Zutaten mit der Sauce vermischen. Sofort servieren.

Rindergeschnetzeltes mit Zuckererbsen
450g mageres Rindfleisch ohne Knochen in sehr dünne Streifen schneiden. 3 Esslöffel Sojasauce, 2 Esslöffel trockenen Sherry, 1 Esslöffel braunen Zucker und 1/2 Teelöffel Maismehl in einer Schüssel vermischen. 1 Esslöffel Öl im Wok erhitzen, je 1 Esslöffel frischen Ingwer und Knoblauch hineingeben und für 30Sek. anbraten. Das Geschnetzelte hinzufügen und für 2 Min. braten, bis es rundum gebräunt ist, 225g Zuckererbsen hinzufügen, ca. 3Min. braten. Die Sojasaucenmischung glatt unterrühren, zum Kochen bringen und solange köcheln lassen, bis sie gut angedickt ist. Mit dem Reis servieren. *Für 4 Personen.*

Schweinefleisch „Chop Suey“

Für 4 Personen

- 340 g Schweinefilet
- 1 1/2 Esslöffel Maismehl
- 4 Esslöffel Sojasauce
- 1 Esslöffel frischer Ingwer, fein gehackt
- 150 ml Rinder- oder Hühnerbrühe
- 4 Esslöffel trockener Sherry
- 1/2 Teelöffel Zucker
- Pfeffer und Salz
- 3 Esslöffel Nuss- oder Pflanzenöl
- 1 Selleriestange, dünn geschnitten
- 1/2 grüne Paprika, ohne Kerne und in dünnen Streifen
- 8 Champignonköpfe in Scheiben
- 1 Knoblauchzehe, fein gehackt
- 1 Zucchini in dünnen Scheiben
- 115 g Wasserkastanien im Glas, geschnitten
- 100 g Soja- oder Mungobohnensprossen

1 Alles Fett vom Fleisch entfernen, quer zur Maserung in dünne Scheiben schneiden. Bei 20-30 Min. lang angefrorenem Fleisch geht dies leichter.

2 ▲ 1 Esslöffel Maismehl, die Hälfte der Sojasauce und Ingwer in einer Schüssel mit dem Fleisch vermischen. Für 30 Min. abgedeckt ziehen lassen.

3 In einer anderen Schüssel den Rest des Maismehls und der Sojasauce mit Brühe, Sherry, Zucker, Salz und Pfeffer vermischen, beiseite stellen.

4 ▼ Den Wok erhitzen und die Hälfte des Öls hinzugeben, Fleischmischung hinzufügen und bei starker Hitze unter ständigem Rühren 1-2 Min. anbraten und gleichmäßig anbräunen. Das Fleisch herausnehmen.

5 Das restliche Öl hinzufügen und erhitzen. Sellerie, Paprika, Pilze und Knoblauch hineingeben und für 1 Min. unter Rühren anbraten.

6 ▲ Zucchini, Wasserkastanien und Bohnensprossen in den Wok geben und für weitere 1-2 Min. unter Rühren braten, bis das Gemüse zart ist.

7 Fleisch zurück in den Wok geben. Die Sherrymischung hinzufügen, aufkochen und unter ständigem Rühren eindicken lassen. Sofort servieren.

Schnitzelfleisch zubereiten

Schnitzel sind Scheiben vom Filetstück der Kalbskeule, die ca. 1 cm dick geschnitten sind. Sie müssen flachgeklopft werden, um die Fleischfasern aufzubrechen. Dadurch wird das Fleisch zart und bleibt beim Braten flach in der Pfanne liegen.

Auch aus Schwein- und Geflügelfleisch lassen sich Schnitzel zubereiten. Rindfleisch aus der Oberkeule können Sie für Rouladen verwenden.

Flachklopfen
Zum Flachklopfen der Schnitzel können Sie auch Pfannen oder Töpfe mit schweren, glatten Böden benutzen.

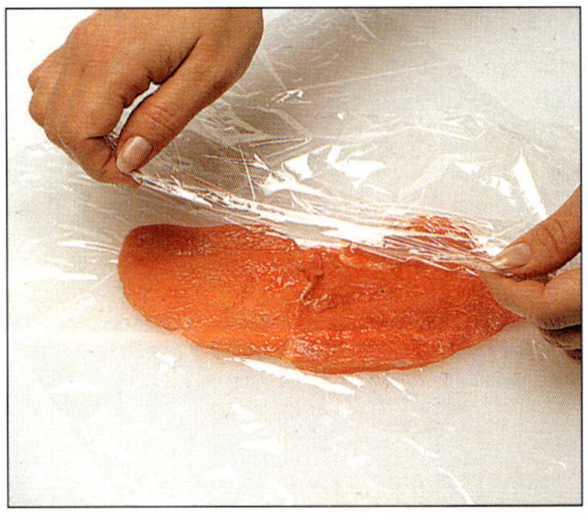

1 ▲ Die Schnitzel sauber zurechtschneiden. Fett und Knorpel entfernen und das Fleisch zwischen zwei Klarsichtfolien legen.

2 ▲ Die Schnitzel mit der glatten Seite eines Fleischklopfers oder einem Nudelholz flachdrücken, bis sie nur noch ca. 3-5 mm dick sind. Sie dehnen sich dabei bis fast zur doppelten Größe aus.

Kalbsschnitzel mit Tomatensauce

Für 4 Personen
75 g Weizenmehl
2 Esslöffel frisch geriebener Parmesankäse und etwas Käse zum Garnieren
Pfeffer und Salz
1 Ei
2 Esslöffel Milch oder Wasser
75-85 g frische Semmelbrösel
1 Knoblauchzehe in Hälften (nach Belieben)
8 kleine Kalbsschnitzel à 450-575 g, bratfertig zubereitet
15 g Butter
3-4 Esslöffel Olivenöl
240 ml Tomaten-Kräuter-Sauce (Rezept s. Seite 172)

1 Mehl, Käse, Salz und Pfeffer auf einem Bogen Pergamentpapier mischen, das Ei in einer Schüssel mit Milch oder Wasser verquirlen, die Semmelbrösel auf einem anderen Stück Pergamentpapier verteilen.

2 Nach Belieben die Schnitzel mit den Knoblauchhälften einreiben.

3 ▼ Ein Schnitzel nach dem anderen auf beiden Seiten in der Mehlmischung wälzen, dann in die Eimischung eintauchen. Zuletzt in den Semmelbröseln wenden und die Brösel vorsichtig andrücken.

4 ▲ Die Hälfte der Butter und des Öls in einer großen Bratpfanne stark erhitzen. 4 Schnitzel hineingeben und für 1 1/2 Min. auf jeder Seite anbraten, bis die Kruste goldbraun ist. Aus der Pfanne nehmen, warm stellen und die restlichen Schnitzel braten.

5 Jedes Schnitzel mit heißer Tomatensauce servieren. Als Beilage passen Parmesan und Butternudeln dazu.

Rinderrouladen mit Senf

FÜR 4 PERSONEN

- 8 dünne bratfertige Scheiben Rinderfilets (800 g Gesamtgewicht)
- 3 Esslöffel brauner Gewürzsenf
- Pfeffer und Salz
- 4 große Gewürzgurken, längs geteilt, oder 8 mittelgroße Gewürzgurken
- 2 Esslöffel Pflanzenöl
- 2 Zwiebeln, in dünnen Scheiben
- 300 ml Guinessbier oder Rinderbrühe
- 1 Lorbeerblatt

1 Ofen auf 180° C/Gas 4 vorheizen. Wählen Sie eine feuerfeste Kasserolle oder eine schwere Pfanne.

2 Das Rindfleisch auf einer Arbeitsfläche ausbreiten und jeweils bis fast zum Rand mit Senf bestreichen. Mit Pfeffer und Salz würzen.

3 ▼ Je eine Gewürzgurkenhälfte auf die Scheiben legen und das Fleisch aufrollen. Mit Garn umwickeln oder mit Holzspießen feststecken.

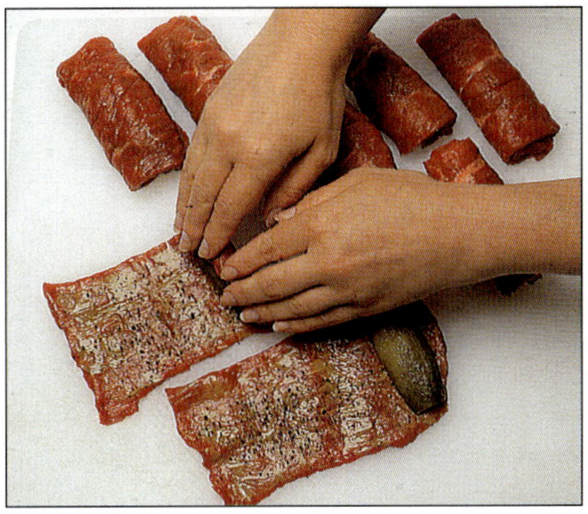

4 Das Öl im Bratgefäß erhitzen, die Rouladen hineingeben und bei starker Hitze anbraten, bis sie rundherum angebräunt sind. Aus der Pfanne oder Kasserolle nehmen und warm stellen.

5 Zwiebelscheiben in die Pfanne geben und anbräunen, dabei öfters umrühren.

6 ▲ Rouladen wieder in die Pfanne geben, Guiness und Lorbeer hinzufügen, bei starker Hitze aufkochen.

7 Die Pfanne fest verschließen und das Fleisch für ca. 1 Std. im Ofen schmoren lassen, bis es sehr zart ist. Die Rouladen nach der Hälfte der Zeit wenden.

8 Die Fäden oder Spieße bei den Rouladen und das Lorbeerblatt vor dem Servieren entfernen. Als Beilage passen Reis oder Kartoffeln dazu.

Kalbsschnitzel mit Tomatensauce (links); Rinderrouladen mit Senf

HACKFLEISCH

Hackfleisch in verschiedenen Sorten ist zwar überall erhältlich, aber wenn Sie besonders hochwertiges Hack ohne Fett und Sehnen etwa für eine Fleischpastete brauchen, können Sie das Hackfleisch auch selber herstellen. Es ist dann auch absolut frisch und daher z.B. auch geeignet für Steak-Tartar.

1 ◀ **Fleischwolf:** Dieses Gerät zerkleinert das Fleisch am gleichmäßigsten. Sie können mit der entsprechenden Schneide grobes oder feines Hackfleisch herstellen. Das Fleisch vom Fett befreien und in 4 cm große Würfel schneiden, dann in den Fleischwolf geben.

2 ▲ **Küchenmaschine:** Alles Fett und Knorpel vom Fleisch entfernen (denn die Küchenmaschine schneidet auch durch Knorpel hindurch). In Würfel schneiden, in die Küchenmaschine einfüllen und einschalten.

3 ▲ Küchenmaschine ab und zu abschalten und das Fleisch umrühren, so dass es gleichmäßig zerkleinert wird. Nicht zulange hacken lassen, sonst wird das Fleisch püriert und ist z.B. für Hamburger unbrauchbar.

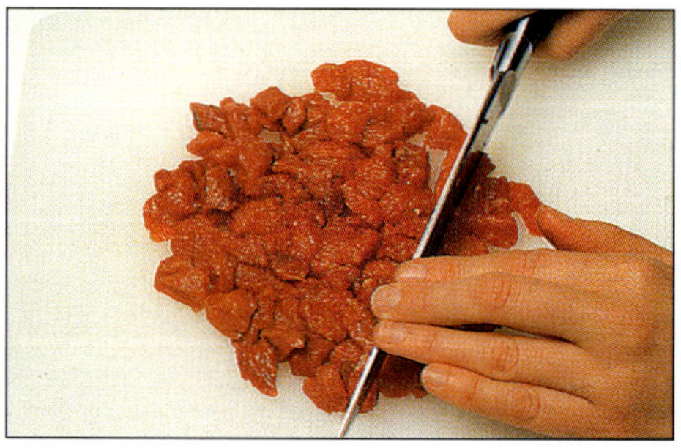

4 ▲ **Mit der Hand:** Vom Fleisch das Fett wegschneiden. Mit einem großen Chefmesser erst in Würfel und dann in immer kleinere Stücke schneiden. Solange hacken, bis die gewünschte Konsistenz erreicht ist.

Hackbraten mit Pilzfüllung

FÜR 4 PERSONEN

225 g Pilze, grob gehackt
1 kleine Zwiebel, fein gehackt
30 g Butter
130 g frische Semmelbrösel
3 Esslöffel frische Petersilie, gehackt
1 Teelöffel getrockneter Thymian
2 Teelöffel Englische Würzsauce
Pfeffer und Salz
700 g mageres Rinderhackfleisch
225 g mageres Schweinehackfleisch
5 Esslöffel Tomatenketchup
2 geschlagene Eier

1 Ofen auf 190° C/Gas 5 vorheizen.

2 Pilze und Zwiebel in der Butter braten, bis sie weich sind, dann in eine Schüssel geben.

3 ▲ Semmelbrösel, Petersilie, Thymian, Steaksauce, Pfeffer und Salz hinzufügen und gut vermischen.

4 In einem anderen Gefäß das Hack mit Ketchup und Eiern vermischen.

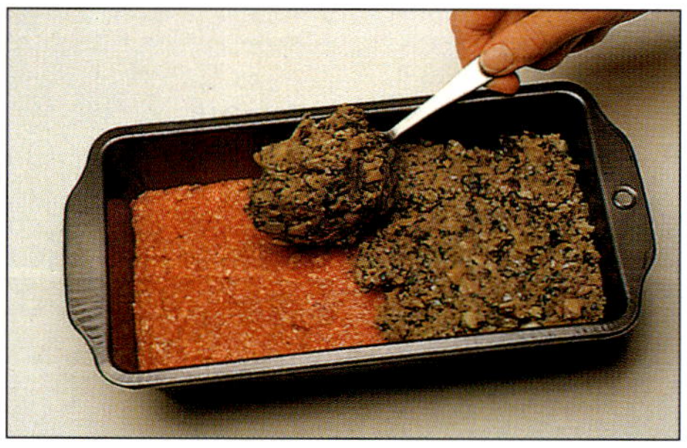

5 ▲ Die Hälfte des Hackfleisches in eine lange Backform geben, dann die Pilzmischung darüber verteilen und über diese das restliche Hack. Für ca. 1 1/4 Std. im Ofen backen.

6 Das fertige Gericht für 15 Min. ruhen lassen, dann den Saft abgießen, den Hackbraten auf eine Servierplatte legen und heiß servieren.

Lammburger mit Gurkensauce

FÜR 4 PERSONEN
700 g mageres Hackfleisch vom Lamm
1 kleine Zwiebel, fein gehackt
8 halbe getrocknete Aprikosen, fein gehackt
4 Esslöffel Pinienkerne
25 g feine Semmelbrösel
2 Teelöffel mildes Currygewürz
1 Ei
Pfeffer und Salz
4 Pittas (Teigtaschen) in Hälften
FÜR DIE SAUCE
1/2 Salatgurke, geschält und gerieben
300 ml Vollmilchjogurt
2 Esslöffel frische Minze, gehackt

1 ▼ Lammhack, Zwiebel, Aprikosen, Pinienkerne, Semmelbrösel, Curry, Ei, Pfeffer und Salz mit den Händen in einer Schüssel gut vermischen.

2 ▲ Aus der Mischung 8 Portionen gleichmäßig zu Burgern formen. Bedecken und für 30 Min. kühl stellen.

3 Für die Sauce die geriebene Salatgurke zwischen 2 Lagen Papiertüchern trocknen und überschüssiges Wasser auspressen.

4 ▲ Salatgurke, Jogurt und Minze vermischen, mit Pfeffer und Salz abschmecken.

5 Den Ofengrill vorheizen oder den Holzkohlegrill vorbereiten.

6 Die Lammburger bis zum gewünschten Garpunkt grillen (nach ca. 10 Min. sind sie halb durchgebraten). Nach der Hälfte der Zeit wenden, damit sie gleichmäßig bräunen.

7 Die Lammburger zusammen mit der Gurkensauce in den vorgewärmten Pittas servieren.

Fleischpastete

FÜR 4 PERSONEN
55 g Butter
1 große Zwiebel, fein gehackt
1 Selleriestange, fein gewürfelt
1 große Möhre, fein gewürfelt
450 g mageres Hackfleisch vom Rind
1 Esslöffel Mehl
240 ml heiße Rinderbrühe
2 Esslöffel frische Petersilie, gehackt
1 Esslöffel Tomatenpüree
Pfeffer und Salz
900 g mehlige Kartoffeln, geschält
3-4 Esslöffel Milch
2 Teelöffel brauner Gewürzsenf

1 15 g von der Butter in einer Bratpfanne bei mittlerer Hitze schmelzen, Zwiebel, Möhren und Sellerie hinzufügen und unter Rühren anbraten, bis die Zwiebel weich ist.

2 ▲ Das Rinderhack hinzufügen und unter Rühren anbräunen.

3 ▲ Das Mehl gleichmäßig über die Pfanne streuen und in das Hack und Gemüse einrühren.

4 ▲ Nach und nach Brühe hinzugießen, gut umrühren. Petersilie und Tomatenpüree hinzugeben, würzen.

5 Abgedeckt bei geringer Hitze für 45 Min. simmern lassen, dabei gelegentlich umrühren.

6 Inzwischen die Kartoffeln in Salzwasser weich kochen und gut abtropfen lassen.

7 Die Kartoffeln in einer Schüssel zerstampfen. Die restliche Butter hinzufügen und gerade soviel Milch, dass eine lockere Masse entsteht. Mit Salz und Pfeffer abschmecken.

8 Ofen auf 200° C/Gas 6 vorheizen.

9 Den Senf in die Hackfleischmischung einrühren, dann alles in eine Backform geben. Mit einer Schicht Stampfkartoffeln vollständig bedecken und für 20-25 Min. im Ofen backen. Heiß servieren.

Speck und Würstchen braten

Schinkenspeck ist geräuchertes Bauchfleisch vom Schwein. Durchwachsene Speckstreifen haben mehr Fett als Rückenspeck. Alle Specksorten können in den Rezepten gleichermaßen verwendet werden; sie sind sowohl geräuchert als ungeräuchert erhältlich.

Frisches Wurstfleisch muss vor dem Verzehr vollständig durchgekocht werden. Ob die Wurst gar ist, sehen Sie, wenn Sie sie mit einem Spieß anstechen: Der austretende Fleischsaft muss klar und farblos sein. Vorgekochte Würste können Sie in Wasser garkochen, grillen oder in der Pfanne braten.

1 ▲ **Rückenspeck und Schinken braten:** Wenig Fett in einer schweren Pfanne erhitzen, die Speckscheiben in einer Schicht in die Pfanne legen und bei mäßiger Hitze je nach Dicke der Scheiben für 4-10 Min. braten, bis sie leicht gebräunt sind.

2 ▲ **Speckstreifen braten:** Speckstreifen in einer schweren Pfanne nebeneinander legen und bei geringer Hitze je nach Dicke der Scheiben für 8-10 Min. braten und dabei ab und zu wenden, bis der Speck goldbraun und knusprig ist. Auf Papiertüchern trocknen lassen.

3 ▲ **Schinkenspeck backen oder grillen:** Die Speckstreifen nebeneinander in eine flache Backform legen, bei 200° C/Gas 6 für 10-15 Min. im Ofen backen, zwischendurch einmal wenden. Oder bei starker Hitze für 3-8 Min. grillen, dabei einmal wenden, bis sie gebräunt und knusprig sind.

4 ▲ **Frische Wurstpastetchen braten:** In einer schweren Pfanne bei mäßiger Hitze für 10-12 Min. braten, bis sie gar sind (mit Spieß testen), während des Bratens einmal wenden.

5 ▲ **Frischwurst in der Pfanne schmoren:** Würste nebeneinander in eine Pfanne legen, 3 Esslöffel Wasser hinzufügen, zum Kochen bringen. Zugedeckt für 5-15 Min. schmoren lassen. Oder mit wenig Fett in der offenen Pfanne braten, bis die Würste gleichmäßig gebräunt sind.

6 ▲ **Frische Würste backen oder grillen:** Würste auf einen Grillrost legen und im Ofen bei 200° C/Gas 6 für 20 Min. backen, bis sie gar sind (Probe mit dem Spieß). Oder in einer Entfernung von 10 cm auf einem Holzkohlegrill rundherum bräunen.

7 ▲ **Wurstfleisch vom Schwein braten:** In einer Pfanne bei mittlerer Hitze unter ständigem Rühren braten, bis das Wurstfleisch gebräunt und krümelig ist. Überschüssiges Fett abgießen.

8 ▲ **Würste kochen:** Vorgekochte Würste wie z.B. Frankfurter in einen Topf mit kochendem Wasser geben, Hitze reduzieren und für 5-10 Min. köcheln lassen, bis sie durchgekocht sind. Gekochte Würste nur bei sehr geringer Hitze anbraten oder grillen.

Schmortopf mit Wurst und Bohnen

FÜR 4 PERSONEN

- 340 g abgetropfte weiße Bohnen (über Nacht quellen lassen)
- 115 g brauner Zucker
- 2 Teelöffel Senfpulver
- 85 g Melasse oder Sirup
- 1 große Zwiebel, gehackt
- Pfeffer und Salz
- 12 Frankfurter Würstchen oder andere vorgekochte Wurst, in 2,5 cm dicke Scheiben geschnitten

1 Die Bohnen in eine große Pfanne geben, frisches kaltes Wasser hinzugießen, bis sie gut bedeckt sind. Aufkochen, dann bei geringer Hitze ca. 1 Std. köcheln lassen. Abgießen, die Kochflüssigkeit zurückbehalten.

2 Ofen auf 150° C/Gas 2 vorheizen.

3 ▲ 450 ml der Bohnenkochflüssigkeit mit Zucker, Senfpulver und Melasse oder Sirup vermischen.

4 ▲ Bohnen und Zwiebel in einer Kasserolle mischen, die Flüssigkeit hinzugießen und würzen. Abgedeckt im Ofen für 3 Std. schmoren lassen, ab und zu umrühren und nachgießen.

5 ◀ Die Wurstscheiben unterrühren. Wenn die Bohnen zu trocken wirken, ein wenig von der Bohnenkochflüssigkeit hinzugießen.

6 Die Kasserolle wieder abdecken und für 1 Std. weiter schmoren lassen, gelegentlich umrühren.

Eine Auswahl an Wurstsorten
Würste sind in vielen verschiedenen Sorten erhältlich. Manche sind bereits vorgekocht, aber Frischwurst muss vor dem Verzehr ganz durchgekocht sein. Jedes Land hat seine eigenen Wurstspezialitäten.

Ungekochte Wurst: Frischwurst aus Schwein, Rind oder anderem Fleisch (braten, schmoren, grillen, backen); Wurstragout (gebraten); Bock- und Bratwurst (kochen, dann braten oder grillen); Boudin Blanc (kochen oder grillen); Haggis-Wurst (kochen); Luganeghe (kochen oder grillen); Merguez (grillen); Toulouse (wichtig für Cassoulet).

Vorgekochte oder gekochte Wurst: Andouillette, manchmal geräuchert (braten oder grillen); Cotechino (kochen); Frankfurter (kochen oder grillen); Kielbasa, manchmal geräuchert (kochen oder in Scheiben zu Suppen und Eintöpfen); Leberwurst (kann kalt gegessen werden); Cervelat (zu Suppen oder Bohnengerichten).

Räucher- und Trockenwurst: Alle Würste, die kalt gegessen werden können, wie z.B. Bierwurst, Chorizo (die auch frisch verkauft wird); Mettwurst, Mortadella und Salamisorten aus Italien, Ungarn, Frankreich und Dänemark.

FLEISCHBRÜHE ZUBEREITEN

Die köstlichsten Suppen, Eintöpfe, Schmorgerichte und Bratensaucen basieren auf einer guten hausgemachten Fleischbrühe. Ihr Geschmack ist durch Brühwürfel oder Instantsuppen nicht zu ersetzen. Fleischbrühe hält sich im Kühlschrank 4-5 Tage oder tiefgefroren bis zu 6 Monaten.

Kalorienbewusst essen
Für eine kalorienarme Brühe nehmen Sie Kalbsknochen und verzichten auf das Anbraten der Zutaten. Ansonsten wie im Rezept beschrieben zubereiten.

ERGIBT 2,5 LITER

- 1,8 kg Knochen vom Rind, Kalb oder Lamm, z.B. Haxe, Keule, Nacken
- 2 Zwiebeln, ungeschält, geviertelt
- 2 Möhren, grob geschnitten
- 2 Selleriestangen, wenn möglich mit Grün, grob geschnitten
- 2 Tomaten, grob geschnitten
- 4,5 Liter kaltes Wasser
- eine Hand voll Petersilie
- einige frische Thymianzweige oder 3/4 Teelöffel getrockneter Thymian
- 2 Lorbeerblätter
- 10 schwarze Pfefferkörner, grob gemahlen

1 ▲ Ofen auf 230° C/Gas 8 vorheizen. Die Knochen in eine feuerfeste Kasserolle oder einen Bräter geben und für 30 Min. anrösten, gelegentlich umrühren.

2 ▲ Zwiebeln, Möhren, Sellerie und Tomaten hinzufügen und mit dem Fett im Bräter begießen. Für weitere 20-30 Min. unter Rühren braten, bis die Knochen gut gebräunt sind.

3 ▲ Knochen und Gemüse in einen Suppentopf geben. Das Fett aus dem Bräter abschöpfen.

4 ▲ Wenig Wasser in den Bräter geben, aufkochen und unter Rühren den Bratensatz vom Boden loslösen. Diese Flüssigkeit dann in den Suppentopf gießen.

5 ▲ Restliches Wasser in den Topf geben, bis kurz vor den Siedepunkt erhitzen, Kochschaum abschöpfen. Petersilie, Lorbeer, Pfefferkörner und Thymian hinzufügen.

6 ▲ Den Topf halb zudecken und die Brühe für 4-6 Std. kochen lassen. Die Zutaten sollten immer gut mit Flüssigkeit bedeckt sein; deshalb bei Bedarf Wasser nachgießen.

7 ▲ Die Brühe durch ein Sieb abgießen. Soviel Fett wie möglich abschöpfen. Die Brühe wenn möglich kühlen; das Fett setzt sich dann in einer Schicht an der Oberfläche ab und kann leichter entfernt werden.

Herzhafte Gemüsesuppe

FÜR 6 PERSONEN

225 g Rindersteak, in 1,5 cm große Würfel geschnitten

225 g magere Schweineschulter ohne Knochen, in 1,5cm großen Würfeln

2 Liter Rinderbrühe

1 Lorbeerblatt

340 g Tomaten, enthäutet, gehackt

1 kleine rote Paprika, gewürfelt

1 kleine Zwiebel, gehackt

2 Möhren, gewürfelt

1 große Kartoffel, geschält, gewürfelt

170 g frischer oder tiefgefrorener Mais

1 Esslöffel Worcestersauce

Pfeffer und Salz

1 ▲ Das Fleisch in einen großen schweren Topf geben und die Brühe hinzugießen. Aufkochen und den Schaum von oben abschöpfen.

2 ▲ Den Lorbeer hineingeben, den Topf halb schließen und die Suppe bei geringer Hitze für ca. 1 Std. leise köcheln lassen.

3 ▼ Tomaten, Paprika, Zwiebel, Möhren und Kartoffel hinzufügen, zum Kochen bringen und nochmals halb abgedeckt für 45 Min. köcheln lassen. Ab und zu umrühren.

4 Die Maiskörner hinzufügen und weitere 20-30 Min. köcheln lassen, bis Gemüse und Fleisch zart sind.

5 Lorbeerblatt entfernen, Worcestersauce einrühren und die Suppe vor dem Servieren abschmecken.

~ KOCHTIPP ~

Sie können diese Suppe 2-3 Tage im voraus kochen; sie gewinnt noch an Geschmack .

FISCH & MEERESFRÜCHTE

~

Aus Fisch und Meeresfrüchten lassen sich kalorienarme, schmackhafte und schnelle Gerichte zaubern – ideal für Wochentage und für festliche Anlässe. Hier lernen Sie alles rund um den Fisch, z.B. wie Sie Fischfilets selber zurechtschneiden.

Frische Fische vorbereiten

Die meisten Fische müssen vor dem Kochen geschuppt werden, es sei denn, Sie möchten aus dem Fisch Filets schneiden, oder die Haut wird vor dem Servieren ohnehin komplett entfernt. Fisch gibt es normalerweise ohne Schuppen und gesäubert zukaufen; aber Sie können ihn falls nötig ebensogut selber vorbereiten.

Fische sollten Sie in der Nähe des Spülbeckens säubern, damit Sie kaltes Wasser in Reichweite haben. Salzen Sie Ihre Hände ein, um den Fisch besser festhalten zu können.

1 ▲ **Abschuppen:** Den Fisch fest am Schwanz packen, und die Schuppen vom Schwanzende in Richtung Kopf mit einem Messer abkratzen.

2 ▲ **Zurechtschneiden:** Bei Plattfischen, die im Ganzen serviert werden, die äußere Hälfte der Flossen rundherum mit der Küchenschere abschneiden.

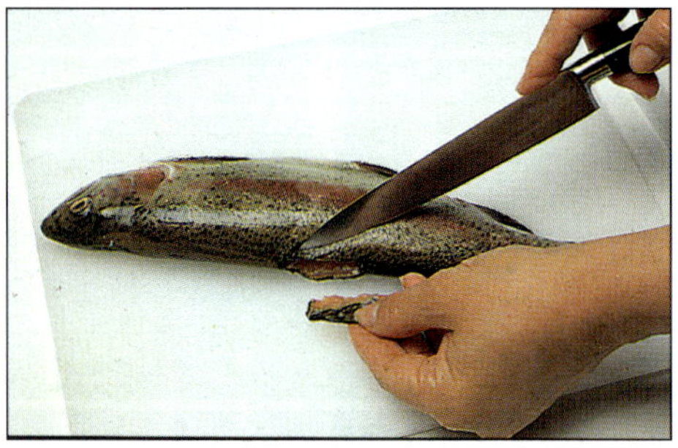

3 ▲ Bei runden Fischen dort, wo die Flossen sitzen (vorne, hinten am Schwanz und am Rücken) etwas ins Fleisch einschneiden und die Flossen herausziehen.

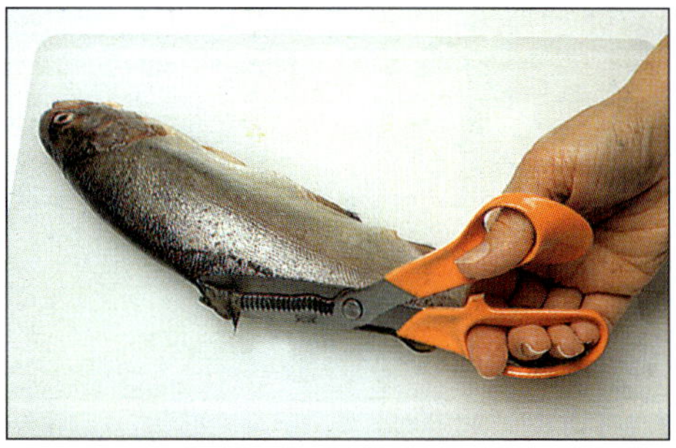

4 ▲ Wird der Fisch im Ganzen serviert, die Flossen nicht abschneiden, oder je nach Wunsch nur kürzen; durch sie behält der Fisch seine Form.

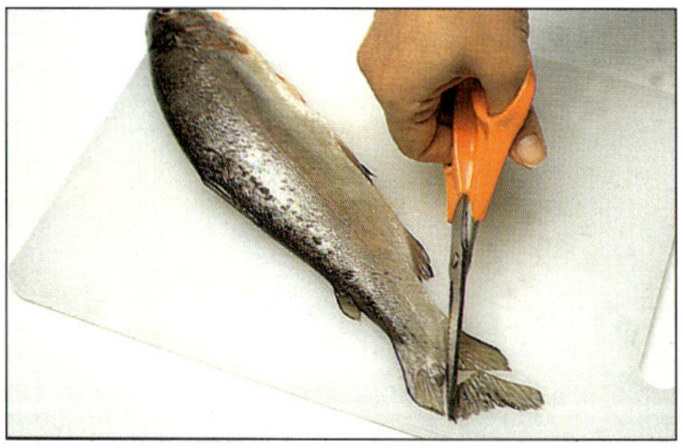

5 ▲ **Den Schwanz zurechtschneiden:** Wenn der Fisch mit Schwanz serviert werden soll, den Schwanz mit der Schere V-förmig einschneiden.

Wissenswertes über Fische

Im Hinblick auf Körperbau und Form unterscheidet man Rund- und Plattfische.

Bei Rundfischen sind die Flossen mit den Gräten verbunden. Sie können in Filets oder Steaks geschnitten werden, die oftmals aber noch sehr kleine Gräten enthalten.

Bei den Plattfischen verläuft das Rückgrat genau in der Mitte und ist mit einer Reihe von dünnen Gräten verbunden. Durch diese einfache Knochenstruktur lassen sich Plattfische sehr leicht filetieren; für Steaks sind sie aber meist nicht dick genug.

Bei großen Fischen wie Thunfisch gehen vom Rückgrat vier große Gräten aus, die das Fleisch in vier grätenfreie Stücke unterteilen. Sie werden meist in Steaks geschnitten.

Der Fettgehalt eines Fisches entscheidet darüber, wie er am besten zuzubereiten ist. Fettarmer Fisch kann bei hohen Temperaturen austrocknen und sollte deshalb vor dem Braten paniert werden. Fettarme und halbfette Fische werden am besten mit Flüssigkeit gegart. Öliger Fisch braucht fast keine weitere Fettzugabe und eignet sich daher gut zum Grillen, Backen oder Braten in der Pfanne.

Sehr wichtig sind auch Geschmack und Beschaffenheit des Fischfleischs. Zarter und milder Fisch darf nur sparsam gewürzt werden, während scharfe Gewürze bei einem Fisch mit kräftigem Eigengeschmack nicht schaden.

Fische mit zartem Fleisch brauchen eine schützende Panade beim Braten oder werden gedämpft oder gebacken. Festfleischige Fische dagegen lassen sich in mundgerechte Stücke schneiden und auf Spieße stecken.

Gebratene Forelle mit Oliven und Kapern

Für 4 Personen

4 ganze Forellen à 340-450 g, ausgenommen und zurechtgeschnitten
Pfeffer und Salz
Mehl für die Panade
4 Esslöffel Pflanzenöl
85 g Butter
85 g schwarze Oliven, ohne Kern
3 Esslöffel Kapern
2 Esslöffel Zitronensaft
Zitronenschnitze zum Garnieren

1 ▲ Forellen mit Salz und Pfeffer bestreuen und leicht in Mehl wälzen, überschüssiges Mehl abstäuben.

Einige Fachbegriffe
Schnitzel: Dünne Scheibe schräg aus einem großen Filet geschnitten.
Kotelett: dicke Scheibe quer aus der Mitte eines ganzen Fisches
Filet: Grätenfreies oder fast grätenfreies Stück aus der Längsseite des Fisches, gehäutet oder mit Haut.
Steak: Dicke Scheibe aus dem Schwanzende quer durch einen ganzen ausgenommenen Fisch geschnitten.
Ausgenommener Fisch ist gesäuberter Fisch, dessen Innereien entfernt worden sind.

2 ▲ Öl in einer großen Pfanne erhitzen und die Forellen bei mäßiger Hitze für 12-15 Min. braten, bis sie von allen Seiten gut gebräunt sind.

3 Die Forellen auf eine Servierplatte legen und warm stellen. Das Fett aus der Pfanne abgießen.

4 ▼ Die Butter in der Pfanne schmelzen, bis sie braun wird. Dann Oliven, Kapern und Zitronensaft einrühren und für 10 Sek. braten. Diese Sauce über den Fisch gießen und sofort servieren.

GEBACKENER FISCH

Die meisten Fischsorten eignen sich zum Backen – ob als Filet, Steak oder im Ganzen. Vor allem magerer, fettarmer Fisch wird durch das Backen vor dem Austrocknen geschützt. Bereiten Sie solche Fische mit einer Panade oder Füllung zu oder backen Sie sie mit einer Sauce, die dann auch mit dem Fisch serviert werden kann.

Fisch kann auch in Alufolie gebacken werden. Bei dieser Methode gart er, ähnlich wie beim Dämpfen, im eigenen Saft.

Für Garzeiten bei Fischen gilt als Faustregel, dass ein 2,5 cm dickes Stück Fisch, gemessen an der dicksten Stelle, bei 220° C/Gas 7 in 10 Min. gar ist.

1 ▲ Gießen Sie über Fisch, der gebacken werden soll, eine kleine Menge Brühe, Wein, Wasser oder andere Flüssigkeit. Dann würzen.

2 ▲ Beim Backen in Folie den Fisch rundum würzen, die Folie gut verschließen und auf ein Backblech legen.

Gebackene Fischsteaks
Weißfleischige Fischsteaks (insgesamt 700 g) in eine Backform legen. Mit 2 Esslöffeln gehackten Schalotten oder Zwiebeln bestreuen und mit 3 Esslöffeln Zitronensaft oder trockenen Weißwein übergießen. 30 g Butterflocken obenauf setzen und mit Salz und Pfeffer würzen. Im Ofen bei 220° C/Gas 7 für ca. 10 Min. backen. Vor dem Servieren Kochflüssigkeit über den Fisch gießen.
Für 4 Personen

VERSCHIEDENE FISCHARTEN

Kaufen Sie nur frischen Fisch. Falls eine Art nicht erhältlich ist, ersetzen Sie sie durch eine vergleichbare.

Magerer Fisch

Brasse
- Runder Salzwasserfisch
- festes, saftiges Fleisch; feiner Geschmack
- braten, backen, dämpfen, grillen
- Als Ersatz Rote Meeräsche.

Glattbutt
- Salzwasser-Plattfisch
- zartes Fleisch; feiner Geschmack
- braten, grillen, backen, dämpfen, dünsten
- Als Ersatz andere Plattfische.

Kabeljau, Dorsch
- Runder Salzwasserfisch
- lockeres zartes Fleisch; mild
- grillen, backen, dämpfen, dünsten
- Als Ersatz Schellfisch, Heilbutt

Schellfisch
- Runder Salzwasserfisch
- weiches saftiges Fleisch; mild
- grillen, backen, dämpfen, dünsten
- Als Ersatz Kabeljau, Heilbutt

See- oder Meerhecht
- Runder Salzwasserfisch
- weißes Fleisch; voller Geschmack
- grillen, backen, dämpfen, dünsten
- Als Ersatz Kabeljau, Schellfisch

Heilbutt
- Salzwasser-Plattfisch
- festes, saftiges Fleisch; mild-süßer Geschmack
- grillen, backen, dämpfen, dünsten.
- Als Ersatz Seezunge, Scholle.

Scholle
- Salzwasser-Plattfisch
- feines Fleisch; zarter Geschmack
- braten, grillen, backen, dämpfen
- Als Ersatz Seezunge

Seebarsch
- Runder Salzwasserfisch
- lockeres oder festes Fleisch; mild
- grillen, braten, backen
- Als Ersatz Lachs, Meeräsche

Rochen
- „geflügelter" Salzwasserfisch
- lockeres, geschmackvolles Fleisch
- braten, grillen, kochen, dämpfen

Gartest für Fisch

Seefisch braucht nicht lange, um gar zu werden. Wenn er zu lange kocht oder brät, verliert das Fleisch seine saftige Konsistenz; das Fleisch von Fischen wie z.B. Thunfisch und Schwertfisch kann unangenehm zäh werden. Deshalb ist es wichtig zu wissen, wann ein Fisch durchgegart ist.

Das Fleisch von rohem Fisch und Krustentieren sieht glasig und transparent aus; wenn es gar ist, wird es undurchsichtig und weiß.

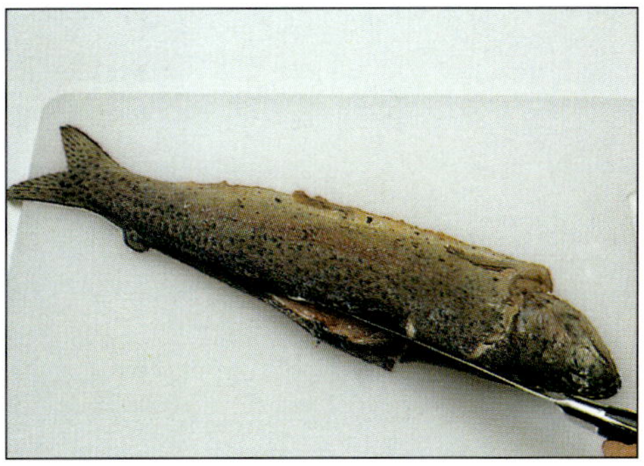

1 ▲ Um festzustellen, ob ein Fisch gar ist, machen Sie einen kleinen Schnitt in die dickste Stelle und heben das Fleisch mit dem Messer an.

2 ▲ Der Fisch ist fertig, wenn das Fleisch am Rückgrat ganz leicht glasig ist; es gart auf dem Teller noch eine Weile nach.

Seezunge
- Plattfisch, Salzwasser
- feines Fleisch; zarter Geschmack
- braten, grillen, backen, dünsten
- Als Ersatz Scholle

Steinbutt
- Salzwasser-Plattfisch
- saftiges Fleisch; exzellenter Geschmack
- backen, grillen, dünsten, dämpfen
- Als Ersatz Glattbutt

Halbfetter Fisch

Graue Meeräsche
- Salzwasserfisch
- zartes, leicht verdauliches Fleisch
- braten, grillen, dünsten, backen

Mönchsfisch
- Salzwasserfisch
- festes, süßes Fleisch, ähnlich wie Hummer
- braten, grillen, dünsten
- Als Ersatz Heilbutt, Kabeljau

Rote Meeräsche
- Salzwasserfisch
- zartes Fleisch; exzellentes Geschmack
- grillen, backen, braten
- Als Ersatz Forelle

Schwertfisch
- Salzwasserfisch
- festfleischig; milder, unverwechsel barer Geschmack
- grillen, backen, dämpfen, dünsten
- Als Ersatz Hundshai; Thunfisch

Forelle
- Süsswasserfisch
- zartes, lockeres Fleisch; reicher, voller Geschmack
- braten, grillen, backen
- Als Ersatz Seeforelle, Lachs

Thunfisch
- Salzwasserfisch
- festfleischig; Geschmack variiert von zart bis kräftig
- backen, dämpfen, dünsten, grillen
- Als Ersatz Schwertfisch, Hundshai

Fettreiche, ölige Fische

Karpfen
- Süsswasserfisch
- weiches lockeres Fleisch; mild
- backen, grillen, braten, dämpfen
- Als Ersatz Kabeljau, Schellfisch

Hering
- Runder Salzwasserfisch
- zart und saftig; voller Geschmack
- grillen, backen, braten, einlegen
- Als Ersatz Makrele

Makrele
- Runder Salzwasserfisch
- zart und saftig; kräftiger, unver wechselbarer Geschmack
- grillen, backen, braten, einlegen
- Als Ersatz Hering

Lachs
- Runder Salz- und Süsswasserfisch
- lockeres, zartes Fleisch; milder bis kräftiger Geschmack
- backen, grillen, dämpfen, kochen
- Als Ersatz große Seeforelle

Seeforelle/Lachsforelle
- Runder Salzwasserfisch
- saftiges, lockeres Fleisch; mild-süßer Geschmack
- grillen, backen, braten
- Als Ersatz Lachs, Regenbogen forelle

Fisch dünsten

Ganze Fische, ob groß oder klein, eignen sich sehr gut zum Dünsten, weil bei dieser sanften Garmethode das Fleisch besonders saftig bleibt. Gedünsteter Fisch kann heiß oder kalt serviert werden; aus der Kochflüssigkeit läßt sich eine Sauce zubereiten.

Geschirr zum Dünsten
Wenn der Fisch in einem langen Kessel mit perforiertem Einsatz dünstet, können Sie ihn aus der Kochflüssigkeit heben, wenn er gar ist. Oder benutzen Sie einen Bratenrost in einem tiefen Topf.

1 ▲ **Dünsten im Ofen:** Den Fisch oder die Fischstücke nebeneinander in eine gefettete Auflaufform legen. Soviel Flüssigkeit aufgießen, dass der Fisch damit zu etwa zu zwei Dritteln bedeckt ist.

2 ▲ Je nach Rezept Gewürze hinzufügen. Die Form mit einem eingefettetem Blatt Pergamentpapier abdecken, aber nicht am Fisch festkleben lassen.

3 ▲ Die Flüssigkeit auf dem Herd bei mäßiger Hitze kurz aufkochen, dann bei 180° C/Gas 4 in den Ofen stellen und dünsten, bis der Fisch gar ist. Zum Nachprüfen mit der Messerspitze in das Fleisch am Rückgrat einschneiden; ist es noch leicht durchscheinend, ist der Fisch gar.

4 ▲ **Dünsten auf dem Herd:** Ganze Fische oder Fischteile in einem Topf mit perforiertem Rost dünsten oder in ein Stück Musselinstoff einpacken, als eine Art „Hängematte", in der Sie den Fisch nach dem Dünsten aus dem Topf heben. Kleine ganze Fische lassen sich auch direkt in einer großen Pfanne dünsten.

5 ▲ Die Flüssigkeit (Salzwasser, Milch, Wein, Brühe) in den Dünsttopf gießen, den Rost aufsetzen oder den in Musselin verpackten Fisch hineinlegen. Wenn nötig, Flüssigkeit hinzugießen, damit der Fisch gut bedeckt ist.

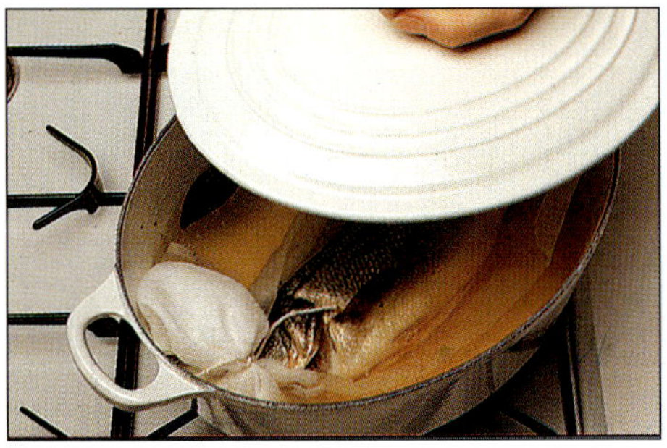

6 ▲ Den Topf verschließen und die Flüssigkeit kurz aufkochen, dann die Hitze reduzieren und leise köcheln lassen, bis der Fisch gar ist.

Gedünstete Seezungenfilets
8 Seezungenfilets ohne Haut, (ca. 1,5 cm dick Gesamtgewicht 700 g) im Ofen dünsten. 300 ml trockenen Weißwein oder Fischbrühe zusammen mit 4-6 gehackten Frühlingszwiebeln und 4-6 Zitronenscheiben für 3-5 Min. köcheln lassen, dann den Fisch herausheben. Die Flüssigkeit aufkochen und abseihen, mit Salz und Pfeffer würzen. *Für 4 Personen.*

Gedünsteter Fisch mit grüner Mayonäse

Für 6 oder mehr Personen

1 ganzer Lachs, Seeforelle oder Seebarsch, ausgenommen, gesäubert, ohne Flossen
360 ml grüne Mayonäse (Rezept S. 180), als Beilage
Für die Court Bouillon
450 ml trockener Weißwein
3 Liter Wasser
1 große Zwiebel, in Scheiben
2 Möhren, in dünnen Scheiben
1 Selleriestange, in dünnen Scheiben
1/2 Zitrone, in Scheiben
ein paar Petersilienstengel
1 Lorbeerblatt
12 schwarze Pfefferkörner
Salz

1 ▲ Alle Zutaten für die Fischbrühe in den Fischkessel oder einen großen Bräter geben, aufkochen und für 20 Min. simmern lassen.

2 Den Fisch auf den Einsatz legen oder in Musselin verpacken und in die Flüssigkeit eintauchen. Er sollte ganz mit der Brühe bedeckt sein.

3 Abdecken und wieder zum Kochen bringen, und dann für 15-20 Min. leise köcheln lassen.

4 ▼ Den Kessel vom Herd nehmen und den Fisch herausheben. Gut abtropfen lassen, dann auf eine Servierplatte legen und langsam abkühlen lassen.

5 ▲ Vom Fisch vorsichtig die Haut abziehen und Flossen entfernen. Bei Lachs die äußere gräuliche Fleischschicht abkratzen.

6 Den abgekühlten Fisch mit der grünen Mayonäse servieren

Fisch dämpfen

Bei dieser einfachen Methode wird der Fisch in Wasserdampf gegart. Falls Sie keinen Dämpftopf haben, können Sie auch auf andere Weise dämpfen.

Gedämpfter Kräuter-Lachs
Einen feuerfesten Teller mit frischen Kräutern füllen (Dill, Petersilie, Schnittlauch etc.), 2 gewürzte Lachsfilets (2,5 cm dick) obenauf legen. Für ca. 10 Min. auf chinesische Art dämpfen. Nach Belieben mit Butterflöckchen oder Sauce Hollandaise (S. 178) servieren. *Für 2 Personen.*

1 ▲ **Im Dämpftopf:** Den Fisch auf den Einsatz legen, mit Deckel verschließen und über kochendem Wasser gar dämpfen.

2 ▲ **Dämpfen auf chinesische Art:** Fisch auf einen feuerfesten Teller legen, der in einen Wok passt. Den Teller auf den Einsatz im Wok stellen, abdecken und über kochendem Wasser gar dämpfen.

3 ▲ **Größere Fischstücke dämpfen:** Fisch auf einem Bratrost oder Teller legen, diesen in einen Bräter stellen, locker mit Folie abdecken und über kochendem Wasser gar dämpfen.

4 ▲ **In Folie dämpfen:** Den Fisch zusammen mit Gewürzen gut in Alufolie verpacken, auf den Einsatz des Dämpftopfes oder auf den Rost in einem Bräter legen; gar dämpfen.

Fischsteaks und -koteletts schneiden

Rundfische und große Plattfische wie Heilbutt werden oft in Steaks oder Koteletts zugeschnitten. Steaks werden quer aus dem Schwanzende eines Fisches geschnitten, Koteletts aus der Mitte heraus. Sie sind normalerweise ca. 2,5-4 cm dick.

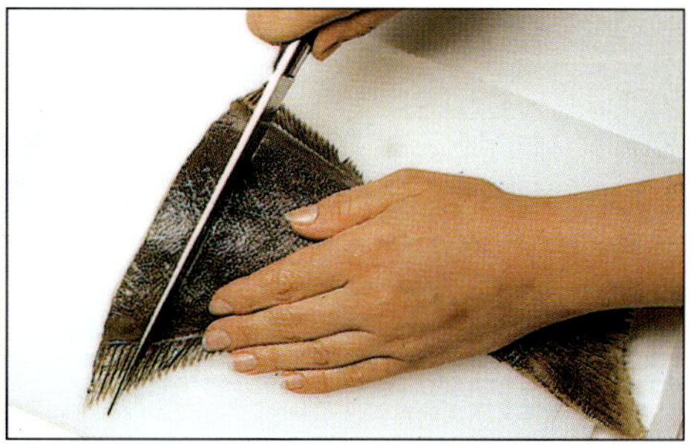

1 ▲ Mit einem langen scharfen Messer den Fisch im rechten Winkel zum Rückgrat quer in Scheiben der gewünschten Dicke schneiden.

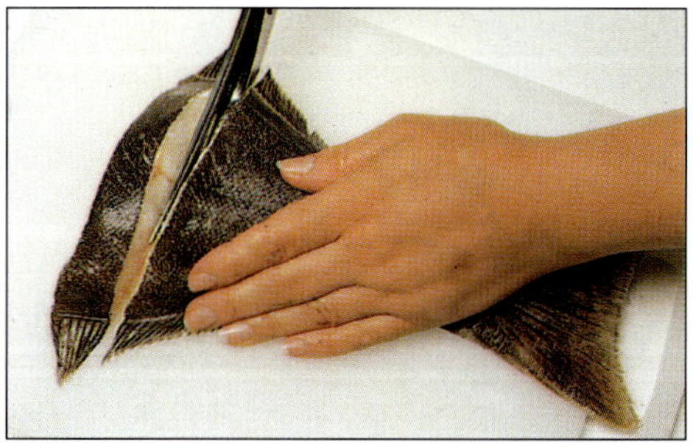

2 ▲ Falls nötig, das Rückgrat mit einer Küchenschere oder einem Sägemesser durchtrennen.

Fischsteaks mit Senfsauce

Für 4-6 Personen

4-6 Heilbutt- oder Steinbuttsteaks, ca. 2,5 cm dick

Pfeffer und Salz

45 g geschmolzene Butter

Zitronenscheiben zum Garnieren

Für die Senfsauce

4 Esslöffel Dijon Senf

300 ml Schlagsahne oder Creme double

1/2 Teelöffel Streuzucker

1 Esslöffel Weißweinessig oder Zitronensaft

1 Den Ofengrill vorheizen. Die Steaks mit Salz und Pfeffer würzen, auf einen gefetteten Rost in die Grillpfanne legen, mit Butter bestreichen.

2 ▼ Für ca. 4-5 Min. im Abstand von 10cm auf jeder Seite grillen, beim Wenden mit Butter bestreichen.

3 ▲ Inzwischen die Zutaten für die Senfsauce vermischen und unter Rühren zum Kochen bringen. Simmern lassen, bis die Sauce andickt. Vom Herd nehmen und warm stellen.

4 Den Fisch auf einen vorgewärmten Teller anrichten, Senfsauce darüber gießen und mit Zitronen garnieren.

Fischfilets schneiden

Fischfilets werden in der Küche besonders gern verwendet, weil sie keine Gräten haben. Um Fisch zu filetieren, brauchen Sie ein scharfes Filetmesser mit biegsamer Klinge. Aus den Gräten und Flossen lässt sich eine Fischbrühe zubereiten.

Rundfische sind einfach zu filetieren. Sie liefern auf jeder Seite ein grätenfreies Stück. Große Plattfische werden beim Filetieren etwas anders behandelt, aus ihnen erhält man 4 schmale Filets – zwei von jeder Seite.

1 ▲ **Rundfisch filetieren:** Den Fisch flach auf die Seite legen, den Kopf abschneiden und mit der Messerspitze den Rücken aufschneiden.

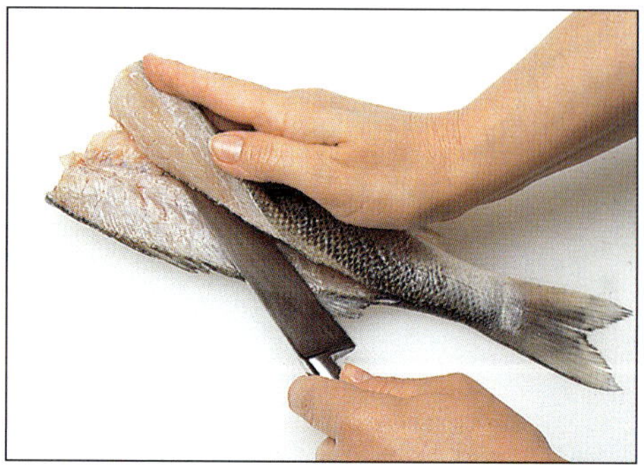

2 ▲ Mit kurzen Schnitten beim Kopfende anfangen und am Rückgrat entlang das Fleisch bis zum Schwanzende ablösen. Auf der anderen Seite wiederholen.

Kleine Plattfische filetieren
Aus kleinen Plattfischen lassen sich 2 Filets schneiden, eins pro Seite: Gehen Sie zuerst genauso vor wie unten gezeigt, aber schneiden Sie den Fisch nicht längs durch die Mitte hindurch. Beginnen Sie am Kopfende und lösen Sie das Filet als Ganzes von den Rippen ab, erst von der einen, dann von der anderen Seite des Rückgrates. Dann den Fisch umdrehen und das zweite Filet ablösen.

3 ▲ Wenn Sie am Schwanzende angekommen sind, schneiden Sie es quer durch, um das Filet loszulösen. Auf der anderen Seite wiederholen.

4 ▲ Mit den Fingern die Fleischseite des Filets nach Gräten absuchen und mit einer Pinzette herausziehen.

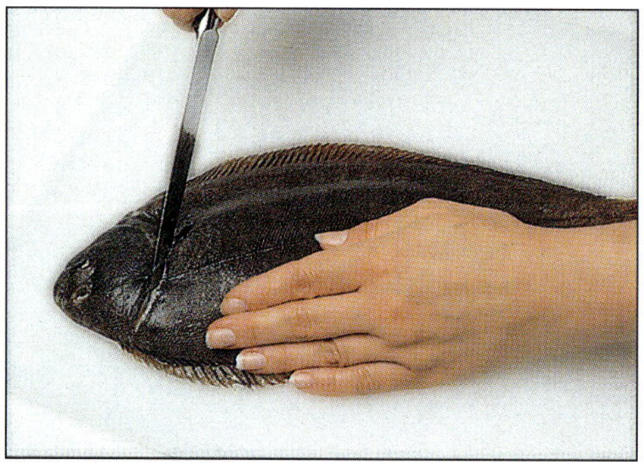

5 ▲ **Plattfische filetieren:** Hinter dem Kopf einen gebogenen Schnitt machen, aber nicht durch das Rückgrat hindurch schneiden. Mit der Messerspitze die Haut entlang der Flossen und quer über den Schwanz einritzen.

6 ▲ Durch die Mitte des Fisches bis herunter zum Rückgrat schneiden. Beim Kopfende anfangen und ein Filetstück mit kurzen Stichen sauber von den Rippen abheben. Das Messer dabei fast parallel zum Fischkörper halten.

7 ▲ Den Fisch drehen und das zweite Filet loslösen. Den Fisch umdrehen und auf dieselbe Weise die Filets auf der anderen Seite loslösen. Frei liegende Gräten mit Pinzette entfernen.

Fischfilet mit Paprika im Papierpaket

Für 4 Personen

- 2 Esslöffel Olivenöl
- 1 Zwiebel, in dünnen Scheiben
- 1 Knoblauchzehe, fein gehackt
- 1 grüne und 1 rote Paprika, ohne Kerne, in dünnen Streifen
- 225 g Tomaten, grob gehackt
- 1 Esslöffel frische Minze, gehackt
- 2 Teelöffel frischer Majoran, gehackt oder 1/2 Teelöffel trockener Oregano
- Pfeffer und Salz
- 4 Fischfilets ohne Haut, wie Forelle, Brasse, Glattbutt
- 115 g Feta-Käse, in Stücken

1 Ofen auf 180° C/Gas 4 vorheizen.

2 ▲ Öl in einer Pfanne erhitzen und die Zwiebel unter Rühren für 3-5 Min. anbraten. Knoblauch und Paprika hinzufügen, weich werden lassen, dann Tomaten und Kräuter einrühren, mit Pfeffer und Salz würzen und vom Herd nehmen.

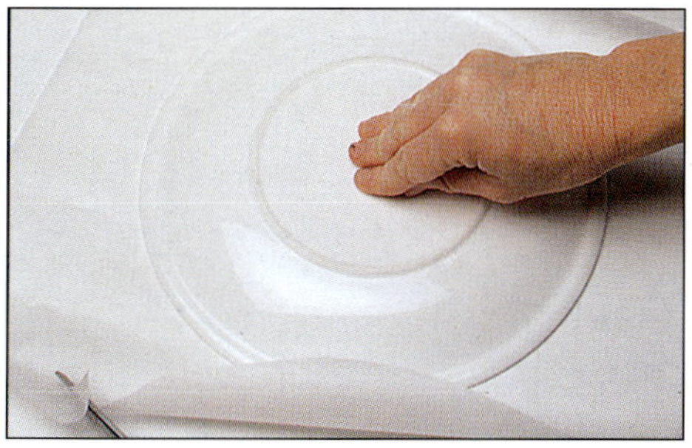

3 ▲ Aus Folie, Back- oder Pergamentpapier vier Kreise schneiden, jeweils groß genug für das Filet.

4 ▲ Einen Esslöffel der Paprikamischung auf die Hälfte des Papiers setzen, das Filet darüber legen und wieder etwas von dem Paprika auf das Filet geben. Zum Abschluss den Fetakäse darüber streuen.

5 ▼ Den Papierkreis in der Mitte über den Fisch falten, die Ränder mehrmals umschlagen und die Pakete auf ein Backblech legen.

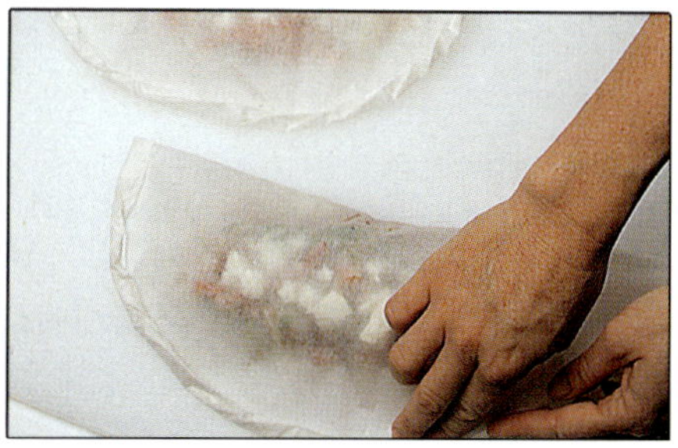

6 Für 20-25 Min. im Ofen backen. Man kann den Fisch im Papierpaket servieren; Pakete aus Alufolie dagegen müssen entfernt werden.

Fischfilets enthäuten

Dunkle oder zähe Fischhaut wird vor der Zubereitung meist entfernt. Eine Ausnahme ist das Grillen: Hier sollte die Haut am Fischfilet belassen werden, damit es seine Form behält.

Für einen festen Griff
Wenn Sie Ihre Hände vor dem Häuten einsalzen, können Sie die Haut beim Schwanzende besser anfassen und straff gespannt halten.

1 ▲ Das Filet mit der Haut nach unten und dem Schwanzende nach vorn legen. Das Fleisch bis hinunter zur Haut schräg einschneiden, so dass ein Stück Haut freiliegt.

2 ▲ Dies freie Hautende festhalten und das Messer so ansetzen, dass es fast parallel zur Haut liegt, dann das Filet möglichst in einem einzigen Schnitt von der Haut abziehen.

Fisch-Kasserolle

Für 6-8 Personen

- 750 ml Milch
- 1 Zwiebelscheibe
- 2-3 Stengel frische Petersilie
- 1 Lorbeerblatt
- ein paar schwarze Pfefferkörner
- 85 g Butter
- 70 g Weizenmehl
- 1/2 Teelöffel geriebene Zitronenschale
- 1 geschlagenes Ei
- Pfeffer und Salz
- 145 g Kräcker, grob gerieben
- 700 g weißes Fischfilet ohne Haut, fein gewürfelt
- 225 g geräucherter Schellfisch, in Streifen

1 Ofen auf 180° C/Gas 4 vorheizen.

2 Milch zusammen mit der Zwiebel, den Kräutern und Pfefferkörnern aufkochen, vom Herd nehmen, 20 Min. ziehen lassen. Von der Butter 70 g schmelzen, mit Mehl mischen und in die Milch einrühren, unter Rühren aufkochen und andicken lassen.

3 ▲ Topf vom Herd nehmen, Zitronenschale und Ei hinzufügen, gut verrühren. Mit Pfeffer und Salz würzen.

4 ▲ Ca. 1/3 der Biskuits auf den Boden einer eingefetteten Backform verteilen, mit der Hälfte der Fischwürfel bedecken. Die Hälfte der Sauce darübergießen, obenauf die Räucherfisch-Streifen verteilen. Diese Schichtung nochmals wiederholen.

5 ▼ Die restlichen Biskuitbrösel zusammen mit der restlichen Butter obenauf verteilen.

6 Für ca. 35 Min. im Ofen backen, bis die Kruste leicht gebräunt ist. Heiß servieren.

~ VARIATION ~

Für eine Fischpastete Ei und Biskuits weglassen, stattdessen die Fischwürfel in der Sauce wälzen, dann zur Hälfte in eine Backform füllen, Räucherfisch darüber verteilen, und über diese den restlichen Fisch. Mit einer Schicht Stampfkartoffeln bedecken.

Fisch entgräten

In der Regel ist bei ausgenommenen Fischen der Bauch aufgeschlitzt. Bei ihnen läßt sich auf einfache Weise das Rückgrat entfernen, so dass Sie diesen Fisch auch gefüllt servieren können.

Wenn dieser grätenfreie Fisch wie ein Buch auseinandergeklappt wird, läßt er sich besonders schnell und gleichmäßig braten.

Entgräten durch den Rücken hindurch:
Als Alternative zu der hier gezeigten Methode wird der Fisch nicht von der Bauchseite her, sondern durch den Rücken hindurch entgrätet: Kopf und Schwanzende am Fisch lassen und ihn auf der Bauchseite auf ein Brett legen. Mit einem scharfen Messer den Rücken entlang des Rückgrates aufschneiden. Das Messer durch diese Öffnung stecken und das Fleisch auf jeder Seite von den Gräten sorgfältig ablösen, dabei oben beim Rückgrat anfangen und zum Bauch hin weiterarbeiten. Das Rückgrat mit einer Schere vom Kopf und Schwanz abtrennen und zusammen mit den Gräten entfernen.

1 ▲ Falls nötig, den Kopf hinter den Kiemen abtrennen und den Schwanz ebenfalls entfernen.

2 ▲ Den Fisch aufklappen, mit der Hautseite nach oben auf ein Brett legen und fest auf das Rückgrat drücken, um es zu lösen. Den Fisch umdrehen.

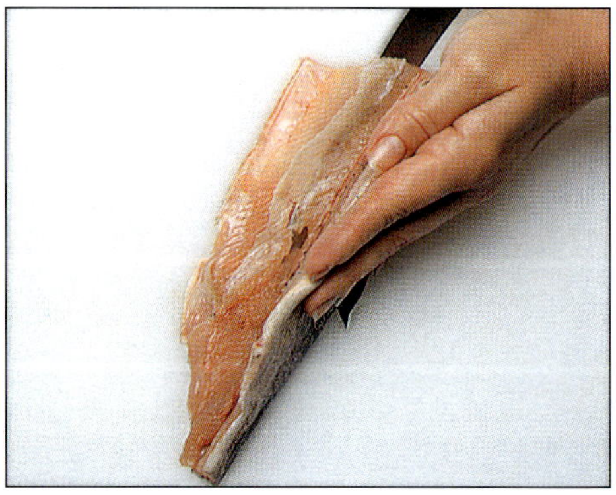

3 ▲ Wenn möglich, das Rückgrat zusammen mit den Gräten in einem Stück lösen. Wenn das Rückgrat herausgeschnitten werden muss, mit dem Messer auf jeder Seite unter den Gräten entlang schneiden und das Flesich dabei ablösen.

4 ▲ Mit dem Messer vorsichtig vom Rückgrat ausgehend unter den Gräten entlang schneiden. Auf der anderen Seite wiederholen.

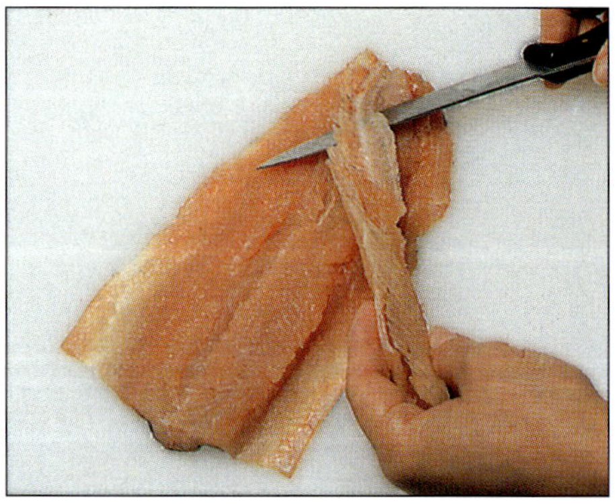

5 ▲ Unter dem Rückgrat entlang schneiden und es zusammen mit den Gräten in einem Stück abheben.

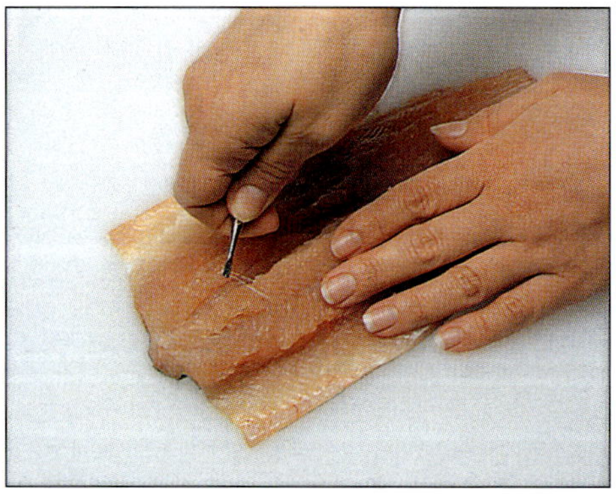

6 ▲ Mit den Fingern auf der Fleischseite nach Gräten suchen und diese mit einer Pinzette herausziehen.

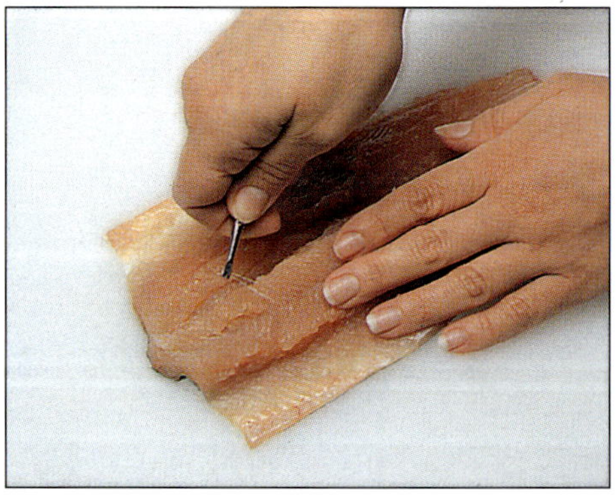

7 ▲ Den grätenfreien Fisch mit kaltem fließendem Wasser abspülen und zwischen Papiertüchern trocknen.

Gebackener Fisch mit Krabbenfüllung

Für 4 Personen

- 4 Streifen durchwachsener Speck
- 30 g Butter
- 55 g Frühlingszwiebeln, gehackt
- 1 große Selleriestange, gewürfelt
- Schale einer großen Zitrone, gerieben
- 1 Esslöffel frische Petersilie, gehackt
- 30 g Semmelbrösel
- Pfeffer und Salz
- 170-230 g weißes Krabbenfleisch
- 1 Ei, geschlagen
- 4 ganze Fische wie Forelle oder Roter Schnapper à 340-450 g, gesäubert und entgrätet

1 Ofen auf 190° C/Gas 5 vorheizen.

2 Speckstreifen mit Butter in einer Pfanne knusprig braten, auf Papiertüchern trocknen, kleinschneiden.

3 Ca. 1 Esslöffel Fett in der Pfanne lassen, den Rest in eine kleine Schüssel gießen und damit eine Backform oder eine Grillpfanne einstreichen, in der alle Fische genug Platz haben. Beiseite stellen.

4 ▲ Das Fett in der Pfanne erhitzen und unter Rühren Sellerie und Frühlingszwiebel für 5-7 Min. darin anbraten, bis sie weich sind.

5 Das Gemüse mit Zitronenschale, Petersilie, Semmelbrösel, Krabben und Speck mischen, mit Salz und Pfeffer würzen, mit dem Ei binden.

6 ▼ Jeden Fisch auseinanderklappen und die Füllung auf eine Fischhälfte verteilen. Die andere Hälfte darüberklappen und leicht andrücken. Die Öffnungen nach Wunsch mit Holzstäbchen feststecken.

7 ▲ Die gefüllten Fische in die Backform legen, mit Fett bestreichen und für 25-30 Min. im Ofen backen, bis sie gar sind.

8 Die fertigen Fische vorsichtig auf vorgewärmte Teller legen und sofort servieren.

Fisch grillen

Fettreiche und ölige Fische wie Lachs, Makrele und Thunfisch sind bestens dafür geeignet, um bei starker trockener Hitze gegrillt zu werden. Auch magerer Fisch lässt sich grillen, solange er dabei ausreichend mit Fett oder Flüssigkeit versorgt wird.

Den Grill immer vorheizen und nach Wunsch die Grillpfanne mit Folie auskleiden.

Fische mit einem kräftigen Eigengeschmack kann man auch sehr gut über dem Holzkohlefeuer grillen; wenn das Fleisch zu mild ist, wird sein Geschmack vom würzigen Raucharoma überdeckt. Während des Grillens immer wieder gut mit Fett und Flüssigkeit einstreichen.

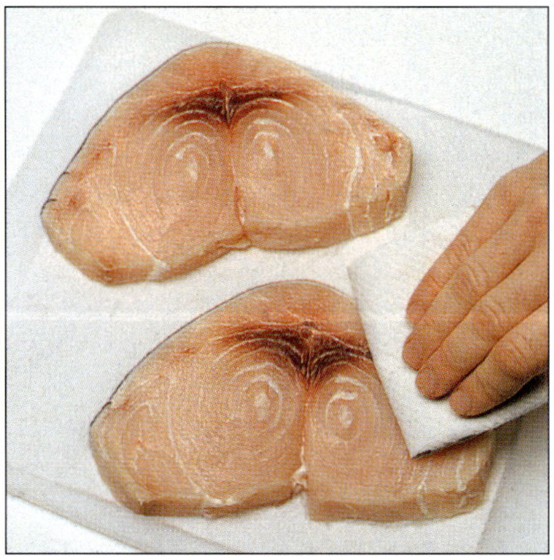

1 ▲ **Öligen Fisch grillen:** Kleine, ganze oder entgrätete Fische, Fischsteaks, -koteletts oder Filets, die mind. 1,5 cm dick sind, oder Fischfleisch in Würfeln abspülen und mit Papiertüchern trocken tupfen, je nach Rezept marinieren.

2 ▲ Grillpfanne ggf. mit Folie auskleiden, den Grill zusammen mit der Grillpfanne vorheizen, dann die heiße Pfanne oder die Folie mit Öl bestreichen. Den Fisch mit der Haut nach unten in die Pfanne legen, mit Butter, Öl oder je nach Rezept mit einer anderen Mixtur bestreichen.

Fischspieße mit Zitronenbutter
Je zwei Esslöffel flüssige Butter und Zitronensaft mit 1 Teelöffel Senfpulver und 1 fein gehackte Knoblauchzehe vermischen. 700 g Heilbutt-, Mönchsfisch- oder Seebarschsteaks in 2,5 cm große Würfel schneiden, zusammen mit roten Paprikastücken auf Spieße stecken, mit der Buttermischung bestreichen und grillen, dabei öfters wenden und einfetten. *Für 4 Personen.*

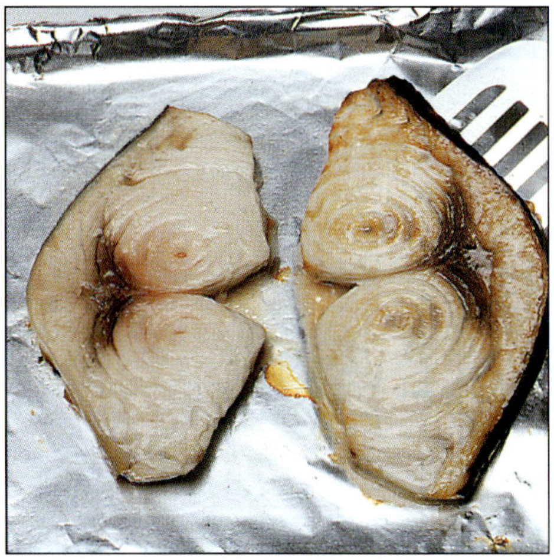

3 ▲ Den Fisch in der Pfanne in einer Entfernung von 7,5-10 cm von der Heizquelle grillen, dabei ein- oder zweimal mit Fett bestreichen und wenden, falls im Rezept vorgesehen.

4 ▲ **Mageren Fisch grillen:** Kleine ganze Fische, Fischfilets, -steaks oder -koteletts (ca. 1,5 cm dick) in eine gefettete feuerfeste Schüssel legen. Wenig Flüssigkeit (Wein, Brühe etc.) hinzugießen, die gerade den Boden der Schüssel bedecken soll. Den Fisch mit Fett bestreichen und grillen, ohne den Fisch zwischendurch zu wenden.

Gegrillter Lachs

FÜR 6-8 PERSONEN

- 1 1/2 Esslöffel getrocknete Wacholderbeeren
- 2 Teelöffel grüne Pfefferkörner
- 1 Teelöffel Streuzucker
- 1/8 Teelöffel Salz
- 3 Esslöffel Pflanzenöl
- 2 Esslöffel Zitronensaft
- 2,3 kg Lachs, ausgenommen, entgrätet, grillfertig
- Zitronenscheiben zum Garnieren

1 Wacholderbeeren und Pfefferkörner mit Gewürzmühle oder Mörser grob mahlen. Zusammen mit den anderen Gewürzen in eine kleine Schüssel geben, Zucker, Salz, Öl und Zitronensaft hinzufügen.

2 ▲ Fisch mit der Hautseite nach unten hinlegen, aufklappen und die Gewürzmischung auf eine Lachshälfte gleichmäßig verteilen. Zuklappen, auf einen großen Teller legen, abdecken und im Kühlschrank für mind. 1 Std. marinieren lassen.

3 Den Grill vorheizen.

4 ▼ Den Lachs wieder aufklappen und mit der Hautseite nach unten auf ein gefettetes Backblech legen, restliche Gewürzmischung verteilen.

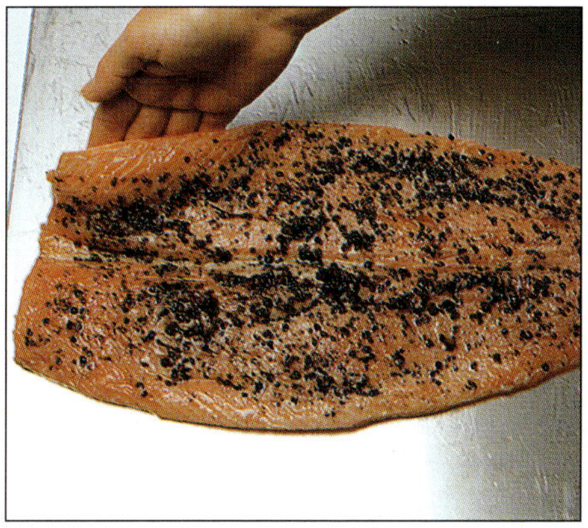

5 In einer Entfernung von ca. 10 cm für 8-10 Min. grillen, bis der Fisch gar ist. Mit Zitronenschnitzen garnieren und sofort servieren.

Fisch panieren und braten

Bratfische werden oftmals vorher in Ei, Semmelbrösel oder in Teig gewälzt, d.h. paniert. Diese Panade bildet beim Braten eine knusprige Kruste, die das empfindliche Fischfleisch vor dem Austrocknen schützt. Auch Fleisch- und Geflügelstücke sowie Gemüse lassen sich panieren.

1 ▲ Ein Ei in einem tiefen Teller leicht schlagen. Auf einem anderen Teller oder einem Stück Pergamentpapier Mehl streuen und je nach Rezept würzen. Auf einem dritten Teller Paniermehl streuen.

2 ▲ **Große Fischstücke panieren:** Den Fisch von beiden Seiten zuerst in dem gewürzten Mehl wenden. Überschüssiges Mehl abschütteln.

Frittierte Forellenfilets
8 Forellenfilets mit Ei und gewürztem Maismehl panieren, frittieren und mit Remouladensauce servieren. *Für 4 Personen.*

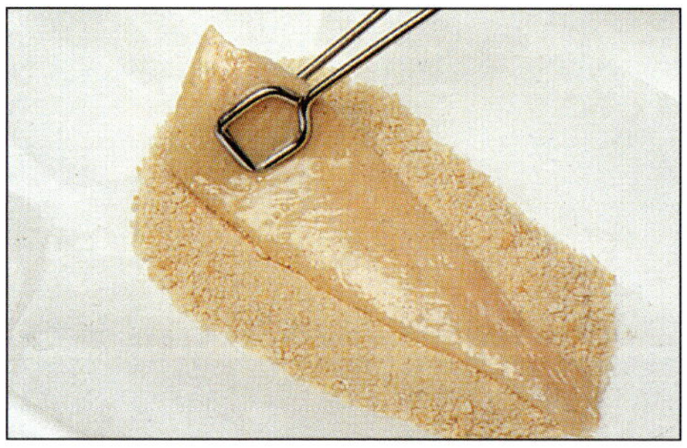

3 ▲ Nun den eingemehlten Fisch in das Ei tauchen, so dass beide Seiten gut mit Ei bedeckt sind.

4 ▲ Zum Schluß den Fisch von beiden Seiten im Paniermehl wälzen. Überschüssige Panade abschütteln. Für mindestens 20 Min. kühlen, damit sich die Panade setzen kann.

5 ▲ **Kleine Fischstücke panieren:** Das Paniermehl in eine Plastiktüte schütten. Nachdem der Fisch in Mehl und Ei gewendet worden ist, legen Sie ihn portionsweise in die Tüte und schütteln Sie sie vorsichtig.

6 ▲ **In der Pfanne braten:** Öl oder Öl mit Butter in einer Pfanne erhitzen; das Fett muss den Pfannenboden gut bedecken. Wenn das Fett sehr heiß ist, den panierten Fisch hineingeben und von beiden Seiten goldbraun braten. Vor dem Servieren auf Papiertüchern trocknen lassen.

7 ▲ **Fisch frittieren:** Einen tiefen Topf zur Hälfte mit Öl füllen und auf 190° C erhitzen. Den panierten Fisch portionsweise vorsichtig in das Öl tauchen und frittieren, bis die Kruste goldbraun ist, dabei ab und zu wenden. Aus dem Topf heben und vor dem Servieren abtropfen lassen.

Fischfilets auf chinesische Art

Für 4 Personen
70 g Weizenmehl
1 Teelöffel Chinagewürz
Pfeffer und Salz
8 Fischfilets ohne Haut von Scholle oder Seezunge (ca. 800 g Gesamtgewicht)
1 Ei, geschlagen
45-55 g feines frisches Paniermehl (Semmelbrösel)
Erdnussöl zum Braten
30 g Butter
4 Frühlingszwiebeln, schräg in dünne Scheiben geschnitten
340 g Tomaten, gewürfelt
2 Esslöffel Sojasauce

1 ▲ Das Mehl zusammen mit Salz, Pfeffer und Chinagewürz auf einen Teller durchsieben. Die Fischfilets panieren, d.h. nacheinander in dem gewürzten Mehl, Ei und den Semmelbröseln wenden.

2 Öl in einer Höhe von ca. 1,5 cm in eine große Bratpfanne gießen. Erhitzen, bis es zu sieden beginnt, die panierten Filets nacheinander in die Pfanne geben und von beiden Seiten goldbraun braten, je nach Dicke der Filets für ca. 2-3 Min. Die Pfanne nicht überfüllen, sonst sinkt die Temperatur ab, und der Fisch saugt zu viel Öl auf.

3 ▼ Die Filets auf Papiertüchern trocknen lassen, dann auf einem Teller warmstellen. Das Öl aus der Pfanne abießen und sie mit Papiertüchern auswischen.

4 ▲ Butter in der Pfanne schmelzen, die Frühlingszwiebeln und Tomaten hineingeben, für ca. 1 Min. braten, dann die Sojasauce einrühren.

5 Diese Sauce über die Fischfilets verteilen und sofort servieren.

Eine Fischbrühe zubereiten

Fischbrühe lässt sich viel schneller zubereiten als eine Fleisch- oder Geflügelbrühe. Besorgen Sie beim Fischhändler Köpfe, Gräten usw.

Ergibt 1 Liter

- 700 g Fischköpfe, Schwänze, Flossen etc. von weißem Fisch
- 1 Zwiebel, in Scheiben
- 2 Selleriestangen mit Grün, gehackt
- 1 Möhre, in Scheiben
- 1/2 Zitrone, in Scheiben (nach Belieben)
- 1 Lorbeerblatt
- ein paar frische Petersilienstengel
- 6 schwarze Pfefferkörner
- 1,35 Liter Wasser
- 150 ml trockener Weißwein

1 ▲ Die Fischreste gut unter fließendem kalten Wasser abspülen. In einen Suppentopf geben, zusammen mit Gemüse, Wein, Wasser, Kräutern, Pfefferkörnern, Zitrone (falls gewünscht). Aufkochen, den Schaum abschöpfen, die Hitze reduzieren und für 25 Min. köcheln lassen.

2 ▲ Die Brühe durch ein Sieb abgießen, die Zutaten dabei aber nicht auspressen. Abkühlen lassen und in den Kühlschrank stellen. Fischbrühe sollte innerhalb von 2 Tagen verbraucht werden; tiefgefroren hält sie sich bis zu 3 Monaten.

Fischer-Eintopf

Für 4 Personen

- 6 Streifen durchwachsener Speck, in Streifen geschnitten
- 15 g Butter
- 1 große Zwiebel, gehackt
- 1 Knoblauchzehe, fein gehackt
- 1 Teelöffel frischer Thymian oder 1/2 Teelöffel getrockneter Thymian
- 450 g Tomaten, enthäutet, gehackt oder Dosentomaten
- 150 ml trockener Wermut oder Weißwein
- 300 g Kartoffel, gewürfelt
- 450 ml Fischbrühe
- 700-900 g weißfleischige Fischfilets, ohne Haut, in großen Stücken
- Pfeffer und Salz

1 Den Speck in einer großen Pfanne bei mittlerer Hitze leicht anbräunen, aber nicht knusprig werden lassen. Aus der Pfanne nehmen und auf Papiertüchern trocknen.

2 ▲ Die Butter in den Topf geben und die Zwiebel für 3-5 Min. unter Rühren anbraten. Knoblauch und Kräuter hinzufügen und ebenfalls unter Rühren anbraten. Dann Tomaten, Wermut oder Wein und die Brühe hinzugeben und aufkochen.

3 Hitze reduzieren, Topf mit Deckel verschließen und für 15 Min. köcheln lassen. Die Kartoffeln hinzufügen, wieder abdecken und für weitere 10-12 Min. köcheln lassen.

4 ▼ Die Fischstücke und den Speck hinzufügen. Bei offenem Topf leise für 5 Min. köcheln lassen, bis die Kartoffeln weich sind und der Fisch gar. Abschmecken und servieren.

~ KOCHTIPP ~

Für Fischbrühe nur Reste von mildem, weißfleischigem Fisch verwenden, nicht von öligem Fisch mit strengem Geschmack.

Garnelen schälen

Garnelen kann man in ihrer Schale kochen, aber meist werden sie vor dem Verzehr geschält (aus den Schalen läßt sich eine aromatische Brühe kochen). Der Darm, der unter dem Rücken verläuft, wird aus ästhetischen Gründen entfernt.

Ungeschälte Garnelen werden mit Kopf verkauft. Dieser läßt sich leicht abtrennen und kann ebenfalls für eine Brühe verwendet werden.

1 ▲ Die Garnele mit einer Hand festhalten und mit den Fingern der anderen Hand Beine und Kopf abziehen.

2 ▲ Die Schale vom Körper ablösen. Beim Schwanz angekommen, halten Sie den Körper fest und ziehen den Schwanz zusammen mit der Schale ab oder lassen den Schwanz am Körper und entfernen nur die Schale.

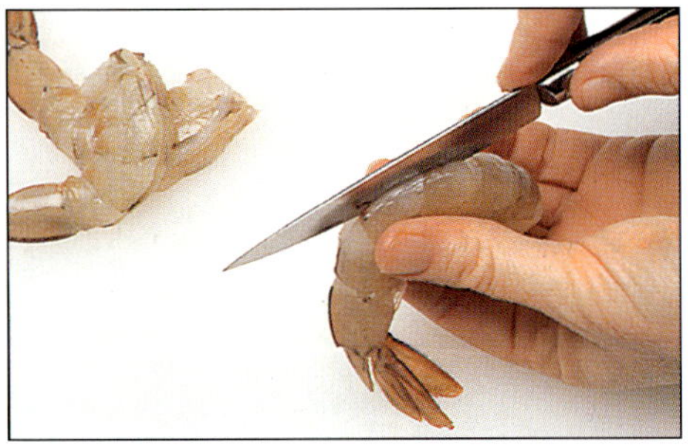

3 ▲ Entlang des Rückens mit einem Messer leicht einschneiden. Den schwarzen Darm mit den Fingern oder mit Holzstäbchen herausziehen.

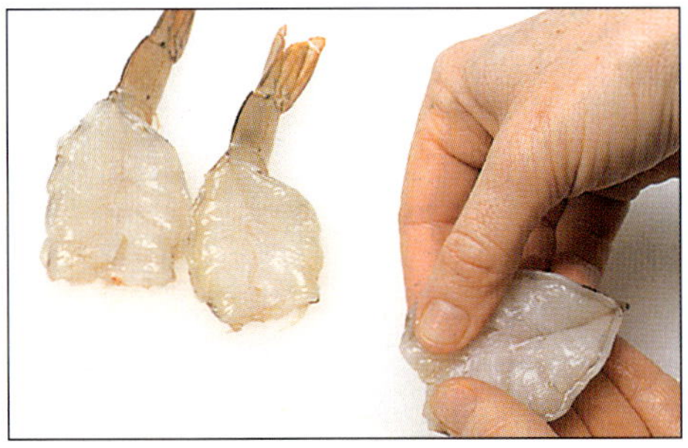

4 ▲ Schneiden Sie am Rücken entlang in das Fleisch, ohne es ganz zu durchtrennen, um das Garnelenfleisch flach auszubreiten.

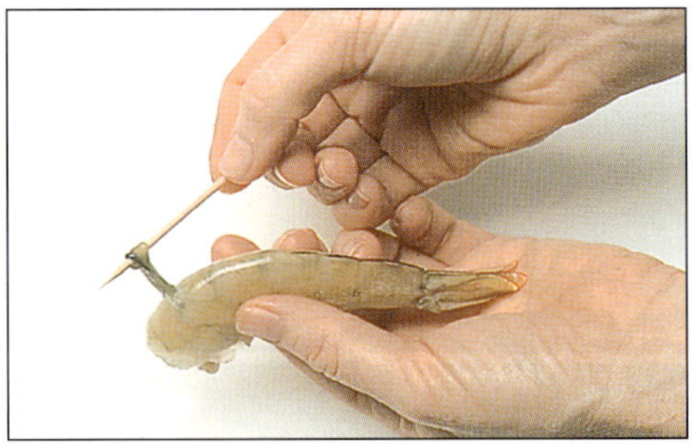

5 ▲ Bei Garnelen in der Schale wird der Darm entfernt, indem man mit einem Cocktailspieß in den Rücken sticht und den Darm heraushebt.

Würzige Tigergarnelen

Für 4-6 Personen

- 6 Esslöffel Olivenöl
- 5 Esslöffel Orangensaft
- 4 Esslöffel Limettensaft
- 1 große Knoblauchzehe, fein gehackt
- 1 Teelöffel Piment, gemahlen
- 1/4 Teelöffel Chiliflocken
- Pfeffer und Salz
- 900 g rohe Tiger- oder Königsgarnelen, geschält, ohne Darm, flach ausgebreitet
- Zitronenschnitze zum Garnieren

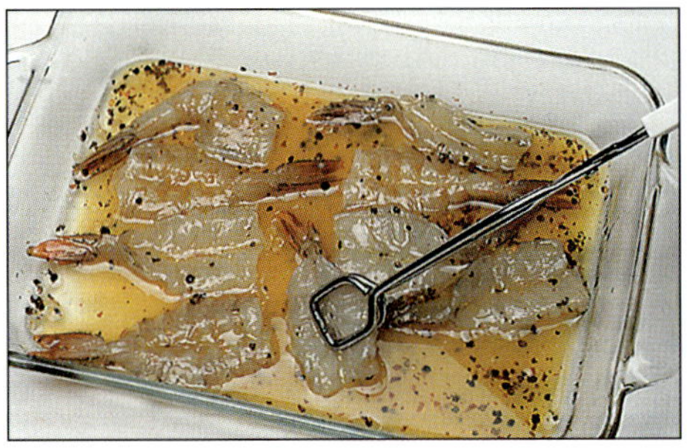

1 ▲ Öl, Orangen- und Limettensaft, Knoblauch, Piment, Chili und Gewürze in einer flachen Backform vermischen. Die Garnelen hinzufügen und gut in der Marinade wenden.

2 Die Backform abdecken und die Garnelen im Kühlschrank für mindestens 2 Std. oder bei Zimmertemperatur für 1 Std. ziehen lassen.

3 Den Grill vorheizen.

4 Die Garnelen in der Backform zurechtlegen, mit der geöffneten Bauchseite nach oben. In einer Entfernung von 10 cm für 6-8 Min. grillen, bis das Fleisch weiß wird. Wenden ist nicht nötig.

5 Garnieren und heiß servieren.

Jakobsmuscheln in Parmaschinken

FÜR 4 PERSONEN

24 mittelgroße Jakobsmuscheln, ohne Rogen, kochfertig

Zitronensaft

8-12 Scheiben Parmaschinken, in 2-3 Streifen längs geschnitten

Olivenöl

Pfeffer

Zitronenschnitze zum Garnieren

1 Den Grill vorheizen oder den Holzkohlegrill vorbereiten.

2 Die Muscheln mit Zitronensaft beträufeln. Einen Streifen Parmaschinken um jede Muschel wickeln, auf 8 Spieße stecken.

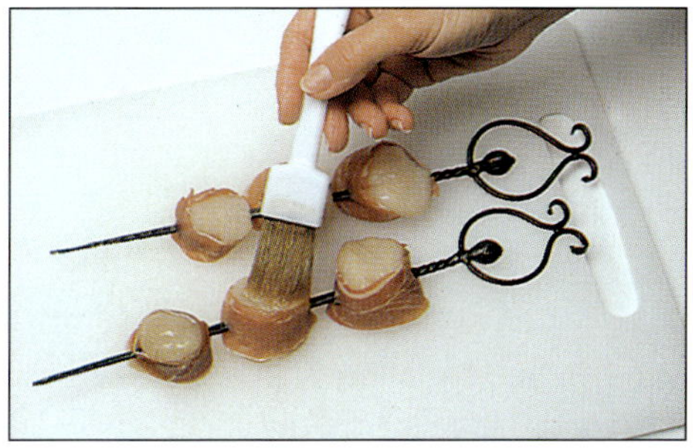

3 ▲ Mit Öl bestreichen, auf ein Backblech legen und bei einer Entfernung von 10 cm für ca. 3-5 Min. auf jeder Seite grillen, bis das Muschelfleisch undurchsichtig ist.

4 Je zwei Spieße auf einen Teller legen, die Muscheln mit frisch gemahlenen schwarzem Pfeffer bestreuen und mit Zitrone garnieren.

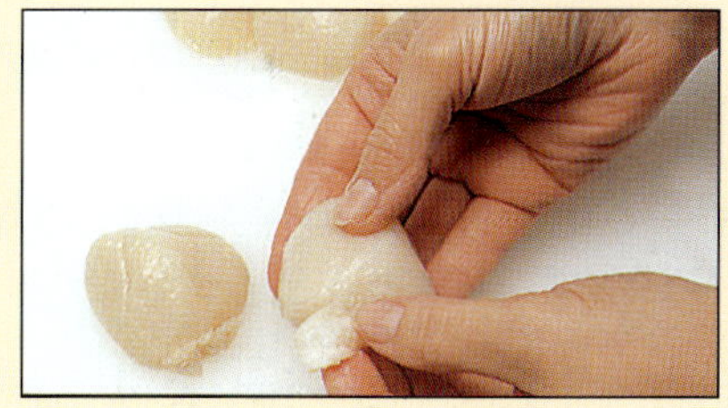

Jakobsmuscheln vorbereiten
Die Schale mit einem kurzen Messer aufbrechen (wie bei Venusmuscheln, S. 86). Fransenartige Membran und dunkle Organe wegwerfen, den orangeroten Corail oder Rogen aufbewahren. Den Knorpel an der Seite des weißen Muschelfleisches entfernen, gut abspülen.

Würzige Tigergarnelen (links); Jakobsmuscheln mit Parmaschinken

Muscheln vorbereiten

Weichtiere wie Miesmuscheln oder Venusmuscheln müssen absolut frisch sein und sollten lebend verkauft werden, es sei denn, sie sind küchenfertig tiefgefroren. Fest verschlossene Muschelschalen sind ein Hinweis auf lebende Tiere; offene Schalen sollten sich bei Berührung sofort schließen. Muscheln mit beschädigten Schalen sollten weggeworfen werden.

Wenn Sie selber Muscheln sammeln, lassen Sie sie in einem Eimer Meerwasser für einige Stunden stehen, dabei das Wasser ein- oder zweimal wechseln. Eine Handvoll Mehl oder Maismehl im Wasser helfen, die Mägen der Muscheln zu säubern. Muscheln vom Fischhändler sind bereits vom Sand gereinigt.

Seemannsmuscheln
Ca. 4 Liter lebende Muscheln vorbereiten, in 300 ml trockenen Weißwein oder in Fisch- oder Geflügelbrühe zusammen mit 1 kleiner gehackter Zwiebel, 1-2 gepreßter Knoblauchzehe und 25 g gehackter Petersilie kochen. Die geöffneten Mucheln in tiefe Teller füllen. 45 g Butter in der Kochflüssigkeit schmelzen, pfeffern und über die Muscheln gießen. *Für 4 Personen.*

1 ▲ Die Muscheln mit einer Bürste reinigen und unter fließendem kalten Wasser gut abspülen.

2 ▲ Vor dem Kochen mit einem Messer die „Bärte" von den Muscheln abschneiden und nochmals gut abspülen.

3 ▲ **Kochen:** Wenig trockenen Weißwein oder Wasser in einen großen Topf geben, je nach Rezept Gewürze hinzufügen. Die Muscheln hineinschütten, Topf verschließen, aufkochen. Für 5-10 Min. kochen, bis die Schalen sich geöffnet haben.

4 ▲ Die Muscheln in ihrer Schale servieren oder nur das ausgelöste Muschelfleisch reichen. Die delikate Kochflüssigkeit abseihen und über die Muscheln gießen oder für eine Sauce weiterverwenden.

5 ▲ **Eine lebende Muschel öffnen:** Muschel festhalten, die Klinge eines Austernmessers in den Rand zwischen die Muschelschalen einstechen und rundherum führen, um den Scharniermuskel zu durchtrennen.

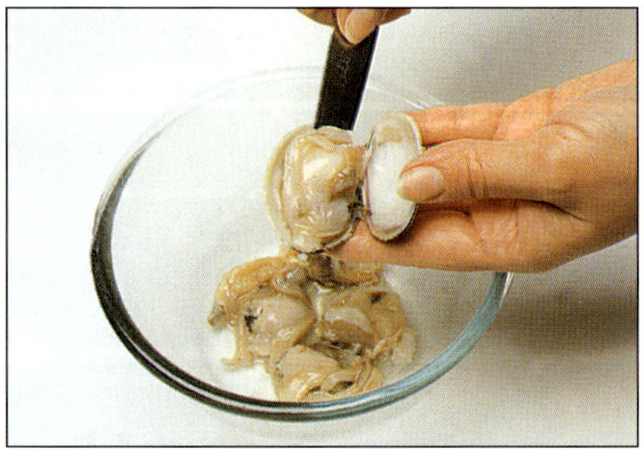

6 ▲ Die Schalen öffnen und das Muschelfleisch über einer Schüssel loslösen, um den Saft aufzufangen. Venusmuscheln können roh gegessen werden, aber Miesmuscheln müssen vor dem Verzehr gekocht werden.

Venusmuschelfüllung im Strudelteig

Ergibt etwa 4 1/2 Dutzend

- 9 Platten Strudelteig à 30x45 cm
- 340 g Frischkäse, Vollfettstufe
- 1 Ei, geschlagen
- 170 g gekochte Venusmuscheln, klein gehackt, oder als Konserve, gut abgetropft
- 4 Frühlingszwiebeln, gehackt
- 2 Esslöffel frischer Dill, gehackt
- ein paar Spritzer Tabasco-Sauce
- Pfeffer und Salz
- 170-225 g geschmolzene Butter

1 Ofen auf 200° C/Gas 6 vorheizen.

2 Die Teigplatten aufstapeln, mit Klarsichtfolie abdecken.

3 ▲ Frischkäse, Ei, Muscheln, Frühlingszwiebeln, Dill und Tabasco zusammen mit etwas Salz und Pfeffer in einer Schüssel gut vermischen.

~ KOCHTIPP ~

Strudelteig trocknet schnell aus und wird dann zu mürbe zum Verarbeiten. Teig, den man gerade nicht bearbeitet, deshalb immer mit Klarsichtfolie und feuchtem Geschirrtuch abdecken und die Scheiben jeweils einzeln mit Butter bestreichen.

4 Eine Teigplatte auf die Arbeitsfläche legen und dünn mit geschmolzener Butter einstreichen. Darauf eine zweite Teigscheibe legen, ebenfalls mit Butter bestreichen und darauf eine dritte Scheibe legen und mit Butter bestreichen.

5 ▼ Etwa 1/3 der Muschelfüllung an den Rand der langen Seite von den Teigscheiben verteilen, etwa 2,5 cm vom Rand entfernt.

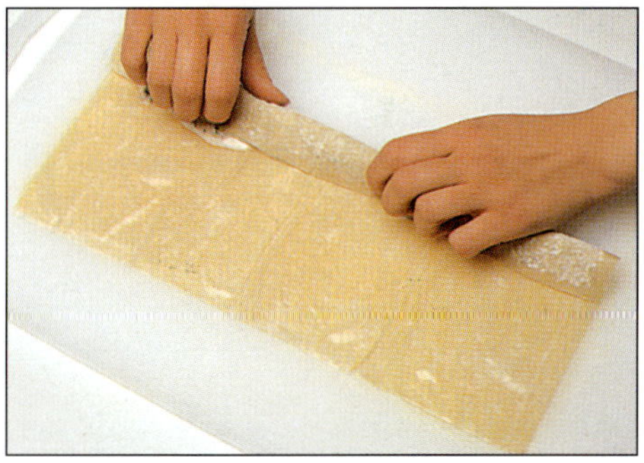

6 ▲ Den Rand der obersten Teigplatte über die Muschelfüllung schlagen und den Teig weiter aufrollen. Die Teigrolle teilen, die zwei Rollen auf ein gefettetes Backblech legen und mit Butter bestreichen.

7 Auf dieselbe Weise zwei weitere gefüllte Rollen herstellen, und auf das Backblech legen, mit flüssiger Butter bestreichen und für 20 Min. goldbraun und knusprig backen.

8 Mit einer Schere die Rollen in mundgerechte Stücke schneiden und sofort servieren.

Pasta & Getreide

~

Nudeln, Reis und andere Getreideprodukte sind aus der Küche nicht mehr wegzudenken. Sie passen zu allen Gelegenheiten und lassen sich schnell zubereiten. Versuchen Sie auch einmal, Ihren eigenen Nudelteig herzustellen – es lohnt sich!

Nudeln kochen

Frische und getrocknete Nudeln werden auf dieselbe Weise zubereitet: Nehmen Sie viel Wasser zum Kochen und achten Sie darauf, dass sie bissfest d.h. „al dente" bleiben.

Frische Nudeln sind viel schneller gar, nämlich bereits in 1-4 Min. statt in ca. 5 Min. bei Trockennudeln.

Butternudeln
450 g Fettucine- oder Tagliatelle-Nudeln „al dente" kochen. Gut abtropfen lassen und wieder in den Topf geben. 45-55 g Butter oder Margarine hinzufügen und eine gute Prise Muskatnuss, abschmecken und mit den Nudeln verrühren. *Für 6 Personen.*

Butternudeln mit Kräutern
Muskat durch 15 g frische gehackte Kräuter wie Petersilie, Dill, Basilikum oder Thymian ersetzen.

Butternudeln mit Käse
3 Esslöffel frisch geriebenen Parmesankäse hinzufügen.

1 ▲ Salzwasser in einem sehr großen Topf zum Kochen bringen. Rechnen Sie mind. 4 Liter Wasser und 2 Teelöffel Salz auf 450 g Nudeln. Alle Nudeln auf einmal in den Topf geben und umrühren.

2 ▲ Bei Spaghetti erst das eine Ende etwas weich kochen lassen und dann so bald wie möglich den Rest vorsichtig in den Topf gleiten lassen.

3 ▲ Das Wasser wieder zum Kochen bringen, dann die Hitze reduzieren und weiterkochen lassen, bis die Nudeln gar sind. Bei Trockennudeln richten Sie sich nach der Kochzeit, die auf der Packung angegeben ist, aber prüfen Sie die Nudeln trotzdem, indem Sie eine Nudel aufspießen und durchschneiden: Der Teig sollte in der Mitte durchgegart sein. Oder probieren Sie sie: Die Nudel sollte zart, aber dabei noch bissfest sein.

4 ▲ Die Nudeln in einem Sieb gut abtropfen lassen, dabei hin und her schütteln, damit alles Wasser abläuft. Sofort servieren, weil die Nudeln in ihrer Eigenhitze noch weiter garen.

Wann Sie Nudeln nur halbgar kochen sollten
Wenn Sie gekochte Nudeln weiterverarbeiten wollen, z.B. für Lasagne, sollten Sie sie nicht ganz gar kochen. Dasselbe gilt bei Nudeln für Salate, die durch das Salatdressing sonst matschig werden würden.

Gemüsesuppe mit Nudeln und Bohnen

FÜR 4-6 PERSONEN

115 g Borlotti- oder Augenbohnen, über Nacht eingeweicht
1,5 Liter Gemüse-, Geflügel- oder Fleischbrühe
1 große Zwiebel, gehackt
1 große Knoblauchzehe, fein gehackt
2 Selleriestangen, gehackt
1/2 rote Paprika, ohne Kerne, gewürfelt
340 g Tomaten, enthäutet, gehackt, oder Tomaten aus der Dose
225 g Räucherschinken im Stück
85 g kleine Suppennudeln
2 Zucchini, halbiert und in Scheiben
1 Esslöffel Tomatenpüree
Pfeffer und Salz
frischer Basilikum zum Garnieren

1 Die abgetropften Bohnen in einen großen Topf geben, mit frischem kalten Wasser auffüllen. 10 Min. kochen lassen, dann das Kochwasser abschütten und die Bohnen abspülen.

2 Die Bohnen wieder in den Topf geben, die Brühe hinzugießen und aufkochen, Kochschaum abschöpfen.

3 ▲ Zwiebel, Knoblauch, Sellerie, Paprika, Tomaten und Schinken hinzufügen, zum Kochen bringen und abgedeckt bei geringer Hitze für 1 1/2 Std. köcheln lassen.

4 Das Schinkenstück herausnehmen und grob hacken, beiseite stellen.

5 ▼ Suppennudeln, Zucchinistücke und Tomatenpüree hinzufügen, mit Salz und Pfeffer abschmecken. Die Suppe im offenen Topf für weitere 5-8 Min. simmern lassen, dabei öfters umrühren. Auf die angegebene Kochzeit der Nudeln achten.

6 ▲ Den kleingehackten Schinken einrühren, nochmals abschmecken und mit gehacktem frischen Basilikum bestreuen. Heiß servieren.

Pasta-Teig herstellen

Pasta-Teig läßt sich sehr einfach selber herstellen. Wie bei Kuchen- und Brotteig hängt die Menge der benötigten Flüssigkeit davon ab, wie gut das Mehl die Flüssigkeit aufnimmt. Das nebenstehende Rezept ist für einen einfachen Grundteig, der viele Variationsmöglichkeiten bietet.

Ergibt 450 g

300 g Weizenmehl

1 Teelöffel Salz

3 Eier, Größe 2, geschlagen

1 ▲ Mehl und Salz auf eine Arbeitsplatte geben und in der Mitte eine Vertiefung bilden. Die geschlagenen Eier hineingießen.

2 ▲ Das Mehl mit den Fingern in die Eier einarbeiten. Wenn das ganze Mehl verknetet ist, erhalten Sie einen geschmeidigen Teig; ist er zu feucht, Mehl hinzufügen.

Verschiedene Pastateige

- *Grüne Pasta*: 340 g Spinat oder Mangold blanchieren. Gut abtropfen lassen, auspressen. Pürieren oder sehr fein hacken und zu den Eiern geben.
- *Kräuter-Pasta*: 30 g frische, fein gehackte Kräuter wie Petersilie, Basilikum und Koriander zu den Eiern hinzufügen.
- *Tomaten-Pasta*: 1 1/2 Esslöffel Tomtenmark zu den Eiern hinzufügen.
- *Zitronen-Pasta*: 1 1/2 Esslöffel geriebene Zitronenschale zu den Eiern hinzufügen.
- *Kräuter-Knoblauch-Pasta*: 15 g Petersilie und Oregano oder Majoran, fein gehackt, mit 1-2 fein gehackten Knoblauchzehen zu den Eiern geben.
- *Safran-Pasta*: 1/2 Teelöffel gemahlenen Safran mit dem Mehl und Salz vermischen oder 1/2 Esslöffel Safranfäden in sehr heißem Wasser einweichen und durch ein Sieb zu den Eiern hinzugießen.
- *Vollkorn-Pasta*: 75 g Vollkornmehl statt derselben Menge Weizenmehl verwenden.

3 ▲ Arbeitsplatte mit Mehl bestäuben und den Teig für 8-10 Min. kneten, indem er mit dem Handballen nach vorn weggerollt und dann wieder zurückgefaltet wird, bis er glatt und geschmeidig ist (zum Gebrauch einer Nudelmaschine siehe S. 94).

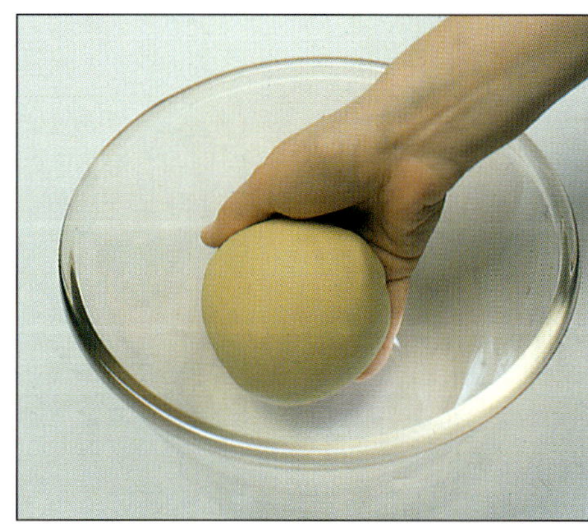

4 ▲ Den Teig zu einer Kugel formen und in eine Schüssel legen. Mit Klarsichtfolie abdecken und vor dem Rollen und Schneiden für mindestens 15 Min. stehen lassen.

Pastateig in der Küchenmaschine

Um einen Pastateig in der Küchenmaschine herzustellen, schütten Sie Mehl und Salz in den Behälter und mixen. Während des Mixens die Eier langsam durch das Einfüllrohr hinzugießen. Für 3-5 Min. weiter mixen oder solange, bis aus den Zutaten eine geschmeidige Teigkugel geworden ist.

Pasta-Teig per Hand vorbereiten

Sie können Pasta-Teig mit der Hand ausrollen, aber es ist ein hartes Stück Arbeit. Wenn Sie öfter Nudeln selber herstellen wollen, lohnt sich die Anschaffung einer Nudelmaschine.

Teilen Sie den Teig in 3 oder 4 Stücke und bearbeiten Sie nur ein Stück auf einmal. Den restlichen Teig gut in Klarsichtfolie einwickeln.

1 ▲ Ein Stück Nudelteig auf einer bemehlte Fläche mit einem Nudelholz flachrollen: In der Mitte der Teigscheibe anfangen und zu den Seiten hin ausrollen.

2 ▲ Solange gleichmäßig weiterrollen, bis Sie eine Teigplatte erhalten, die ca. 3 mm dick ist.

3 ▲ Für gefüllte Nudeln den Teig sofort weiterverarbeiten, solange er noch formbar ist. Zum Schneiden der Nudeln den Teig mit Mehl bestreuen und 10-15 Min. trocknen lassen.

4 ▲ Die Teigplatte aufrollen und mit einem Messer von der Rolle Nudeln in der gewünschten Breite abschneiden: ca. 3 mm breit für Fettucine und 5 mm für Tagliatelle.

5 ▲ Die Nudeln mit den Fingern auseinanderwickeln und auf ein bemehltes Geschirrtuch legen. Vor dem Kochen für 5 Min. trocknen lassen oder für spätere Verwendung in Klarsichtfolie einpacken.

6 ▲ Zum Durchtrocknen für 2-3 Std. auf dem Geschirrtuch lassen oder aufhängen. Mit Grieß bestreuen, damit sie nicht zusammenkleben, und locker in eine Plastiktüte oder schichtweise getrennt in einen Behälter legen.

Pasta mit Schinken und Erbsen
2 fein gehackte Knoblauchzehen mit 30 g Butter in einem Saucentopf für 1 Min. anschwitzen. 145 g grüne aufgetaute Tiefkühlerbsen, 225 g Kochschinken in Streifen, 300 ml Sahne und Gewürze hinzufügen und aufkochen. Mit 340 g frisch gekochten Fettucine-Bandnudeln und 55 g frisch geriebenen Parmesankäse vermischen. Sofort servieren und Parmesankäse dazu reichen. *Für 4 Personen.*

Frische Nudeln aufbewahren
Frische Nudeln, die nicht sofort gekocht werden, sollten Sie gut trocknen lassen und dann locker einwickeln. Bei Zimmertemperatur halten sie bis zu 4 Tagen.

Gebrauch einer Nudelmaschine

Mit einer Nudelmaschine, ob elektrisch oder handbetrieben, wird die Nudelherstellung zum Vergnügen. Sie kann den Teig papierdünn ausrollen und sehr schmale Nudeln wie z.B. Tagliolini schneiden – mit der Hand wäre das nicht zu schaffen.

Mit einer Wählscheibe lassen sich die Rollen der Maschine einstellen. Zum Teigkneten fangen Sie mit der weitesten Einstellung an und verringern dann allmählich den Abstand der Rollen, bis der Teig dünn genug ist. Danach schneidet ihn eine Messerrolle in Nudelstreifen.

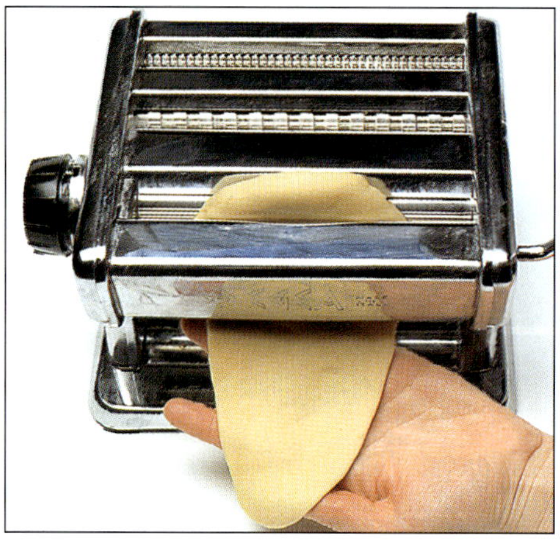

1 ▲ **Nudelteig kneten:** Ein Stück Teig flachdrücken und bei der weitesten Rolleneinstellung durch die Maschine ziehen.

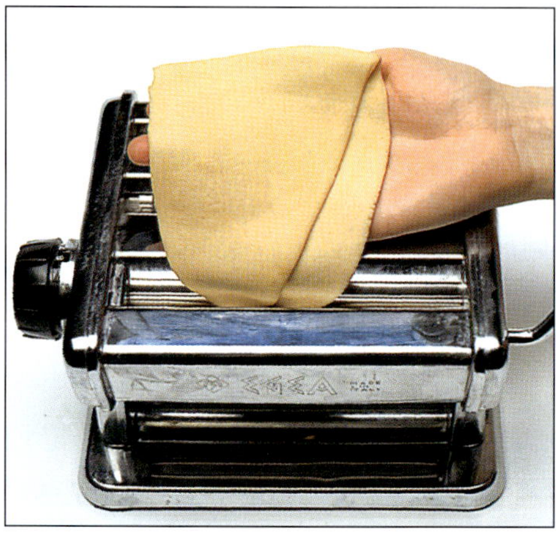

2 ▲ Den durch die Maschine gerollten Teig zusammenfalten und wieder durch die Maschine ziehen. Mehrmals wiederholen (8-10 mal), bis der Teig glatt und geschmeidig ist. Falls er klebrig wird, mit Mehl bestäuben.

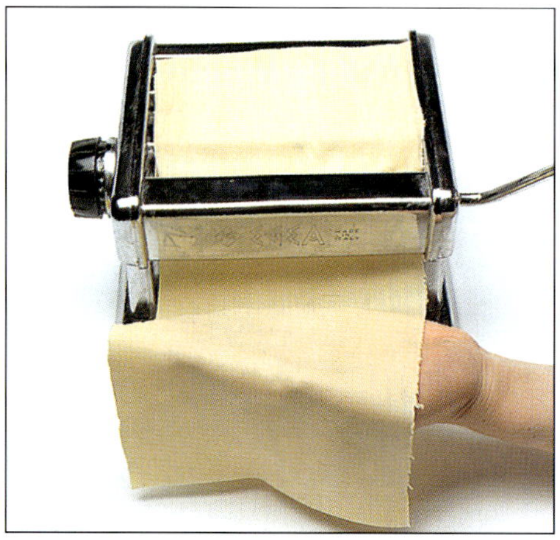

3 ▲ **Den Teig ausrollen:** Die Rollen eine Stufe enger stellen und den Teig wieder durch die Maschine ziehen, ohne ihn danach zusammenzufalten. Die Rollen eine weitere Stufe enger stellen und den Teig nochmals durchziehen. Solange wiederholen, bis der Teig die gewünschte Dicke hat. Mit Mehl bestäuben und für 10-15 Min. trocknen lassen.

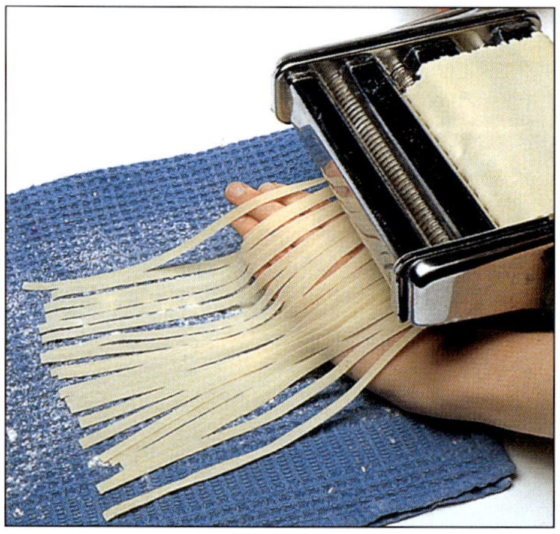

4 ▲ **Nudeln schneiden:** Die Schneidrolle der Maschine auf die gewünschte Nudelbreite einstellen. Die Teigplatte durchziehen und die geschnittenen Streifen auf ein Geschirrtuch fallen lassen. Vor dem Kochen 5 Min. trocknen lassen.

Zitronen-Pasta mit Venusmuschelsauce
2-3 fein gehackte Knoblauchzehen in 5 Esslöffeln Olivenöl anbraten. 225 g gekochte Venusmuscheln ohne Schale und 3 Esslöffel der Muschelkochflüssigkeit hinzufügen (oder Muscheln aus der Dose). Die Muscheln erhitzen, 4 Esslöffel gehackte Petersilie und 2-3 Esslöffel Zitronensaft hinzugeben. Diese Sauce mit 340 g frischer Zitronen-Pasta (S. 92) vermischen, mit frisch gemahlenem Pfeffer würzen und sofort servieren. *Für 4 Personen.*

Trockenzeit für Nudelteig
Es ist wichtig, den Pastateig vor dem Schneiden gut austrocknen zu lassen, sonst könnten die Nudeln zusammenkleben. Diese Trocknungsphase kann bis zu 30 Min. dauern.

Nudeln mit Pilz-Tomatensauce

FÜR 2-4 PERSONEN

- 30 g getrocknete italienische Pilze (Porcini)
- 180 ml warmes Wasser
- 900 g Tomaten, enthäutet, gehackt oder abgetropfte Dosentomaten
- 1/4 Teelöffel Chiliflocken
- Pfeffer und Salz
- 3 Esslöffel Olivenöl
- 4 Scheiben Pancetta-Schinken oder ungeräucherter Schinken in Streifen
- 1 große Knoblauchzehe, fein gehackt
- 340 g Tagliatelle oder Fettucine
- frisch geriebener Parmesankäse

1 Die Pilze in eine Schüssel geben, mit warmem Wasser auffüllen und für 20 Min. einweichen lassen.

2 Inzwischen die Tomaten mit den Chiliflocken und den Gewürzen in einen Topf geben und zum Kochen bringen. Hitze reduzieren und für 30-40 Min. köcheln lassen, bis die Masse auf ca. 750 ml eingekocht ist. Ab und zu umrühren, damit die Tomaten nicht anbrennen.

3 ▲ Die Pilze herausnehmen und über der Schüssel auspressen, beiseite stellen. Die Einweichflüssigkeit durch ein Sieb, das mit Musselin ausgelegt ist, zu den Tomaten hinzugießen. Die Tomaten für weitere 15 Min. köcheln lassen.

4 ▼ 2 Esslöffel von dem Öl in einer Pfanne erhitzen, die Schinkenstreifen hineingeben und goldbraun braten, aber nicht knusprig werden lassen. Knoblauch und Pilze hinzufügen und für 3 Min. unter Rühren braten.

5 Die Nudeln in einem großen Topf Salzwasser „al dente" kochen.

6 ▲ Schinken und Pilze zu den Tomatensauce geben und gut verrühren. Mit Pfeffer und Salz würzen.

7 Die Nudeln abtropfen lassen und wieder in den Topf geben, mit dem restlichen Olivenöl verrühren. Die Nudeln auf heißen Tellern anrichten, die Sauce darüber gießen und mit Parmesankäse servieren.

Nudelplatten Schneiden

Es gibt auch sehr breite Nudeln, wie Pappardelle, oder Nudeln, die gefüllt oder schichtweise zubereitet werden, wie Cannelloni und Lasagne. Für solche Nudeln rollen Sie den Teig per Hand oder mit der Maschine aus, so dass er nur noch ca. 3 mm dick ist. Diese ca. 10-13 cm große Teigplatte wird dann auf einer bemehlten Fläche mit einem scharfen Messer oder einem Nudelrad rechtwinklig zurechtgeschnitten.

1 ▲ **Lasagne oder Cannelloni:** Für Lasagne-Nudeln den Teig in 25 x 30 cm große Rechtecke oder in die Größe Ihrer Backform zurechtschneiden, für Cannelloni in ca. 13 x 8 cm große Rechtecke.

2 ▲ **Für Pappardelle:** Die Teigplatte in lange Nudeln mit einer Breite von ca. 1,5 cm schneiden. Diese Nudeln werden traditionsgemäß mit einem Nudelrad geschnitten, wodurch sie einen dekorativen Rand bekommen.

Thunfisch-Lasagne

Für 6 Personen
frischer Pasta-Teig (S. 92-94), für Lasagne zurechtgeschnitten, oder 340 g getrocknete Lasagneplatten
15 g Butter
1 kleine Zwiebel, fein gehackt
1 Knoblauchzehe, fein gehackt
115 g Champignons, dünn geschnitten
4 Esslöffel Weißwein (nach Belieben)
600 ml weiße Mehlsauce (siehe S. 170)
150 ml Schlagsahne
3 Esslöffel frisch gehackte Petersilie
Pfeffer und Salz
200 g Dosen-Thunfisch, abgetropft
2 eingelegte Paprika, in Streifen
75 g Tiefkühlerbsen, aufgetaut
115 g Mozzarellakäse, gerieben
30 g frisch geriebener Parmesankäse

1 Frische Lasagne-Nudeln in einem großen Topf mit Salzwasser portionsweise kochen, aber nicht ganz durchgaren. Trockene Lasagne in einer Schüssel mit heißem Wasser für 3-5 Min. einweichen.

2 ▲ Die Nudeln in ein Sieb geben, mit kaltem Wasser abspülen und auf einem Geschirrtuch trocknen lassen.

3 Ofen auf 180° C/Gas 4 vorheizen.

4 ▲ In einem Topf die Zwiebel in der Butter anbraten, bis sie weich ist. Knoblauch und Champignons hinzufügen und ebenfalls weich kochen.

5 Ggf. den Wein hinzugießen, für 1 Min. kochen lassen. Mehlsauce, Sahne und Petersilie hinzugeben.

6 Auf dem Boden einer 30 x 23 cm großen Backform eine dünne Schicht Sauce verteilen, mit einer Schicht Lasagne bedecken. Die Hälfte des Thunfischs, der Erbsen, Paprikastreifen und Mozzarella über der Lasagne verteilen. Darüber 1/3 der restlichen Sauce geben und wieder mit einer Schicht Lasagne bedecken.

7 ▲ Diese Schichtung wiederholen, zum Schluss mit Parmesan bestreuen. Im Ofen für 30-40 Min. backen, bis die Oberfläche leicht gebräunt ist. In Portionen schneiden und aus der Form heraus servieren.

RAVIOLI ZUBEREITEN

Diese Nudeln können Sie auf vielfältigste Weise füllen und dann einfach mit Butter, Öl oder Sahne servieren. Den Teig in 2 oder 4 Portionen aufteilen und so dünn wie möglich – nicht mehr als 1,5 mm – ausrollen.

Selbstgemachte Ravioli
Wenn der Ravioli-Teig per Hand ausgerollt wird, ist es einfacher, statt Streifen einzelne Quadrate oder Kreise zu schneiden. Auf die Mitte jedes Teigstücks einen Klecks Füllung geben, die Ränder anfeuchten, die andere Teighälfte oben aufsetzen oder Kreise zu Halbmonden falten.

1 ▲ Die ausgerollte Teigplatte auf eine leicht bemehlte Arbeitsfläche legen. Kleine Portionen der Füllung (jeweils ca. 1/2-3/4 Teelöffel) in ca. 4 cm Abstand zueinander reihenweise auf den Teig setzen.

2 ▲ Mit den Fingern oder einem Teigpinsel den Teig um die Füllungen herum mit kaltem Wasser anfeuchten.

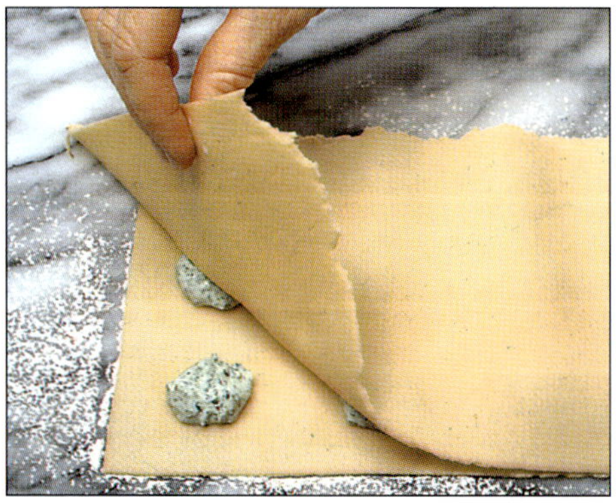

3 ▲ Eine zweite Teigplatte vorsichtig obenauf legen.

4 ▲ Mit den Fingern die Teigplatten zwischen den einzelnen Füllungen zusammendrücken.

5 ▲ Mit einem Nudelrad oder Messer den Teig zwischen den Füllungen in Quadrate zuschneiden.

6 ▲ Die drei offenen Teigkanten mit einer Gabel einkerben, damit sie gut verschlossen sind.

7 ▲ Sie können Ravioli auch mit Ausstechern in verschiedenen Formen herstellen.

8 ▲ Die Ravioli von allen Seiten mit Grieß bestreuen, damit sie nicht zusammenkleben.

Ravioli mit Kräutern und Käse

FÜR 4-6 PERSONEN

- 225 g Frischkäse, Vollfettstufe
- 1 Knoblauchzehe, fein gehackt
- 30 g gehackte Kräuter wie Thymian, Basilikum, Schnittlauch, Petersilie
- Pfeffer und Salz
- frischer Pasta-Teig (S. 92-93), mit der Maschine in 2 Streifen mit 30 cm Länge oder per Hand so dünn wie möglich ausgerollt
- Grieß zum Bestreuen
- 115 g Butter

1 ▲ Den Frischkäse mit Knoblauch und dem größten Teil der Kräuter mischen, mit Salz und Pfeffer würzen.

2 Die Ravioli schneiden und mit der Käse-Kräuter-Mischung füllen. Die Ravioli leicht in Grieß wenden und bei Zimmertemperatur für 15 Min. ruhen lassen.

3 ▼ Einen großen Topf Salzwasser zum Kochen bringen, die Ravioli hineinschütten und für 7-9 Min. „al dente" kochen. Gut abtropfen lassen.

4 ▲ Butter schmelzen, die Ravioli darin schwenken, mit den restlichen Kräutern bestreuen und servieren.

~ VARIATION ~

Für Ravioli mit Gorgonzola-Käse und Pinienkernen eine Füllung aus je 115 g vollfettem Weichkäse und Gorgonzola herstellen; Knoblauch und Kräuter weglassen. Die fertigen Ravioli mit gerösteten Pinienkernen bestreuen.

REIS KOCHEN

Es gibt viele verschiedene Arten, um Reis zu kochen. Bei der einfachsten Methode wird der Reis in Wasser gekocht und dann abgegossen. Dabei gehen allerdings wertvolle Nährstoffe verloren. Mit den hier gezeigten Methoden werden diese Nährstoffe weitgehend bewahrt. Verwenden Sie ein Teil Reis auf 2 Teile Wasser.

Reissalat
170g Langkornreis dämpfen oder backen und noch heiß mit 6 Esslöffeln Vinaigrette mischen (S. 182), abkühlen lassen. Jeweils 55g gehackte Frühlingszwiebeln, Sellerie, Radieschen, Gurke und Oliven und 120 ml Vinaigrette hinzufügen, gut mischen und mit gehackter Petersilie bestreuen. *Für 4-6 Personen.*

1 ◀ Dämpfen: Die abgemessene Menge Salzwasser in einem Topf zum Kochen bringen, den Reis hinzufügen und umrühren. Wieder aufkochen lassen, dann den Topf schließen und bei geringer Hitze dämpfen, bis der Reis das ganze Wasser aufgenommen hat.: 15-18 Min. für geschälten und 35-40 Min. für ungeschälten Reis. Den Topf vom Herd nehmen und für 5 Min. offen stehen lassen.

2 ▲ Sautieren, Dämpfen (Pilaw): Öl, Butter oder eine Mischung aus beiden bei mäßiger Hitze erwärmen, den Reis hinzufügen und ihn mit dem Fett vermischen. Für 2-3 Min. unter ständigem Rühren anbraten, dann die abgemessene Menge Wasser hinzugießen, aufkochen und zugedeckt bei sehr geringer Hitze dämpfen, bis der Reis das Wasser aufgenommen hat.

3 ▲ Backen: Den Reis in eine Backform geben und die abgemessene Menge Wasser hinzugießen. Fest mit Alufolie oder einem Deckel verschließen und im Ofen bei 180° C/Gas 4 backen, bis der Reis zart ist und das Wasser ganz aufgenommen hat: ca. 20-30 Min. bei geschältem und ca. 35-45 Min. bei ungeschältem Reis.

WISSENSWERTES ÜBER REIS

In der Welt werden Tausende von verschiedenen Reissorten angebaut, aber für die Verwendung in der Küche ist die Länge des Reiskorns ausschlaggebend.

Die Körner des **Langkornreis** sind vier- bis fünfmal länger als der Kornumfang. Er ist nach dem Kochen trocken und locker, die Körner kleben nicht zusammen. Zum Langkornreis zählen Basmati (aromatisch, mit ausgeprägtem Nussgeschmack, wird in der indischen Küche verwendet); brauner Langkornreis (ist entspelzt, hat aber noch die nahrhafte Kleieschicht, etwas zäh, milder nussiger Geschmack); weißer oder polierter Langkornreis (wird am häufigsten verwendet, mildes Aroma). Alle diese Reissorten eignen sich sehr gut für Salate und Pilaws.

Rundkornreis ist sehr stärkehaltig und nach dem Kochen klebrig. Zu dieser Sorte zählen Arborio und Carnaroli (für cremige Speisen), und süßer Reis (nach dem Kochen sehr klebrig, für orientalische Desserts). Rundkornreis eignet sich für Reispuddinge, Risotto, Sushi, Kroketten und Desserts.

Mittelkornreis ist eine Mischung aus beiden Sorten: zarter als Langkornreis und weniger klebrig als Rundkornreis. Wenn er heiß ist, sind die Körner locker; abgekühlt klumpt er zusammen.

Pilaw mit Rosinen und Mandeln

FÜR 4 PERSONEN

- 45 g Butter
- 25 g Mandelblättchen
- 1 kleine Zwiebel, gehackt
- 60 g Rosinen oder Sultaninen
- 225 g Langkornreis
- 600 ml Geflügelbrühe oder Wasser
- Pfeffer und Salz

1 Die Butter in einem Topf schmelzen, die Mandeln hinzugeben und unter Rühren bei mittlerer Hitze anrösten. Die Mandeln herausnehmen und auf Papiertüchern trocknen lassen. Beiseite stellen.

2 Die Zwiebel in den Topf geben und weich kochen, ab und zu rühren.

3 ▼ Rosinen und Reis einrühren und für 2-3 Min. sautieren, bis der Reis leicht glasig aussieht.

4 ▲ Brühe oder Wasser hinzugießen, zum Kochen bringen und zugedeckt bei sehr geringer Hitze für 20-25 Min. dämpfen, bis der Reis die Flüssigkeit aufgenommen hat.

5 Mit Pfeffer und Salz würzen, die Mandeln einrühren und servieren.

Risotto zubereiten

Diese italienische Spezialität läßt sich in sehr vielen Varianten zubereiten und kann, abhängig von den jeweiligen Zutaten, als Vorspeise, Hauptgang oder Dessert serviert werden.

Verwenden Sie möglichst einen speziellen Risotto-Reis wie Arborio oder Carnaroli, weil er die typisch cremige Konsistenz hat. Besonders gut gelingt der Risotto mit einer selbstgemachten Brühe.

Risotto mit Parmesan
Aus 1,3 Litern Geflügelbrühe, 30g Butter, 3 Esslöffel gehackter Zwiebel, 1 gepresster Knoblauchzehe und 340 g Arborio-Reis ein Risotto kochen. Kurz bevor der Reis gar ist, weitere 30 g Butter sowie 55 g frisch geriebenen Parmesankäse einrühren. Würzen und servieren.
Für 6 Personen.

Koch-Temperatur regulieren
Beim Kochen darauf achten, dass der Risotto nur leicht brodelt; wenn er zu stark kocht, verdampft die Brühe, bevor der Reis sie aufnehmen kann.

1 ▲ In einem Topf die abgemessene Menge Brühe aufkochen, dann die Hitze reduzieren, so dass die Brühe nur noch leise köchelt.

2 ▲ Butter, Öl oder eine Mischung aus beiden in einem schweren Topf erhitzen, gehackte Zwiebel (und/oder Knoblauch oder je nach Rezept andere Zutaten) hinzugeben, bei geringer Hitze unter Rühren weich kochen.

3 ▲ Den Reis hinzugeben und in das Fett einrühren. Für 1-2 Min. unter Rühren bei mittlerer Hitze sautieren.

4 ▲ Von der köchelnden Brühe (oder je nach Rezept Wein, Wermut etc.) eine Kelle voll zum Reis geben und gut verrühren. Solange simmern lassen, bis der Reis die Flüssigkeit fast ganz aufgenommen hat.

5 ◀ Eine weitere Kelle Brühe hinzugeben und unter Rühren kochen, bis sie fast ganz absorbiert ist. Auf diese Weise weiter Brühe hinzugießen, bis die Reiskörner zart, aber noch bissfest sind und der Risotto eine cremige, aber nicht wässrige Konsistenz hat. Sie müssen nicht unbedingt die ganze Brühe verbrauchen. Die Gesamtkochzeit beträgt ca. 30 Min.

Risotto mit Huhn

FÜR 4 PERSONEN

- 2 Esslöffel Olivenöl
- 225 g Hähnchenbrust, ohne Haut und Knochen, in 2,5 cm große Würfel geschnitten
- 1 Zwiebel, fein gehackt
- 1 Knoblauchzehe, fein gehackt
- 1/4 Teelöffel Safranfäden
- 55 g Parmaschinken in dünnen Streifen
- 450 g Risotto-Reis, vorzugsweise Arborio
- 120 ml trockener Weißwein
- 1,8 Liter simmernde Geflügelbrühe
- 30 g Butter (nach Belieben)
- 30 g frisch geriebener Parmesankäse
- Pfeffer und Salz

1 ▲ Das Öl in einem großen Topf bei mittlerer Hitze erwärmen, das Fleisch hinzugeben und unter Rühren anbraten, bis es sich weiß färbt.

2 ▲ Bei geringer Hitze Zwiebel, Knoblauch, Safran und Schinken hinzufügen. Unter Rühren kochen, bis die Zwiebel weich ist. Reis einrühren und für 1-2 Min. anbraten.

3 ▲ Den Wein hinzugießen und aufkochen. Leise köcheln lassen, bis der Wein fast ganz aufgenommen ist.

4 Die köchelnde Brühe kellenweise hinzugeben und kochen, bis der Reis zart und der Risotto cremig ist.

5 ▼ Nach Belieben Butter hinzufügen und den Parmesan einrühren. Mit Pfeffer und Salz würzen und abschmecken. Den Risotto mit Parmesan bestreuen und heiß servieren.

Wildreis zubereiten

Wildreis ist eigentlich gar kein Reis, sondern eine Gräserart, die am Wasser wächst. Mit seinem köstlich nussigem Geschmack und seiner kernigen Konsistenz ist er eine ideale Beilage zu Fleisch- und Geflügelgerichten, passt aber auch zu Gemüsen wie Zucchini oder Pilzen. Er wird wie Reis zubereitet, braucht aber eine längere Kochzeit.

1 ▲ **Wildreis kochen:** Den Reis in einen großen Topf mit kochendem Salzwasser geben (4 Teile Wasser auf 1 Teil Reis). Für 45-50 Min. leise köcheln, bis der Reis zart, aber noch bissfest ist und sich aufzupalten beginnt. Gut abtropfen lassen.

2 ▲ **Wildreis dämpfen:** Den Reis in einen Topf mit der abgemessenen Menge Salzwasser geben. Aufkochen und abgedeckt bei sehr geringer Hitze 45-50 Min. dämpfen, die letzten 5 Min. bei offenem Topf, um alles Wasser verdampfen zu lassen.

Thunfischsalat mit Wildreis

Für 4 Personen

- 170 g Wildreis, gekocht oder gedämpft
- 2 Selleriestangen, in dünnen Scheiben
- 55 g Frühlingszwiebeln, gehackt
- 115 g kleine Champignons, geviertelt
- 450 g Truthahnbrust, gekocht, gewürfelt
- 120 ml Vinaigrette mit Walnussöl zubereitet (Rezept siehe S. 182)
- 1 Teelöffel frische Thymianblätter
- 2 Birnen, ohne Schale, halbiert und ohne Kerngehäuse
- 30 g gehackte Walnüsse, geröstet

1 ▲ Den Wildreis mit Sellerie, Frühlingszwiebeln, Pilzen und Truthahnfleisch in einer Schüssel vermischen.

2 ◄ Das Dressing und den Thymian hinzugeben und gut verrühren.

3 Die Birnenhälften fächerförmig in dünne Scheiben schneiden. Den Salat auf 4 Teller verteilen, mit den Walnüssen bestreuen und mit der aufgefächerten Birne servieren.

BULGUR ZUBEREITEN

Das nahrhafte Bulgur-Getreide wird aus Weizenkörnern hergestellt, die gedämpft, dann getrocknet und fein zermahlen werden. Er kann wie Reis entweder pur gedämpft oder als Pilaw zubereitet werden. Servieren Sie ihn als Beilage oder als Zutat für Salate.

Einfaches Bulgur-Pilaw
1 gehackte Zwiebel in 30 g Butter anbraten, 170 g Bulgurweizen, 450 ml Hühnerbrühe und 1 Lorbeerblatt hinzufügen. Abdeckt gar dämpfen, salzen und pfeffern und mit Petersilie bestreuen.

1 ▲ **Bulgur dämpfen:** 2 Teile Flüssigkeit auf 1 Teil Bulgurweizen verwenden. Den Bulgur in einen Topf mit Wasser oder Brühe geben, je nach Rezept würzen und aufkochen. Den Topf abdecken und bei geringer Hitze 12-15 Min. simmern lassen.

2 ▲ **Bulgur einweichen:** Den Bulgur in einem Sieb mit fließendem kaltem Wasser abspülen, dann in eine Schüssel geben, mit frischem kalten Wasser auffüllen und für 1 Std. einweichen lassen. Abtropfen lassen und das restliche Wasser auspressen.

Bulgur-Salat mit Kräutern

FÜR 6 PERSONEN

- 115 g Bulgurweizen, eingeweicht und gut abgetropft
- 225 g Tomaten, gewürfelt
- 1 kleine rote Zwiebel gehackt
- 3 Frühlingszwiebeln, gehackt
- 55 g Petersilie, fein gehackt
- 4 Esslöffel frische Minze gehackt
- 120 ml Oliven- oder Pflanzenöl
- 5 Esslöffel Zitronensaft
- Pfeffer und Salz
- schwarze Oliven und Minzblätter zum Garnieren

1 ▲ Alle Zutaten in einer großen Schüssel vermischen.

2 ◀ Die Zutaten gut durchrühren und noch einmal abschmecken, bei Bedarf nachwürzen.

3 Den Salat bei Zimmertemperatur servieren und mit schwarzen Oliven und Minzblättern garnieren.

Couscous zubereiten

Der Couscous ist für nordafrikanische Gerichte typisch. Es handelt sich um sehr kleine Grießkörner, die aus Durum-Weizen hergestellt werden. Mit seinem milden Geschmack ist er eine ideale Beilage für kräftige, würzige Gerichte, die in Tunesien oder Marokko auch „Couscous" genannt werden. Auch als Füllung oder als Frühstücksgetreide schmeckt er köstlich.

1 ▲ Couscous zubereiten: Den Couscous in ein Sieb geben und unter kalten Wasser abspülen, bis das ablaufende Wasser klar ist, dann in eine Schüssel geben, mit frischem kalten Wasser auffüllen und für 30 Min. einweichen lassen.

2 ▲ Aus dem durch ein Sieb abgetropften Couscous mit den Fingern Klumpen entfernen und in ein Sieb geben, das mit Musselin ausgelegt ist. Über einen Topf mit kochendem Wasser hängen und ohne Deckel für 30 Min. weich dämpfen.

3 ▲ Schnellkochendes Couscous mit Brühe zubereiten: Die Brühe in einen Topf gießen, nach Belieben 30 g Butter hinzufügen und aufkochen. Vom Herd nehmen und langsam unter Rühren das Couscous einrieseln lassen. Wieder aufkochen lassen und vom Herd nehmen, abgedeckt für 5-10 Min. stehen lassen. Das Couscous mit einer Gabel auflockern. Heiß als Beilage zusammen mit entsprechenden Gewürzzutaten servieren oder als Füllung für Gemüse oder Geflügel verwenden.

4 ▲ Schnellkochendes Couscous mit Wasser zubereiten: Couscous in eine Schüssel geben, mit kochendem Wasser übergießen und für 20-30 Min. einweichen lassen, abtropfen.

Spezielles Couscous-Geschirr
Traditionell wird dieses Gericht in einem speziellen Topf gekocht, dem „Couscousière". Der Bodenteil dieses Topfes wird mit der Brühe gefüllt, während das Couscous auf einem perforierten Einsatz dämpft.

Couscous-Füllung
170 g schnellkochendes Couscous mit Brühe zubereiten. Nehmen Sie dazu 450 ml Geflügelbrühe, 30 g Butter, 1 Teelöffel gemahlenen Zimt und je 1/2 Teelöffel Kumin und Koriander. Mit Salz und Pfeffer würzen, dann je 85 g gehackte getrocknete Aprikosen und Sultaninen einrühren. Als Füllung für Stubenküken, Hähnchen, Truthahn oder für Geflügelstücke ohne Knochen verwenden. Reicht für 1 großes Hähnchen oder 4 Stubenküken.

Würziger Gemüseeintopf mit Couscous

FÜR 4 PERSONEN

- 1 1/2 Esslöffel Pflanzenöl
- 2 große Zwiebeln, gewürfelt
- 1/2 Teelöffel gemahlenes Kumin
- 1/2 Teelöffel gemahlener Zimt
- 1/4 Teelöffel Kurkuma
- 340 g Möhren, gewürfelt
- 340 g weiße Steckrüben, gewürfelt
- 900 ml Geflügel- oder Gemüsebrühe oder Wasser
- 340 g Zucchini, gewürfelt
- 1 rote Paprika, ohne Kerne, gewürfelt
- 45 g Rosinen
- 340 g schnellkochender Couscous
- 30 g Butter
- 145 g Tiefkühlerbsen, aufgetaut
- Pfeffer und Salz

1 Das Öl in einem großen Topf erhitzen, die Zwiebeln hinzugeben und unter Rühren weich kochen.

2 Die Gewürze einrühren und unter Rühren für 1 Min. kochen.

3 ▲ Möhren, Steckrüben und 150 ml von der Brühe hinzufügen, aufkochen und zugedeckt 5 Min. kochen lassen.

4 ▲ Zucchini, Paprika und Rosinen hinzugeben, wieder abdecken und für weitere 10 Min. köcheln lassen, bis das Gemüse fast weich ist.

5 Inzwischen das Couscous mit der restlichen Brühe un der Butter zubereiten.

6 ▼ Die Erbsen zum Eintopf hinzugeben, abdecken und für 3-5 Min. kochen, bis das Gemüse gar ist. Mit Pfeffer und Salz abschmecken.

7 Das Couscous auflockern und auf heiße Servierschüsseln verteilen. Die Mitte vertiefen und den Gemüseeintopf mit einem Löffel einfüllen.

Maismehl und Polenta zubereiten

Maismehl ist fein gemahlener gelber oder weißer Zuckermais und wird oft in der amerikanischen Küche verwendet: für Muffins, Brote, Klöße oder als Frühstücksbrei. Maismehl eignet sich auch als Panade.

Polenta ist ein gröberes Maismehl, das häufig in der italienischen Küche zu finden ist. Es kann pur oder mit Butter und Käse als Ersatz für Kartoffeln oder Reis serviert werden; oder man schneidet die abgekühlte Polenta in Scheiben und brät oder toastet sie.

1 ▲ **Maisbrei kochen:** Nehmen Sie vier Teile Wasser auf ein Teil Maismehl. Das Wasser bis kurz vor dem Siedepunkt erhitzen, langsam das Maismehl einrieseln lassen, dabei rühren. Nicht alles Mehl auf einmal hinzugeben, sonst verklumpt es.

2 ▲ Den Topf abdecken, die Hitze reduzieren und 10 Min. leise köcheln lassen, bis der Brei dickflüssig ist, ab und zu rühren. Heiß mit Milch, Butter oder Ahornsirup servieren. Den kalten Brei kann man wie Polenta in Scheiben schneiden und braten.

3 ▲ **Für Polenta:** Polenta-Grieß langsam in die Kochflüssigkeit einrieseln lassen (wie bei Maisbrei). Die Hitze reduzieren und unbedeckt für 10-20 Min. bei geringer Hitze simmern lassen, bis sich der Brei von den Topfseiten löst. Umrühren. Die Polenta kann nun serviert werden.

4 ▲ Für eine spätere Verwendung (braten oder toasten) die Polenta in eine gefettete Backform gießen und ganz abkühlen lassen.

5 ▲ Die kalte Polenta in ca. 1,5 cm dicke Scheiben schneiden.

Maismehl-Käsekruste

360 ml Milch, 30 g Butter und 1/2 Teelöffel Salz in einem Topf mischen, kurz aufkochen, dann langsam 55 g Maismehl unter Rühren einrieseln lassen. Im offenen Topf unter Rühren für 2-3 Min. kochen, bis der Brei andickt. Vom Herd nehmen, 2 geschlagene Eier und 170 g Cheddarkäse in die Masse einrühren. Über ein Chili con Carne-Gericht in einer Backform verteilen und im vorgeheizten Ofen bei 190° C/Gas 5 für 35-40 Min. backen, bis die Kruste leicht gebräunt ist. *Für 4 Personen.*

Polenta mit Käse

Die Polenta-Scheiben unter dem Grill auf beiden Seiten leicht anrösten, mit würzigem Käse belegen, z.B. Gorgonzola. Kurz grillen, bis der Käse zu schmelzen beginnt, dann servieren.

Polenta mit Hühnerleber

FÜR 8 PERSONEN ALS VORSPEISE

- 750 ml Hühnerbrühe oder Wasser
- 135 g Polenta
- 55 g Butter
- 2 Esslöffel Olivenöl
- 450 g Hühnerleber, in Hälften
- 1-2 Knoblauchzehen, fein gehackt
- 4 Esslöffel frische Petersilie, gehackt
- 1 Teelöffel frischer Oregano, gehackt oder 1/2 Teelöffel trockener Oregano
- frisch gepresster Zitronensaft
- Pfeffer und Salz
- 350 ml Tomatensauce (siehe S. 172), aufgewärmt

1 Die Brühe oder das Salzwasser in einem großen Topf aufkochen. Die Polenta langsam einrieseln lassen, bei geringer Hitze kochen, bis sie andickt, dabei ständig rühren.

2 ▲ Die Polenta in eine gefettete runde Pfanne gießen. Beiseite stellen, für mind. 30 Min. fest werden lassen.

3 ▼ Die Polenta auf ein Brett stürzen und in 8 Teile schneiden. In 45 g Butter von beiden Seiten goldbraten, dabei einmal wenden.

4 Die restliche Butter und das Öl in einer Pfanne bei mittlerer Hitze erwärmen, die Hühnerleber hineingeben und für 2-3 Min. braten, bis sie angebräunt sind; einmal wenden.

5 ▲ Knoblauch, Kräuter Zitronensaft und Gewürze hinzufügen. Für weitere 1-2 Min. weiterkochen, bis die Leber von allen Seiten gebräunt, aber innen noch rosa ist.

6 Die Polenta-Ecken auf angewärmte Teller legen, die Tomatensauce darüber verteilen und die Hühnerleber obenauf setzen. Heiß servieren.

~ VARIATION ~

Anstelle der Hühnerleber 450 g geschnittene Champignons in 45 g Butter anbraten und nach Belieben mit Tomaten-Weinsauce (siehe S. 172) servieren.

GEMÜSE

~

Heutzutage gibt es eine so große Auswahl an frischen Gemüsen, dass sie problemlos die Hauptrolle bei jeder Mahlzeit spielen können. Für junges, knackiges Gemüse der Saison finden Sie hier sowohl einfache als auch raffinierte Rezeptideen.

VOR- UND ZUBEREITUNG VON GEMÜSE

Damit der feine Eigengeschmack voll zur Geltung kommt, wird junges Gemüse oft auf sehr einfache Art zubereitet und serviert.
Die Mengenangaben der Serviervorschläge beziehen sich auf eine Person. Würzen nach Belieben. Die Rezepte sind auf 4 Personen ausgelegt.

WURZEL- UND KNOLLENGEMÜSE

Möhren

Dieses natur-süße Gemüse wird in vielen Gerichten verwendet und schmeckt heiß oder kalt, roh oder gekocht.

Vorbereitung: Bei jungen Karotten brauchen Sie nur die Enden abschneiden und sie gut waschen. Größere Möhren sollte man schaben Je nach Rezept zurechtschneiden, die holzige Mitte falls nötig entfernen.

Zubereitung: *Kochen:* In kochendem Salzwasser garen, bis sie bissfest sind: ganze junge Möhren 8-10 Min., größere Möhren 10-20 Min., geschnittene Möhren 4-10 Min. *Dünsten:* Ganze junge Möhren zugedeckt in etwas kochendem Wasser ca. 10 Min. garen. *Schmoren:* Ganze junge Karotten in 4 Esslöffel Brühe oder Wasser und 30 g Butter pro 450 g zugedeckt ca. 5 Min. garen. Zum Schluss den Deckel abnehmen und überschüssige Flüssigkeit verkochen.

Serviervorschläge (115 g pro Person)
- Die heißen Möhren mit Butter und frischen Kräutern wie Petersilie, Majoran, Schnittlauch oder Thymian vermischen.
- Beim Schmoren etwas Zucker oder Honig und einen Spritzer Zitronen- oder Orangensaft hinzugeben. Mit Muskat, Ingwer oder Curry würzen.
- Servieren Sie rohe Möhrenstreifen mit einem Dip.

Pastinaken

Mit ihrem süß-nussigen Geschmack sind sie eine leckere Beilage, eignen sich aber auch für Eintöpfe.

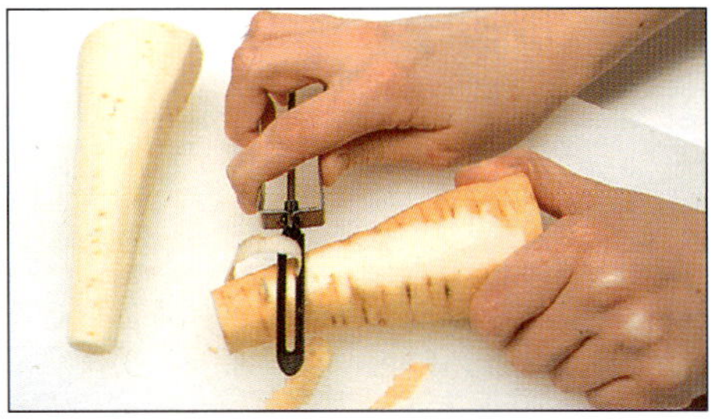

Vorbereitung: Enden abschneiden und dünn schälen. Kleine Pastinaken bleiben ganz, große werden geschnitten. Holzige Mitte entfernen.

Zubereitung: *Braten:* In kochendem Salzwasser blanchieren, mit Butter oder Öl in einem Bräter ca. 40 Min. bei 200° C/Gas 6 garen, gelegentlich begießen. *Kochen:* In kochendem Salzwasser 5-10 Min. garen. *In der Pfanne braten:* Ca. 1-2 Min. in kochendem Wasser blanchieren, dann abgießen und ca. 10-12 Min. in Butter goldbraun und bissfest braten.

Serviervorschläge: (145 g pro Person)
- 600 g gekochte Pastinaken mit 55 g Butter und 4 Esslöffeln Honig zugedeckt ca. 5 Min. schmoren.
- Pastinakenscheiben mit Möhrenscheiben braten und mit frischen gehackten Kräutern würzen.
- 600 g kleine Pastinaken, 150 ml Orangensaft und 45 g Butter 1 Std. abgedeckt bei 180° C/Gas 4 backen.
- Blanchierte Pastinaken als Beilage zu einem Rinds- oder Schweinebraten in den Bräter hinzugeben.

Weiße Rüben

Dieses milde Gemüse läßt sich sowohl süß als auch pikant zubereiten.

Vorbereitung: Die Enden abschneiden und die Rübe dünn schälen.

Zubereitung: *Dämpfen:* In Würfel geschnitten über kochendem Wasser zugedeckt ca. 15 Min. bissfest garen. *Kochen:* Ganze Rüben ca. 20-30 Min., geschnittene Rüben ca. 7 Min. in kochendem Salzwasser garen. *Schmoren:* Dünne Scheiben mit 30 g Butter und 5 Esslöffel Brühe oder Wasser im abgedeckten Topf für 4-5 Min. garen.

Serviervorschläge (115g pro Person)
- Gekochte Rüben mit Milch und Butter zerdrücken, mit der gleichen Menge zerdrückter Karotten, Pastinaken oder Kartoffeln mischen.
- 450g gedünstete Rüben mit 600ml heißer Mehlsauce (S. 170) begießen, mit Semmelbröseln und geriebenem Käse bestreuen und überbacken.
- Die Rüben mit einem Esslöffel Zucker schmoren und im offenen Topf karamelisieren.

Gelbe Kohlrübe/Steckrübe
Dieses Gemüse ist süß und hat einen intensiven Eigengeschmack.

Vorbereitung: Schälen, holzige Stellen entfernen und zerkleinern.

Zubereitung: *Kochen:* Die gewürfelten Rüben in kochendem Salzwasser 15Min. bissfest garen. Nicht zu lange kochen, sie werden sonst wässrig und matschig. *Dämpfen:* In Scheiben geschnittene Rüben abgedeckt über kochendem Wasser für 9-12Min. garen. *Schmoren:* Mit 30g Butter und 5 Esslöffel Brühe oder Wasser pro 450g Rüben zugedeckt 5-7Min. garen. *Braten:* Die Rübenstücke als Beilage zum Fleisch geben, in der Bratensauce wenden, bei 200°C/Gas 6 für ca. 45Min. braten.

Serviervorschläge (145g pro Person)
- 600g geraspelte Rüben mit einem Esslöffel braunem Zucker und 1 Teelöffel Sojasauce schmoren.
- 600g gekochte Rüben zerdrücken, mit 2 Eiern, 4 Esslöffel Sahne, 2 Esslöffeln Mehl und einem 1/4 Teelöffel Muskat gut vermischen. In einer gebutterten Form bei 180°C/Gas 4 ca. 30Min. backen.

Kartoffeln
Festkochende Kartoffeln sind feucht, haben eine wächserne Struktur und zerfallen nicht beim Kochen. Mehligkochende Kartoffeln sind trocken und sehr stärkehaltig. Außerdem gibt es noch orangefarbene und weiße Süßkartoffeln.

Vorbereitung: Wenn Sie die Schale mitessen wollen, waschen Sie sie gut, anderenfalls schälen Sie sie ab.

Zubereitung: *Backen:* Die Schale rundum mit einer Gabel einstechen. Bei 200°C/Gas 6 für 1-1 1/2Std. backen, bis sie weich sind. Süßkartoffeln brauchen nur 30-40Min. *Kochen:* Im Topf mit kaltem Salzwasser zum Kochen bringen und garen, bis sie weich sind, je nach Größe 10-20Min. *Braten:* Geschälte Kartoffeln 1-2Min. blanchieren, abgießen, trockentupfen und zum Fleisch in einem Bräter geben, in der Sauce wälzen, 1-1 1/2Std. braten, ab und zu wenden. *Sautieren:* Halbgar kochen (je nach Rezept mit Schale), als Scheiben oder Würfel in Butter oder Öl knusprig-braun bra-

ten. *Fritieren:* In Streifen schneiden und 30Min. in kaltes Wasser einweichen, trocknen und portionsweise in 190°C heißem Öl je nach Größe für 3-7 Min. fritieren, bis sie leicht braun werden. Auf Papiertüchern trocknen und noch einmal 3Min. fritieren, bis sie goldbraun und knusprig sind.

Gefüllte Backkartoffeln
Gebackene Kartoffeln halbieren, aushöhlen und das Kartoffel-Fruchtfleisch mit etwas Butter und je 3 Esslöffeln geriebenem Cheddarkäse und Kochschinken-Würfeln vermischen (pro Kartoffel). Nach Geschmack würzen, die ausgehöhlten Kartoffeln mit dieser Mischung füllen, mit geriebenem Cheddar-Käse bestreuen und für 10-15Min. bei 200°C/Gas 6 überbacken.

Serviervorschläge (170g pro Person)
- Gekochte junge Kartoffeln mit Butter, gehackter Petersilie, Minze und gerösteten Pinienkernen servieren.
- Gekochte oder gebackene Süßkartoffeln in einem Elektomixer zerkleinern, nach Belieben Butter hinzugeen sowie Orangensaft und gemahlenen Zimt. Würzen und gut vermischen.

Sellerie

Das knollige Äußere des Sellerie täuscht, denn er hat einen sehr delikaten und feinen Geschmack.

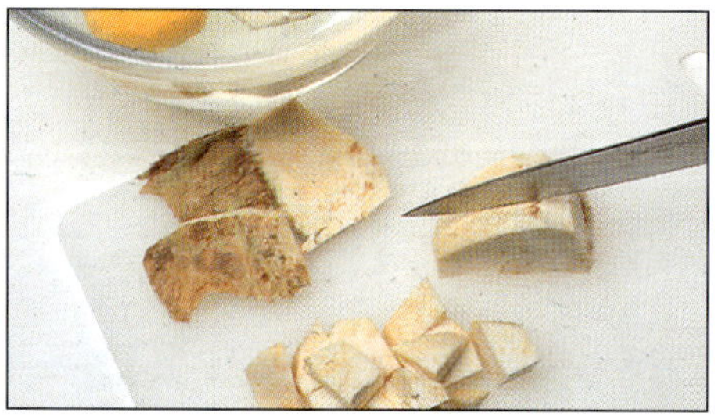

Vorbereitung: Den Sellerie erst kurz vor dem Kochen schälen, da er sich schnell verfärbt, sobald er geschnitten ist. Selleriestreifen in Wasser mit etwas Zitronensaft oder Essig legen, wenn er roh serviert werden soll. Je nach Rezept zerkleinern.

Zubereitung: *Dämpfen:* Gewürfelten Sellerie über kochendem Wasser abgedeckt dämpfen, bis er weich ist. *Kochen:* Gewürfelten Sellerie in kochendem Salzwasser abgedeckt bissfest garen, je nach Größe für 5-15 Min. *Schmoren:* Geraspelten Sellerie mit 55g Butter und 2 Esslöffeln Brühe pro 450g abgedeckt für 5 Min. garen. Den Deckel abnehmen und restliche Flüssigkeit verkochen lassen.

Serviervorschläge (115-145g pro Pers.)
- Streichholzgroße Selleriestreifen mit pikanter Majonäse (S. 180) und gehackter Salami servieren.
- Sellerieschеiben in Rinderbrühe kochen, abgießen, mit geriebenem Parmesan bestreuen und heiß servieren.

Zwiebeln

Die Zwiebel passt zu fast jedem pikanten Gericht. Es gibt sie in allen Größen und Formen: scharf oder süßlich-mild, abgeflacht oder spitz, kugelige, spanische Zwiebeln, längliche, rote aus Italien. Daneben gibt es noch kleine Silberzwiebeln, Schalotten und Frühlingszwiebeln.

Vorbereitung: Entfernen Sie die papierartige Schale. Je nach Rezept die Zwiebel schneiden oder hacken. Bei Frühlingszwiebeln die Wurzeln und verwelkte oder verfärbte Blätter entfernen. Je nach Rezept nur weiße oder auch grüne Stücke verwenden.

Zubereitung: *Braten:* Die gewürfelten oder in Ringe geschnittenen Zwiebeln in Butter und/oder Öl bei mäßiger Hitze 5 Min. bzw. bis sie weich und glasig sind, braten, gelegentlich wenden. Wenn im Rezept angegeben, weiterbraten, bis sie goldbraun sind. *Langsames Garen:* Die Würfel oder Ringe zugedeckt in Butter und/oder Öl bei mäßiger Hitze ca. 30 Min. bis sie weich sind, garen. Dabei wenden. *Kochen:* Kleine Zwiebeln in kochendem gesalzenen Wasser 15-20 Min. weichkochen.

Serviervorschläge
- Hamburger oder Steaks mit gegarten Zwiebelringen garnieren.
- 450g gekochte Perlzwiebeln mit 45g Butter und 70g braunem Zucker bei mäßiger Hitze unter ständigem Rühren ca. 10 Min. erhitzen bis sie karamelisiert sind.
- Das Grün von Frühlingszwiebeln bis auf 5cm entfernen, in heißem Öl backen, mit Sojasauce würzen.
- Geben Sie dünne Scheiben süßer roter Zwiebeln in den Salat.
- Ganze Zwiebeln bei 220°C/Gas 7 45 Min. backen bis sie weich sind, wenn man mit einer Gabel hineinsticht.

Lauch

Für diese Zwiebelart gibt es unzählige Zubereitungsmöglichkeiten oder als Gewürz in Suppen, Eintöpfen usw.

Vorbereitung: Die Wurzeln und die dunkelgrünen Blätter abschneiden. (Die dunkelgrünen Blätter für den Suppentopf behalten.) Wenn der Lauch nicht als ganzes gekocht werden soll, der Länge nach in der Mitte aufschneiden. Ca. 20 Min. in kaltes Wasser legen. Gut abtrocknen. Den Lauch schneiden, bevor Sie ihn gründlich in einem Sieb unter kaltem, laufenden Wasser abwaschen.

Zubereitung: Schmoren: Mit 30g Butter und 5 EL Brühe oder Wasser pro 450g gut zugedeckt garen, bis er bissfest ist. Kochen: In kochendem gesalzenem Wasser oder Brühe 10-15 Min. bzw. bis er weich ist, garen. Dünsten: In Scheiben geschnittenen Lauch in kochendem Wasser im Dampfkochtopf 5-7 Min. garen.

Serviervorschläge (170g pro Person)

- Ganze Lauchstangen kochen, langsam abkühlen. Mit einer Vinaigrette (S. 182) marinieren, kühl, nicht kalt servieren.
- Heiße Lauchringe in Butter und frischen Kräutern wie Salbei, Estragon, Thymian und Petersilie schwenken.
- Ganze gekochte Lauchstangen in Schinkenscheiben wickeln. Mit Käsesauce bedecken (S. 170), mit Käse bestreuen und goldbraun überbacken.

GEMÜSEFRÜCHTE

Auberginen

Die bekanntesten Auberginen sind die großen mit der glänzenden lila Schale, aber es gibt auch kleine, lila und lange, helllila chinesische Auberginen.

Vorbereitung: Das Stielende abschneiden. Die Frucht entsprechend den Rezeptanweisungen schneiden.

Zubereitung: *Grillen:* Die Scheiben mit Öl bestreichen. Ca. 10 Min. oder bis sie weich und gut gebräunt sind in 7,5-10 cm Höhe über dem Feuer grillen, wenden und mit Öl bestreichen. *Braten:* Scheiben oder Stifte in Mehl wenden, in heißem Öl oder Butter 5 Min. bis sie goldbraun sind auf beiden Seiten braten. *Schmoren:* Scheiben oder keilförmige Stückchen in etwas heißem Öl bräunen, mit 4 Esslöffeln Brühe oder Wasser pro 450g zugedeckt 12 Min. bis sie weich sind, garen. Evtl. mehr Flüssigkeit hinzugeben. *Backen:* Ganze Auberginen überall mit einer Gabel einstechen. Bei 200° C/Gas 6 ca. 20 Min. backen.

Serviervorschläge (145 g pro Person)

- Gegrillte Auberginen mit Knoblauch- oder Kräuteröl bestreichen.
- Schmoren: Nach dem Anbräunen abgezogene, entkernte, geschnittene Tomaten und Basilikum hinzufügen.
- Gebackene, panierte Auberginen mit Knoblauch-Majonäse (S. 180).

Zucchini

Bei Zucchini und anderen dünnschaligen Kürbisgewächsen ist auch die Schale essbar.

Vorbereitung: Die Enden abschneiden. Schneiden laut Rezept.

Zubereitung: *Braten:* In Scheiben geschnittene Zucchini in Butter oder Öl 5-10 Min. braten, bis sie weich und goldbraun sind. *Kochen:* In kochendem gesalzenen Wasser garen, bis sie weich sind: 10-12 Min. für ganze Zucchini, Scheiben 3-8 Min. *Dünsten:* In einem Dampfkochtopf garen, bis sie weich sind. *Schmoren:* In Scheiben geschnittene Zucchini in einer zugedeckten Pfanne mit 30g Butter und 5 Esslöffel Brühe oder Wasser pro 450g 4-5 Min. garen, bis sie weich sind.

Serviervorschläge (115-145g p. Pers.)

- Scheiben mit fein gehacktem Knoblauch und gehackter Petersilie und Oregano sautieren.
- Kleine Zucchini der Länge nach halbieren und die Flächen mit grobkörnigem Senf bestreichen. In etwa 10 cm Höhe über dem Feuer ca. 5 Min. grillen, bis sie bissfest sind.

Kürbisse

Kürbisse haben eine harte Schale und Kerne und Fasern im Innern, die vor dem Kochen entfernt werden sollten.

Zubereitung: Wenn er nicht mit der Schale gebacken wird, den Kürbis mit einem großen Messer schälen. Die Kerne und Fasern entfernen.

Zubereitung: *Dünsten:* In einem Dampfkochtopf garen. *Backen:* In portionsgroße Stücke schneiden, die Schale dranlassen, das Fleisch einkerbern. Mit der geschnittenen Seite nach oben in eine gefettete Form geben, Butterflöckchen darauf setzen und bei 190°C/Gas 5 45Min. bis sie weich sind backen. *Kochen:* Stücke in kochendem gesalzenem Wasser 4-5Min. garen. *Schmoren:* Würfeln und wie Zucchini zubereiten.

Serviervorschläge (145-225g p. Pers.)
- Beim Schmoren Apfelstückchen, einen Spritzer Zitronensaft und 2 Esslöffel braunen Zucker hinzugeben. Nach Wunsch etwas Zimt und Muskat oder Currypulver hinzugeben.
- In die ausgehöhlten Hälften einen Klacks Butter und 1 Teelöffel Ahornsirup geben und backen.

BLÄTTRIGE, GRÜNE UND ANDERE GEMÜSE

Spinat

Junge zarte Blätter haben einen delikaten Geschmack und können im Salat verwendet werden. Große dunkle Blätter sollten gekocht werden.

Vorbereitung: Spinat ist oft sehr sandig und sollte gründlich gewaschen werden. 3-4Min. in kaltem Wasser einweichen. Herausnehmen und in frischem kalten Wasser waschen. Wiederholen und in einem Sieb abtropfen. Gelbe und verwelkte Blätter entfernen. Feste Strünke abziehen.

Zubereitung: *Kochen:* In einer großen Pfanne (vom Waschen ist noch genug Wasser an den Blättern) 5-7Min. garen, gelegentlich umrühren, damit die Flüssigkeit verdampft. Gut abtropfen und den Spinat zwischen zwei Tellern oder in der Faust zusammenpressen. *Schmoren:* Zugedeckt mit einem großen Klacks Butter garen, bis er weich ist. Aufdecken und weiterkochen, damit die Flüssigkeit verdampft. *Braten:* Gehackte Blätter 3-5Min. in heißem Öl braten.

Serviervorschläge (145-175g p. Pers.)
- 3-4Esslöffel Crème Fraîche oder Schlagsahne und eine Prise Muskat dem geschmorten Spinat hinzufügen.
- Gehackte Zwiebel und Knoblauch anbraten, Spinat und halbierte Cocktailtomaten hinzufügen und 1Min. braten.
- Spinat kochen, nach dem Abtropfen fein hacken. In Olivenöl mit gehacktem Knoblauch anbraten, umrühren, bis der Knoblauch goldbraun und der Spinat dampfend heiß ist.
- Gekochten, gehackten Spinat und gekochten Reis zu gleichen Teilen mischen, nach Geschmack würzen.

Blattgemüse

Zu den herzhaften Blattgemüsen gehören auch alle Kohlarten - Grünkohl, Braunkohl, Mangold, Rüben- und Rote-Beete-Blätter usw. Gut als Beilage oder in Suppe und Eintopf.

Vorbereitung: Beschädigte und verwelkte Blätter entfernen. Wurzeln und harte Strünke abschneiden. Je nach Rezept die Blätter ganz lassen oder in Streifen schneiden. Beim Mangold Blätter und Strünke trennen und die Strünke länger kochen.

Zubereitung: *Schmoren:* Die gehackten Blätter mit 30g Butter und 3 Esslöffel Brühe pro 450g in einer Pfanne zugedeckt garen, bis sie bissfest sind. Aufdecken und weiterkochen, um die Flüssigkeit zu entfernen. *Dünsten:* Zugedeckt in einer Pfanne garen, bis sie weich sind. *Kochen:* Gehackte Blätter in kochendem, gesalzenem Wasser garen, bis sie weich sind.

Serviervorschläge (225g pro Person)
- Geschmortes Blattgemüse mit Schlagsahne oder Sauerrahm und Muskat vermischen, sanft erhitzen.
- Gekochtes Blattgemüse mit zerdrückten Kartoffeln vermischen. Plätzchen formen, in Semmelbröseln wälzen und Butter anbraten, bis sie auf beiden Seiten goldbraun sind.
- Gekochtes oder geschmortes Blattgemüse mit gebratenem Speck und geriebenen Gruyèrekäse bedecken, grillen, bis der Käse überbacken ist.

Grüne Bohnen

Grüne Bohnen gibt es in vielen verschiedenen Größen, von kleinen französischen (haricots verts) bis zu sehr großen Stangenbohnen. Die französischen Bohnen haben keinen Faden. Buschbohnen sind kürzer und dicker als französische Bohnen. Chinesische lange Bohnen sind ähnlich wie Stangenbohnen, nur länger.

Vorbereitung: Die Enden mit einer Schere oder einem Messer abschneiden. Bei älteren Bohnen den Faden abziehen. Große Bohnen diagonal oder der Länge nach aufschneiden.

Zubereitung: *Kochen:* In kochendem, gesalzenen Wasser garen, bis sie bissfest und hellgrün sind: 3-15 Min. je nach Größe. *Dünsten:* Im Dampfkochtopf garen, bis sie weich sind. *Schmoren:* Mit etwa 5 Esslöffel Brühe oder Wasser bedecken, 30 g Butter hinzugeben (pro 450 g), garen, bis sie weich sind. *Braten:* 2 Min. in kochendem Wasser blanchieren, abtropfen. In heißem Öl 2-3 Min. anbraten.

Serviervorschläge (115 g pro Person)

- Gekochte oder gedünstete Bohnen mit geschmolzener Butter, gehackten Kräutern und einem Spritzer Zitronensaft servieren.
- 6 Esslöffel Sahne 450 g geschmorten Bohnen hinzugeben. Unter Rühren garen, bis die Flüssigkeit verdampft und die Bohnen glasiert sind.
- Heiße Bohnen mit kurz angebratenen Streifen von Parmaschinken oder mit in Butter gerösteten Mandelblättchen bestreuen.

Erbsen

Zuckererbsen sind vollständig essbar. Grüne Erbsen werden vor dem Kochen ausgehülst. Die Hülsen wiegen genausoviel wie die Erbsen, rechnen Sie also mit der doppelten Menge wie bei vollständig essbaren Erbsen.

Vorbereitung: Brechen Sie die Hülse auf und drücken Sie die Erbsen heraus. Bei Zuckererbsen werden die Enden abgeschnitten und harte Fäden dabei abgezogen.

Zubereitung: *Dünsten:* Die Erbsen im Dampfkochtopf garen, bis sie weich sind. *Kochen:* Geben Sie die Erbsen in kochendes, gesalzenes Wasser und garen sie, bis sie weich sind: grüne Erbsen brauchen 5-10 Min., Zuckererbsen nur 1-2 Min. *Schmoren:* Zugedeckt mit 30 g Butter und 4 Esslöffel Brühe oder Wasser pro 450 g garen, bis sie weich sind: 5-10 Min. für grüne Erbsen, 2 Min. für Zuckererbsen.

Serviervorschläge (115 g pro Person)

- Beim Schmoren Zwiebelringe, in Streifen geschnittenen Salat und etwas Zucker hinzufügen.
- Zuckererbsen mit dünnen Zwiebelringen und Pilzen anbraten.
- 4 Esslöffel Schlagsahne zu 450 g geschmorten Zuckererbsen hinzufügen und unter Rühren erhitzen, bis alle Flüssigkeit verdampft ist.

Brokkoli

Dieses grüne Gemüse kann man gekocht oder roh in Salaten servieren. Es lässt sich auch sehr gut anbraten.

Vorbereitung: Den Strunk am Ende abschneiden. Wenn ein Teil des Strunks verwendet werden soll, diesen schälen. Je nach Rezept lässt man den Kopf ganz oder teilt die einzelnen Röschen mit einem kleinen Strunk ab. Den Rest des geschälten Strunks in dünne Streifen schneiden.

Zubereitung: *Dünsten:* Im Dampfkochtopf weich kochen. *Kochen:* In kochendem, gesalzenen Wasser garen, bis er bissfest ist: 7-12 Min. für ganze Broccoli, 4-6 Min. für Röschen und Scheiben. *Schmoren:* Mit 5 Esslöffel Brühe oder Wasser und 30 g Butter pro 450 g garen, bis er weich ist.

Serviervorschläge (145 g pro Person)
- Heißen Brokkoli in pikanter Butter schwenken (S. 174)
- Käsesoße (S. 170) über den heißen Brokkoli geben, mit geriebenem Parmesan bestreuen und überbacken.
- Kleine Brokkoliröschen 1 Min. blanchieren, abtropfen. Kalt mit einer Vinaigrette (S. 182) und gerösteten Nüssen servieren.

Blumenkohl

Der weiße oder elfenbeinfarbige Blumenkohl ist am häufigsten, aber es gibt auch grüne und violette Arten.

Vorbereitung: Die großen, grünen Blätter abschneiden, je nach Rezept die zarten dranlassen. Den Strunk ab- und den Kern herausschneiden. Den Kopf ganz lassen oder vor oder nach dem Kochen zerteilen.

Zubereitung: *Dünsten:* Die Röschen in einem Dampfkochtopf 12-15 Min. garen. *Kochen:* Den Kopf in einem Topf mit 2,5 cm kochendem, gesalzenen Wasser und einem Lorbeerblatt zugedeckt garen, bis er bissfest ist: 15-30 Min. für ganze Köpfe, 5-9 Min. für Röschen. Gut abtrocknen. *Schmoren:* Röschen mit 30 g Butter und 5 Esslöffel Brühe oder Wasser pro 450 g (sie sollen bedeckt sein) 5-7 Min. garen.

Serviervorschläge (145 g)
- Den heißen Blumenkohl mit Butter, gehacktem frischen Schnittlauch, gerösteten Mandelblättchen oder gehackten Pecannüssen (alternativ mit Paprika) anrichten.
- Den heißen Blumenkohl mit Sauce Hollandaise (S. 178) übergießen.
- Röschen in Ei und Semmelbröseln wenden, frittieren, mit Knoblauch- oder scharfer Majonäse servieren.

Kohl

Er ist reich an Vitaminen, sehr vielseitig und schmeckt sowohl roh als auch gekocht. Es gibt feste, runde Köpfe (grüne, weiße und rote), lockere, runde Köpfe (Wirsing mit seinen krausen Blättern) und lange, lockere Köpfe (Chinakohl).

Vorbereitung: Verwelkte äußere Blätter entfernen. Den Kopf in kleine Keile teilen, lange, lockere Köpfe halbieren. Nach Wunsch vor dem Kochen den Strunk aus den Keilen herausschneiden. Oder den Kopf vierteln und in Streifen schneiden. Lange Köpfe direkt in Streifen schneiden.

Zubereitung: *Schmoren:* Den in Streifen geschnittenen Weißkohl, Wirsing oder Rotkohl kurz blanchieren. (Chinakohl braucht nicht blanchiert zu werden.) Gut zugedeckt mit etwa 5 Esslöffel Brühe oder Wasser und 30 g Butter pro 450 g garen: 3-4 Min. für Weißkohl, Wirsing und Chinakohl, 30 Min. für Rotkohl (hier mehr Flüssigkeit verwenden). *Kochen:* In gesalzenem, kochenden Wasser garen, bis er bissfest ist: 6-8 Min. bei keilförmigen Stücken und 3-5 Min. für Streifen. *Dünsten:* Im Dampfkochtopf garen, bis er weich ist.

Serviervorschläge (115 g pro Person)
- Beim Schmoren von Weißkohl und Wirsing gehackten frischen Dill hinzugeben.
- Die größeren, äußeren Blätter vom Weißkohl oder Wirsing blanchieren, um eine Hackfleischfüllung wickeln und in einer Tomatensauce garen.
- Rotkohl mit Apfelstückchen, gekochtem Schinken und Gewürzen (Zimt, Muskat) schmoren.
- Rohen, in Streifen geschnittenen Chinakohl in den Salat geben.

Mit Käse überbackener Blumenkohl
Einen großen Blumenkohl in Röschen teilen und dünsten, bis sie bissfest sind. 85 g geschnittene, sautierte Pilze in eine gebutterte Form geben und die Röschen darauf verteilen. 600 ml Käsesauce (S. 170) darüber gießen und mit einer Mischung aus geriebenem Cheddarkäse und Semmelbröseln bestreuen. Unter dem Grill überbacken. *Rezept für vier Personen.*

Rosenkohl

Diese kleinen Kohlköpfe kocht man am besten, bis sie bissfest sind.

Vorbereitung: Verfärbte Blätter entfernen. Die Strünke am Kopf abschneiden. Ein „x" in die Unterseite schneiden, der Strunk braucht dann die gleiche Kochzeit wie der Kopf.

Zubereitung: *Schmoren:* Mit 5 Esslöffel Brühe oder Wasser und 30g Butter pro 450g gut zugedeckt garen. *Kochen:* In kochendem, gesalzenen Wasser 7-10Min. garen. *Dünsten:* Im Dampfkochtopf 10-12Min.

Serviervorschläge (115-145g p. Pers.)

- In Butter mit Orangenaroma schwenken.
- Mit gerösteten Nüssen, geschmorten oder pochierten Kastanien oder Kastanien aus der Dose vermischen.
- Köpfe der Länge nach halbieren, in kochendem Wasser 2-3Min. blanchieren, abtropfen. In heißem Öl mit fein gehacktem Ingwer und Knoblauch 2-3Min. braten, bis sie bissfest und leicht angebräunt sind.
- In Stücke schneiden und 2-3Min. blanchieren, abtropfen lassen. Gehackte Zwiebel und Sellerie hinzufügen und mit einem Zitronen-Vinaigrette-Dressing (S. 182) vermischen.

Sellerie

Grüner oder weißer Stangensellerie ist beliebt im Salat oder als Gewürz für Suppen, Eintöpfe und Füllungen.

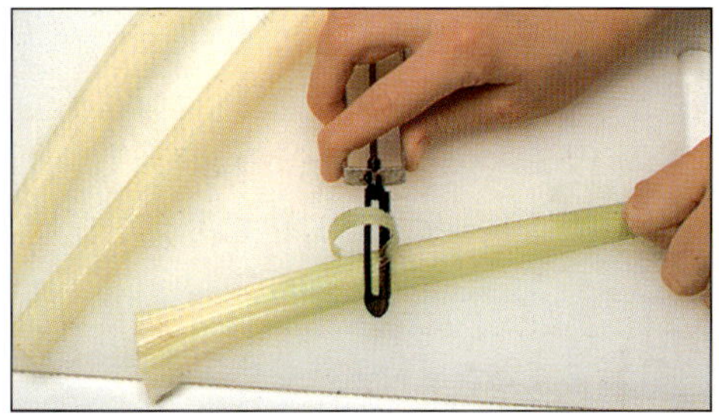

Vorbereitung: Die Stangen voneinander trennen. Mit einer Gemüsebürste unter fließendem Wasser putzen. Wurzel und Blätter abschneiden (Blätter für den Suppentopf aufheben). Haben die Strünke harte Fäden, diese mit einem Schäler entfernen. Kleinschneiden je nach Rezept. Für Sellerieherzen längs halbieren.

Zubereitung: *Kochen:* In einem Topf mit 2,5cm kochendem, gesalzenem Wasser zugedeckt garen, bis er bissfest ist: 5-10Min. für Stücke, 10-20Min. für Sellerieherzen. *Schmoren:* Scheiben 3Min. mit 2 Esslöffel Brühe oder Wasser und 30g Butter pro 225g, Herzen 10-20Min. mit 300ml Flüssigkeit zugedeckt garen.

Serviervorschläge (115g pro Person)

- Fingerlange Stücke rohen Sellerie mit Schimmelkäse, pikantem Frischkäse oder Erdnussbutter füllen.
- Geschmorten Sellerie mit gehackten Walnüssen und gehackter Petersilie bestreuen.
- Sellerieherzen mit Tomaten und Tarragon oder Thymian schmoren.

Pilze

Gezüchtete Pilze sind das ganze Jahr über erhältlich. Wenn Sie die Möglichkeit haben, sammeln Sie Pilze selbst, sie sind viel schmackhafter!

Vorbereitung: Abspülen oder mit einem feuchten Tuch abtupfen (nicht in Wasser legen, Pilze saugen sich sofort voll). Zerfaserte und harte Stiele von wilden Pilzen entfernen. Kleine Pilze kann man im ganzen lassen, große halbieren, vierteln, in Streifen schneiden, würfeln oder hacken. Um große Pilze zu füllen, die Stile herausnehmen.

Zubereitung: *Braten:* In heißer Butter und/oder Öl ca. 4Min. unter Rühren braten, bis sie weich sind. Pilze geben Flüssigkeit ab, je nach Rezept weiterbraten, bis die Flüssigkeit verdampft ist und die Pilze braun sind. *Grillen:* In 4cm Höhe über der Flamme 5-8Min grillen, gelegentlich wenden und bestreichen, bis sie weich und braun sind.

Serviervorschläge (115g pro Person)

- In Streifen geschnittene Pilze mit gehacktem Knoblauch und Thymian sautieren.
- Gegrillte Pilzköpfe mit einem Klecks pikanter Butter (S. 174)

Zubereitung von Spargel

Wenn Spargel jung und zart ist, brauchen Sie nur am unteren Ende ein Stück abzuschneiden. Bei großen Spargelstangen, die am Stiel schon etwas hart und holzig sind, benötigen Sie etwas mehr Zeit.

Zwei Arten des Kochens
Spargelstangen können lose im Wasser liegend gekocht oder in Bündeln zusammengebunden und aufrecht in einem hohen Topf gekocht werden. Bei dieser Methode bleiben die Köpfe über dem Wasser und werden langsam im Dampf gegart.

1 ▲ Das harte, holzige Ende abschneiden. Die Stangen sollten alle in etwa dieselbe Länge haben.

2 ▲ So schälen Sie den Spargel: Nehmen Sie den Kopf zwischen die Finger und entfernen die Schale von oben nach unten mit einem Gemüseschäler. Drehen Sie den Stiel, um die Schale auf allen Seiten zu entfernen.

Spargel mit Schinken

Für 4 Personen
700-900 g mittelgroße, geschälte Spargelstangen
180 ml geklärte Butter (S. 176)
2 Teelöffel Zitronensaft
2 Esslöffel gehackte Frühlingszwiebeln
1 Esslöffel gehackte Petersilie
Salz und Pfeffer
4 Scheiben Parmaschinken

1 ▼ Eine große Pfanne zur Hälfte mit Salzwasser füllen. Zum Kochen bringen. Den Spargel 4-5 Min. garen, bis der Stiel bissfest ist. Herausnehmen und gut abtropfen lassen.

2 Butter, Zitronensaft, Frühlingszwiebeln und Petersilie in eine kleine Pfanne geben. Mit Salz und Pfeffer würzen und erwärmen, bis die Mischung lauwarm ist.

3 Den Spargel auf 4 vorgewärmten Tellern verteilen. Eine Scheibe Schinken darüber legen. Kräuterbutter darüber geben und servieren.

Zubereitung von frischem Mais

Zarter Mais ist als ganzer Kolben und auch als Zutat in Suppen, Salaten, Gemüsepfannen usw. sehr beliebt. Kaufen Sie ihn so jung wie möglich.

Maiskolben kochen
Einen großen Topf mit Wasser und 1 Teelöffel Zucker zum Kochen bringen. Den vorbereiteten Mais in das Wasser geben. Wieder zum Kochen bringen und 4-5 Min. garen, bis er bissfest ist (stechen Sie mit einem Messer in ein Korn). Oder den Mais in etwas kochendem Wasser zugedeckt in einem Topf dünsten. Gut abtropfen und servieren.

1 ▲ Kurz vor dem Kochen die Schalen und Fäden entfernen. (Wird der Mais in der Schale gegrillt, ziehen Sie sie zurück, entfernen die Fäden und umhüllen den Mais wieder.) Den Stil am Kolben abschneiden.

2 ▲ **Ablösen der Körner:** Schneiden Sie mehrere Reihen mit einem scharfen Messer der Länge nach vom Kolben. Je nach Rezept dann den Kolben aufrecht auf einen Teller stellen und mit dem stumpfen Ende des Messers darüber streichen, um die milchige Flüssigkeit zu gewinnen.

Mais mit Zucchini und Schinken

FÜR 4 PERSONEN
- 4 Scheiben durchwachsenen Speck
- 15 g Butter
- 1 gehackte Zwiebel
- 1 kl. grüne Paprika, entkernt, gewürfelt
- Körner von 6 Maiskolben
- 170 g Zucchini, gewürfelt
- 150 ml Schlagsahne
- Salz und Pfeffer

1 ▲ Die Speckscheiben knusprig braten. Herausnehmen und auf einem Papiertuch abtropfen lassen.

2 ◀ Butter, Zwiebel und Paprika in die Pfanne geben, ab und zu wenden, braten, bis alles weich ist. Mais hinzugeben. Zudecken und bei mäßiger Hitze 10 Min. garen. Zucchini und Sahne hinzugeben. Mit Salz und Pfeffer würzen. Zugedeckt 10 Min. kochen, bis alles weich ist. Den Speck zerkleinern und hinzugeben. Abschmecken und servieren.

Tomaten häuten und entkernen

Manche Tomaten haben harte Schalen und Kerne. Beim Kochen lösen diese sich vom Fleisch und verderben das Aussehen und die Konsistenz des Gerichtes. Sie sind auch schwer verdaulich und sollten deshalb entfernt werden. Enthäuten und entkernen Sie die Tomaten am besten vor dem Kochen, außer Sie bereiten eine Suppe, Sauce oder ein anderes Gericht, welches vor dem Servieren passiert wird.

Wenn Tomaten eine dünne Schale haben, roh gegessen oder nur kurz gegart werden, ist das nicht nötig.

1 ▲ **Tomaten enthäuten:** Schneiden Sie ein kleines „x“ in die Unterseite der Tomate. 3 oder 4 Tomaten in kochendes Wasser legen. Nach ca. 10 Sek. rollt die Haut sich zurück. Herausnehmen und in eiskaltes Wasser legen. Abtropfen und schälen.

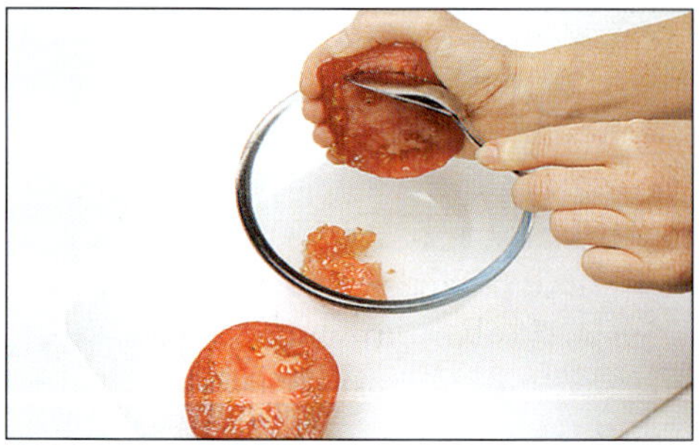

2 ▲ **Tomaten entkernen:** Jede Tomate quer durchschneiden (entlang dem „Äquator“). Die Hälften leicht zusammendrücken und Kerne und Saft in eine Schüssel geben. Zurückbleibende Samen mit einem Löffel herauskratzen.

Scharfe Tomaten-Barbecue-Sauce

Für 6 Personen

- 2 Esslöffel Pflanzenöl
- 1 fein gehackte Zwiebel
- 1 fein gehackte Knoblauchzehe
- 300 ml Tomatensauce
- 225 g Tomaten, enthäutet, entkernt, und gehackt
- 120 ml Apfelessig
- 1 Esslöffel Worcestersauce
- 70 g braunen Zucker
- 2 Teelöffel Chilipulver
- 1 Lorbeerblatt
- Salz und Pfeffer

1 ▶ Öl in einer Pfanne erhitzen, Zwiebel anbraten, bis sie weich ist, ab und zu umrühren. Knoblauch hinzugeben, 30 Sek. kochen. Passierte Tomaten, Essig, Worcestersauce, braunen Zucker, Chillipulver und Lorbeerblatt hinzugeben. Nach Geschmack salzen und pfeffern.

2 Zum Kochen bringen, Hitze herunterschalten und 15 Min. garen, ab und zu umrühren. Nach Belieben abschmecken.

3 Als Marinade für Hamburger, Hähnchen, Spareribs und Steaks vom Grill verwenden. Zusätzlich etwas Sauce zum Fleisch servieren.

PAPRIKA GRILLEN UND ENTHÄUTEN

Es gibt verschiedene Methoden, eine Paprika zu enthäuten, z.B. können Sie einfach einen Gemüseschäler verwenden. Da sie aber eine unregelmäßige Form haben, sind andere Methoden wie Rösten oft einfacher. Durch das Rösten wird das Fruchtfleisch außerdem süßer.

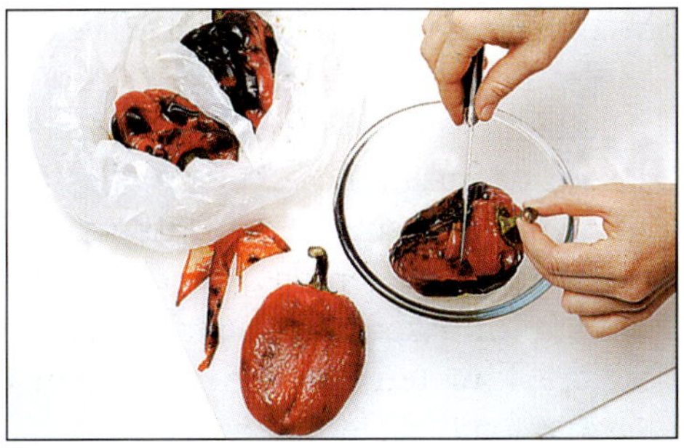

Umgang mit Chilis
Beim Zubereiten von Chilischoten nicht die Finger an Augen oder Lippen bringen, Hände hinterher waschen oder Gummihandschuhe benutzen. Kern und Samen entfernen.

1 ▲ Die Paprika auf einen Rost über einen Grill legen und dicht über der Hitze rösten. Die Paprika wenden, so dass die Haut auf allen Seiten Blasen schlägt. Oder die Paprika auf eine lange Gabel spießen und über die Flamme halten. Dabei die Paprika langsam drehen, damit die Haut auf allen Seiten aufplatzt.

2 ▲ Wenn die Haut angebrannt ist, die Paprika in eine Plastiktüte geben und diese verschließen. Abkühlen, der Dampf im Innern hilft bei der Ablösung der Haut. Den Rest mit einem kleinen Messer schälen. (Über eine Schale halten, um den Saft aufzufangen.) Den Stil und Kern herausschneiden und Samen herauskratzen.

Marinierter Paprikasalat mit Käse

FÜR 6 PERSONEN

- 3 kleine verschiedenfarbige Paprika
- 6 Esslöffel Oliven- oder Pflanzenöl
- 3 Esslöffel Limonensaft
- 2 Esslöffel Zitronensaft
- 1 Teelöffel Worcestersauce
- 1 kleine Knoblauchzehe, fein gehackt (optional)
- Salz und Pfeffer
- 225 g Mozzarella oder fester Ziegenkäse, in Scheiben
- 55 g geröstete Walnüsse, grob gehackt, zum Garnieren

1 Paprika rösten, schälen, Saft auffangen. Das geröstete Fleisch der Länge nach in Streifen schneiden.

2 Öl, Limonensaft, Zitronensaft, Worcestersauce und Knoblauch in eine Schüssel geben. Nach Geschmack mit Salz und Pfeffer würzen.

3 ◀ Die Paprikastreifen gut mit der Marinade vermischen. Zudecken und 1-2 Stunden bei Zimmertemperatur marinieren.

4 Paprikasalat und übereinander gelegte Käsescheiben auf den Tellern anrichten. Mit den gehackten Nüssen garnieren.

Artischocken zubereiten und kochen

Artischocken können als Ganzes, mit oder ohne Füllung serviert werden. Sie können auch nur die fleischigen Böden verwenden. Sehr kleine Artischocken mit max. 6cm Durchmesser werden oft Herzen genannt. Das kann verwirrend sein, da auch die Böden manchmal Herzen genannt werden. Diese Baby-Artischocken werden am besten im Ganzen oder halbiert oder geviertelt geschmort. Schnittflächen mit Zitronensaft einreiben und Stahlmesser verwenden, um eine Verfärbung zu vermeiden.

1 ▲ **Ganze Artischocken:** Den Stiel abbrechen. Von oben etwa ein Drittel der Artischocke abschneiden. Die Spitzen der großen äußeren Blätter mit einer Schere abschneiden. Die Blätter aufbiegen und die Frucht unter fließendem Wasser waschen.

2 ▲ **Artischockenböden:** Die harten äußeren Blätter entfernen, bis Sie zu den blassen inneren Blättern kommen. Den haarigen Kern herauskratzen. Oder die Artischocke kochen und danach Blätter und Kern mit einem Stahlmesser entfernen.

Artischocke mit Kräuterbutter
Gekochte Artischocke heiß mit geklärter Butter (S. 176) und frischem Dill und Petersilie oder anderen Kräutern servieren.

3 ▲ **Ganze Artischocken kochen:** Salzwasser in einem großen Topf zum Kochen bringen. Den Saft einer Zitrone oder 3-4 Esslöffel Essig hinzufügen. Die vorbereiteten Artischocken hineingeben, einen Teller darauf legen, um sie unter Wasser zu halten. Zugedeckt kochen, bis der Stiel weich ist: 15-20Min. bei kleinen, 25-30Min. bei großen Artischocken.

4 ▲ Herausnehmen und umdrehen, damit das Wasser heraustropft. Mit einem Löffel den haarigen Kern herauskratzen.

Eine ganze Artischocke essen
Die Blätter einzeln lösen und am unteren Ende in die Sauce tunken. Mit den Zähnen das Fleisch abbeißen und das Blatt wegwerfen. Wenn Sie zu dem Kern kommen, die Haare abkratzen und wegwerfen. Den fleischigen Boden der Artischocke schneiden und die Stücke mit der Gabel essen.

5 ▲ **Artischockenböden kochen:** In Salzwasser bei mäßiger Hitze 15-20Min. kochen.

Ideen für Artischocken
- Artischocken heiß mit Sauce Hollandaise servieren (S. 178)
- Gekochte Artischocken kalt mit einer Vinaigrette (S.182) oder Mayonäse (S. 180) servieren.
- Kalte Artischockenböden mit Krabben oder Krabbensalat füllen.
- Artischockenböden mit Knoblauch, Lorbeer und schwarzen Pfefferkörnern kochen. Abkühlen, schneiden und in einer Vinaigrette mit gehackter Zwiebel und Olive marinieren.

GEMÜSE SCHNEIDEN

Für viele Rezepte muss das Gemüse und andere Zutaten unterschiedlich fein geschnitten werden. In den meisten Fällen sollte man ein großes Küchenmesser verwenden (es muss scharf sein). Bei einem Mixer müssen Sie darauf achten, dass das Gemüse nicht zu klein und matschig wird.

Käse- und Kräuter-Dip
Je 225 g Doppelrahm-Frischkäse und Hüttenkäse in einer Küchenmaschine oder einem Mixer vermischen. In eine Schüssel geben und mit 2 Esslöffeln gehacktem Dill und 25 g gehacktem Schnittlauch verrühren. Mit Salz und Pfeffer abschmecken. Wenn der Dip zu dick ist, mit Sahne oder Milch verdünnen. Zudecken und für mindestens 1 Std. kühl stellen. Mit pikanten Biskuits oder Brotchips servieren.
Ergibt etwa 450 g.

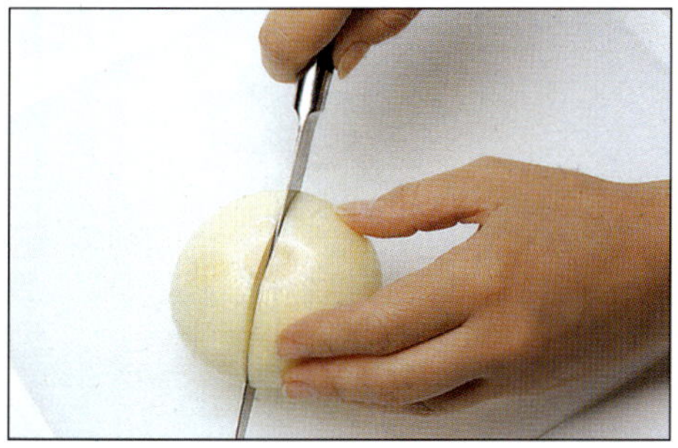

1 ▲ **Eine Zwiebel schneiden:** Schälen, das Wurzelende dranlassen, um die Zwiebel zusammen zu halten. Quer durch die Wurzel halbieren.

2 ▲ Die Hälften auf die Arbeitsfläche legen und die Zwiebel am Wurzelende festhalten. Bis zum Wurzelende horizontale Schnitte in die Zwiebel machen, aber nicht ganz durchschneiden.

3 ▲ Nun die Zwiebel längs schneiden, dabei am Wurzelende festhalten. Sie führen das Messer, indem Sie ihre Knöchel gegen die Seite der Schneide halten. Wurzelende wegwerfen.

4 ▲ **Knoblauch fein schneiden:** Ein Messer flach auf die Zehe legen und sanft mit der Faust darauf schlagen, um den Knoblauch zusammenzupressen und die Schale zu lösen.

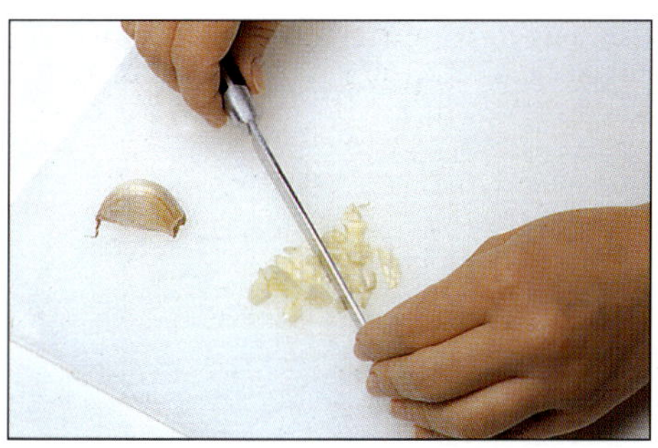

5 ▲ Schale entfernen und die Zehe noch einmal flach pressen. Grob hacken. Wieder zusammenschieben und weiter hacken, bis es fast eine Paste ist. Halten Sie die Spitze des Messers auf dem Brett fest und bewegen Sie das Ende mit der anderen Hand auf und ab, während sich die Schneide vor und zurück bewegt.

6 ▲ **Frische Kräuter hacken:** Die Blätter oder Stiel in einem Bund zusammenhalten und grob hacken, dann wie beim Knoblauch fortfahren (ohne zu quetschen). Diese Methode eignet sich auch, um Gemüse und frischen Ingwer fein zu schneiden.

Ganzen Knoblauch schälen
Wenn Sie die Zehe ganz lassen wollen, werfen Sie sie in kochendes Wasser und zählen bis 30. Herausnehmen, mit kaltem Wasser abspülen, Haut ablösen.

Gemüse hacken und würfeln

Wenn das Gemüse in einem Gericht die Hauptrolle spielt, sollte es schön geschnitten werden, z. B. in Würfel. Dies erleichtert auch das gleichmäßige Garen. Große Würfel sind etwa 1,5 cm, kleine 3-6 mm groß.

Grob gehacktes Gemüse
Für grob gehacktes Gemüse folgen Sie den obigen Schritten, ohne runde Seiten abzuschneiden. Streifen und Scheiben müssen nicht gleichförmig sein. Wenn Sie einen Mixer verwenden, achten Sie darauf, das Gemüse nicht in ein Püree zu verwandeln (vor allem bei saftigem Gemüse wie Zwiebeln, Lauch, Sellerie und Paprika).

1 ▲ Wenn angegeben, das Gemüse schälen. Lange Gemüse wie Karotten oder Sellerie in etwa 7,5 cm lange Stücke schneiden. Dies erleichtert das Würfeln. Runde Seiten abschneiden, so dass die Stücke gerade Kanten haben. Das Gemüse flach auf die Arbeitsfläche legen und der Länge nach in Scheiben schneiden, halten Sie dabei mit den Knöcheln gegen die Seite des Messers.

2 ▲ Die Scheiben aufeinander legen und der Länge nach durchschneiden. Die Streifen zusammennehmen und quer in kleine oder große Würfel schneiden.

Sautierte Kartoffeln

Für 4 Personen

- 700 g festkochende Kartoffeln, geschält, in 1,5 cm große Würfel geschnitten
- 3 Esslöffel Pflanzenöl
- 1 kleine Zwiebel, gehackt
- 15-30 g Butter
- Salz und Pfeffer

1 ▼ Kartoffeln in einen Topf geben, mit kaltem Wasser bedecken. Zum Kochen bringen. 1 Min. kochen, in einem Sieb abtropfen lassen und mit einem Tuch abtupfen.

2 Öl in einer Bratpfanne auf mäßiger Hitze erwärmen. Die Kartoffelwürfel darin ca. 10 Min. braten, bis sie goldbraun sind. Häufig wenden, so dass sie auf allen Seiten gleichmäßig braun werden.

3 Die Zwiebel hinzufügen und unter Rühren weiter braten, bis die Kartoffeln bissfest sind. Butter hinzufügen. Salzen und pfeffern. Weitere 2 Min. braten, dabei ständig rühren. Heiß servieren.

Gemüse stifteln

Diese dekorative Form, auch „Julienne" genannt, ist einfach zu schneiden und sieht sehr gut aus. Man kann auch viele andere Nahrungsmittel stifteln, z.B. Zitronenschale, Ingwerwurzel, Braten, festen Käse, festes Obst.

Gemüse schälen und in ca. 5 cm lange Stücke schneiden. Wenn nötig, runde Seiten abschneiden, damit das Gemüse gerade Kanten hat.

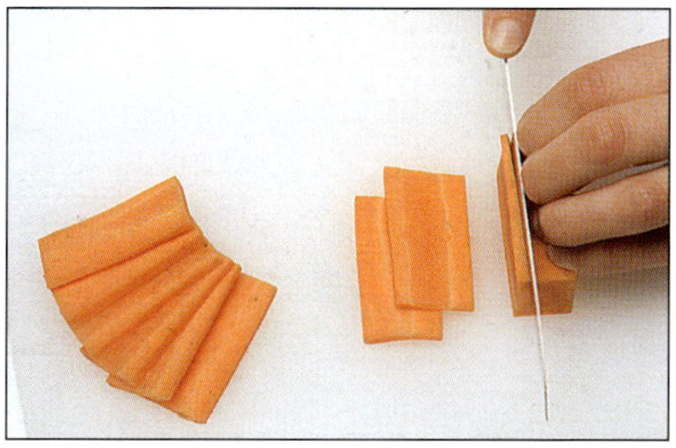

1 ▲ Stücke flach auf das Brett legen und längs in max. 3 mm dicke Scheiben schneiden. Die Knöchel dabei gegen die Seite des Messers drücken.

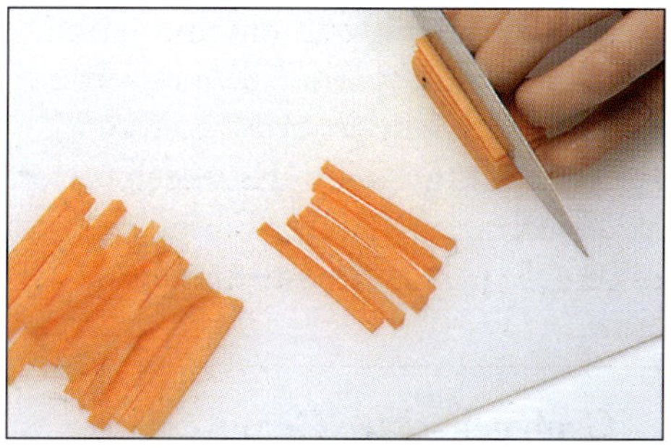

2 ▲ Die Scheiben übereinander legen und längs in max. 3 mm dicke Stifte schneiden.

Gebratenes Gemüse

Für 4 Personen
2 1/2 Esslöffel Nussöl
1 1/2 Esslöffel Sesamsamen
2 Karotten, Streichholzform
115 g französische Bohnen, 2 Min. blanchiert
6 frische Shiitake Pilze, ohne Stiel, dünne Scheiben
2 dünne gelbe oder grüne Zucchini, Streichholzform
1 Esslöffel Sojasauce
einige Tropfen Sesamöl

1 ▲ 1/2 Esslöffel Öl in einem heißen Wok oder Pfanne erhitzen. Sesamsamen hinzufügen und 1 Min. unter Rühren anbraten, bis sie golden sind. Auf ein Papiertuch zum Abtropfen geben.

2 ◀ Das restliche Öl erhitzen. Die Karotten 2 Min. anbraten, dabei rühren. Bohnen und Pilze hinzufügen. 1 Min. braten, weiterhin ständig rühren. Zucchini hinzufügen, 2-3 Min. anbraten, bis alles bissfest ist. Sojasauce und Sesamöl mit Sesamkörnern hinzufügen. Gut vermischen und servieren.

Gemüseköpfe in Streifen schneiden

Feste Köpfe von Blattgemüsen wie Kohl und Salat werden oft in Streifen geschnitten. Sie benötigen dazu unbedingt ein großes, scharfes Messer. Wenn Sie einen Mixer benutzen, nehmen Sie die entsprechende Schneide.

Scharfe Messer
Mit scharfen Messern ist Gemüseschneiden leicht. Schleifen Sie die Schneide regelmäßig.

1 ▲ Den Kopf halbieren. Dann die Hälften vierteln. Den Kern aus jedem Viertel herausschneiden. Verwelkte äußere Blätter wegwerfen.

2 ▲ Die Viertel auf das Brett legen und quer in Streifen der gewünschten Dicke schneiden. Die Knöchel gegen die Seite des Messers drücken.

Warmer Kohlsalat

Für 4-6 Personen
30g Butter
1 kleiner, weißer Kohl, in feine Streifen geschnitten
1 Teelöffel Kümmelkörner
Salz und Pfeffer
1 Teelöffel Zucker
1 Esslöffel Apfelessig
150ml saure Sahne

1 ▲ Butter in einer großen Pfanne schmelzen. Kohl hinzufügen und mit dem Kümmel bestreuen. Mit Salz und Pfeffer würzen.

2 Auf kleiner Flamme kochen, dabei ständig rühren, bis der Kohl bissfest ist und goldbraun wird. Von der Flamme nehmen.

3 ◀ Zucker, Essig und saure Sahne in einem Gefäß mischen. Zum Kohl hinzufügen, gut mischen und sofort servieren.

Blattgemüse in Streifen schneiden

Mit dieser Methode können Sie einzelne Blattgemüse wie Kohl, Salat, Spinat und Kräuter wie Basilikum in feine Streifen schneiden.

Ein sauberer Schnitt
Blätter von zarten, grünen Kräutern wie Basilikum werden an der Schnittkante schwarz, wenn der Schnitt nicht sauber ist. Das Messer muss sehr scharf und der Schnitt gerade sein.

1 ▲ 6-8 Blätter übereinander legen und parallel zur Mittelrippe eng zusammenrollen. Große Blätter einzeln zusammenrollen.

2 ▲ Mit einem scharfen Messer quer zur Rolle Streifen in der gewünschten Dicke schneiden. Die Knöchel dabei gegen die Seite des Messers drücken.

Chinesische Gemüse- und Nudelsuppe

Für 4 Personen

- 1,2l Gemüse- oder Hühnerbrühe
- 1 Knoblauchzehe, leicht mit der flachen Seite des Messers gepresst
- 1 (2,5cm) großer Würfel geschälten Ingwers, gestiftelt
- 2 Esslöffel Sojasauce
- 1 Esslöffel Apfelessig
- 85g frische Shiitake Pilze oder Champignons ohne Stiel, in dünne Scheiben geschnitten
- 2 große Frühlingszwiebeln, diagonal in dünne Streifen geschnitten
- 45g Vermicelli oder andere feine Nudeln
- 170g Chinesischer Blätterkohl, in Streifen geschnitten
- einige frische Korianderblätter

1 Brühe in eine Pfanne geben. Knoblauch, Ingwer, Sojasauce und Essig hinzufügen. Zum Kochen bringen, die Pfanne zudecken und bei schwacher Hitze 10Min. langsam garen. Die Knoblauchzehe herausnehmen und wegwerfen.

2 ◀ Die Pilze und Frühlingszwiebeln hinzufügen und die Suppe wieder zum Kochen bringen. Aufgedeckt 5Min. kochen, ab und zu umrühren. Nudeln und in Streifen geschnitttenen Chinakohl hinzufügen. 3-4Min. kochen, bis die Nudeln und das Gemüse bissfest sind. Korianderblätter hineingeben. Noch 1Min. weiterkochen. Die Suppe heiß servieren.

Blanchieren und Abschrecken

Nahrungsmittel werden aus verschiedenen Gründen blanchiert: um die Haut abzulösen (Tomaten, Pfirsiche und Nüsse), um Gemüse Farbe und Geschmack zu geben (vor dem Einfrieren), um die Bitterkeit herauszunehmen, das Fleisch fest werden zu lassen (Bries) und überschüssiges Salz zu entfernen (geräuchter Schinken und Speck). Gemüse werden oft blanchiert und dann gebraten oder kurz in Butter geschwenkt oder blanchiert im Salat verwendet. Viele Nahrungsmittel schreckt man nach dem Blanchieren ab, damit sie nicht weitergaren.

1 ▲ **Blanchieren:** Die Nahrungsmittel in einen großen Topf mit kochendem Wasser tauchen (am besten in einem Sieb, um sie leicht wieder herausnehmen zu können). Je nach Zeitangabe kochen, gewöhnlich 1-2 Min., schnell herausnehmen (in dem Sieb oder mit einem Schaumlöffel oder durch ein Sieb abgießen).

2 ▲ **Abschrecken:** Die Nahrungsmittel schnell in eiskaltes Wasser tauchen oder unter fließendem Wasser abspülen. Je nach Rezept zum Abkühlen im Wasser lassen. Gut abtropfen lassen.

Brokkoli-, Blumenkohl- und Möhrensalat

Für 4 Personen

- 1 kleiner Blumenkohl, in Röschen zerteilt
- 225 g Brokkoli, in Röschen zerteilt
- 2 Möhren, in dicke Scheiben geschnitten
- 5 Esslöffel Pflanzenöl
- 3 Esslöffel gehackte Mandeln
- 2 Esslöffel Rotweinessig
- 1/2 Teelöffel gemahlener Kreuzkümmel
- Salz und Pfeffer

1 Blumenkohl, Brokkoli und Möhren getrennt in kochendem Salzwasser blanchieren: 10 Min. für den Blumenkohl, 5 Min. für Brokkoli und Möhren. Gut abtropfen lassen und in eiskaltem Wasser abschrecken.

2 ► 1 Esslöffel Öl in einer Pfanne erhitzen. Mandeln hinzugeben. 5 Min. braten, bis sie goldbraun sind, dabei umrühren. Auf einem Papiertuch abtropfen und abkühlen lassen.

3 Das restliche Öl mit dem Essig, Kreuzkümmel, Salz und Pfeffer in einer Schüssel gut mischen, bis sich alles verbindet. Das Gemüse hinzufügen und gut mischen. Mandeln darüber streuen. Bei Zimmertemperatur servieren.

Anschwitzen

Das Anschwitzen ist eine weit verbreitete Art Gemüse zu garen, besonders Zwiebeln und Lauch. Bei diesem Vorgang, der dem Dünsten ähnelt, wird dem Gemüse die Flüssigkeit entzogen und sein Geschmack verstärkt.

Eine Frage des Gewichts
Der Topf muss einen schweren Boden haben, der die Hitze gleichmäßig leitet, so dass nichts anbrennt, und einen gut schließbaren Deckel, damit die Flüssigkeit nicht verdampft.

1 ▲ Das Fett (gewöhnlich Butter) in einem Topf oder einer schweren Pfanne auf kleiner Flamme erhitzen. Gemüse hinzugeben und umrühren, um es gleichmäßig im Fett zu wenden.

2 ▲ Pfanne gut zudecken und bei mäßiger Hitze garen, bis das Gemüse weich, aber nicht braun ist. Die Zwiebeln sind dann glasig. Dies dauert ca. 10-15 Min. Gelegentlich umrühren.

Pasta mit Zucchini und Walnusssauce

Für 4 Personen
70 g Butter
1 große spanische Zwiebel, halbiert und in dünne Ringe geschnitten
450 g Zucchini, in dünnen Scheiben
340 g kurze Nudeln wie Penne, Spiralnudeln oder Fusilli
55 g Walnüsse, grob gehackt
3 Esslöffel gehackte frische Petersilie
2 Esslöffel Sahne
Salz und Pfeffer
frisch geriebener Parmesan zum Servieren

1 ▲ Butter in einer Pfanne erhitzen. Zwiebel dazugeben, bedecken, 5 Min. anschwitzen, Zucchini hinzugeben.

2 Gut umrühren, wieder bedecken und anschwitzen, bis das Gemüse sehr weich ist, gelegentlich umrühren.

3 Einen großen Topf mit Salzwasser zum Kochen bringen. Die Nudeln hineingeben, umrühren und ca. 10 Min. kochen oder bis sie bissfest („al dente“) sind (Kochzeiten siehe Packunghinweis).

4 Während die Nudeln kochen, Walnüsse, Petersilie und Sahne zu den Zucchini geben und umrühren. Mit Salz und Pfeffer würzen.

5 Nudeln abgießen und zurück in den Topf geben. Zucchinisoße hinzugeben und gut umrühren. Auf jede Portion etwas Parmesan geben und sofort servieren.

Stampfen und Pürieren

Die weiche Konsistenz von gestampftem oder püriertem Gemüse ist sehr beliebt, vielleicht weil sie uns an Babynahrung erinnert. Das Gemüse muss vorher gekocht, gedünstet, angeschwitzt oder gebraten werden.

1 ▲ **Kartoffeln stampfen:** Warme, frisch gekochte Kartoffeln mit einem Stampfer zerkleinern oder durch eine Presse drücken. Mit einem Holzlöffel Butter und Milch oder Sahne hineinrühren und nach Geschmack würzen.

2 ▲ Oder die Kartoffeln mit einem Handrührgerät zerkleinern. Für stärkehaltiges Gemüse wie Kartoffeln keinen Mixer verwenden, da die Masse darin sehr klebrig wird.

3 ▲ **Anderes Wurzelgemüse oder Kürbisse pürieren:** Das frisch gekochte Gemüse in einen Mixer geben und weich pürieren, dabei die Masse von den Wänden abschaben. Nach Geschmack würzen.

4 ▲ **Gemüse mit Fasern und Haut pürieren (wie Spargel oder Hülsenfrüchte):** Verwenden Sie ein Püriersieb oder streichen Sie die Masse aus dem Mixer durch ein Sieb.

5 ◀ **Blattgemüse pürieren:** Vor dem Kochen die Strünke aus den Blättern bei Spinat oder Mangold entfernen. Im Mixer pürieren. Sowohl vor und nach dem Pürieren so viel Flüssigkeit wie möglich herauspressen, besonders wenn Sahne hinzugegeben wird.

Karottenpüree
700g Karotten in dünne Scheiben schneiden. In einen Topf geben, mit Wasser bedecken, eine Prise Salz hinzugeben. Aufkochen und 10-15 Min. kochen, bis sie weich sind. Abtropfen, in einem Mixer zerkleinern. 30g Butter, je 4 Esslöffel Milch und Orangensaft und 1/2 Teelöffel gemahlenen Kardamom oder eine Prise Muskat hinzugeben. Mit Salz und Pfeffer würzen, ständig umrühren. *Für 4 Personen.*

Süßkartoffelpüree
700g gekochte oder gebackene Süßkartoffeln in einem Mixer zerkleinern. Butter, 4 Esslöffel Orangensaft und 1/4 Teelöffel Kardamom hineinrühren.

Kartoffelbrei mit Sellerie

FÜR 4 PERSONEN
900 g mehlige Kartoffeln, geschält
340 g Sellerie
45 g Butter
150 ml saure Sahne
1 gute Prise Muskat
Salz und Pfeffer

1 Große Kartoffeln durchschneiden, in Salzwasser geben, zum Kochen bringen, sehr weich kochen.

2 ▲ In der Zwischenzeit Sellerie schälen, grob hacken und sofort in einen Topf mit Salzwasser geben (wenn er zu lange an der Luft ist, wird er braun). Zum Kochen bringen und etwa 10-12 Min. kochen, bis er sehr weich ist.

3 ▲ Die Kartoffeln abgießen und wieder in den Topf geben. 1-2 Min. auf sehr kleiner Flamme erwärmen, um Flüssigkeit zu verdampfen, dabei den Topf schütteln.

4 Kartoffeln stampfen oder durch eine Presse in eine warme Schüssel drücken. Sellerie auspressen, in einem Mixer pürieren und dazugeben.

~ VARIATION ~

Statt der Sellerieknolle eine mittelgroße Steckrübe verwenden. Man kann sie zusammen mit den Kartoffeln stampfen.

5 ▼ Butter, saure Sahne und Muskat hinzugeben. Mit Salz und Pfeffer würzen. Mit einem Holzlöffel oder mit einem Handrührgerät gut verrühren. Heiß servieren.

Gemüsebrühe zubereiten

Als Zutaten für die Gemüsebrühe nehmen Sie, was Sie im Hause haben. Zugedeckt hält sie sich im Kühlschrank 5 Tage, eingefroren 1 Monat.

Ergibt etwa 2,5 Liter Gemüsebrühe

- 2 große Zwiebeln, grob gehackt
- 2 Lauchstangen, in Scheiben
- 3 Knoblauchzehen, mit der flachen Seite des Messers zusammengepresst
- 3 Karotten, grob gehackt
- 4 Stangensellerie, grob gehackt
- ein großer Streifen Zitronenschale
- eine Handvoll Petersilienstengel
- einige frische Thymianzweige
- 2 Lorbeerblätter
- 2,5 l Wasser

1 ▲ Gemüse, Zitronenschale, Kräuter und Wasser in einem Suppentopf zum Kochen bringen. Den aufsteigenden Schaum am Anfang häufig, danach gelegentlich abschöpfen.

2 ▲ Hitze herunterschalten und aufgedeckt 30 Min. kochen lassen. Das Gemüse abseihen.

Gemüsesuppe mit Kräutern

Für 4 Personen

- 30 g Butter
- 1 Zwiebel, fein gehackt
- 1 Lauch, in dünnen Ringen
- 1 Stangensellerie, gewürfelt
- 1 Paprika, gelb oder grün, entkernt und gewürfelt
- 2 EL gehackte Petersilie
- 1 EL Mehl
- 1,2 l Gemüsebrühe
- 340 g festkochende Kartoffeln, geschält und gewürfelt
- einige frische Thymianzweige oder 1/2 Teelöffel getrockneter Thymian
- 1 Lorbeerblatt
- 115 g junge Bohnen, diagonal in dünne Scheiben geschnitten
- 120 ml Milch
- Salz und Pfeffer

1 ▲ Die Butter in einer schweren Pfanne oder Kasserolle schmelzen, Zwiebel, Lauch, Sellerie, Paprika und Petersilie hinzugeben. Zudecken und auf kleiner Flamme weich kochen.

2 Mehl hinzugeben und gut verrühren. Langsam unter Rühren die Brühe hinzugeben. Unter ständigem Rühren zum Kochen bringen.

3 ▼ Kartoffeln, Thymian und Lorbeerblätter hinzufügen. Ca. 10 Min. aufgedeckt kochen lassen.

4 Bohnen hinzufügen und weitere 10-15 Min. kochen, bis alles weich ist.

5 Milch einrühren. Salzen und pfeffern. Einmal aufkochen. Lorbeerblatt und Thymian vor dem Servieren herausnehmen. Heiß servieren.

Blattsalate zubereiten

Knackige, frische Salatblätter können sehr appetitlich sein. Verwenden Sie sie als Hintergrund für Gemüse, Fisch, Fleisch oder Obstsalate oder geben Sie ihnen die Hauptrolle.

Salat
Es gibt im wesentlichen vier verschiedene Arten: Eisbergsalat mit festen Köpfen und eng anliegenden, knackigen Blättern, Kopfsalat mit lockeren Köpfen und weicheren Blättern, Salate mit länglichen Köpfen und knackigen Blättern und Salate mit sehr lockeren Blättern, die keinen festen Kopf haben, z. B. „Lollo Rosso".

Vorbereitung: Verwelkte und geknickte Blätter entfernen. Den Kern herausdrehen oder -schneiden. Die Blätter in kaltem Wasser waschen und kurz einweichen, um Sand heraus zu lösen. Abtropfen oder schleudern. Große Blätter zerteilen.

Andere Zutaten im Salat
Um in Konsistenz, Geschmack und Aussehen Akzente zu setzen, geben Sie bunte und knackige Blätter von Blattgemüsen wie z. B. Rotkohl zum Kopfsalat hinzu. Zu gemischten Salaten passen Gurken, Frühlingszwiebeln, Karotten oder auch rohe oder blanchierte grüne Bohnen oder Zuckerbohnen. Nüsse oder Trockenfrüchte sind delikat.

Chicorée und Endivie
Besitzen eine angenehme Bitterkeit. Blasse Blätter sind zarter und süßer. „Frisée" oder krause Endivie haben feine grüne Blätter mit rauer Struktur. „Escarole" hat breitere, fleischige Blätter mit einer festen Struktur. Die schmalen Blätter des Chicorée sind weiß mit grünen Spitzen. Radicchio ist roter italienischer Chicoree.

Vorbereitung: Den Kern des Chicorées herausschneiden. Verwelkte Blätter entfernen. Waschen und trocknen. Große Blätter kleinschneiden.

Feldsalat
Dieser grüne Salat hat eine feste, elastische Struktur und einen milden, leicht nussigen Geschmack. Die Blätter sind klein und haben eine ovale oder runde Form.

Zubereitung: Verwelkte oder geknickte Blätter entfernen. Wurzeln abschneiden. Gut waschen.

Senfkohl
In einem gemischten grünen Salat ist der leicht pfeffrige, nussige Geschmack des Senfkohles ein willkommener Akzent. Dieses Mitglied der Senffamilie hat dunkelgrüne Blätter mit krausen Rändern und eine ähnliche Struktur wie Spinat.

Vorbereitung: Verwelkte Blätter und Wurzeln entfernen. Waschen und mit einem Tuch trocknen. In einer Salatschleuder können die Blätter beschädigt werden.

Brunnenkresse
Dieses andere Mitglied der Senffamilie mit runden dunkelgrünen Blättern hat einen pfeffrigen Geschmack, der jeden Salat belebt. Mit ihrem frischen Aussehen ist sie auch als Garnierung sehr beliebt.

Vorbereitung: Verwelkte Blätter und dicke Strünke entfernen. Gut waschen und trocken schleudern.

Warmer Spinatsalat mit Speck

FÜR 6 PERSONEN

- 450g frische junge Spinatblätter
- 225g durchwachsene Speckscheiben
- 11/2 Esslöffel Pflanzenöl
- 4 Esslöffel Rotweinessig
- 4 Esslöffel Wasser
- 4 Teelöffel Kandiszucker
- 1 Teelöffel Senfpulver
- Salz und Pfeffer
- 8 Frühlingszwiebeln, dünn geschnitten
- 6 Radieschen, dünn geschnitten
- 2 hart gekochte Eier, grob gehackt

1 ▲ Grobe Strünke aus den Blättern entfernen und waschen. Die Blätter in eine große Salatschüssel geben.

2 ▲ Die Speckstreifen in einer Pfanne knusprig braten. Mit einer Zange herausnehmen, auf Küchenkrepp abtupfen. Kleinschneiden.

3 ▲ Essig, Wasser, Zucker, Senf, Salz und Pfeffer in einer Schüssel mischen und gut verrühren. In die Pfanne geben und unter Rühren erhitzen.

4 ▼ Das heiße Dressing über die Spinatblätter geben. Speck, Frühlingszwiebeln, Radieschen und Eier dazugeben, mischen, sofort servieren.

SALAT WASCHEN UND TROCKNEN

Salatblätter müssen gründlich mit kaltem Wasser gewaschen werden, um Sand, Insekten und chemische Rückstände zu entfernen. Genauso wichtig ist es, den Salat zu trocknen, damit das Dressing nicht verwässert.

1 ▲ Verwelkte und geknickte Blätter entfernen. Bei Spinat und ähnlichen Blättern die Strünke abziehen. Wenn nötig die Wurzeln entfernen.

2 ▲ Bei festen oder lockeren Kopfsalaten die Blätter einzeln vom Strunk ablösen.

3 ▲ Die Blätter in ein Becken mit kaltem Wasser legen und gut auswaschen, um Erde oder Insekten zu entfernen. 1-2 Min. einweichen.

4 ▲ Die Blätter aus dem Wasser nehmen, auf ein Geschirrtuch legen und mit einem anderen Tuch sanft trocken tupfen.

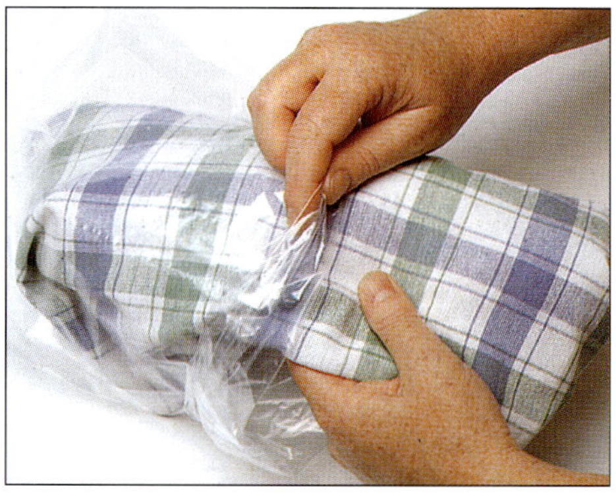

5 ▲ Oder legen Sie den Salat in eine Salatschleuder und schleudern Sie ihn trocken (nicht für feine Blattsalate verwenden).

6 ▲ Die Blätter locker in ein Geschirrtuch wickeln und in eine große Plastiktüte legen. 1 Std. in den Kühlschrank legen. Beim Anrichten des Salats große Blätter in kleinere Stücke reißen.

Salat mit Schimmelkäse-Dressing
Pro Portion einen kleinen Salatkopf verwenden, waschen und schleudern oder abtrocknen. 3-4 Esslöffel Schimmelkäse-Dressing (S. 180) darüber geben. Mit kleinen Cocktailtomaten und Schnittlauch garnieren.

Erfolg mit Salat

- Dressing erst kurz vor dem Servieren über den Salat geben, sonst werden die Blätter welk und matschig.
- Das Dressing muss zum Salat passen: Pikante Salate brauchen herzhafte Saucen, Salate mit feinem Geschmack würden dadurch übertönt.
- Lassen Sie ihrer Phantasie bei den Zutaten freien Lauf, z.B. können einige blanchierte Bohnen und frische Kräuter einen einfachen Salat sehr beleben.

Grüner Salat mit Orangen und Avocado

FÜR 4 PERSONEN

1 Salatkopf
1 kleines Bund Brunnenkresse
ein paar Blätter Frisée-Salat
1 kleines Bund Senfkohl
1 rote Zwiebel, in dünnen Ringen
2 Orangen, ohne Kerne, Haut (S. 189)
1 reife Avocado, gewürfelt, ohne Schale und Stein
55 g Walnussstückchen, geröstet

FÜR DAS DRESSING

6 Esslöffel Olivenöl
1 Esslöffel Walnussöl
3 Esslöffel Zitronensaft
2 Esslöffel Orangensaft
1 Teelöffel geriebene Orangenschale
1 Teelöffel Dijon Senf
1 Prise Zucker
Salz und Pfeffer

1 ▲ Die Zutaten für das Dressing in eine Schüssel oder ein Schraubglas geben. Gut mischen.

2 ▼ Gewaschene und getrocknete Salatblätter, Zwiebel, Orange und Avocacdo in eine Schüssel geben.

3 ▲ Das Dressing darüber geben und gut mischen.

4 Walnüsse darüber streuen und gleich servieren.

~ VARIATION ~

Für grünen Salat mit Thunfisch lassen Sie die Orangen und Walnüsse weg. 200 g Thunfischstücke und 1 geröstete, enthäutete rote Paprika in Streifen hinzugeben.

HÜLSENFRÜCHTE VORBEREITEN

Hülsenfrüchte - getrocknete Bohnen, Erbsen, Linsen - sind Nahrungsmittel mit hohem Proteingehalt und halten sich sehr lange. Fast alle benötigen die gleiche Vorbereitung.

Eine Vorsichtsmaßnahme
Um mögliche schädliche Giftstoffe zu entfernen, kocht man viele Hülsenfrüchte 10 Min. ohne Deckel. Für den Rest der Kochzeit die Hitze reduzieren.

1 ▲ Die Hülsenfrüche waschen und kleine Steine herausnehmen.

2 ▲ Getrocknete Bohnen und Erbsen in eine Schüssel geben, mit kaltem Wasser bedecken und mind. 4 Std. einweichen.

3 ▲ Eine schnelle Alternative: Bohnen oder Erbsen in einem Topf mit Wasser zum Kochen bringen, 2 Min. kochen, dann 1 Std. einweichen.

4 ▲ Hülsenfrüchte abtropfen und gut abspülen. Nun nach Rezept zubereiten.

5 ▲ **Kochen:** Bohnen, Erbsen oder Linsen in einen Topf mit frischem, kalten Wasser geben (3 Teile Wasser auf 1 Teil Gemüse), zum Kochen bringen. Topf bedecken, Hitze reduzieren und garkochen.

WISSENWERTES ÜBER HÜLSENFRÜCHTE

Getrocknete Bohnen, Erbsen und Linsen gibt es in vielen Farben, Formen und Größen. Die häufigsten sind: **Gartenbohnen**, groß bis mittelgroß, nierenförmig, weiß; **Kidneybohnen**, mittelgroß, nierenförmig, glatt, glänzend, rötlich-braun, schwarz oder weiß; **'Flageolett-Bohnen'**, klein, oval, blass-grün; Schwarze Bohnen, klein, oval, glatt, glänzend, tiefschwarz; **Borlotti-Bohnen**, mittelgroß, nierenförmig, hellbraun mit roten Streifen; **Pinto-Bohnen**, klein, oval, glatt, beige mit braunen Flecken; **Augenbohnen**, klein, oval, glatt, cremefarben mit einem kleinen schwarzen Fleck mit cremefarbenem Punkt in der Mitte auf einer Seite; **Butter-Bohnen**, groß, oval/rund, flach, weißlich; **Kichererbsen**, mittelgroß, rund, nicht glatt, beigefarben; **Erbsen**, klein, rund oder in Hälften gespalten, graugrün oder gelb; **Linsen**, winzig, scheibenförmig, glatt, bräunlich-grün, rötlich-orange oder gelb.
Hülsenfrüchte sind einfach zuzubereiten und können auf vielfache Weise verwendet werden - in Schmortöpfen, Suppen, Eintöpfen und Salaten.

Die Einweichzeit beträgt mind. 4 Std., aber sie können über Nacht einweichen, wenn es für Sie praktischer ist. Linsen brauchen nicht einweichen, auch bei halben Erbsen ist es nicht nötig, aber eine Methode, um die Kochzeit zu verkürzen.
Die meisten Hülsenfrüchte brauchen 1 1/2-2 Std. Kochzeit: Gartenbohnen, Borlotti-Bohnen, Pinto-Bohnen, Butterbohnen, Kidneybohnen und Kichererbsen. Augenbohnen, halbe Erbsen und Flageolett-Bohnen brauchen nur 1-1 1/4 Std., Linsen weniger als 30 Min.

Erbsensuppe

Für 4-6 Personen

- 30g Butter
- 1 große gehackte Zwiebel
- 1 große Selleriestange mit Blättern, gehackt
- 2 Karotten, gehackt
- 450g geräucherte Schweinshaxe
- 2 l Wasser
- 340g halbe Erbsen
- 2 Esslöffel Petersilie, 1/2 Teelöffel getrockneter Thymian
- 1 Lorbeerblatt
- 2 Esslöffel Zitronensaft
- Salz und Pfeffer

1 ▲ Butter in einer schweren Pfanne erhitzen. Zwiebel, Sellerie und Karotten hinzufügen und weichkochen, gelegentlich umrühren.

2 ▲ Die restlichen Zutaten hinzufügen. Zum Kochen bringen, bedecken und auf kleiner Flamme 2 Std. kochen, bis die Erbsen sehr weich sind.

3 ▼ Die Schweinshaxe herausnehmen, abkühlen lassen, das Fleisch vom Knochen lösen. Haut und Knochen wegwerfen, das Fleisch in Stücke schneiden.

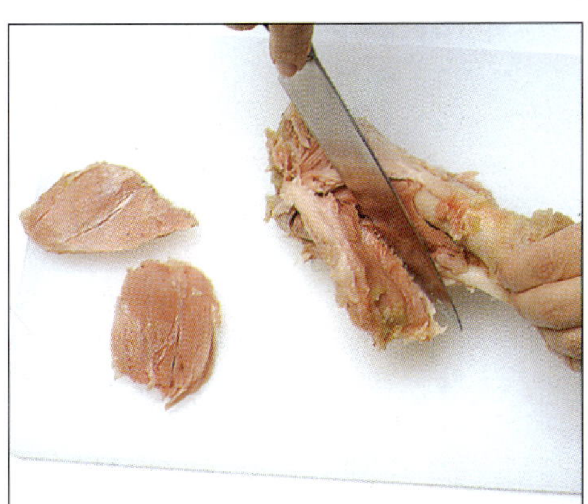

4 ▲ Fleisch wieder in die Suppe geben. Lorbeerblatt entfernen. Mit Zitronensaft, Salz und Pfeffer abschmecken.

5 Mit Petersilie bestreuen, servieren.

Thunfisch- und Bohnensalat

Für 4 Personen

- 145 g getrocknete Augenbohnen
- 150 ml Knoblauch-Vinaigrette (S. 182)
- 1 kleine rote Zwiebel, gehackt
- 3 EL gehackte Petersilie
- 200 g Thunfisch, abgetropft
- Cocktailtomaten zum Garnieren

1 ▲ Bohnen mind. 4 Std. einweichen. Abtropfen, in frischem Wasser kochen, bis sie weich sind. Abgießen und leicht abkühlen lassen.

2 ▲ Vinaigrette über die Bohnen geben und gut mischen.

3 ▲ Zwiebel und Petersilie hinzugeben und verrühren.

4 ▲ Thunfisch hinzugeben und verrühren.

5 Mit halben Cocktailtomaten garnieren und bei Zimmertemperatur servieren.

~ VARIATION ~

Für italienischen Bohnensalat statt der Augenbohnen Cannellini-Bohnen verwenden (aus der Dose, wenn es schnell gehen soll).

Mexikanischer Kichererbsen-Dip

Für 6-8 Personen

- 400 g getrocknete Kichererbsen, über Nacht eingeweicht, gekocht
- 4 Esslöffel Frischkäse
- 3 Esslöffel Zitronensaft
- 2 Esslöffel Olivenöl
- 1-2 Knoblauchzehen, fein gehackt
- 1-2 Esslöffel Tequila nach Geschmack
- 4-5 Esslöffel grüne Chilies, entkernt und gehackt
- Salz
- 25 g Pinienkerne zum Garnieren
- heiße Tortillas oder Maischips

1 Kichererbsen, Frischkäse, Zitronensaft, Öl, Knoblauch und Tequila in einem Mixer gut vermischen. Mixen, bis alles glatt ist.

2 ▲ In eine Schüssel geben und Chilies hineinrühren. Salzen, zugedeckt 1 Std. kalt stellen.

3 ▲ Die Pinienkerne in einer trockenen Pfanne bei mäßiger Hitze rösten. Über den Dip geben. Bei Zimmertemperatur mit gewärmten Tortillas oder Maischips servieren.

Kichererbsen-Dip (links), Thunfisch-Bohnensalat

Eier

~

Kaum ein Nahrungsmittel ist so vielseitig wie das Ei. Es findet Verwendung in Abendessen, Vorspeisen, Snacks, Mittagessen und Nachspeisen. Vom Spiegelei bis zum Soufflé - mit etwas Übung ist die Zubereitung ein Kinderspiel.

Eier kochen

Der scherzhafte Ausspruch „kann kein Ei kochen“ zeigt, wie wichtig diese einfache Fertigkeit in der Kochkunst ist – wenn auch Eier eher gesotten als gekocht werden.

Für viele Leute ist ein gekochtes Ei mit Toast das tägliche Frühstück. Aber das weich gekochte oder langsam gegarte Ei lässt sich auf viele Arten anrichten. Wenn sie im Ganzen gepellt werden, muss man sie etwas länger kochen. In Salzwasser gekocht, sind sie leichter zu pellen.

Hartgekochte Eier eignen sich für Salate und Sandwiches, als Vorspeisen, für das kalte Buffet oder auch als warme Hauptspeise.

1 ▲ **Eier hart kochen:** Wasser mit viel Salz in einem Topf zum Kochen bringen. Eier mit einem Löffel in das Wasser legen. Die Hitze reduzieren, so dass das Wasser noch siedet. 10 Min. kochen. Die Eier sofort in eine Schüssel mit eiskaltem Wasser geben.

2 ▲ Die leicht abgekühlten Eier pellen. Wenn sie nicht sofort verwendet werden, in eine Schale mit kaltem Salzwasser legen. Oder die ungepellten Eier in den Kühlschrank legen, sie halten sich dort bis zu 1 Woche.

Eier-, Kartoffel- und Bohnensalat

Einen Topf mit Salzwasser zum Kochen bringen. 450 g kleine ungeschälte Kartoffeln hineingeben. 10 Min. kochen. 225 g grüne Bohnen hinzufügen, 4-5 Min. kochen, bis die Kartoffeln und Bohnen bissfest sind. In einem Sieb abtropfen und mit kaltem Wasser abschrecken. In eine große Schüssel geben. 4 EL Olivenöl und 2 EL Balsamessig darüber geben. Mit Salz und Pfeffer würzen und gut mischen. 2 gehackte hartgekochte Eier und 3 EL grob gehackte frische Minze und Basilikum darüber streuen. Dann Warm oder bei Zimmertemperatur servieren.

Für 4-6 Personen.

3 ▲ **Eier langsam garen:** Eier in kochendes Salzwasser legen. Zudecken und von der Flamme nehmen. 6-8 Min. oder je nachdem wie weich die Eier werden sollen, stehen lassen. In einen Eierbecher stellen, die Schale von der Spitze entfernen. Wenn sie im Ganzen gepellt werden, in einer Schüssel mit kaltem Wasser abschrecken. Pellen. Vor dem Servieren wieder erwärmen: 1-2 Min. in eine Schüssel mit heißem Wasser geben.

Tipps für hartgekochte Eier

- Hartgekochte Eier immer in eiskaltem Wasser abschrecken. So wird verhindert, dass sich eine graue Schicht um das Eigelb bildet.
- Schale an einer harten Fläche aufschlagen. Unter fließendem kalten Wasser pellen.

4 ▲ **Eier weich kochen:** Wasser mit viel Salz zum Kochen bringen. Eier mit einem Löffel in das Wasser legen. Die Hitze reduzieren, die Eier 3-5 Min. sieden, oder je nachdem, wie weich die Eier sein sollen, (wenn das Eigelb flüssig sein soll, ist auch das Eiweiß noch nicht ganz fest).

Ideen für weichgekochte und langsam gegarte Eier

- *Eier mit Kaviar:* Die Spitze in etwa 2 cm Höhe abschneiden. Einen Löffel saure Sahne und Kaviar auf das Ei geben.
- *Eier mit Räucherlachs:* Wie oben vorbereiten. Einen Löffel saure Sahne und Streifen von Räucherlachs auf das Ei geben.
- Ein heißes, geschältes Ei in eine Schüssel mit Spinat oder Brunnenkresse-Suppe geben.

Cäsar-Salat

VORSPEISE FÜR 6 PERSONEN

- 180 ml Salatöl, vorzugsweise Olivenöl
- 85 g französisches oder italienisches Weißbrot, in 2,5 cm dicke Würfel geschnitten
- 1 große Knoblauchzehe, mit der flachen Seite des Messers gepresst
- die Blätter 2 kleiner Endiviensalate, gewaschen und getrocknet
- Salz und Pfeffer
- 2 Eier, 1 Min. gekocht
- 5 EL Zitronensaft
- 75 g Parmesankäse, frisch gerieben
- 6 Anchovisfilets, abgetropft, fein gehackt.

Ideen für hartgekochte Eier

- *Teufelseier:* Eier der Länge nach aufschneiden, das Eigelb herausnehmen. Mit einer Gabel zerdrücken und mit Majonäse eine cremige Masse bereiten. Mit Dijon Senf, Salz und Pfeffer würzen. Die Mischung in die Höhlen der Eihälften geben, mit etwas Paprika oder Cayenne Pfeffer bestreuen.
- *Kräutereier:* Gehackte frische Kräuter wie Petersilie, Estragon und Schnittlauch zu der Eigelb-Majonäse-Masse geben. Den Senf weglassen.
- *Eier-Majonäse:* Eier hacken. Mit gehackten Frühlingszwiebeln oder roten Zwiebeln und etwas gehackter Petersilie mischen. Mit Majonäse binden. Mit Senf würzen.
- *Eier in Aspik:* Kalte, gepellte Eier in kleine Förmchen legen und mit gehackten Kräutern in Aspik betten.
- *Eier in Sahnesauce:* Geviertelte Eier in heiße Pilz- oder Senfsauce geben (S. 170). 170 g glasierte Zwiebeln hinzufügen (S. 114) und alles erwärmen.

1 ▼ 4 EL Öl in einer großen Pfanne erhitzen. Brotwürfel und Knoblauch hinzugeben. Unter ständigem Rühren anbraten, bis sie goldbraun sind. Auf einem Papiertuch abtropfen lassen. Knoblauch wegwerfen.

2 Große Salatblätter zerkleinern. Den Salat in eine große Schüssel geben.

3 ▲ Das restliche Öl hinzufügen, salzen und pfeffern. Sauce und Salat gut vermischen.

4 Die Eier dazu geben. Mit Zitronensaft beträufeln, gut mischen.

5 Käse und Anchovis hinzugeben. Vorsichtig mischen.

6 Brotwürfel über den Salat geben, sofort servieren.

Rühreier

Ein weiches, lockeres Rührei eignet sich hervorragend für das Frühstück oder Brunch, aber es gibt auch pikante Variationen für das Abendessen.

Ideen für Rühreier

- Gehackte, frische Kräuter in das Ei geben.
- Gewürfeltes Gemüse (Zwiebeln, Pilze, Paprika) oder Schinken anbraten, in das Ei geben.
- Kurz bevor das Ei fertig ist, geriebenen Käse oder Frischkäse hineinrühren.
- Geschälte, gekochte Krabben unter das Ei mischen.

1 ▲ Eier und etwas Salz und Pfeffer in eine Schüssel geben, mit einer Gabel gut verschlagen, bis alles eine gleichmäßige Masse ist. Butter auf kleiner Flamme in einer Pfanne erhitzen (der Boden soll gut bedeckt sein). Die Eimasse hineingießen.

2 ▲ Unter ständigem Rühren und Wenden 3-5 Min. kochen, bis die Eier gestockt, aber noch weich und feucht sind. Die Eier stocken noch nach, man sollte sie also von der Flamme nehmen, wenn sie noch nicht ganz gar sind.

Rührei mit Räucherlachs

Snack für 4 Personen

- 6 Eier
- Salz und Pfeffer
- 55 g Butter
- 2 Esslöffel Schlagsahne
- 4 Esslöffel Majonäse
- 4 Scheiben Pumpernickel oder Vollkornbrot, ohne Rinde
- 115 g dünne Scheiben Räucherlachs
- Kaviar zum Garnieren

1 ▲ Eier mit Salz und Pfeffer würzen. Mit der Hälfte der Butter braten. Die Sahne untermischen, kurz bevor die Eier fertig sind.

2 Von der Flamme nehmen, die Majonäse unterrühren. Abkühlen.

3 Restliche Butter auf das Brot streichen. Den Lachs darauf legen, in Dreiecke schneiden.

4 Pro Portion 1 Esslöffel Rührei auf die Lachsbrote geben. Auf jede Portion einen gehäuften Esslöffel Kaviar setzen.

SPIEGELEIER BRATEN

Gebratene Eier passen hervorragend zu Speck, Würstchen, gebratenen Tomaten und Pilzen oder – im englischen Frühstück – sogar zu Blutwurst.

1 Fett (meist Butter oder Öl) in eine Pfanne geben (der Boden soll bedeckt sein) und bei mäßiger Wärme erhitzen. Wenn das Fett brutzelt, die Eier aufschlagen und in die Pfanne gleiten lassen.

2 ◄ 1-1 1/2 Min. braten, bzw. je nach Wunsch, bis das Eiweiß leicht gestockt und durchsichtig ist oder schon fester. Das Eigelb soll noch flüssig sein und die Unterseite goldbraun und knusprig. Das Ei mit der „Sonnenseite nach oben" servieren. Oder das Ei vorsichtig umdrehen, das Eigelb soll ganz bleiben. Weitere 10-15 Sek. braten, bis auch die andere Seite leicht gebräunt ist.

Gebratene Eier und Würstchen auf Tortillas

FÜR 4 PERSONEN

- 225 g Schweinehack
- 1/2 kleine Zwiebel, fein gehackt
- 1 Teelöffel Chilipulver
- 1/2 TL gemahlener Kreuzkümmel
- 1/2 Teelöffel getrockneter Oregano
- 1 Esslöffel Essig
- 1 Knoblauchzehe, fein gehackt
- Salz und Pfeffer
- Öl zum Braten
- 4 große frische Maistortillas
- 4 Eier
- 55 g Butter oder Fett (von Speck)
- scharfe mexikanische Sauce oder Salsa

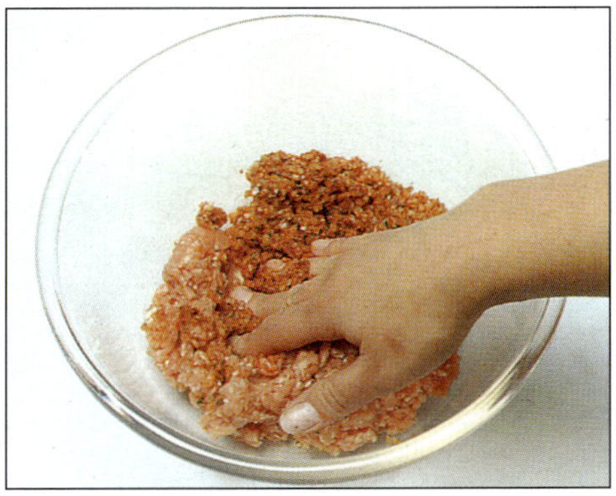

1 ▲ Das Hack mit Zwiebel, Gewürzen, Oregano, Essig, Knoblauch, Salz und Pfeffer vermischen, bedecken und über Nacht kühl stellen.

2 ▼ Das Hack in einer großen Pfanne braten, bis es braun und kross ist, gelegentlich umrühren.

3 In der Zwischenzeit etwas Öl in einer großen Pfanne auf 180°C erhitzen. Tortillas braten, bis sie knusprig und goldbraun sind, sie sollen flach bleiben. Auf einem Papiertuch abtropfen und im Ofen warm halten.

4 Die Eier in Butter, Fett (nach Wunsch auch in Öl) braten.

5 Je eine Tortilla auf einen Teller geben. Das Hack darauf verteilen. Auf jede Portion ein Spiegelei setzen. Mit einer scharfen Sauce oder Salsa servieren.

Pochierte Eier

Das perfekte pochierte Ei hat eine ovale Form, festes Eiweiß und weiches Eigelb. Auf einer Scheibe heißem Toast ist es unschlagbar. Mit einer pikanten Sauce passt es auch gut zu Gemüse (Artischockenherzen, Spargel), Fisch (Krabben, Lachs) oder Fleisch (Schinken, Speck, Steak). Verwenden Sie ganz frische Eier, da sie einfacher zu pochieren sind.

1 Ein großen Topf mit Wasser zum Kochen bringen.

2 ▲ Eier aufschlagen und vorsichtig in das Wasser gleiten lassen. Hitze reduzieren, bis das Wasser siedet. 3-4 Min. pochieren, bis die Eier gar sind.

3 ▲ Mit einem Schaumlöffel Eier einzeln herausnehmen, leicht zusammendrücken, das Weiße sollte fest und das Eigelb weich sein.

Eiweiß binden
Wenn die Eier nicht ganz frisch sind, etwas Weißweinessig in das Wasser geben, damit das Eiweiß gebunden wird. Die Eier nehmen dann ein wenig von diesem Geschmack an. 2 EL Essig auf 1 l Wasser verwenden.

4 ◄ Wenn sich an dem Eiweiß Fäden gebildet haben, diese mit einem Messer oder einer Schere abschneiden. Auf einem Papiertuch abtropfen. Sofort servieren. Oder die Eier vor dem Servieren noch einmal in heißem Wasser erwärmen. Wenn sie kalt serviert werden sollen, in eiskaltes Wasser geben, abtropfen und vorsichtig abtupfen.

Pochierte florentinische Eier

Für 4 Personen
700 g Spinat, gehackt
30 g Butter
3-4 Esslöffel Schlagsahne
eine gute Prise Muskat
Salz und Pfeffer
4 Eier
300 ml Käsesauce aus Gruyèrekäse (S. 170)
30 g Gruyèrekäse, gerieben

1 Den Grill vorheizen.

2 Spinat in einen großen Topf mit der Butter geben. Bedecken und kochen, bis die Blätter weich sind. Abdecken und Flüssigkeit verkochen.

3 ▲ Sahne, Muskat und Gewürze darunter mischen. Eier pochieren.

4 Spinat in 4 kleine Auflaufformen oder in eine große Form geben. Gleichmäßig verteilen und eine Vertiefung für das Ei machen. Ein Ei in jede Vertiefung setzen.

5 ▼ Die Käsesauce mit einem Löffel über dem Ei verteilen, den geriebenen Käse gleichmäßig darüber streuen. 2-3 Min. überbacken, bis der Käse geschmolzen und leicht gebräunt ist. Sofort servieren.

GEBACKENE EIER

Backen ist die einfachste Art, Eier zuzubereiten und das Ergebnis kann sich sehen lassen. Die Eier können einzeln in gebutterten kleinen Förmchen gebacken werden oder mehrere auf einmal in einem Gericht, z.B. auf einem Gemüsebett.

1 ▲ **Eier einzeln backen:** Die Förmchen buttern, Salz und Pfeffer hineinstreuen. In jede Form vorsichtig ein Ei geben, das Eigelb muss dabei ganz bleiben.

2 ▲ 3-4 kleine Stückchen Butter auf das Ei legen oder 1 Esslöffel Schlagsahne in jede Form zu dem Ei geben.

3 ▲ Förmchen in ein tiefes Backblech stellen. Mit Wasser füllen, bis die Förmchen zur Hälfte im Wasser stehen. Das Wasser auf dem Herd zum Sieden bringen. Im Ofen bei 200°C/Gas 6 5-7Min. backen, bis das Weiße fest und das Gelbe weich ist.

4 ▲ **Im Bett backen:** Eine heiße, gewürzte Masse (z.B. Gemüse) in einer gebutterten Form oder kleinen Förmchen verteilen. Mit einem Löffel eine Vertiefung in die Masse machen. Ein Ei in jede Vertiefung schlagen.

5 ◀ Je nach den Angaben im Rezept Butter, geriebenen Käse, Sahne etc. über die Eier geben. Diese Schichten verhindern, dass das Ei während des Backens austrocknet. Backen, bis das Eiweiß fest und das Eigelb noch weich ist.

Ideen für gebackene Eier

- Frisch geriebenen Parmesankäse in gebutterte Förmchen streuen. Kleine Butterstückchen auf die Eier geben und mit Parmesan bestreuen, überbacken.
- Etwas gekochten Schinken in Streifen, sautierte Pilze in Scheiben oder knusprige Knoblauch-Croutons in die gebutterte Form geben, das Ei hineinschlagen.
- Eier in einem Bett aus Rahmspinat, Kartoffelbrei, püriertem Brokkoli oder Erbsen backen.
- Eier auf einer Tomatensauce und gebratenem Gemüse backen (S. 173)
- Die Eier in einer Vertiefung in einer gekochten Füllung backen, z. B. in einer Wurstfüllung für Hähnchen (S. 13) oder in einer Füllung aus Schinken und Mandeln für Truthahn (S. 27).
- Kartoffeln backen, an einer Seite eine längliche Scheibe abschneiden. Das Fleisch herauskratzen, eine 3-5mm dicke Wand stehen lassen. Fleisch mit Butter, Milch, Salz und Pfeffer mischen. Wieder in die Kartoffel drücken. Eine Vertiefung machen und ein Ei hineinschlagen. Etwas geschmolzene Butter darübergeben. 5-7Min. bei 200°C/Gas 6 backen, bis das Eiweiß fest ist.

Eier im Schinken- und Kartoffelbett

FÜR 6 PERSONEN

55g Butter
1 große Zwiebel, gehackt
340g gekochten Schinken, gewürfelt
450g gekochte Kartoffeln, gewürfelt
115g Cheddarkäse, gerieben
2 Esslöffel Tomatenketchup
1-2 Esslöffel Worcestersauce
Salz und Pfeffer
6 Eier
einige Tropfen Tabasco
gehackte Petersilie zum Garnieren

1 Ofen auf 170° C/Gas 3 vorheizen.

2 Die Hälfte der Butter in einer Pfanne erhitzen, Zwiebel darin braten, bis sie weich ist.

3 ▲ Zwiebel mit Schinken, Kartoffeln, Käse, Ketchup und Worcestersauce in eine Schüssel geben. Salzen und pfeffern. Alles gut vermischen.

4 ▲ Die Mischung in eine gebutterte Form geben (die Schicht sollte ca. 2,5cm hoch sein). 10Min. backen.

5 ▼ 6 Vertiefungen in die Masse machen, je ein Ei hineinschlagen.

6 Restliche Butter in einer Pfanne erhitzen. Nach Geschmack mit Tabasco würzen.

7 ▲ Geschmolzene Butter über der ganzen Form gleichmäßig verteilen.

8 15-20Min. backen, bis die Eier so fest sind, wie Sie es wünschen. Mit Petersilie garnieren und sofort in der Form sevieren.

EIN OMELETTE ZUBEREITEN

Das vielseitige gerollte oder gefaltete Omelette kann pur oder gefüllt serviert werden. Es gibt auch flache Omeletts und Soufflé-Omelettes. Die einfachste Form wird mit 2 oder 3 Eiern, 1-2 EL Wasser, Salz und Pfeffer zubereitet.

1 ▲ Eier in eine Schüssel schlagen, Wasser, Salz und Pfeffer hinzugeben. Mit einer Gabel verschlagen, bis alles gemischt, aber nicht schaumig ist.

2 ▲ Bei mäßiger Hitze etwas Butter in einer Pfanne mit 20cm Durchmesser erhitzen. Die Pfanne drehen, so dass Boden und Seiten mit Butter bedeckt sind.

3 ▲ Wenn die Butter schaumig ist und goldbraun wird, die Eimischung hineingeben. Die Pfanne drehen, so dass das Ei sich gleichmäßig über den Boden verteilt.

4 ▲ 5-10Sek. stocken lassen, bis das Ei am Boden fest wird. Mit einem Wender das Ei anheben, dabei die Pfanne drehen, so dass die flüssige Masse unter die gestockte läuft. Auf diese Weise fortfahren, bis der Großteil des Eis fest ist, aber das Omelette oben noch feucht ist.

5 ▲ Mit dem Wender die Ränder des Omelettes an einer Seite lösen und die Pfanne kippen, so dass ein Drittel des Omelettes über die anderen zwei Drittel klappt.

6 ▲ Das Ei vollständig ablösen, die Pfanne dabei über einen gewärmten Teller halten. Wenn das Ei auf den Teller gleitet, die Pfanne kippen und mit Hilfe des Pfannenrands das Ei so übereinander klappen, dass es noch einmal auf ein Drittel gefaltet wird.

Ideen für Omelettes

- 1 Esslöffel gehackte frische Kräuter (z.B. Petersilie, Schnittlauch und Estragon) in die Eimasse geben.
- 2-3EL geriebenen Käse (Gruyère, Cheddar) vor dem Falten über das Omelette streuen.
- Enthäutete, entkernte und gehackte Tomaten 1-2Min. in Butter sautieren. Salzen und pfeffern und etwas gehacktes Basilikum hinzugeben. Das Omelett damit füllen.
- Das Omelette mit Streifen von gekochtem- oder Parmaschinken, gebratenem Gemüse (S. 173), sautierten Pilzen in Scheiben, sautierten Kartoffeln (S. 126), Spargelköpfen oder langsam gegarten Zwiebeln (S. 114) füllen.
- Übrig gebliebene Nudeln in Butter oder Sauce erwärmen. (Spaghetti klein schneiden.) Sie können auch Streifen von Paprika, schwarzen Oliven oder Kapern hinzufügen. Omelette damit füllen, falten und mit geriebenem Parmesan bestreuen.

Die richtige Pfanne

Obwohl Sie eine normale Pfanne benutzen können, erleichtern die abgerundeten Seiten einer Omelett-Pfanne das Falten und Herausnehmen sehr.

Omelette „Foo Yung“

FÜR 4 PERSONEN

- 1 Esslöffel Nuss- oder Pflanzenöl
- 2-3 Frühlingszwiebeln, gehackt
- 1 Stangensellerie, gewürfelt
- 2 Esslöffel frischen Ingwer, fein gehackt
- 1 Knoblauchzehe, fein gehackt
- 115 g geschälte, gekochte Krabben
- 55 g weißes Krebsfleisch
- 30 g gekochten Schinken, gehackt
- 1 1/2 EL frischen Koriander, grob gehackt
- 1-2 Esslöffel Sojasauce, zusätzlich etwas zum Servieren
- 8 bis 12 Eier
- Salz und Pfeffer
- 55-85 g Butter

1 Öl bei mäßiger Hitze in einer Pfanne erhitzen. Frühlingszwiebel, Sellerie, Ingwer und Knoblauch 1 Min. unter ständigem Rühren braten.

2 ▼ Krabben, Krebsfleisch und Schinken hinzugeben. Koriander und Sojasauce darüber geben. Hitze reduzieren und unter gelegentlichem Rühren die Mischung erwärmen.

3 ▲ In der Zwischenzeit 4 Omelettes mit je 2-3 Eiern zubereiten. Vor dem Zusammenfalten je eine Portion der Füllung in die Mitte des Omelettes geben. Mit etwas Sojasauce heiß servieren.

Omelette zubereiten

Die italienische „Frittata" oder spanische „Tortilla" ist ein flaches Omelette, das dicker ist als das gefaltete. Es kann heiß, warm oder kalt serviert werden. Verwenden Sie eine Pfanne mit feuerfestem Griff oder umwickeln Sie den Griff mit Folie. Die vorher beschriebenen Füllungen können Sie auch für dieses Omelette verwenden. Die Mengenangaben beziehen sich auf 4 Personen.

Füllungen

- Die halbe Menge sautierter Kartoffeln (S. 126) zubereiten. In die Pfanne geben und die Eimasse darüber gießen. Das Omelette wie beschrieben braten.
- Gebratenes Gemüse zubereiten (S. 173). In die Pfanne geben und die Eimasse darüber gießen. Das Omelett wie beschrieben zubereiten.
- 2 Paprika rösten, schälen (S. 123) und in Streifen schneiden. Mit Öl und Butter und 1 gehackten Zwiebel bei mäßiger Hitze in einer Pfanne braten, bis alles sehr weich ist. Aufgetaute Tiefkühlerbsen hinzugeben. Gemüse in die Pfanne geben, die Eimasse darüber gießen, wie oben beschrieben zubereiten.

1 ▲ 8 Eier in eine Schüssel schlagen und mit Salz und Pfeffer würzen. Mit einer Gabel aufschlagen. Den Grill vorheizen.

2 ▲ 15 g Butter und 1 Esslöffel Öl bei mäßiger Hitze in einer Pfanne (23-25 cm Durchmesser) mit feuerfestem Griff erhitzen. Die Pfanne drehen, damit das Fett verteilt wird.

3 ▲ Wenn das Fett brutzelt und goldbraun wird, die Eimasse hineingeben. Die Pfanne drehen, damit die Masse sich gleichmäßig verteilt. Hitze stark reduzieren, (nach Wunsch weitere Zutaten jetzt in die Pfanne geben oder bevor Sie die Eimasse in die Pfanne füllen).

4 ▲ 5-10 Sek. braten, bis das Omelette am Boden ansetzt. Mit einem Wender das Omelette vom Boden lösen, die Pfanne drehen, so dass das flüssige Ei unter die gestockte Masse rinnt. Auf diese Weise fortfahren, bis der Großteil gestockt ist. Oben soll das Omelette noch feucht sein.

Omelette mit Schinken und Käse
Für ein Omelette aus 8 Eiern 115 g Streifen gekochten Schinken oder 55 g Parmaschinken und 3-4 Esslöffel gehackte Frühlingszwiebeln oder rote Zwiebeln in die Pfanne geben, nachdem die Eimasse schon leicht angestockt ist. Bevor Sie die Pfanne in den Ofen stellen, 3-4 EL geriebenen Parmesan oder 45-55 g Cheddar oder Gruyèrekäse über das Omelette streuen. Heiß oder warm servieren. *Für 4 Personen.*

5 ▲ Pfanne in den Ofen stellen. Weitere 3-4 Min. backen, bis die Oberfläche leicht gebräunt und gestockt ist.

EIN SOUFFLÉ-OMELETTE ZUBEREITEN

Die Mischung aus einem flachen Omelette und einem Soufflé wird erst auf dem Herd vor- und dann im Ofen nachgebacken. Die Füllungen sind meistens süß.

Füllungen für das Soufflé-Omelette

- Beeren (Himbeeren, Erdbeeren, Blaubeeren usw.) mit einem Schuss Cognac, Orangen- oder Kirschlikör mischen. Das Omelette damit füllen. Warmen Honig darüber geben und mit süßer Schlagsahne servieren (S. 160).
- 2 Esslöffel Orangenlikör oder Brandy mit dem Zucker zum Eigelb geben. Das Omelette mit süßen Orangenspalten füllen. Das gefaltete Omelette mit Puderzucker bestreuen und 3 Esslöffel angwärmten Orangenlikör oder Brandy darüber gießen. Flambieren und sofort servieren.

Soufflé-Omelette mit Pfirsich
Für ein Omelette aus 4 Eiern 2 Esslöffel warme Aprikosen-, Himbeer- oder Erdbeermarmelade auf das fertige Omelette geben, einen geschälten, geschnittenen Pfirsich darauf legen. Zusammenfalten, mit Puderzucker bestreuen. *Für 2 Personen.*

1 ▲ 4 Eier trennen. 6 EL Streuzucker zum Eigelb geben und aufschlagen, bis die Masse hell und dick ist. Ofen auf 180° C/Gas 4 vorheizen.

2 ▲ Eiweiß schlagen, bis es steif ist (Eier sollten Zimmertemperatur haben, damit das Eiweiß gut aufgeht).

3 ▲ Mit einem Gummispatel vorsichtig den Eischnee unter das Eigelb heben, die Bewegung von unten nach oben ausführen und die Schüssel dabei drehen.

4 ▲ Eine Pfanne mit 23-25 cm Durchmesser und feuerfestem Griff bei mäßiger Hitze erwärmen. Butter schmelzen, die Pfanne drehen und den Boden gleichmäßig damit bedecken. Die Eimasse hineingeben. Die Hitze stark reduzieren.

5 ▲ 5 Min. ohne Umrühren braten, bis das Omelette luftig und an den Rändern fest, aber noch weich in der Mitte ist. Die Pfanne in den Ofen stellen. 3-5 Min. backen, bis das Ei gestockt und leicht gebräunt ist.

6 ▲ Füllung darüber streichen. Omelette zusammenklappen. Auf einen warmen Teller geben und je nach Rezept garnieren. Sofort servieren.

Soufflé zubereiten

Obwohl sie den Ruf haben, kompliziert zu sein, sind Soufflés nicht schwer zuzubereiten. Die Basis für ein Soufflé ist einfach eine dicke Sauce (süß oder pikant) oder ein Püree. Darunter wird geschlagenes Eiweiß gemischt und gebacken, bis es luftig und leicht gebräunt ist.

Richtig zubereitet, geht das Soufflé gut auf, die Seiten „wachsen" über den Rand der Form. Die Form gut buttern, auch den oberen Rand. Je nach Rezept Semmelbrösel, Zucker etc. in die Form streuen.

1 ▲ Die Eier trennen, es darf keine Spur Eigelb in das Eiweiß kommen. (am Besten ein Ei nach dem anderen trennen, dann erst zu den anderen hinzugeben.)

2 ▲ Für ein pikantes Soufflé eine dicke, weiße Soße machen. Eigelb und Gewürze darunter mischen. Für süßes Soufflé eine Eiercreme aus dem Eigelb machen, würzen.

3 ▲ Das Eiweiß in einer großen, sehr sauberen Schüssel steif schlagen. Damit der Eischnee seine größte Ausdehnung bekommt und luftig und locker wird, darf kein Fett in der Schüssel oder auf den Quirls sein, und die Eier müssen Zimmertemperatur haben. Für süßes Soufflé Zucker hinzugeben, sobald das Eiweiß fast steif ist, dann weiter schlagen.

4 ▲ Ein Viertel des Eiweiß in die Sauce geben. Mit einem großen Löffel oder Spachtel den Eischnee unter die Masse heben. Dann den restlichen Eischnee vorsichtig unterheben. Den Löffel dabei von unten nach oben ziehen, um die Masse von unten hochzuholen; die Schüssel dabei drehen.

5 ▲ Die Mischung in die vorbereitete Form geben. Im vorgeheizten Backofen backen, bis das Soufflé etwa 5 cm über den Rand der Form gestiegen ist und leicht gebräunt ist. Das Soufflé sofort servieren, da es wenige Minuten nachdem es aus dem Ofen ist, zusammenfallen wird.

Eier trennen

Eier lassen sich leichter trennen, wenn sie kalt sind. Die Eier direkt aus dem Kühlschrank nehmen. Die Eierschale an einer kleinen Schüssel aufbrechen, das Ei auseinander brechen, beide Hälften festhalten. Das Eigelb vorsichtig mehrere Male von einer Hälfte in die andere gleiten lassen, während das Eiweiß in die Schüssel tropft. Das Eigelb in eine zweite Schüssel geben.

Käsesoufflé

Eine Soufflé-Form (1,5 l) buttern und mit Semmelbröseln ausstreuen. 300 ml dicke, weiße Soße zubereiten (S. 170). 4 Eigelb und 115 g geriebenen Käse (Gruyère, Cheddar, Schimmelkäse oder eine Mischung aus Parmesan und Gruyère) hinzufügen und gut vermischen. Nach Belieben mit 2 TL Dijon Senf würzen. 6 Eiweiß steif schlagen und vorsichtig unter die Masse heben. Im Ofen bei 200° C/Gas 6 20-25 Min. backen. *Für 4 Personen.*

Amaretto Soufflé

FÜR 6 PERSONEN

6 Amaretto-Biskuits, grob zerkleinert
6 Esslöffel Amarettolikör
4 Eier, getrennt, plus 1 Eiweiß
7 Esslöffel Streuzucker
2 Esslöffel Mehl
240 ml Milch
1 Prise Salz
Puderzucker zum Servieren

1 Ofen auf 200° C/Gas 6 vorheizen. Eine Soufflé-Form (1,5 l) buttern und mit Kandiszucker ausstreuen.

2 Biskuits in eine Schüssel geben. Mit 2 Esslöffel Amarettolikör beträufeln und zur Seite stellen.

3 ▲ Eigelb und 2 Esslöffel vom Zucker und Mehl vermischen.

4 ▲ Milch in einem Topf zum Kochen bringen. Die heiße Milch nach und nach in die Eimasse rühren.

5 Die Mischung zurück in den Topf geben. Bei mäßiger Hitze 3-4 Min. kochen, bis sie etwas eindickt; ständig rühren.

6 ▲ Restlichen Amarettolikör hinzugeben. Von der Flamme nehmen.

7 Das Eiweiß in einer sehr sauberen, fettfreien Schüssel schlagen, bis es fast fest ist. (die besten Ergebnisse erreichen Sie, wenn die Eier Zimmertemperatur haben) Den restlichen Zucker hinzufügen, dann weiterschlagen, bis der Eischnee schnittfest ist.

8 Etwa ein Viertel des Eischnees in die Likörmischung geben und verrühren. Den restlichen Eischnee vorsichtig unterheben.

9 Die Hälfte der Mischung in die Soufflé-Form geben. Mit einer Schicht der Amaretto-Biskuits bedecken. Die restliche Soufflémischung darüber geben.

10 20 Min. backen, bis das Soufflé aufgegangen und leicht gebräunt ist. Mit Puderzucker bestäuben und sofort servieren.

~ KOCHTIPP ~

Manche wollen das Soufflé durchgegart, andere bevorzugen ein weiches Inneres. Um zu prüfen, wie die Konsistenz ist, stechen Sie mit einem Stäbchen in die Mitte. Ist es sauber, ist das Soufflé gar, sonst noch etwas backen.

Baiser-Schaum herstellen

Es gibt zwei Arten dieses Eiweiß-Zucker-Gebäcks (auch Baiser genannt): eine weiche Baiserdecke für Torten und eine feste, die als Form für Füllungen dienen kann.

Sie müssen sehr vorsichtig sein, wenn Sie das Eiweiß und Eigelb trennen, da schon die kleinste Spur Eigelb verhindert, dass der Eischnee seine Steife bekommt. Alle Werkzeuge müssen sehr sauber und besonders fettfrei sein.

1 ▲ Eiweiß in eine große, sehr saubere und fettfreie Schüssel geben. Mit einem Quirl oder Handrührgerät schlagen, bis das Eiweiß schaumig ist. Am besten eine Kupferschüssel verwenden.

2 ▲ Weiterschlagen, bis das Eiweiß weiche Spitzen bekommt. Wenn Sie die Quirle herausnehmen müssen die Spitzen noch umkippen.

3 ▲ **Weiches Baiser zubereiten:** Zucker über das Eiweiß streuen, ständig weiterschlagen, etwa 1 Min., bis der Eischnee glänzt und feste Spitzen hat, wenn Sie die Quirls herausnehmen. Die Masse ist nun fertig und kann über einer Tortenfüllung verteilt werden.

4 ▲ **Eine feste Baisermasse zubereiten:** Etwas Zucker hinzugeben (etwa 1 1/2 Teelöffel pro Eiweiß). Weiterschlagen, bis die Masse glänzt und feste Spitzen hat.

5 ▲ Den restlichen Zucker in die Schüssel geben, je nach Rezept mit zusätzlichen Gewürzen. Den Zucker so vorsichtig wie möglich mit einem Gummispatel unter die Masse heben, dabei den Spatel von unten nach oben ziehen, um die Mischung zu wenden. Die Masse kann nun in kleine Formen geschnitten werden.

Baiser-Nester

Aus 2 Eiweiß und 115 g Streuzucker eine feste Schaummasse bereiten. Mit einem Löffel große Portionen der Masse auf ein mit Backpapier ausgelegtes Backblech geben. In die Mitte eine Vertiefung mit dem Löffel drücken, um die Nester zu formen. Oder die Masse in eine Spritztüte mit einer 1,5 cm Düse geben und die Nester aufspritzen. Mit etwas Zucker bestreuen. Im Ofen bei 100° C/Gas niedrig 3-4 Std. trocknen, bis die Masse knusprig und fest ist, aber nicht braun. Abkühlen lassen. Mit süßer Schlagsahne und Früchten füllen. *Für 4-6 Personen.*

Süße Schlagsahne

Süße Schlagsahne wird oft zur Krönung heißer und kalter Nachspeisen verwendet. Etwa 300 ml kalte Schlagsahne aufschlagen, bis sie anfängt, dick zu werden. Etwa 2 Esslöffel gesiebten Puderzucker hinzufügen und weiterschlagen, bis die Sahne weiche Spitzen hat. Nach Belieben die Sahne mit 1/2 Teelöffel Vanille, Mandelaroma oder 2 Teelöffel Brandy oder Likör, vermischt mit dem Zucker, würzen.

Zitronen-Baiser-Torte

Für 6-8 Personen

Tortenboden mit 23 cm Durchmesser, aus Mürbteig (S. 222) oder Biskuit (S. 230), blind gebacken
300 g Zucker
30 g Maismehl
1 Prise Salz
2 Teelöffel fein geriebene Zitronenschale
120 ml frischgepresster Zitronensaft
240 ml Wasser
3 Eier, getrennt
45 g Butter
1 Prise Stärke nach Bedarf

1 ▼ 200 g Zucker, Maismehl, Salz und Zitronenschale in einem Topf mischen. Zitronensaft und Wasser hineinrühren, bis alles glatt ist.

~ KOCHTIPP ~

Eiweiß bekommt seine größte Ausdehnung, wenn die Eier Zimmertemperatur haben. Eine Kupferschüssel eignet sich am besten, obwohl auch eine rostfreie Stahlschüssel und ein elektrisches Handrührgerät gute Ergebnisse bringen. Das Eiweiß nicht zu lange aufschlagen, es wird sonst griesig und zerfällt in Klümpchen und Flüssigkeit. Eine kleine Prise Stärke hat denselben Effekt.

2 Bei mäßiger Hitze zum Kochen bringen, ständig rühren. 1 Min. sieden lassen, bis die Masse dick wird.

3 Eigelb hineingeben. Bei mäßiger Hitze 2 Min. weiterkochen, ständig rühren.

4 Von der Flamme nehmen, Butter hinzugeben und gut verrühren.

5 ▲ Zitronenfüllung auf den Tortenboden geben, gleichmäßig verteilen. Vollständig abkühlen lassen.

6 Ofen auf 180° C/Gas 4 vorheizen.

7 ▲ Das Eiweiß in einer sauberen, fettfreien Schüssel schlagen, bis es weiche Spitzen hat (am Besten eine Kupferschüssel verwenden). Den restlichen Zucker hinzugeben und weiterschlagen, bis der Eischnee glänzt und steif ist.

8 ▲ Die Masse gleichmäßig über der Füllung verteilen. Die Füllung sollte vollständig bedeckt sein.

9 10-15 Min. backen, bis die Masse fest und goldbraun auf der Oberfläche ist. Vor dem Servieren etwas abkühlen lassen.

Einen Ausbackteig zubereiten

Teig besteht im Wesentlichen aus Mehl, Eiern und Flüssigkeit. Er kann dick sein z.B. als Teigmantel für andere Speisen oder dünnflüssig z.B. für Yorkshire-Pudding und Pfannkuchen. Der Teig wird besonders locker, wenn Sie die Eier trennen und das Eiweiß schlagen und unterheben.

Perfekte Pfannkuchen
Den Teig aus 170 g Mehl, 3 Esslöffel Zucker, 2 Teelöffel Backpulver, 1/2 Teelöffel Salz, 2 Eiern, 300 ml Milch und 3 Esslöffel geschmolzener Butter bereiten. Eine leicht geölte Bratpfanne bei mäßiger Hitze erwärmen. 3-4 Esslöffel Teig pro Pfannkuchen in die heiße Pfanne gießen, einzelne Pfannkuchen gut auseinander halten. Backen, bis die Hälfte der Blasen auf der Oberfläche geplatzt und die Ränder knusprig sind. Pfannkuchen wenden und etwa 1 Min. backen, bis die andere Seite goldbraun ist. Pfannkuchen heiß mit Butter und Ahornsirup oder einem anderen Sirup Ihrer Wahl servieren. *Für 4-6 Personen*

1 ▲ Das Mehl zusammen mit dem Zucker, Backpulver oder Natron, Salz, Gewürzen etc. in eine Schüssel sieben.

2 ▲ Eine Vertiefung in die Mitte drücken, die Eier oder das Eigelb und etwas Flüssigkeit hineingeben.

3 ▲ Eier und Flüssigkeit mit einem Holzlöffel vermischen.

4 ▲ Nach und nach etwas Mehl mit hineinrühren, kräftig rühren.

5 ▲ Wenn die Mischung glatt ist, die verbleibende Flüssigkeit hineinrühren. Nur so lange rühren, bis alles vermischt ist.

6 ▲ Je nach Rezept das Eiweiß schlagen und unter den Teig heben. Tun Sie das erst, kurz bevor Sie den Teig weiterverarbeiten.

Pfannkuchen backen

Dünne, knusprige Pfannkuchen oder Crêpes sind wunderbar vielseitig. Sie können einfach mit Zitronensaft und Zucker oder als vollständiges Gericht serviert werden: zusammengeklappt mit einer Sauce, mit einer pikanten oder süßen Füllung oder aufgeschichtet mit einer Füllung dazwischen.

Für etwa 12 Pfannkuchen
170g Mehl
2 Teelöffel Zucker
2 Eier
450ml Milch
30 g geschmolzene Butter

Ricotta-Pfirsich-Crêpes
450g Ricottakäse, 30g Puderzucker, 1 Teelöffel Vanillearome und 2 Esslöffel Brandy in einer Schüssel verrühren. 4 große reife Pfisiche, geschält und in Scheiben hinzugeben. Die Ricotta-Pfirsich-Füllung gleichmäßig auf 12 Pfannkuchen verteilen. Jeden Pfannkuchen zu einem Viertel zusammenfalten. Die Pfannkuchen in eine gebutterte Auflaufform geben, sie dürfen sich leicht überlappen. Mit 30g geschmolzener Butter bestreichen und großzügig mit Puderzucker bestreuen. Bei 190° C/Gas 5 für 10 Min. backen. Heiß servieren, nach Belieben mit einer Beerensauce (S. 194). *Für 6 Personen.*

1 ▲ Einen Teig zubereiten und etwa 20 Min. stehen lassen. eine Pfanne bei mäßiger Hitze erwärmen. Überprüfen Sie, ob sie die richtige Hitze hat, indem Sie ein paar Tropfen Wasser hineinspritzen. Wenn sie sofort verdampfen, hat die Pfanne die richtige Hitze. Geben Sie etwas Butter hinein. Dann 3-4 Esslöffel Teig. Die Pfanne drehen und wenden, damit der Teig sich gleichmäßig verteilt. Überflüssige Butter abgießen.

2 ▲ 30 bis 45 Sek. backen, bis der Pfannkuchen auf der Unterseite ansetzt und sich kleine Löcher bilden. Wenn es zu lange dauert, steigern Sie die Hitze. Die Ränder lösen, der Boden sollte leicht bräunlich sein. Schütteln Sie die Pfanne kräftig, damit der Kuchen sich löst, wenden Sie ihn dann oder werfen Sie ihn in die Luft, so dass er sich einmal dreht. Die andere Seite etwas 30 Sek. backen. Servieren oder abkühlen lassen.

3 ▲ **Pfannkuchen füllen:** 3-4 Esslöffel Füllung gleichmäßig über jeden Pfannkuchen verteilen. Zweimal zusammenklappen, so dass Sie Viertel erhalten.
Für gerollte Pfannkuchen: 3-4 Esslöffel Füllung auf einer Seite des Pfann-kuchens verteilen, von dieser Seite den Pfannkuchen aufrollen. Für kleine Päckchen: 3-4 Esslöffel Füllung in die Mitte des Pfannkuchens geben. Die zwei gegenüberliegenden Seiten über der Füllung zusammenklappen, dann die anderen Seiten zusammenfalten. Das Päckchen umdrehen. Vor dem Servieren noch einmal erwärmen.

Einige Tipps:
- Der Teig sollte die Konsistenz von Schlagsahne haben. Wenn er klumpig ist, streichen Sie ihn durch ein Sieb. Etwas Flüssigkeit hinzugeben, wenn er zu dick ist.
- Wie die meisten Teige, können Sie Pfannkuchenteig auch im Mixer machen. Er sollte vor dem Backen eine Weile stehen, da der Teig dann luftiger wird.
- Der erste Pfannkuchen wird vielleicht ein Fehlschlag, da oft sowohl Konsistenz des Teiges als auch Hitze der Pfanne noch nicht richtig sind und etwas reguliert werden müssen.
- Sie können Pfannkuchen auch im Voraus backen. Abküh-len lassen und übereinander stapeln, Butterbrotpapier zwischen die Schichten legen. Den Stapel mit einer Folie abdecken. Hält sich 3 Tage im Kühlschrank oder eingefroren 1 Monat.
- Die Pfanne muss einen geraden Boden haben.

Vanillesauce zubereiten

Eine selbstgemachte Vanillesauce passt vorzüglich zu vielen heißen und kalten Puddings. Sie ist auch die Basis für eine reichhaltige Eiscreme. Eiscreme ist im Grunde eine gefrorene Sauce, mit Sahne angereichert.
Das Geheimnis des Erfolges ist Geduld. Steigern Sie nicht die Hitze, um den Vorgang zu beschleunigen.

Für etwa 450 ml

450 ml Milch
1 Vanillestange, in 2 Hälften gespalten
4 Eigelb
3-4 Esslöffel Zucker zum Bestreuen

Saucenvariationen

- 1 Teelöffel Vanillearoma statt der Vanillestange verwenden. Schritt 1 und 2 weglassen und das Aroma nach dem sieben in die Sauce geben.
- *Für Schokoladesauce:* 55 g geriebene Schokolade in die heiße Milch und Zuckermischung geben. Glattrühren, bevor Sie das Eigelb hinzugeben.
- *Für Mokkasauce:* 55 g Schokolade und 2 Teelöffel Instantkaffeepulver in die Milch geben.
- *Für Orangensauce:* Die feingeriebene Schale einer Orange in die Milch geben.
- *Für Likörsauce:* 2-3 Esslöffel Brandy, Kirsch- oder anderen Likör in die Sauce geben und gut verrühren.

Tipps für den Notfall

Wenn die Sauce zu heiß wird und anfängt zu gerinnen, nehmen Sie sie sofort von der Flam-me und geben sie in eine Schüssel. 2-3 Sek. kräftig schlagen, bis sie glatt ist. Dann zurück in den Topf geben und weiterkochen.

1 ▲ Milch in einen Topf mit schwerem Boden geben. Die Vanillestange über den Topf halten und die schwarzen Samen herauskratzen. Die Stange ebenfalls hineingeben.

2 ▲ Die Milch erhitzen, bis sie Blasen schlägt. Von der Flamme nehmen, bedecken und 10 Min. stehen lassen. Die Vanillestange herausnehmen.

3 ▲ Eigelb und Zucker in einer Schüssel aufschlagen, bis die Masse cremig ist. Nach und nach die heiße Milch hinzugeben, dabei ständig umrühren.

4 ▲ Füllen Sie die Sauce in einen Topf im Wasserbad mit heißem Wasser. Die Kochplatte soll nur mittlere Hitze haben, da das Wasser nicht kochen soll.

5 ▲ Unter ständigem Rühren 10-15 Min. kochen oder bis die Sauce eindickt und eine cremige, dickflüssige, haftende Konsistenz bekommt. Die Sauce dann sofort aus dem Wasserbad nehmen.

6 ▲ Die Sauce durch ein Sieb in eine Schüssel streichen. Wenn sie kalt werden soll, streuen Sie etwas Zucker auf die Sauce, so dass sie keine Haut bekommt. In eine Schüssel mit eiskaltem Wasser stellen.

Sherry-Biskuits

FÜR 6 ODER MEHR PERSONEN

170 g grob zerkleinerte Löffelbiskuits oder 2,5 cm große Würfel aus Biskuitteig

4 Esslöffel Mediumsherry

115 g Himbeermarmelade

300 g Himbeeren

450 ml Sauce, mit 2 Esslöffel Medium- oder süßen Sherry gewürzt.

300 ml süße, geschlagene Sahne (S. 160)

In Butter geröstete Mandelblättchen und kleine Blätter frischer Minze zum Dekorieren.

1 Die Hälte der Biskuitstückchen oder - würfel auf dem Boden einer großen Schüssel verteilen (eine Glasschüssel eignet sich am besten).

2 ▲ Die Hälfte des Sherrys über den Biskuit träufeln. Die Hälfte der Marmelade gleichmäßig auf dem Biskuit verteilen.

3 ▲ Einige Himbeeren zum Dekorieren aufbewahren. Die Hälfte der Himbeeren auf dem Biskuit verteilen.

4 ▼ Die Hälfte der Sauce über Früchte und Biskuit gießen. Dann alle Schritte noch einmal wiederholen. Bedecken und 2 Std. kalt stellen.

5 ▲ Vor dem Servieren die Schlagsahne gleichmäßig über dem Biskuit verteilen. Mit den gerösteten Mandelblättchen, einigen Himbeeren und den Blättern frischer Minze dekorieren.

~ VARIATION ~

Andere reife Früchte mit passender Marmelade und Likör verwenden: Aprikosen, Pfirsiche, Nektarinen, Erdbeeren usw.

Kochen in einem Wasserbad

Das Kochen in einem Wasserbad verhindert, dass empfindliche Mischungen wie z. B. Eiercremes zu heiß werden und gerinnen. Dazu gibt es Wasserpfannen, „Bain-Marie“ genannt. Ein doppelter Saucentopf ist eine Art „Bain-Marie“, bei der die Sauce mehr über als in dem Wasser gekocht wird. Manchmal wird auch ein Topf mit kaltem Wasser verwendet, um empfindliche Lebensmittel beim Kochen zu schützen, z. B. bei Crème Brûlée.

1 ◀ Die Förmchen auf ein tiefes Backblech oder in eine große Saucenpfanne stellen. Wasser hineinfüllen, so dass die Förmchen zur Hälfte darin stehen. Das Wasser bei mäßiger Hitze bis kurz vor den Siedepunkt bringen. Die Hitze herunterschalten, so dass das Wasser heiß bleibt, aber nicht kocht. Oder das Blech, die „Bain-Marie“, in den Ofen stellen und das Gericht dort fertiggaren - ebenfalls ohne dass das Wasser kocht.

Crème Brûlée Pralinée

Für 6 Personen
450 ml Schlagsahne
4 Eigelb
115 g Streuzucker
1 Teelöffel Vanillearoma
30 g Pecannüsse oder Walnüsse, fein gehackt

1 Ofen auf 150° C/Gas 2 vorheizen.

2 Die Sahne in einem Topf erhitzen, bis sie Blasen wirft.

3 Das Eigelb mit der Hälfte des Zuckers vermischen, bis die Mischung blass und cremig ist. Die heiße Creme nach und nach in die Eimasse rühren. Vanille hinzugeben.

4 Die Mischung in einen Krug sieben. In 6 Förmchen verteilen und in eine „Bain-Marie“ stellen und das Wasser auf dem Herd erhitzen.

5 In den Ofen stellen und 20-25 Min. backen, bis die Sauce etwas fest geworden ist.

6 Den Grill anstellen.

7 Den restlichen Zucker und die Nüsse vermischen. Gleichmäßig in den Förmchen verteilen.

8 ▲ Die Förmchen in ein Blech mit eiskaltem Wasser stellen. In etwa 12 cm Höhe vom Grill entfernt backen, bis der Zucker geschmolzen und karamellisiert ist. Abkühlen und fest werden lassen.

Eiscreme zubereiten

In ihrer einfachsten Form besteht selbstgemachte Eiscreme aus gefrorener, gesüßter und gewürzter Sahne. Oft basiert sie aber auch auf einer Sauce, die mit Sahne angereichert wurde. Die Geschmacksrichtungen variieren von Vanille über Schokolade bis zu frischen Früchten und Likör.
Eine elektrische Eismaschine nimmt Ihnen die mühselige Arbeit des Schlagens und Einfrierens ab.

1 Bereiten Sie eine Sauce aus Sahne oder Sahne und Milch zu. Für Eiscreme sollte die Sauce ziemlich süß sein. Durchsieben, abkühlen.

2 ▶ In eine Eismaschine geben und einfrieren, gemäß den Anweisungen der Bedienungsanleitung. So frisch wie möglich servieren. Wenn die Eiscreme eingefroren wird und sehr hart ist, lassen Sie sie 20 Min. bei Zimmertemperatur stehen.

Klassische Schokoladen-Eiscreme

Ergibt etwa 1 Liter
750 ml Schlagsahne
250 ml Milch
1 Vanillestange, aufgeschlitzt
145 g Zucker, plus 1 Teelöffel zum Bestreuen
115 g geriebene Schokolade
4 Eigelb

1 240 ml Sahne, die Milch und Vanille in einen Topf mit schweren Boden geben. Erhitzen, bis die Sauce Blasen wirft.

2 ▲ 145 g Zucker und Schokolade hinzufügen. Bis kurz vor dem Siedepunkt erhitzen, dabei rühren, bis die Schokolade geschmolzen ist.

3 In einer Schüssel das Eigelb schlagen, bis es glatt ist. Die heiße Sauce hinzugeben, dabei ständig rühren.

4 In einen Topf über dem heißen Wasserbad geben. Unter ständigem rühren kochen, bis die Sauce dick wird. In eine Schüssel sieben. Die verbleibende Sahne unterrühren und mit dem restlichen Zucker bestreuen. Bei Zimmertemperatur abkühlen.

5 In eine Eismaschine geben und einfrieren.

Eiscreme-Variationen
- *Vanille-Eiscreme:* Die Schokolade weglassen.
- *Erdbeer-Eiscreme:* Die Schokolade weglassen. 500 g Erdbeeren mit etwas Zitronensaft und 30 g Zucker zerdrücken. Vor dem Einfrieren in die Sauce geben.
- *Pfirsich-Eiscreme:* Die Schokolade weglassen. 6 reife, geschälte und entsteinte Pfirsiche zerdrücken. In die Sauce geben.

SAUCEN

~

Eine Sauce kann eine einfache Speise unvergesslich machen. Die meisten Saucen sind schnell zubereitet. Fisch gewinnt durch etwas gewürzte Butter an Geschmack. Oder variieren Sie eine weiße Soße mit Käse, Pilzen, Kräutern für einen Auflauf.

Weisse Sauce zubereiten

Einige moderne Köche betrachten Mehlschwitzen als altmodisch und ersetzen sie mit Buttersaucen, Gemüsepürée oder reduzierter Sahne. Aber eine einfache weiße Sauce ist die Basis für viele Gerichte und ihr Geschmack kann auf unzählige Weisen variiert werden. Das folgende Rezept ergibt eine mitteldicke Sauce.

Ergibt etwa 600 ml

- 45 g Butter
- 45 g Mehl
- 600 ml Milch
- 1 Prise Muskat
- Salz und Pfeffer

1 ▲ Butter in einem schweren Topf erhitzen. Den Topf von der Flamme nehmen und das Mehl hineinrühren, um eine glatte, weiche Paste zu bekommen („roux" auf französisch).

2 ▲ Etwa ein Viertel der Milch hinzugeben, gut mit einem Quirl verrühren. Wenn alles glatt ist, die restliche Milch hineinrühren.

3 ▲ Die Sauce bei mäßiger Hitze zum Kochen bringen, dabei ständig rühren.

4 ▲ Wenn die Sauce Blasen wirft und dick wird, die Hitze reduzieren und 5-10 Min. leicht köcheln lassen, dabei gelegentlich kräftig umrühren. Muskat und nach Belieben Salz und Pfeffer hinzugeben. Die heiße Sauce servieren.

Tipps für gute Saucen

- Mit einem Quirl vermischen Sie die Sauce gründlicher als mit einem Löffel. Wenn die Sauce Klümpchen hat, passieren Sie sie durch ein feines Sieb in einen sauberen Topf und erwärmen sie wieder. Ständig rühren.
- Man kann weiße Saucen im Voraus zubereiten. Sauce in eine Schüssel geben, Butterflöckchen daraufsetzen und abkühlen lassen. Zudecken, im Kühlschrank 2 Tage haltbar. Bei mäßiger Hitze wieder zum Kochen bringen.

Weiße-Saucen-Variationen

- *Dünne, weiße Sauce* zu Fleisch oder als Basis für Cremesuppen: Je 30 g Butter und Mehl verwenden.
- *Dicke weiße Sauce* als Soufflé-Basis oder um Kroketten zu binden: Je 55 g Butter und Mehl verwenden.
- *Helle Sauce:* Mehl in die geschmolzene Butter geben und unter ständigem Rühren 1-2 Min. kochen, bis der „Roux" eine hellbeige Farbe hat. Die Flüssigkeit erhitzen und neben der Flamme hineinrühren. Zum Kochen bringen und unter Rühren 3-5 Min. kochen.
- *Velouté-Sauce:* Den „Roux" wie für die helle Sauce 3 Min. kochen, bis er leicht bräunlich ist und nussig riecht. Verwenden Sie Hühner- oder Fischbrühe oder eine Mischung aus Brühe und Wein statt Milch.
- *Béchamel-Sauce:* Milch mit einer Scheibe Zwiebel, 1 Lorbeerblatt und schwarzen Pfefferkörnern erhitzen. Vom Herd nehmen, bedecken und 20 Min. stehen lassen. Durchsieben, bevor Sie sie in den „Roux" geben.
- *Creme-Sauce:* Etwas Milch mit Sahne ersetzen.
- *Käse-Soße:* 115-225 g geriebenen Käse und 1-2 Esslöffel dunklen, scharfen Senf in die weiße, helle oder Béchamel-Sauce rühren, eine Prise Cayenne Pfeffer anstelle des Muskat hinzufügen.
- *Senf-Sauce:* 1 Esslöffel Dijon Senf und 1/2 Teelöffel Zucker in weiße, blonde oder Béchamel-Sauce geben.
- *Pilz-Sauce:* 225 g geschnittene Pilze in 15-30 g Butter anbraten. Weitergaren, bis überschüssige Flüssigkeit verdampft ist. In weiße, helle, Béchamel-, oder Creme-Soße geben.

Moussaka

FÜR 4-6 PERSONEN

2 Auberginen, von etwa 700 g Gewicht, in Scheiben geschnitten
150 ml Olivenöl
1 große Zwiebel, gehackt
1-2 Knoblauchzehen, fein gehackt
700 g Hack aus magerem Lammfleisch
225 g Tomaten, gehäutet, entkernt und grob gehackt oder aus der Dose, gehackt
2 EL frische Petersilie, gehackt
1 EL frischer Majoran, gehackt, oder 1 TL getrockneter Oregano
1/2 TL gemahlener Zimt
2 EL Tomatenpürée
Salz und Pfeffer
600 ml heiße, weiße oder helle Soße
1 Eigelb

1 Den Grill vorheizen.

2 ▲ Die Auberginenscheiben auf ein Backblech legen und mit etwas Öl bestreichen. Grillen, bis sie leicht gebräunt sind und weich werden. Die Auberginen umdrehen, die andere Seite mit Öl bestreichen. Grillen, bis sie leicht gebräunt und weich sind.

~ VARIATION ~

Bratenreste vom Lamm oder Rind, fein gewürfelt, anstelle des Hackfleisches verwenden.

3 ▲ 2 Esslöffel Öl in einer Pfanne erhitzen und die Zwiebel braten, bis sie weich ist, gelegentlich umrühren.

4 ▲ Knoblauch und Lamm hinzufügen und braten, bis das Fleisch gebräunt und kross ist, ständig rühren. Die Tomaten hineinrühren. Aufkochen und kochen lassen, bis überschüssige Flüssigkeit verdampft ist.

5 Kräuter, Zimt und Tomatenpürée hinzufügen. Mit Salz und Pfeffer würzen.

6 Ofen auf 190° C/Gas 5 vorheizen.

7 Lamm-Tomaten-Mischung und Auberginen in eine Auflaufform geben, zuerst das Fleisch, dann die Auberginen.

8 ▼ Die Sauce und das Eigelb miteinander verrühren. Gleichmäßig über die Auberginen verteilen.

9 30 Min. backen, bis die Sauce goldbraun ist und das Moussaka kocht. Heiß servieren.

TOMATENSAUCE ZUBEREITEN

Es ist immer nützlich, eine Tomatensauce im Kühl- oder Gefrierschrank zu haben. Wenn die Saison für Tomaten ist, kochen Sie sich gleich einen großen Vorrat. Ansonsten können Sie auch Dosen verwenden (abtropfen, halbieren und entkernen).

ERGIBT ETWA 600 ML
30 g Butter
900 g Tomaten, enthäutet, entkernt und fein gehackt
1/4-1/2 Teelöffel Zucker
Salz und Pfeffer

1 ▲ Butter in einem Topf mit schwerem Boden bei mäßiger Hitze schmelzen. Tomaten dazugeben, umrühren. Bedecken und 5 Min. kochen lassen.

2 ▲ Aufdecken und den Zucker einrühren. Halb bedecken und ca. 30 Min. köcheln lassen, gelegentlich umrühren, bis die Tomaten weich und die Sauce angedickt ist.

3 ▲ Nach Geschmack mit Salz und Pfeffer würzen. Sofort verwenden. Zum Einfrieren abkühlen lassen.

Gebackene Eier in Tomatensauce
Pro Portion, 1 1/2 Esslöffel Tomatensauce in ein gebuttertes Förmchen geben. Ein Ei hineinschlagen, nach Belieben pfeffern und 1 Esslöffel frisch geriebenen Parmesan- oder Cheddarkäse darüber streuen. Die Förmchen auf ein tiefes Backblech stellen, Wasser hineinfüllen, bis die Förmchen halb im Wasser stehen. Auf dem Herd zum Kochen bringen, dann in den auf 200° C/Gas 6 vorgeheizten Ofen schieben und 5-7 Min. backen. Sofort servieren.

Tomatensauce-Variationen

- *Schwere Tomatensauce:* 15-30 g Butter vor dem Servieren in die Sauce rühren.
- *Glatte Tomatensauce:* Tomaten in einem Mixer pürieren.
- *Tomaten-Knoblauch-Sauce:* 1 Esslöffel Olivenöl anstelle der Butter nehmen. In einer kleinen Pfanne 1-2 feingehackte Knoblauchzehen in 1 Esslöffel Olivenöl 1 Min. braten. In den letzten 5 Min. zur Sauce hinzugeben.
- *Tomaten-Kräuter-Sauce:* 15-30 g frisch gehackte Kräuter (Petersilie, Basilikum, Schnittlauch, Thymian, Oregano, Majoran- einzeln oder 2-3 kombiniert) vor dem Servieren hineinrühren.
- *Italienische Tomatensauce:* 1 Zwiebel, 1 kleine Karotte und 1 Stangensellerie klein hacken. In 2 Esslöffel Olivenöl braten, bis alles weich ist. 1-2 kleingehackte Knoblauchzehen dazugeben, 1 Min. braten. Tomaten mit 1 Lorbeerblatt und 1 großen Zweig Rosmarin oder 1/2 Teelöffel getrockneten Rosmarin dazugeben. Wie Tomatensauce weiterkochen. Kräuter vor dem Sevieren herausnehmen.
- *Tomaten-Weinsauce:* 3 Schalotten oder eine 1/2 Zwiebel fein hacken und in 30 g Butter oder 2 Esslöffel Olivenöl weich braten. 1 fein gehackte Knoblauchzehe hinzugeben und 1 Min. weiterbraten. 120 ml trockenen, Weißwein hinzugeben, zum Kochen bringen und weiterkochen, bis er fast verdunstet ist. Tomaten hinzugeben und wie bei der Tomatensauce weiterkochen.
- *Tomaten-Pilz-Sauce:* 225 g in Scheiben geschnittene Pilze in Butter anbraten, bis sie leicht gebräunt sind. Die Tomaten hinzugeben und wie bei Tomatensauce weiterkochen.

Nudeln mit Tomatensauce und Gemüse

FÜR 4 PERSONEN

1 Aubergine
2 Zucchini
1 große Zwiebel
2 Paprika, rot oder gelb, entkernt
450 g Tomaten, vorzugsweise Flaschentomaten
2-3 Knoblauchzehen, grob gehackt
4 EL Olivenöl
Salz und Pfeffer
300 ml glatte Tomatensauce
55 g schwarze Oliven, entsteint und halbiert
340-450 g Nudeln, z. B. Rigatoni
15 g frisches Basilikum, gehackt

1 Ofen auf 240° C/Gas 9 vorheizen.

2 ▲ Auberginen, Zucchini, Zwiebel, Paprika und Tomaten in 2,5-4 cm große Stücke schneiden. Tomatenkerne entfernen.

3 ▲ Das Gemüse in einer großen Bratform verteilen. Knoblauch und Öl über das Gemüse geben und umrühren. Mit Salz und Pfeffer würzen.

4 Das Gemüse 30 min. im Ofen backen, bis alles weich und leicht gebräunt ist (es darf am Rand schon sehr dunkel werden). Gelegentlich umrühren.

5 ▼ Gemüse in einen Topf geben. Tomatensauce und Oliven hinzugeben.

6 Einen Topf mit Wasser zum Kochen bringen. Nudeln hineingeben und kochen, bis sie „al dente" sind.

7 In der Zwischenzeit die Tomaten-Gemüse-Sauce erwärmen. Nach Belieben abschmecken.

8 Nudeln abgießen und wieder in den Topf geben. Tomaten-Gemüse-Sauce hinzugeben und gut umrühren. Mit Basilikum bestreuen und heiß sevieren. Nach Geschmack mit Parmesan oder Pecorinokäse bestreuen.

Gewürzte Butter zubereiten

Ein Stück gewürzte Butter auf heißem Gemüse, Fleisch oder Fisch kann Ihrem Gericht den letzten Schliff geben. Die Butter ist ganz einfach zuzubereiten. Man kann sie auch anstelle normaler Butter für Sandwiches verwenden. Neben pikant gewürzter Butter können Sie auch süße Butter für warme Brötchen, Hörnchen, Kuchen und Waffeln herstellen.

Für 4 Personen

115 g Butter, vorzugsweise ungesalzen, sollte Zimmertemperatur haben

Gewürze nach Geschmack (s. Spalte rechts)

Salz und Pfeffer (für pikante Butter)

1 ▲ **Pikante Butter**: Butter in eine Schüssel geben und mit einem Löffel oder dem Handrührgerät schlagen, bis sie weich ist. Gewürz nach Rezept hinzugeben. Salzen und pfeffern. Alles gut verrühren.

2 ▲ Butter auf ein Butterbrotpapier geben und zu einer kleinen Rolle formen. Schnell arbeiten, damit die Wärme Ihrer Hände die Butter nicht zum Schmelzen bringt. Einwickeln, kühl stellen, in Scheiben schneiden.

3 ▲ Oder mit einem Löffel oder Messer flach pressen, bis sie etwa 5 mm dick ist. Kühl stellen, dann kleine runde oder andere Formen mit Plätzchenformen ausstechen.

4 ▲ **Süße Butter**: Butter in eine Rührschüssel geben und mit einem Handrührgerät oder Holzlöffel aufschlagen. Nach Rezept die Gewürze hinzugeben. In eine Servierschüssel geben, bedecken und kühl stellen.

Buttergewürze

- *Kräuterbutter:* 3 Esslöffel frische, gehackte, Kräuter (Petersilie, Schnittlauch, Estragon, Minze usw.) und Zitronensaft.
- Senfbutter: 1 Esslöffel Dijon Senf oder scharfen, dunklen Senf verwenden.
- *Zitrusbutter:* 2 Teelöffel Orangen- oder Limonensaft verwenden oder 1 Teelöffel Zitronensaft und die geriebene Schale 1 Orange, Limone oder Zitrone verwenden.
- *Koriander-Limonen-Butter:* 30 g frische Korianderblätter. Mit der geriebenen Schale und dem Saft einer Limone vermischen.
- *Petersilie-Limonenbutter* („beurre maître d'hôtel“): 2 Esslöffel frische gehackte Petersilie, 1 Esslöffel Zitronensaft.
- *Tomatenbutter:* 1 Esslöffel Tomatenpürée verwenden.
- Knoblauchbutter: 1-2 gehackte und gepresste Knoblauchzehen verwenden.
- *Süße-Orangen-Butter:* 1-2 Esslöffel Puderzucker, 2 Teelöffel Orangensaft und die geriebene Schale einer Orange verwenden.
- *Honigbutter:* 85 g Honig nach und nach einrühren.
- *Ahornsirupbutter:* Etwa 4 Esslöffel Ahornsirup einrühren.
- *Zimtbutter:* 1-2 Esslöffel Puderzucker und 1/2 Teelöffel gemahlenen Zimt verwenden.
- *Mandelbutter:* 4 Esslöffel fein gemahlene Mandeln verwenden.

Gewürzte Butter einfrieren

Gewürzte Butter kann eingefroren werden und ohne Auftauen verwendet werden. Wickeln Sie die Butter in eine Folie.

Fischsteaks mit Koriander-Limonen-Butter

FÜR 4 PERSONEN
700 g Schwertfisch- oder Thunfisch-Steak, 2,5 cm dick, in 4 Stücken
4 EL Pflanzenöl
2 EL Zitronensaft
1 EL Limonensaft
Salz und Pfeffer
55 g Koriander-Limonen-Butter

1 ▲ Fischsteaks in eine Auflaufform legen. Öl, Zitronen-und Limonensaft, Salz und Pfeffer mischen und über den Fisch gießen. Abdecken und 1-2 Std. kalt stellen, Fisch wenden.

2 Grill vorheizen oder einen Grill für ein Barbecue anheizen.

3 ▼ Den Fisch abtupfen und auf den Rost über einem Backblech oder auf einen Grill legen (etwa 12 cm über den Kohlen). 3-4 Min. grillen, bis der Fisch fest, aber noch feucht im Innern ist. Dabei den Fisch einmal wenden.

4 ▲ Auf vorgewärmte Teller legen und mit Flöckchen Koriander-Limonen-Butter garnieren. Den Fisch sofort servieren.

~ VARIATIONEN ~

Für Lachssteaks mit Zitrusbutter 4 2,5 cm dicke Lachssteaks mit Öl und Gewürzen bestreichen. 4-5 Min. auf jeder Seite grillen. einige Flöckchen Zitrusbutter auf den Fisch geben und servieren. Für Makrele mit Senfbutter 4 enthäutete Makrelenfilets (ca. 225 g pro Filet) mit Öl und Gewürzen bestreichen. 3-4 Min. auf jeder Seite grillen. Einige Flöckchen Senfbutter auf den Fisch geben und servieren.

Butter klären

Geklärte Butter ist Butter, aus der die Milchpartikel entfernt wurden. Das Ergebnis ist ein klares, gelbes Fett, das stärker erhitzt werden kann als normale Butter, ohne zu verbrennen. Es ist exzellentes Bratfett und wird auch als Dip für Meeresfrüchte wie Hummer und Krabben und für ganze Artischocken verwendet. Indischer „Gee“ ist eine Art geklärter Butter.

Ergibt etwa 170 g
225 g Butter

Butter haltbar machen
Durch den Klärungsprozess werden Verunreinigungen entfernt, die Butter hält sich mehrere Wochen im Kühlschrank.

1 ▲ Butter in einem schweren Topf auf kleiner Flamme langsam schmelzen. Schaum von der Oberfläche abschöpfen. Unter der klaren, gelben Schicht ist eine milchige Schicht.

2 Das klare Fett vorsichtig in eine Schüssel gießen, den milchigen Satz im Topf lassen. Den milchigen Satz wegwerfen oder in eine Suppe geben.

Hummerschwänze mit Butter
225 g rohe Hummerschwänze (gefrorene auftauen) in einen großen Topf mit kochendem Salzwasser geben. 8-12 Min. garen, bis die Schalen hellrot und das Fleisch weiß ist. Abtropfen, mit geklärter Butter servieren. *Für 4 Pers.*

Hühnerleber-Pastete

Für 6 oder mehr Personen
55 g Butter
1 Zwiebel fein gehackt
340 g Hühnerleber, dunkle und grünliche Stellen abschneiden
4 Esslöffel Mediumsherry
30 g Doppelrahmfrischkäse
1-2 Esslöffel Zitronensaft
2 hartgekochte Eier, gehackt
Salz und Pfeffer
55-85 g geklärte Butter

1 Butter in einer Pfanne schmelzen. Zwiebel und Leber braten, bis die Zwiebel weich und die Leber leicht gebräunt und nicht mehr rosa im Innern ist.

2 Sherry hinzufügen und auf die Hälfte einkochen. Langsam abkühlen.

3 ▲ Mischung in einen Mixer geben, den Frischkäse und 1 Esslöffel Zitronensaft hinzufügen. Mixen bis alles glatt ist.

4 Die hartgekochten Eier hinzufügen und kurz mixen. Mit Salz und Pfeffer abschmecken und nach Belieben Zitronensaft hinzugeben.

5 ▼ Leberpastete in eine große oder mehrere kleine Förmchen geben. Die Oberfläche glatt streichen.

6 Eine Schicht geklärter Butter auf der Pastete verteilen. Kalt stellen, bis sie fest ist. Bei Zimmertemperatur mit heißem Toast oder pikanten Biskuits sevieren.

Sauce Hollandaise zubereiten

Dieser Klassiker der französischen Küche hat den Ruf kompliziert zu sein. Man muss sorgfältig arbeiten: Wenn die Sauce zu heiß wird, gerinnt sie. Ein berühmter Koch empfielt die Methode, alle Zutaten auf einmal in den Topf zu geben - anstatt der herkömmlichen Methode, das Eigelb zu kochen, bis es dick ist, dann langsam in die geschmolzene Butter zu rühren. Arbeiten Sie in jedem Fall langsam und stetig unter ständigem rühren.

Ergibt etwa 300 ml

- 3 Eigelb
- 1 Esslöffel Zitronensaft, nach Bedarf etwas mehr
- 1 Prise Cayennepfeffer
- Salz und Pfeffer
- 225 g Butter, vorzugsweise ungesalzen, in Stücke zu 15 g schneiden.

1 ▲ Eigelb, Zitronensaft, Cayennepfeffer, Salz und Pfeffer in einem Topf mischen. Alles gut miteinander verrühren.

2 ▲ Butter hinzugeben und Topf bei mäßiger Hitze erwärmen. Hitze regulieren, so dass die Butter langsam schmilzt, dabei ständig schlagen, bis sie sich mit dem Eigelb vermischt.

3 ▲ Wenn die gesamte Butter geschmolzen und mit dem Eigelb vermischt ist, weiterschlagen, bis die Sauce dick wird und eine cremige Konsistenz bekommt. Abschmecken und nach Belieben Zitronensaft, Salz und Pfeffer hinzugeben.

Die Hollandaise-Familie

- *Sauce Mousseline:* Die Sauce leicht abkühlen, dann 120 ml Schlagsahne hineinrühren.
- *Sauce Béarnaise:* 5 Esslöffel Weißweinessig, 2 gehackte Schalotten, 1 Esslöffel gehackten, frischen oder 1 Teelöffel getrockneten Estragon und etwas Pfeffer in einen Topf geben. Kochen und bis auf 1 Esslöffel reduzieren. Abkühlen. Wie bei der Hollandaise fortfahren, den reduzierten Essig statt des Zitronensaftes verwenden. Nach Belieben vor dem Servieren 1 EL gehackten Estragon hinzugeben.

Tipps für eine gute Sauce

- Verzweifeln Sie nicht, wenn Ihre Sauce in Flöckchen und klares Butterfett zerfällt. Solange die Eier nicht gerinnen, kann man die Sauce retten. den Topf vom Herd nehmen, 1-2 Esslöffel Wasser dazugeben und kräftig schlagen. Wenn das nicht hilft, geben Sie 1-2 Teelöffel Wasser in eine Schüssel und schlagen Sie die Sauce zunächst Tropfen für Tropfen, dann in einem dünnen Strahl in die Schüssel.
- Hollandaise und Béarnaise Saucen können bis zu 30 Min. warmgehalten werden. Stellen Sie die Sauce in ein Wasserbad mit heißem Wasser (S. 166) oder auf eine Warmhalteplatte, gelegentlich umrühren. Oder Sie bereiten die Sauce 2-3 Std. vorher zu und geben Sie in eine Thermoskanne.

Spargel mit Sauce Hollandaise

700 g Spargel zubereiten (S. 120). Den Spargel auf einen Rost in einen Topf über kochendem Wasser legen, bedecken und 8-12 Min. dünsten oder in einem Topf mit Wasser zugedeckt 4-5 Min. kochen, bis er bissfest ist. (Zum Überprüfen mit der Spitze eines Messers in die Stangen stechen.) Auf vorgewärmte Teller legen, die Sauce Hollandaise darüber geben. *Für 4 Pers.*

Eier-Benedikt

FÜR 6 PERSONEN
2-3 Scheiben Schinken
6 Eier
3 Muffins, halbiert
300 ml warme Sauce Hollandaise

1 Einen Grill anheizen.

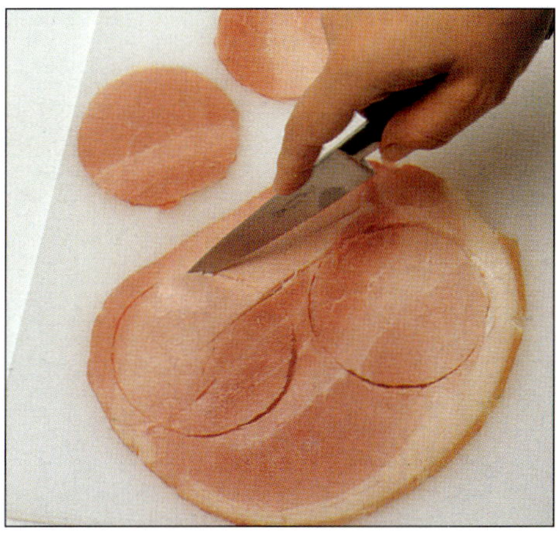

2 ▲ Schneiden Sie aus dem Schinken Kreise in der Größe der Muffins heraus.

3 ▲ Legen Sie den Schinken auf den Rost und grillen Sie ihn bis er goldbraun ist.

4 In der Zwischenzeit die Eier in leicht kochendem Wasser 3-4 Min. pochieren, bis das Eiweiß fest und das Eigelb noch flüssig ist. Herausnehmen, abtropfen. Die Muffins toasten.

5 ▼ Je eine Muffinhälfte auf einen vorgewärmten Teller legen, eine Scheibe Schinken und das Ei darauf legen.

6 Die Sauce Hollandaise über das Ei geben und sofort servieren.

~ VARIATIONEN ~

Nach Belieben können Sie den Schinken in Butter anbraten, oder dünne Scheiben Speck, heißen Spargel oder in Butter sautierte Pilzscheiben anstelle des Schinkens verwenden. Statt der Muffins können Sie getoa stete Brioche oder Vollkornbrot verwenden.

MAJONÄSE ZUBEREITEN

Diese kalte emulgierte Sauce aus Öl und Eigelb findet unzählige Verwendungen - als Zutat in einem Gericht oder auf Sandwiches und in Salatsaucen. Sie können sie variieren, indem Sie unterschiedliche Öle, Essige und Gewürze verwenden.

ERGIBT ETWA 360 ML
2 Eigelb
Salz und Pfeffer
360 ml Pflanzen-, Mais- oder Olivenöl
1-2 Esslöffel Zitronensaft oder Weißweinessig
1-2 Teelöffel Dijon Senf

1 ▲ Eigelb in eine Schüssel geben, 1 Prise Salz hinzufügen. Gut schlagen.

2 ▲ Nach und nach je 1-2 TL Öl hineingeben, dabei ständig mit einem Quirl oder Handrührgerät rühren.

3 ▲ Nachdem Sie ein Viertel des Öls nach und nach eingerührt haben, 1-2 Teelöffel Zitronensaft oder Essig hinzugeben und gut verschlagen.

4 ▲ Öl in einem dünnen, stetigen Strahl hineingeben, und verschlagen. Wenn die Mischung dick wird, 1 TL Zitronensaft oder Essig hinzugeben.

5 ◄ Wenn das ganze Öl verrührt ist, den Senf hinzugeben. Die Majonäse abschmecken und evtl. Zitronensaft oder Essig hinzugben. Salzen und pfeffern. Wenn die Majonäse zu dick ist, 1-2 Esslöffel Wasser hinzu geben, gut verrühren. Im Kühlschrank hält sich selbstgemachte Majonäse bis zu 1 Woche.

Majonäse-Variationen

- Knoblauchmajonäse: 3-6 Knoblauchzehen zerdrücken. Mit Eigelb und Salz verschlagen. Wie oben Öl (Oliven- und/oder Pflanzenöl) hineinschlagen.
- Scharfe Majonäse: 1 Esslöffel Senf, 1/2-1 Teelöffel Worcester Sauce und einen Spritzer Tabasco verwenden.
- Grüne Majonäse: Je 30 g Petersilie und Brunnenkresse im Mixer zerkleinern. 3-4 gehackte Frühlingszwiebeln und 1 Knoblauchzehe hinzugeben. Mixen, 120 ml Majonäse hinzugeben, mixen, bis alles glatt ist.
- Edelpilz-Käsedressing: 225 g zerkrümelten Schimmelkäse in die Majonäse geben.

Alarm bei rohen Eiern

Da Eier Salmonellen haben können, gibt es ein gewisses Risiko, rohe oder nicht ganz gegarte Eier zu essen (wie in Majonäse oder Sauce Hollandaise). Ältere Menschen, Kinder, Schwangere und Kranke sind am anfälligsten für Salmonellen.

Meeresfrüchte mit Knoblauch-Majonäse

Ein Bett von Salatblättern (grüne oder rote Blattsalate, Rauke, Brunnenkresse etc.) auf 4 Tellern oder in einer großen Schüssel arrangieren. 175 g weißes Krebsfleisch und 225 g gekochte, geschälte Krabben darauf verteilen. Knoblauchmajonäse darüber geben, mit etwas Paprika bestreuen. *Für 4 Personen.*

Lachs-Röstis mit scharfer Majonäse

FÜR 4 PERSONEN
2 festkochende Kartoffeln (etwa 340g), ungeschält
340g Lachsfilet, enthäutet und fein gehackt
2-3 EL frischen Dill, fein gehackt
1 Esslöffel Zitronensaft
Salz und Pfeffer
Mehl zum Panieren
3 Esslöffel Pflanzenöl
scharfe Majonäse

1 Kartoffeln in einen Topf mit kochendem Salzwasser geben und 15 Min. vorkochen.

2 ▲ In der Zwischenzeit Lachs, Dill, Zitronensaft, Salz und Pfeffer in einer großen Schüssel mischen.

3 Die Kartoffeln abgießen und abkühlen lassen. Wenn sie kühl genug zum Anfassen sind, pellen.

4 Kartoffeln mit der groben Seite der Reibe in Streifen reiben.

~ KOCHTIPP ~

Kartoffeln sind klebrig - mit ihrer Stärke helfen sie, die Röstis zu binden. Wenn nötig befeuchten Sie ihre Hände ein wenig, wenn Sie die Röstis formen, sie dürfen aber nicht zu feucht werden.

5 In die Lachsmischung geben. Vorsichtig mit den Händen mischen, dabei die Kartoffeln so wenig wie möglich zerbrechen.

6 ▼ Lachs-Kartoffel-Teig in 8 Portionen teilen. Kleine, feste Küchlein formen, gut zusammenpressen. Die Röstis sollen ca. 1 cm dick sein.

7 ▲ Küchlein im Mehl wenden, überschüssiges Mehl abschütteln.

8 Öl in einer großen Pfanne erhitzen. Küchlein hineingeben und 5 Min. braten, bis sie auf beiden Seiten knusprig und goldbraun sind.

9 Die Lachs-Röstis auf Papiertüchern abtupfen und mit scharfer Majonäse servieren.

VINAIGRETTE ZUBEREITEN

Mit einer guten Vinaigrette kann man mehr als nur eine Salatsauce machen. Man kann damit Fleisch, Geflügel, Fisch oder Gemüse während des Bratens bestreichen und sie zum Marinieren verwenden. Die Grundmischung aus Öl, Essig und Gewürzen ermöglicht verschiedene Variationen.
Die einfache Vinaigrette hält im Kühlschrank mehrere Wochen. Gewürze, insbesondere Kräuter, erst kurz vor dem Servieren hinzugeben.

Ein Tipp
Sie können die Vinaigrette auch in einem Gefäß mit Schraubverschluß zubereiten. Alle Zutaten hineingeben, verschließen und gut schütteln.

ERGIBT ETWA 170ML

3 Esslöffel Weinessig
Salz und Pfeffer
150ml Pflanzenöl

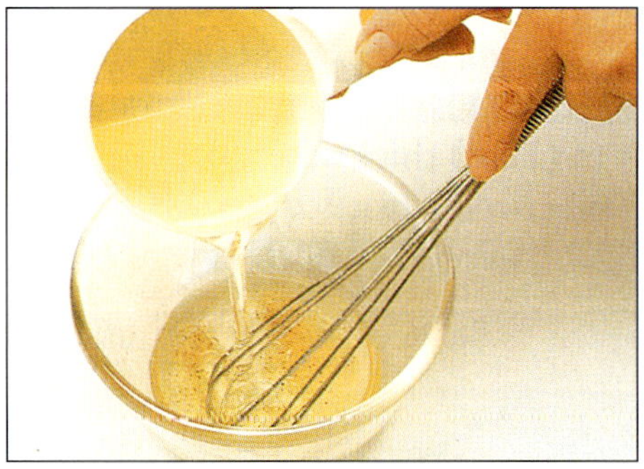

1 ▲ Essig, Salz und Pfeffer in eine Schüssel geben und schlagen, bis sich das Salz gelöst hat. Nach und nach das Öl hinzugeben und verrühren. Abschmecken.

Ideen für eine Vinaigrette
- Roten oder weißen Weinessig oder Kräuteressig verwenden.
- 1 EL Essig mit Wein ersetzen.
- Olivenöl oder eine Mischung aus Pflanzen- und Olivenöl verwenden.
- 120ml Olivenöl und 2 Esslöffel Walnuss- oder Haselnussöl verwenden.
- 1-2 Esslöffel Dijon Senf in den Essig geben, bevor Sie das Öl hineinrühren.
- 1 zerdrückte Knoblauchzehe in den Essig geben, bevor Sie das Öl hineinrühren.
- 1-2 Esslöffel gehackte, frische Kräuter (Petersilie, Basilikum, Schnittlauch, Thymian etc.) in die Vinaigrette geben.

Geflügel-Orangen-Salat

FÜR 4 PERSONEN

3 große, kernlose Orangen
170g langkörniger Reis
500ml Wasser
Slaz und Pfeffer
170ml Vinaigrette-Dressing, aus Rotweinessig und einer Mischung aus Oliven- und Pflanzenöl
2 Teelöffel Dijon Senf
1/2 Teelöffel Zucker
450g gekochtes Huhn, gewürfelt
3 Esslöffel gehacktes Schnittlauch
75g geröstete Cashewnüsse
Gurkenscheiben zum Garnieren

1 Orange dünn abschälen. Nehmen Sie nur das Abgeriebene der Schale, das Weiße dranlassen.

2 Orangenschale, Reis und Wasser in einen Topf geben. 1 Prise Salz hinzugeben. Zum Kochen bringen, und 15-18Min. auf kleiner Flamme dünsten, bis der Reis weich ist.

3 ▼ Alle Orangen schälen und in Segmente teilen, den Saft auffangen. Orangensaft in die Vinaigrette geben. Senf und Zucker hinzugeben und gut mischen. Abschmecken und nach Bedarf Salz und Pfeffer hinzufügen.

4 Wenn der Reis gar ist, von der Flamme nehmen, aufgedeckt langsam abkühlen. Orangenschale wegwerfen.

5 Reis in eine Schüssel geben, mit der Hälfte des Dressings mischen und kühl stellen.

6 ▲ Huhn, Schnittlauch, Cashewnüsse, Orangensegmente und restliches Dressing zum Reis geben. Mischen. Bei Zimmertemperatur servieren, mit Gurken garnieren.

FRÜCHTE, SCHOKOLADE UND NÜSSE

~

Früchte sind der Mittelpunkt vieler Desserts und lassen sich sehr appetitlich anrichten. Schokolade und Nüsse passen gut zu allen Früchten und geben ihnen den letzten Schliff.

Frische Früchte zubereiten

Früchte schälen und schneiden

Zitrusfrüchte
Vollständig schälen: Von oben und unten eine Scheibe abschneiden. Frucht auf die Arbeitsplatte stellen, mit einem kleinen, scharfen Messer die Schale in dicken Scheiben, der Rundung der Frucht folgend, abschneiden; das Weiß vollständig entfernen, es schmeckt bitter.

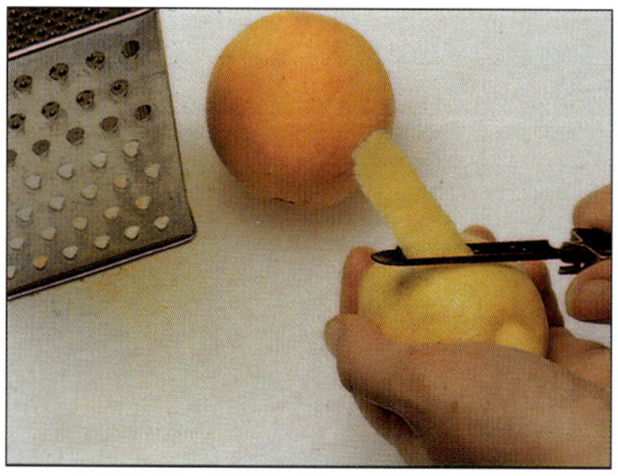

Die äußere Schale entfernen: Mit einem Gemüseschäler die Frucht in breiten Streifen schälen, das Weiß dranlassen. Streifen im Ganzen verwenden oder mit einem scharfen messer klein hacken. Oder die Schale mit der feinen Seite einer Reibe abreiben, die Frucht dabei drehen, so dass nur das Orange abgerieben wird. Oder ein besonderes Werkzeug verwenden, z.B. einen Orangenschäler um feine Streifen der Schale abzuschneiden.

Kiwis
Wie bei Zitrusfrüchten Schale in dünnen, langen Streifen abschälen.

Äpfel, Birnen, Quitten, Mangos, Papayas
Mit einem kleinen scharfen Messer oder Gemüseschäler die Haut so dünn wie möglich abschälen.

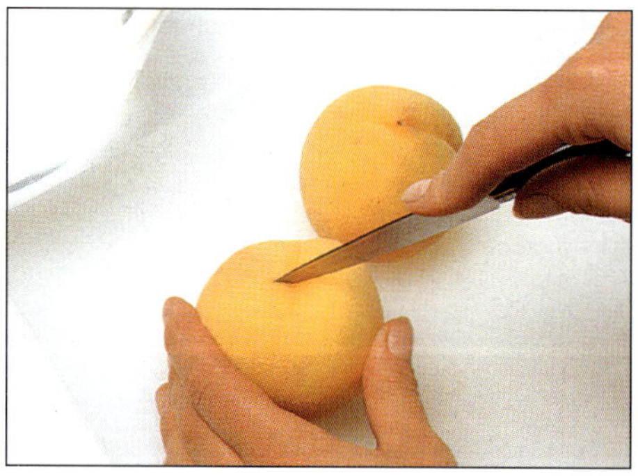

Pfirsiche, Aprikosen
Ein Kreuz in die Unterseite schlitzen. In kochendes Wasser tauchen. 10-30 Sek. ziehen lassen, abtrocknen und in eiskaltes Wasser tauchen. Die Haut löst sich nun ganz leicht.

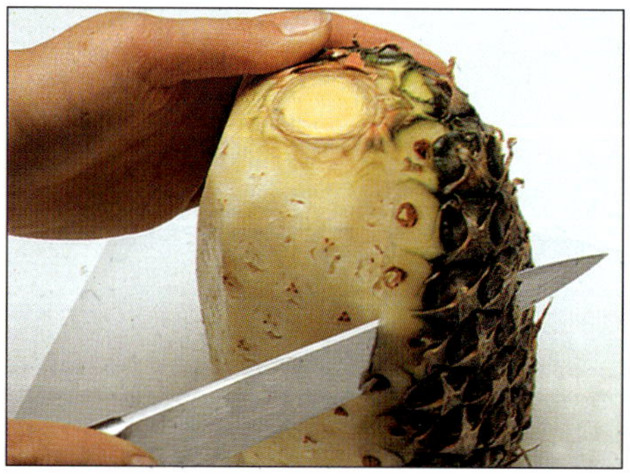

Ananas
Die Krone und eine Scheibe unten abschneiden, Ananas aufrecht hinstellen. Mit einem scharfen Messer die Schale in dicken Streifen abschneiden, braune Augen entfernen.

Bananen, Lychees, Avocados
Schale einritzen und mit den Händen abschälen.

Passionsfrüchte, Granatäpfel
Halbieren oder oben eine Scheibe abschneiden. Die Samen mit einem Löffel herauskratzen.

Sternfrucht (Karambole)
Die dunklen, harten Spitzen an den fünf Seiten abschneiden.

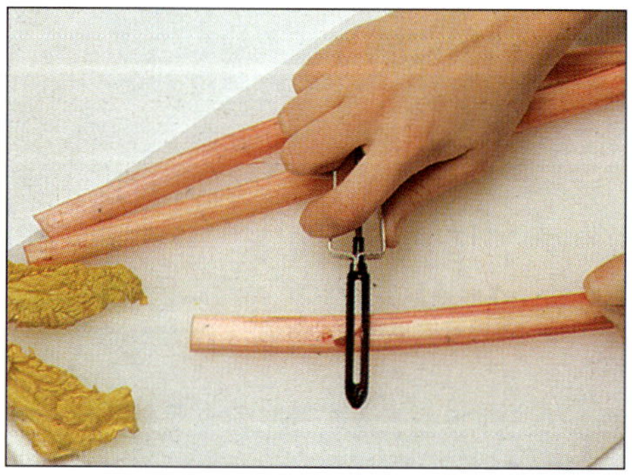

Rhabarber
Blätter abschneiden und wegwerfen (sie sind giftig). Harte Schale abschälen.

Johannisbeeren (rote, schwarze)
Die Beeren mit einer Gabel vom Stil ziehen.

Frische Datteln
Am Stilende zusammenpressen, um die harte Schale zu entfernen.

FRÜCHTE ENTKERNEN UND ENTSTEINEN

Äpfel, Birnen, Quitten
Ganze Früchte: Einen Apfelentkerner verwenden, um das gesamte Gehäuse vom Stiel bis zum Boden zu entfernen. Oder mit einem Kugelausstecher von unten nach oben ausstechen, das Stielende dranlassen.

Halbe Früchte: Den Kern herausstechen. Stiel und Boden mit einem scharfen Messer ausschneiden. *Geviertelte Früchte:* Kern mit einem gezackten Messer herausschneiden.

Zitrusfrüchte
Kerne aus Scheiben oder Segmenten mit einem Messer herauskratzen.

Kirschen
Am besten einen Kirschentsteiner verwenden.

Pfirsiche, Aprikosen, Nektarinen, Pflaumen
Früchte in der Kerbe einschneiden, Hälften auseinander brechen. Den Stein herausnehmen.

Frische Datteln
Früchte der Länge nach halbieren, Stein herausnehmen. Bei ganzen Früchten mit einem dünnen Messer in das Stielende stechen, Stein lockern und herausholen.

Mangos
Die Frucht auf jeder Seite des großen flachen Steins durchschneiden. Mit dem Schnitt der Form des Steins folgen. Fleisch von den beiden dünnen Enden des Kerns abschneiden.

Papayas, Melonen
Früchte halbieren, Samen und Fasern aus der Vertiefung in der Mitte herauskratzen.

Ananas
Für lange und keilförmige Stücke: Den Kern mit einem scharfen Messer herausschneiden. *Für Ringe:* Kern mit einer Form ausstechen.

Trauben
Früchte der Länge nach halbieren. Kerne mit einem kleinen Messer oder dem verbogenen Ende einer Haarnadel herausholen

Stachelbeeren
Stiel und Blätter mit einer Schere entfernen.

Sternfrucht, Wassermelone
Mit einem spitzen Messer die Kerne aus den Scheiben kratzen.

Erdbeeren
Spezialschäler für Blätter und Kern verwenden. Oder mit einem kleinen, scharfen Messer abschneiden.

Avokado
Frucht der Länge nach halbieren. Die Spitze eines scharfen Messers in den Kern stoßen, lockern und herausbrechen, das Fleisch nicht beschädigen.

FRÜCHTE SCHNEIDEN

Äpfel, Quitten
Ringe: Kern und Samen mit einem Entkerner herausstechen. Die Frucht quer in dicke oder dünne Ringe schneiden.

Scheiben: Frucht halbieren und Kern und Samen mit einem Kugelausstecher herausschneiden. Auf die Schnittfläche legen und je nach Rezept längs oder quer in dicke oder dünne Scheiben schneiden. Oder die Frucht vierteln und Kern und Samen mit einem Messer herausschneiden.

Birnen
„Fächer": Frucht halbieren, Kern und Samen mit einem Kugelausstecher herausschneiden. Auf die Schnittfläche legen und der Länge nach in dünne Scheiben schneiden, nicht bis zum Stilende durchschneiden. Fächer ausbreiten, so dass sie sich gleichmäßig überlappen. Mit einem Küchenspatel auf Teller legen. *Scheiben:* Wie oben beschrieben schneiden.

Frische Farben erhalten
Wenn geschnittenes Obst zu lange an der Luft liegt, werden viele Früchte an der Schnittfläche braun, z. B. Äpfel, Bananen, Pfirsiche und Avocados. Wenn eine Frucht länger liegen soll, beträufeln Sie die Schnittfläche mit Zitronensaft. Harte Früchte können Sie in Wasser mit Zitronensaft tauchen, aber Vorsicht: Einige Früchte können dabei matschig werden.

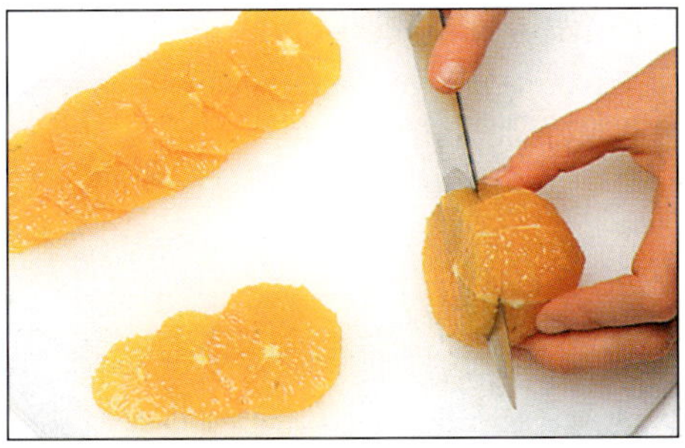

Zitrusfrüchte
Scheiben: Mit einem gezackten Messer quer in Scheiben schneiden.

Segmente: Die geschälte Frucht über eine Schüssel halten, um den Saft aufzufangen. Schneiden Sie an einer Seite des Trennhäutchens in die Mitte, um das Fleisch von der Haut zu trennen. Dann an der anderen Seite des Segments genauso verfahren. In dieser Weise fortfahren, die Häutchen dabei zusammenfalten wie die Seiten eines Buches. Wenn alle Segmente herausgeschnitten sind, die Haut gut ausdrücken, um den restlichen Saft herauszupressen.
Pfirsiche, Aprikosen, Pflaumen
Scheiben wie beim Apfel schneiden.

Papayas, Avokados
Scheiben: Wie beim Apfel schneiden.

Oder die ungeschälte Frucht keilförmig schneiden, Kerne herausnehmen. Die Stücke auf die Seite der Schale legen, mit einem Messer das Fleisch von der Schale trennen.
Fächer: Wie bei Birnen schneiden.

Melonen
Scheiben: Wie bei Papaya schneiden.
Kugeln: Mit einem Kugelausstecher portionieren.

Mangos
Das geschälte Fleisch je nach Rezept in Scheiben oder Würfel schneiden.

Rum-Bananen
4 Bananen vierteln, mit einer Mischung aus 55 g geschmolzener Butter, 3 Esslöffel braunem Zucker, 1-2 Esslöffeln Zitronensaft und 6 Esslöffeln hellem Rum oder Orangensaft in eine Backform geben. Bei 200° C/Gas 6 für 20 Min. backen, dabei ab und zu begießen. Mit Sahne servieren. *Für 4 Personen.*

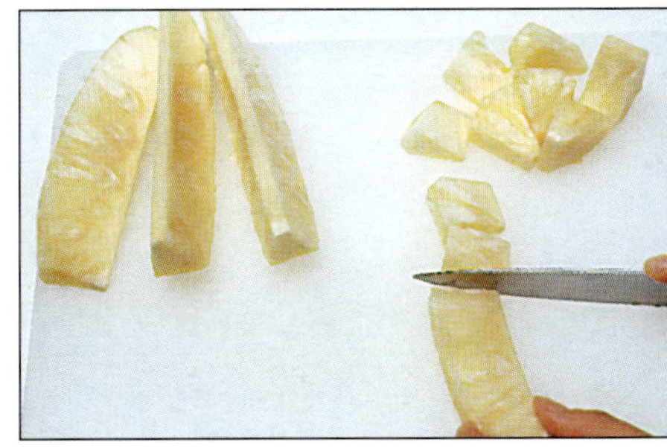

Ananas
Segmente: Die geschälte Frucht der Länge nach halbieren und dann vierteln. Die Viertel in Segmente schneiden, Kern herausschneiden.
Stücke: Die Frucht in Segmente schneiden, Kern herausschneiden, Segmente quer in Stücke schneiden.
Ringe: Die geschälte Frucht quer in Scheiben schneiden. Mit einem Teigausstecher den Kern herausstechen.

Kiwis, Sternfrucht
Frucht quer in Scheiben schneiden, die Enden wegwerfen.

Bananen
Die geschälte Frucht quer in Scheiben schneiden. Oder halbieren und der Länge nach vierteln.

Frische Ananas zubereiten

Eine Ananas kann auf vielfältige Weise sehr dekorativ angerichtet werden.

Beschwipstes Ananas-Boot
2 kleine bis mittelgroße Ananas halbieren, und aushöhlen. Das Fleisch in kleine Stücke schneiden. Zurück in die Ananashälften geben. Mit 1-2 Esslöffel Rum, Kirsch, Aprikosen-Brandy oder Grand Marnier beträufeln. Nach Belieben mit etwas Zucker bestreuen. Das Obst mischen, um den Likör und Zucker gut zu verteilen. Gut zudecken und 20-30 Min. kühl stellen. Sevieren. *Für 4 Personen.*

1 ▲ **Ein Ananas-Boot:** Braune Spitzen von den grünen Blättern der Krone abschneiden. Wenn nötig, den Strunk abschneiden. Mit einem langen, scharfen Messer die Ananas längs und durch die Krone halbieren.

2 ▲ Dünne Scheiben von der Unterseite jeder Hälfte abschneiden, so dass sie fest aufliegt.

3 ▲ Mit einem kleinen, scharfen Messer einen Schnitt entlang des Kerns setzen. Auf der anderen Seite des Kerns ebenfalls einen schrägen Schnitt setzen. Der Kern wird so in einer V-Form herausgeschnitten.

4 ▲ Mit einem gebogenen, gezackten Grapefruitmesser jede Hälfte aushöhlen. Die Boote können nun mit Salat, einem Dessert, Eiscreme oder Sorbet gefüllt werden.

5 ▲ **Keilförmige Stücke:** Krone und Boden wie oben abschneiden. Die Frucht der Länge nach durch die Krone halbieren, dann vierteln.

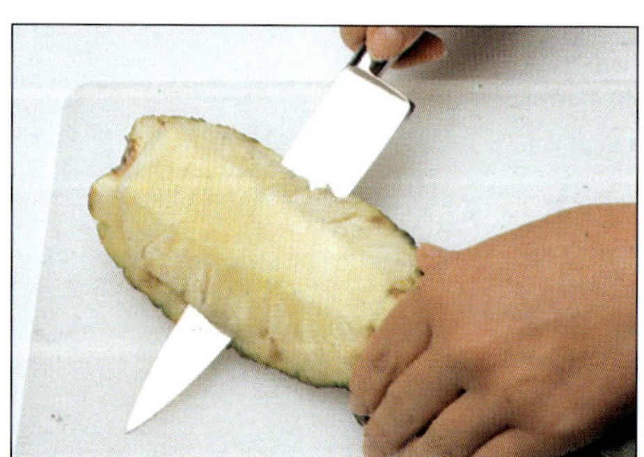

6 ▲ Den Kern aus jedem Viertel herausschneiden. Mit einem Messer das Fleisch von der Schale trennen, aber darauf liegen lassen.

7 ▲ Jeden Keil quer in Scheiben schneiden. Die Scheiben jeweils versetzt ein Stück nach rechts oder links schieben. Nach Belieben etwas Zucker auf die Frucht streuen.

Erdnuss-Geflügelsalat in Ananas-Booten

Für 4 Personen

- 2 kleine reife Ananas
- 225 g gekochte Hühnerbrust, in mundgerechte Stücke schneiden
- 2 Stangensellerie, gewürfelt
- 55 g Frühlingszwiebeln, das Weiße und Grüne, gehackt
- 225 g kernlose weiße Trauben
- 45 g gesalzene Erdnüsse, grob gehackt

Für das Dressing

- 85 g glatte Erdnussbutter
- 120 ml Majonäse
- 2 Esslöffel Sahne oder Milch
- 1 Knoblauchzehe, fein gehackt
- 1 Teelöffel mildes Currypulver
- 1 Esslöffel Aprikosenmarmelade
- Salz und Pfeffer

1 Aus den Ananas 4 Boote machen. Das Fruchtfleisch in mundgerechte Stücke schneiden.

2 ▲ Ananasstücke, Huhn, Sellerie, Frühlingszwiebeln und Trauben in einer Schüssel mischen.

~ VARIATION ~

Für Mango-Truthahnsalat in Ananas-Booten gekochte Truthahnbrust anstelle des Hühnchens und gewürfelte Mango anstelle der Trauben verwenden. Erdnüsse weglassen.

3 ▼ Die Zutaten für das Dressing in eine andere Schüssel geben und mit einem Holzlöffel oder Quirl alles gut vermischen. Mit Salz und Pfeffer würzen. (Das Dressing ist ziemlich dick und wird noch vom Ananassaft verdünnt.)

4 ▲ Dressing zu der Ananas-Huhn-Mischung geben. Vorsichtig aber gründlich mischen.

5 Geflügelsalat auf die Ananas-Boote verteilen. Vor dem Servieren Erdnüsse darüber streuen.

Melone zubereiten

Melonen sind attraktive Behälter für süße und pikante Salate. Kleine Melonen reichen für eine Person, in großen Wassermelonen kann man Salat für viele Personen anrichten und erhält gleichzeitig einen festlichen Blickfang für die Tafel. Spezielle Werkzeuge wie Melonenmesser mit V- oder U-förmigen Klingen und Kugelausstecher erleichtern die dekorative Zubereitung.

1 ◀ **Schöne Formen:** Melone halbieren, die Kerne herauskratzen. Die Hälften mit einem Kugelausstecher oder einem gebogenen Messer oder großen Löffel aushöhlen. Das Fruchtfleisch für den Salat aufheben. Das Fleisch herauskratzen, bis nur noch eine dünne Wand übrig ist.

2 ▲ **Ein Zick-Zack-Rand:** Zunächst eine Linie um die gesamte Melone herum in die schale schneiden, damit die Schnittkante auf einer Höhe bleibt. Mit einem Scharfen Messer an der Linie in einem Winkel bis in die Mitte der Melone stechen. Der Schnitt kann 1,5-5 cm lang sein, je nach Größe der Melone. Das Messer herausziehen.

3 ▲ Das Messer an der Spitze des Schnittes ansetzen und im rechten Winkel einen Schnitt wieder bis zu der Linie machen, so dass ein V entsteht. Auf diese Weise die gesamte Melone V-förmig durchschneiden. Ein spezielles V-förmiges Messer erleichtert die Arbeit.

4 ▲ Die Melone auseinander nehmen, die Samen entfernen und das Fleisch wie oben aushöhlen.

5 ▲ **Ein gebogener Rand**: Wie bei dem Zick-Zack-Rand vorgehen, aber dabei Kurven schneiden. Oder ein spezielles Melonenmesser mit einer U-förmigen Klinge verwenden, um ein besonders gleichmäßiges Ergebnis zu bekommen.

Zitrusgarnierung
Diese Methode kann auch bei Zitronen und Orangen eingesetzt werden. Sie sind attraktive Behälter für kalte und gefrorene Desserts. Eine andere Idee: Halbieren Sie eine Zitrone mit einem Zick-Zack-Rand, nicht aushöhlen. An den Unterseiten eine Scheibe abschneiden, damit die Hälften fest stehen. Die Spitzen in gehackte Petersilie dippen. Zum Fisch servieren.

Wassermelonenkorb
Eine Wassermelone wie oben beschrieben durchschneiden. Die Hälften mit einem Kugelausstecher aushöhlen und so viele Kerne wie möglich herausnehmen. Melonenkugeln mit Kugeln einer Honigmelone, Blaubeeren und Erdbeeren mischen. Obst in die Hälften geben, und servieren.

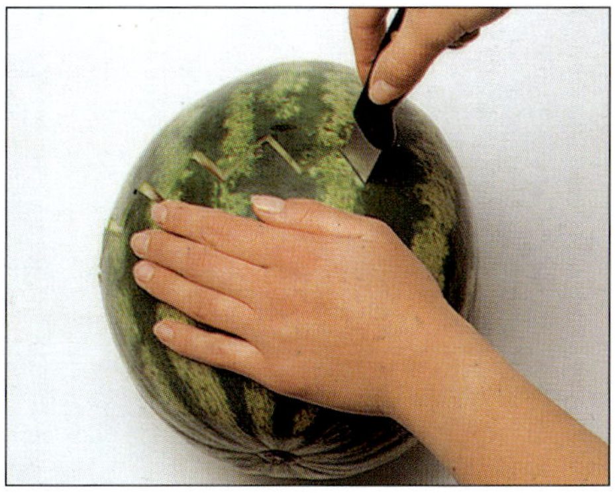

6 ▲ **Ein Melonenkorb:** Wie zuvor beschrieben einen geraden, Zick-Zack- oder runden Schnitt in die eine Hälfte der Melone machen.

7 ▲ Von oben bis zu dem Punkt einschneiden, an dem Sie begonnen haben. Dieses Viertel der Melone abheben. Auf der anderen Seite auch.

8 ▲ Das Fleisch unterhalb des „Henkels" herausschneiden. Die Hälften wie beschrieben aushöhlen.

Melonensalat mit Kräutern

FÜR 4 PERSONEN

- 2 Charentais-Melonen
- 1/2 Honigmelone
- 1/2 Gurke
- 170 g Cocktailtomaten
- 1 1/2 Esslöfel gehackte, frische Petersilie
- 1 Esslöffel gehackten Schnittlauch
- 1 Esslöffel frische Minze

FÜR DAS DRESSING

- 6 Esslöffel Pflanzenöl
- 2 Esslöffel Rotweinessig
- 1 Teelöffel Zucker
- Salz und Pfeffer

1 Die Charentai mit einem geraden, Zick-Zack- oder runden Rand durchschneiden. Kerne und Fasern aus der Mitte kratzen. Mit einem Kugelausstecher kleine Kugeln ausstechen und in eine Schüssel geben. Die Melonenschalen beiseite stellen.

2 Kerne und Fasern aus der Honigmelone entfernen. Kleine Kugeln ausstechen und mit den anderen mischen.

3 ▲ Kugeln aus der Gurke ausstechen oder in Würfel schneiden.

4 Gurken-, Melonenkugeln und Tomaten vermischen.

5 Die Zutaten für das Dressing in ein Schraubglas geben und gut schütteln. Dressing in die Schüssel geben und vermischen. Zudecken und den Salat 2-3 Std. kühl stellen.

6 Kurz vor dem Servieren die Kräuter hinzugeben. Salat und Saft in den Melonenhälften verteilen.

Beerensauce zubereiten

Eine glatte Sauce aus ungekochten Beeren, in Französisch „coulis“ genannt, hat einen erfrischenden Geschmack und eine schöne Farbe. Je nach dem Zuckergehalt, ist eine Beerensauce eine süße Zugabe oder ein eher saurer Kontrast zu Kuchen, Torten, Eiscreme oder Fruchtsalaten. Nehmen Sie frische oder gefrorene Beeren. Gefrorene Beeren teilweise auftauen und abtrocknen.

Ergibt etwa 240 ml

- 450 g Beeren (Himbeeren, Erdbeeren, Johannisbeeren etc.)
- 30-55 g Puderzucker, gesiebt
- etwas Zitronensaft, nach belieben
- 1-2 Esslöffel Kirsch- oder Fruchtlikörn nach belieben

1 ▲ Beeren in eine Schüssel mit kaltem Wasser geben und kurz waschen. Herausnehmen und auf ein Papiertuch geben. Trockentupfen. Die Beeren in einem Mixer pürieren. Die Maschine mehrere Male an- und abschalten und in der Schüssel rühren, damit alle Beeren gleichmäßig püriert werden.

2 ▲ Himbeeren, Johannisbeeren und andere Beeren mit kleinen Samen durch ein feines Haarsieb pressen. Nach Belieben Puderzucker hinzufügen, Zitronensaft und/oder Likör (z. B. Erdbeerlikör - framboise - für eine Erdbeersauce). Gut umrühren, um den Zucker aufzulösen.

Geeiste Makronencreme mit Erdbeersauce

Für 6-8 Personen

- 750 ml Schlagsahne
- 4 Esslöffel Brandy oder Orangensaft
- 2 Esslöffel Zucker
- 12 knusprige Mandelmakronen (ca. 115 g), grob gehackt
- Erdbeeren, zum Dekorieren
- 240 ml Erdbeersauce

1 ▲ Gut gekühlte Sahne in eine große Schüssel geben, und schlagen, bis sie dick wird.

2 Brandy oder Saft und Zucker hinzugeben. Weiterschlagen, bis die Sahne fest wird.

3 ▼ Makronen hinzugeben und gleichmäßig in der Sahne verteilen

~ VARIATION ~

Grobe Stücke Baiser (S. 160) anstelle der Makronen verwenden. Mandellikör anstelle des Brandy oder Safts verwenden.

4 In 6-8 Förmchen oder in eine Form von 1,5 l Litern geben. Masse fest hineindrücken, damit keine Luftblasen entstehen. Die Oberfläche glätten. Bedecken und einfrieren. (Nicht länger als 1 Tag einfrieren).

5 ▼ Zum Servieren die Förmchen 5-10 Sek. in heißes Wasser tauchen, dann auf einen Teller stürzen. Die Desserts 15-20 Min. kühl stellen, damit sie etwas weich werden

6 Mit Erdbeeren dekorieren und mit der Sauce servieren.

Sorbet und Fruchteis zubereiten

Sorbets und Fruchteis sind sehr erfrischende Desserts. Fruchteis ist gefrorenes, gesüßtes Fruchtpürée, Sorbet besteht aus mit Zuckersirup vermischtem Fruchtsaft oder -pürée. Es gibt auch Sorbets auf der Basis von Wein oder Likör. Die italienische „Granita" besteht aus denselben Zutaten und wird während des Einfrierens gerührt, wodurch sie ihre charakteristische grobe Struktur erhält. Fruchteis enthält oft Milch oder Sahne.

Erdbeereis
500g Erdbeeren mit 100g Streuzucker und 120ml Orangensaft pürieren. Der Zucker muss vollständig aufgelöst sein. 1 Esslöffel Zitronensaft hinzugeben. Mischung abschmecken und nach Bedarf Zucker, Orangen- oder Zitronensaft hinzufügen (der Geschmack sollte intensiv sein). Kühlen und in einer Eismaschine einfrieren. *Ergibt etwa 600ml.*

Variationen
- Himbeeren oder Johannisbeeren statt Erdbeeren verwenden.
- 700g geschälte, in Scheiben geschnittene Pfirsiche oder Nektarinen statt Erbeeren verwenden.
- 1-2 EL Fruchtlikör dazugeben (passend zu den Früchten).

1 ▲ **Fruchteis**: Früchte vorbereiten, Schale, Kerne, Stengel usw entfernen. Frucht mit Zucker und Flüssigkeit in einem Mixer pürieren, bis alles sehr glatt ist. Der Zucker soll vollständig aufgelöst sein.

2 ▲ Je nach Rezept Gewürze hinzugeben (Alkohol, Kräuter etc.). Beeren mit Samen (Himbeeren, Johannisbeeren Blaubeeren etc.) durch ein feines Haarsieb streichen. Das Pürée kalt stellen. In eine Eismaschine geben und gemäß den Anweisungen in der Bedienungsanleitung das Eis einfrieren.

3 ▲ **Sorbet:** Bei Zitrusfrüchten die Schale abschälen. Den Saft aus der Frucht pressen oder die Früchte in einem Mixer pürieren (wenn nötig, vorher kochen).

4 ▲ Die Streifen der Schale (oder andere Gewürze wie Vanillestangen etc.) mit Zucker und Wasser in einem Topf zum Kochen bringen, umrühren, um den Zucker aufzulösen. Kühlen.

5 ▲ Fruchtsaft oder Pürée hineinrühren. Wenn nötig, Mischung in ein Sieb streichen und gut kühlen. Die Mischung in eine Eismaschine geben und nach Anleitung einfrieren.

Fruchteis einfrieren
Wenn Sie keine Eismaschine haben, können Sie das Fruchteis oder Sorbet im Gefrierfach einfrieren. Geben Sie es in eine Metallschüssel, bedecken Sie es und frieren Sie es ein, bis der Rand gefroren ist. In eine andere Schüssel geben, mit dem Handrührgerät oder mit einem Mixer „schneeig" schlagen. Wieder in die Metallschale geben und einfrieren. Ein- oder zweimal wiederholen, bis das Eis fest ist.

Mango-Sorbet

Für 6 Personen

145 g Zucker
170 ml Wasser
ein großer Streifen Orangenschale
1 große Mango, geschält, einsteint und gewürfelt
4 Esslöffel Orangensaft

1 Zucker, Wasser und Orangenschale in einen Topf geben. Zum Kochen bringen, rühren, um den Zucker aufzulösen. Sirup abkühlen lassen.

2 ▼ Mango mit dem Orangensaft in einem Mixer pürieren. Sie sollten etwa 500 ml Pürée erhalten.

3 ▲ Pürée und gekühlten Sirup gut vermischen. Durchsieben. Die Mischung abschmecken (sie sollte sehr intensiv schmecken). Kühlen. In einer Eismaschine einfrieren.

Sorbet Variationen

- *Bananen-Sorbet:* 4-5 große Bananen schälen und würfeln. Mit 2 Esslöffel Zitronensaft pürieren, es sollte 500 ml ergeben. Nach Belieben Orangenschale im Zuckersirup mit 2-3 Nelken ersetzen oder weglassen.
- *Papaya-Sorbet:* 700 g Papaya schälen, würfeln. Mit 3 Esslöffel Limonensaft pürieren, es sollte 500 ml ergeben. Orangen- mit Limonenschale ersetzen.
- *Passionsfrucht-Sorbet:* 16 oder mehr Passionsfrüchte halbieren, Samen und Fruchtfleisch herauskratzen, es sollten etwa 500 ml sein. Im Mixer pürieren, bis die Samen wie grob gemahlener Pfeffer sind. Orangensaft und schale weglassen. Passionsfrucht zum Zuckersirup geben, vor dem Einfrieren durch ein Sieb pressen.
- *Zitronen-Sorbet:* Zuckersirup mit 400 g Zucker, 500 ml Wasser und 2 Esslöffel fein geriebener Zitronenschale. 170 ml frischen Zitronensaft hinzufügen. Die Schale nicht heraussieben.

Streusel-Kruste zubereiten

Diese beliebte Nachspeise ist einfach und sättigend. Sie besteht aus Früchten mit knusprigen Streuseln. Man kann fast jedes Obst verwenden und die Streusel können auf viele Weisen variiert werden, je nach Geschmack oder Vorräten.

Birnen-Streuselkuchen
Aus 115g Mehl, 145g braunem Zucker, 1 Teelöffel geriebenen Ingwer und 115g Butter Streusel machen. 55g gehackte Walnüsse hinzugeben und vorsichtig mischen. 800g in Scheiben geschnittene Birnen mit 55g Streuzucker und 1-2 Teelöffel Mehl vermischen. Alles in eine Form geben und bei 190°C/Gas 5 30-35Min. backen.
Für 4-6 Personen.

Variation
● Äpfel und Zimt anstelle von Birnen und Ingwer verwenden.

Eine schnelle Nachspeise
Frucht-Streusel lassen sich sehr gut einfrieren, so haben Sie auf die Schnelle eine Nachspeise zur Hand. Ungebackenen Streusel in Folie einfrieren und unaufgetaut bei 180°C/Gas 4 4-5Min. im Ofen backen.

1 ▲ Die trockenen Zutaten (Mehl, Zucker, Getreide, Kokosnussstreusel, Nüsse, Gewürze etc.) in einer Schüssel mischen. Das Fett (Butter oder Margarine) hinzugeben.

2 ▲ Das Fett wie bei einem Kuchenteig in die trockenen Zutaten kneten. Nicht zu lange mischen: Sie sollten am Ende grobe Streusel haben.

3 ▲ Das Obst dem Rezept entsprechend zubereiten: Schälen, entkernen in Scheiben oder Würfel schneiden.

4 ▲ Je nach Rezept das Obst mit Zucker oder Sirup und Gewürzen mischen. Wenn nötig, etwas Mehl hinzugeben, um den Fruchtsaft zu verdicken. In eine Form geben.

5 ▲ Die Streusel in einer gleichmäßigen Schicht darüber streuen.

6 ▲ Backen bis das Obst weich ist, die Streusel goldbraun und knusprig. Warm mit Schlagsahne, saurer Sahne, Joghurt oder Eiscreme servieren.

Gebackene Pfirsiche mit Streusel

Für 6 Personen

- 1,4kg reife, aber feste Pfirsiche, geschält, entsteint und geschnitten
- 4 Esslöffel Zucker
- 1/2 Teelöffel gemahlener Zimt
- 1 Teelöffel Zitronensaft
- Schlagsahne oder Vanilleeiscreme

Für die Streusel

- 115g Mehl
- 1/4 Teelöffel gemahlener Zimt
- 1/4 Teelöffel gemahlener Piment
- 85g feine Haferflocken
- 170g brauner Zucker
- 115g Butter

1 Ofen bei 190°C/Gas 5 vorheizen

2 ▼ Für die Streusel Mehl und Gewürze in eine Schüssel sieben. Haferflocken und Zucker hinzufügen, mischen. Butter hineinkneten, bis Sie grobe Streusel erhalten.

3 Pfirsiche mit Zucker, Zimt und Zitronensaft mischen. Obst in eine Auflaufform mit 20-23cm Durchmesser geben.

4 ▲ Streusel gleichmäßig über dem Obst verteilen. 30-35Min. backen. Warm mit Schlagsahne oder Eis servieren.

~ VARIATION ~

Aprikosen oder Nektarinen und Muskat anstelle von Pfirsichen und Zimt verwenden.

Kochpudding zubereiten

Die Bandbreite von Kochpuddingen reicht von der lockeren Nachspeise, oft mit Früchten, bis hin zum schweren, gehaltvollen Nierenpudding; und sie können geschmacklich von süß bis pikant variieren. Puddinge können Sie auf dem Herd, im Ofen oder im Dampfkochtopf zubereiten. Zunächst brauchen Sie das passende Kochgefäß. Für den Herd reicht entweder ein fest verschließbarer großer Topf oder ein Dampfkochtopf. Für die Zubereitung im Ofen verwenden Sie eine tiefe Kasserolle oder einen Bräter.

1 Puddinge können im Wasserbad auf verschiedene Arten gedämpft werden. Sie können ihn in einem Stofftuch dämpfen und an den verknoteten Stoffenden wieder aus dem Wasser heben; Sie können auch einen Drahtkorb oder Dämpfeinsatz mit Griffen verwenden oder den Pudding in Folie wickeln. Füllen Sie den Topf oder Dampfkochtopf zu 1/4 mit Wasser und bringen Sie es zum Kochen.

2 ▲ Die Puddingform großzügig einfetten. Einen eingefetteten Kreis Backpapier auf den Boden legen. Den Pudding zubereiten und in die Form geben, so dass sie zu 2/3 gefüllt ist.

3 ▲ Die Puddingform muss gut abgedeckt werden, weil sonst der Wasserdampf in den Pudding eindringt und ihn durchweicht. Deshalb legen Sie zunächst einen eingefetteten Kreis Pergamentpapier oben auf die Form.

4 ▲ Dann ein Stück Pergamentpapier auf ein Stück Alufolie legen und in die Mitte eine 2,5 cm breite Falte legen. Diese Falte gibt dem Pudding den nötigen Raum zum Aufgehen.

5 ▲ Folie und Pergamentpapier über die Puddingform legen und an den Kanten umschlagen. Rund um den Rand der Form einen Faden wickeln und die Folie damit festbinden.

6 ▲ Zum Abdecken können Sie auch Baumwollstoff nehmen, der um ca. 3 x breiter ist als die Höhe der Puddingform. Über das gefettete Papier legen, in der Mitte falzen, mit einem Faden rundherum festbinden, die Stoffecken über die Form schlagen und verknoten.

7 ▲ Die Puddingform in den Topf, Dampfkochtopf oder in den Bräter in das kochende Wasser stellen. Bei Bedarf soviel kochendes Wasser nachfüllen, dass die Puddingform auf halber Höhe im Wasser steht.

8 Das Kochgefäß fest verschließen. Auf dem Herd bei mittlerer Hitze kochen oder im vorgeheizten Ofen bei 180°C/Gas 4 backen. Das Wasser im Dampfkochtopf sollte simmern, aber nicht sprudelnd kochen. Den Pudding für die im Rezept angegebene Zeit dämpfen, bei Bedarf Wasser nachfüllen. Wenn Sie im Ofen dämpfen, müssen Sie nicht so oft nachgießen, weil das Wasser nicht so schnell verdampft. Den fertig gekochten Pudding aus dem Wasserbad nehmen und einige Minuten abkühlen lassen. Die Abdeckung entfernen, den Pudding auf einen Servierteller stürzen und servieren.

Apfel-Kumquat-Pudding

Für 8 Personen

- 145 g Butter oder Margarine, bei Zimmertemperatur
- 170 g Äpfel, geschält, in dünne Scheiben geschnitten
- 85 g Kumquats, dünn geschnitten
- 145 g brauner Zucker
- 2 Eier
- 115 g Mehl

Für die Sauce

- 85 g Kumquats, dünn geschnitten
- 85 g Streuzucker
- 240 ml Wasser
- 150 ml Crème Fraîche
- 1 Teelöffel Maismehl vermischt mit 2 Teelöffeln Wasser
- Nach Belieben Zitronensaft

1 Den Dampfkochtopf vorbereiten. 8 Muffin- oder Törtchenformen (Inhalt 150 ml) buttern und den Boden mit einem Kreis aus eingefettetem Backpapier auslegen.

2 ▲ 30 g Butter in einer Pfanne schmelzen. Äpfel, Kumquats und 30 g Zucker hinzufügen und bei mittlerer Hitze für 5-8 Min. dünsten, bis der Zucker karamelisert ist und die Äpfel weich sind. Vom Herd nehmen und abkühlen lassen.

3 Die restliche Butter mit dem restlichen Zucker verrühren, bis eine blasse, cremige Masse entsteht. Die Eier nacheinander hinzugeben; jedes Ei einzeln gut untermischen. Das Mehl einrühren.

4 ▼ Die gedünsteten Äpfel und Kumquats in die Förmchen einfüllen und mit dem Teig bedecken.

5 Die Förmchen abdecken und in den Dampfkochtopf stellen. Für 45 Min. auf dem Herd dämpfen; im Ofen braucht der Pudding 30 Min.

6 Die Kumquats mit Zucker und Wasser in einer Pfanne aufkochen. Unter Rühren 5 Min. simmern lassen, bis sich der Zucker aufgelöst hat.

7 ▲ Die Crème Fraîche einrühren, nochmals unter rühren aufkochen.

8 Die Pfanne vom Herd nehmen, die Maismehlmischung einrühren, wieder auf den Herd stellen und 2 Min. köcheln lassen. Nach Geschmack Zitronensaft hinzugeben.

9 Die Puddinge aus der Form stürzen und mit der Sauce heiß servieren.

SCHOKOLADE SCHMELZEN

Beim Schmelzen von Schokolade sollten Sie darauf achten, sie nicht zu überhitzen; sie könnte dann anbrennen oder körnig werden. Schokolade können Sie zusammen mit Butter oder Flüssigkeit in einem Topf mit schwerem Boden bei mäßiger Hitze schmelzen. Schokolade ohne weitere Zutaten können Sie, wie hier gezeigt, im Wasserbad oder im Mikrowellenherd schmelzen.

Wählen Sie eine Schokolade mit hohem Kakao-Anteil (mindestens 50%). Sie sollte auch Kakaobutter (ein natürliches Pflanzenfett) statt Pflanzenöl enthalten. Je weniger Zucker die Schokolade enthält, d.h. je bitterer sie ist, desto intensiver ist ihr Geschmack.

Schokoladensorten dieser Qualität sind heute in jedem Supermarkt erhältlich, oder kaufen Sie französische oder belgische Schokolade aus dem Feinkostladen.

Mokka-Schokolade
170g Schokolade mit 120ml Sahne schmelzen, 750ml heißen schwarzen Kaffee und 1/4 Teelöffel gemahlenen Zimt hinzugeben und schaumig schlagen. Mit einem Klecks Schlagsahne servieren: heiß oder gekühlt auf Eis. *Für 4 Personen.*

1 ▲ **Schmelzen im Wasserbad:** Die Schokolade mit einem scharfen Messer grob zerkleinern, damit sie gleichmäßig schmilzt.

2 ▲ Die Schokolade in eine Schüssel über einen Topf mit simmernden Wasser geben. Der Boden der Schüssel sollte das Wasser nicht berühren.

3 ▲ Je nach Rezept Flüssigkeit wie Milch, Sahne, Kaffee oder Wasser hinzugeben sowie Fett, Butter oder Margarine.

4 ▲ Die Schokolade erwärmen, bis sie geschmolzen ist, dabei ab und zu umrühren. Vom Herd nehmen.

5 ▲ **In der Mikrowelle:** Die Schokolade auf einem Glasteller im Mikrowellenherd schmelzen (auf Herstellerangaben achten).

Probleme beim Schmelzen
Wenn Wasserdampf in die Schokolade gelangt, kann sie zu einer festen Masse werden. In diesem Fall ein wenig Fett im Verhältnis von ca. 1 Teelöffel Fett auf 30g Schokolade einrühren.

Zartbittere Schokoladensauce

ERGIBT 340 ML
3 Esslöffel Zucker
120 ml Wasser
170 g dunkle Schokolade, zerkleinert
30 g Butter, gewürfelt
4-6 Esslöffel Sahne
1/2 Teelöffel Vanilleextrakt

~ VARIATION ~

Statt der Vanille können Sie auch 1-2 Esslöffel Orangenlikör verwenden.

1 Zucker und Wasser in einen Topf geben, aufkochen und unter rühren den Zucker auflösen

2 ▲ Schokolade und Butter hinzugeben. Den Topf vom Herd nehmen.

3 ▲ Die Mischung zu einer glatten Sauce verrühren, dann Vanille und Sahne untermischen. Die Sauce warm z.B. zu Eiscreme oder Windbeuteln servieren.

Schokoladen-Trüffel

Für ca. 24 Stück

225 g Bitter- oder Vollmilchschokolade, zerkleinert

6 Esslöffel Schlagsahne

Kakaopulver

1 ▲ Die Schokolade in einer Schüssel über einem Topf mit heißem Wasser zu einer glatten Masse schmelzen; ab und zu umrühren.

2 ▼ Die Schüssel vom Herd nehmen und die Sahne gut untermischen. Abkühlen lassen.

3 Abdecken und für ca. 35 Min. kühlen, bis die Masse fest, aber noch formbar ist.

4 Kakaopulver auf einen Teller oder in eine flache Schüssel streuen.

5 ▲ Jeweils einen gehäuften Teelöffel der Schokoladenmasse mit den Händen zu einer Kugel formen.

6 ▲ Die Schokoladenkugeln in Kakaopulver wälzen und auf ein Backblech legen.

7 Die restlichen Schokoladenkugeln formen und in Kakao wälzen, dann auf das Backblech legen, ohne dass sie sich berühren.

8 Das Blech abdecken und kühlen. Vor dem Servieren 15 Min. bei Zimmertemperatur anwärmen.

~ VARIATIONEN ~

Für Likör-Trüffel 2 Esslöffel Aprikosenbrandy, Kirsch- oder Orangenlikör hinzugeben, oder anstelle des Kakaopulvers die Trüffel in gemahlenen, gerösteten Nüssen oder in fein geriebener Schokolade wälzen.

Schokoladen-Nusskuchen

Für 6-8 Personen

170 g Vollmilchschokolade, zerkleinert
115 g Butter oder Margarine
200 g Streuzucker
4 Eier, getrennt
115 g Macadamia-Nüsse, ungesalzen oder gemahlene Mandeln
30 g Weizenmehl
eine Prise Weinstein, falls benötigt
Kakaopulver zum Bestäuben
gesüßte Schlagsahne (Rezept s. S. 160)

1 Ofen auf 170° C/Gas 3 vorheizen. Eine runde Backform (23 cm Durchmesser) einfetten, den Boden mit eingefettetem Pergamentpapier auslegen. Die Form mit Kakao ausstreuen.

2 Schokolade und Butter in einen Topf geben, bei mäßiger Hitze unter rühren zu einer glatten Masse schmelzen. Abkühlen lassen.

3 ▲ Zucker und Eigelbe zu einer dickflüssigen Masse verquirlen.

4 ▲ Schokolade, Nüsse und Mehl vorsichtig einrühren.

5 Die Eiweiße in einer sauberen, fettfreien Schüssel und mit sauberen Quirlen steif schlagen. Wenn Sie keine Kupferschüssel benutzen, fügen Sie den Weinstein hinzu, sobald der Eischnee schaumig wird.

6 ▲ Ca. 1/4 des Eischnees in die Schokolade einrühren, um sie aufzulockern. Die Mischung muss nicht gründlich durchgerührt werden.

7 ▲ Den restlichen Eischnee vorsichtig, aber gründlich mit einem Gummispatel unterheben.

8 Den Teig in die Backform gießen und für 1-1 1/4 Std. backen, bis an einem Spieß, den man in die Mitte sticht, kein Teig mehr haften bleibt. In der Form 10 Min. abkühlen lassen, dann auf einen Rost stürzen.

9 Den Kuchen mit Kakao bestäuben und mit gesüßter Sahne servieren.

Nüsse vorbereiten

Nüsse werden gern als kleiner Snack zu Getränken geknabbert; sie gehören aber ebensogut als Zutat zu kernigen Broten, zu Frühstücksflocken und Müslis, zu Salaten, Getreide- und Gemüsegerichten dazu.

Nüsse werden oft noch in ihrer Schale oder braunen, papierähnlichen Haut verkauft. Diese schmeckt oft bitter und sollte entfernt werden. Der Geschmack der meisten Nusssorten läßt sich noch verbessern, wenn sie geröstet werden, außerdem werden sie dadurch knackiger.

1 ▲ Mandeln und Pistazien häuten: Die Nüsse in eine Schüssel geben und mit kochendem Wasser begießen, 2 Min. stehen lassen. Diesen Vorgang nennt man auch „Blanchieren". Die Nüsse abtropfen lassen, dann die Haut abziehen oder abreiben.

2 ▲ Hasel- und Paranüsse häuten: Die Nüsse auf ein Backblech legen und bei 180°C/Gas 4 für 10-15 Min. rösten, um die Haut zu trocknen, dann die Haut mit einem groben Geschirrtuch von den Nüssen abreiben.

3 ▲ Nüsse rösten: Die Nüsse auf ein Backblech streuen und im Ofen bei 180°C/Gas 4 oder unter dem Grill rösten, bis sie goldbraun sind und nussig duften, dabei öfters wenden.

4 ▲ In der Pfanne rösten: Die Nüsse ohne Fettzugabe in eine Pfanne geben und bei mäßiger Hitze goldbraun rösten, dabei ständig rühren, weil Nüsse leicht anbrennen.

5 ▲ Nüsse mahlen: Nehmen Sie eine Nussmühle oder saubere Kaffeemühle und mahlen Sie immer nur kleine Portionen auf einmal, damit die Nüsse gleichmäßig zerkleinert werden. Nicht zu fein mahlen, sonst entsteht eine ölige Paste.

6 ▲ Nüsse lassen sich auch in einer Küchenmaschine mahlen, aber hier können Sie nicht so genau kontrollieren, ob die Nüsse zu lange mahlen und dann ölig werden. Zur Vorbeugung etwas Zucker oder Mehl zu den Nüssen hinzugeben.

Würzige Cocktail-Nüsse

3 Esslöffel Maiskeimöl, 2 halbierte Knoblauchzehen und 1 Teelöffel scharfen Paprika in einen Topf für 1 Min. unter Rühren erhitzen, den Knoblauch herausnehmen und 225 g gemischte Nüsse hinzugeben wie z.B. blanchierte Mandeln, Erdnüsse, Haselnüsse. Gut vermischen, nach Geschmack salzen. Die Nussmischung auf einem Backblech bei 150°C/Gas 2 für ca. 20 Min. rösten, dabei wenden, dann auf Küchenkrepp trocknen und vor dem Servieren abkühlen lassen.

Brotpudding mit Pekannüssen

Für 6 Personen

400 ml Milch
400 ml Schlagsahne
145 g Streuzucker
3 Eier, geschlagen
2 Teelöffel geriebene Orangenschale
1 Teelöffel Vanilleextrakt
24 Scheiben Baguettebrot vom Vortag, in 1,5 cm dicken Scheiben
85 g Pekannüsse, geröstet
Puderzucker zum Bestreuen
Schlagsahne oder saure Sahne und Ahornsirup, zum Servieren

1 ▲ Jeweils 360 ml Milch und Sahne sowie Zucker in einen Topf geben, bei geringer Hitze erwärmen, bis der Zucker aufgelöst ist. Vom Herd nehmen und abkühlen lassen. Eier, Orangenschale und Vanille einrühren.

2 ▲ Die Hälfte der Brotscheiben in eine gefettete Backform (23-25 cm Durchmesser) legen, mit 2/3 der Pekannüsse bestreuen, das restliche Brot darüberlegen und mit dem Rest Pekannüsse bestreuen.

3 ▼ Die Eimischung über das Brot gießen und für 30 Min. einweichen; die oberen Brotscheiben zwischendurch in die Flüssigkeit drücken.

4 Ofen auf 180° C/Gas 4 vorheizen.

5 Wenn das Brot die Eimischung ganz aufgesogen hat und trocken aussieht, mit der restlichen Milch und Sahne begießen.

6 ▲ Den Pudding in einen Bräter stellen, bis zur halben Höhe der Puddingform Wasser einfüllen und das Wasser zum Kochen bringen.

7 Den Pudding im Bräter in den Ofen stellen und für 40 Min. backen, bis er sich gesetzt hat und die Kruste goldbraun ist. Mit Puderzucker bestäuben und warm servieren, je nach Geschmack mit Schlagsahne oder saurer Sahne und Ahornsirup.

BROTE

~

Dem köstlichen Duft von frisch gebackenem Brot kann wohl kaum einer widerstehen, ebensowenig wie selbstgebackenen Croissants und Muffins. Hier wird Ihnen auch gezeigt, wie Sie Pizza-Teig selber zubereiten können.

TEEGEBÄCK UND MUFFINS BACKEN

Dieses kleine Gebäck ist schnell und einfach zuzubereiten. Die Backtriebmittel reagieren sehr schnell mit Feuchtigkeit und Hitze, so dass der Teig vor dem Backen keine Ruhezeiten braucht.
Normalerweise wird Natron (oder Soda-Bicarbonat) als Backtriebmittel verwendet oder Backpulver, bei dem es sich um eine Mischung aus Natron und einer Säure wie z.B. Weinstein handelt. In einigen Rezepten wird eine bestimmte Mehlsorte verlangt, die bereits mit Backtriebmitteln versetzt ist. Denken Sie daran, dass das Backtriebmittel sofort reagiert, sobald es mit Flüssigkeit in Kontakt kommt. Deshalb sollten die trockenen und flüssigen Backzutaten erst kurz vor dem Einfüllen in die Backform vermischt werden.

1 ▲ Für Muffins: Die trockenen Zutaten – Mehl, Backtriebmittel, Salz und Gewürze in eine Schüssel sieben. Dann die flüssigen Zutaten hinzugeben und gerade nur so lange einrühren, bis die trockenen Zutaten angefeuchtet sind; es sollte keine glatte, weiche Masse entstehen. Der Teig darf nicht zu lange gerührt werden, sonst werden die Muffins zäh und bekommen Luftlöcher.

2 ▲ Den Teig in spezielle, eingefettete Muffin-Backbleche oder Soufflé-förmchen verteilen, so dass sie zu 2/3 gefüllt sind. Goldbraun backen. Zur Probe in der Mitte mit einem Holzspieß einstechen: wenn an ihm kein Teig mehr kleben bleibt, sind die Muffins fertig. Sofort aus der Form nehmen und auf einem Kuchenrost abkühlen lassen, damit sie an der Unterseite knusprig bleiben.

Knusprige Müsli-Muffins
145g Weizenmehl, 2 1/2 Teelöffel Backpulver, 2 Esslöffel Streuzucker, 240ml Milch, 55g geschmolzene Butter oder Maiskeimöl und 1 Ei zu einem Teig verarbeiten, 200g geröstete Müslimischung (Haferflocken, Nüsse und Rosinen) hinzufügen und in Muffin-Förmchen einfüllen. Im Ofen für 20 Min. bei 200° C/Gas 6 goldbraun backen. *Ergibt 10 Stück.*

3 ▲ Für Teekuchen mit Früchten oder Nüssen: Methode 1: Alle flüssigen Zutaten vermischen. Die trockenen Zutaten hinzufügen und zu einem glatten Teig verrühren. Methode 2: Die Butter mit Zucker zu einer lockeren Masse schlagen, nacheinander die Eier und die anderen flüssigen Zutaten hinzufügen, danach die trockenen Zutaten einrühren. Den Teig in eine Kasten-Backform gießen und backen (Garprobe mit dem Holzspieß).
Wenn das Gebäck zu schnell bräunt, mit Alufolie abdecken.

4 ▲ Den Kuchen in der Form für 5 Min. abkühlen lassen, dann auf einen Rost stürzen und dort ganz auskühlen lassen. Typisch für diese Sorte Teekuchen ist die tiefe Furche in der Mitte. Der Kuchen läßt sich leichter in Scheiben schneiden, wenn er erst in Pergamentpapier, dann in Alufolie einwickelt und über Nacht bei Zimmertemperatur stehengelassen wird.

Bananenbrot

ERGIBT 1 BROT

- 200g Weizenmehl
- 2 1/4 Teelöffel Backpulver
- 1/2 Teelöffel Salz
- 3/4 Teelöffel Zimt, gemahlen (nach Belieben)
- 4 Esslöffel Weizenkeime
- 75g Butter oder Margarine, bei Zimmertemperatur
- 115g Streuzucker
- 3/4 Teelöffel geriebene Zitronenschale
- 3 reife Bananen, zerdrückt
- 2 Eier, geschlagen

1 Ofen auf 180°C/Gas 4 vorheizen. Eine 21 x 11 cm-Kastenbackform einfetten.

2 ▲ Mehl, Backpulver, Salz und Zimt in eine Schüssel sieben. Die Weizenkeime einrühren.

3 ▲ Butter oder Margarine mit Zucker und Zitronenschale in einer anderen Schüssel zu einer lockeren Masse schlagen.

4 ▲ Die zerdrückten Bananen hinzugeben und gut vermischen.

5 Die trockenen Zutaten schnell und gleichmäßig unterrühren.

~ VARIATION ~

Für ein Bananen-Walnuss-Brot 55-85 g gehackte Walnüsse zu den trockenen Zutaten geben.

6 ▼ Den Teig in die Backform füllen und 50-60 Min. backen, bis an einem Holzspieß, mit dem man den Kuchen ansticht, kein Teig kleben bleibt.

7 In der Form für ca. 5 Min. abkühlen lassen, auf einen Kuchenrost stürzen und ganz auskühlen lassen.

SCONES BACKEN

Scones sind kleine Brötchen, die man als kleinen Snack zwischendurch oder zum Tee reichen kann. Wenn die Scones gut aufgehen und leicht und locker werden sollen, darf der Teig nicht zu lange bearbeitet und nicht zu dünn ausgerollt werden.

1 Die trockenen Zutaten (Mehl, Backpulver mit oder ohne Natron, Salz, Zucker, Gewürzen usw.) in eine Schüssel sieben.

2 ▲ Das Fett (Butter, Margarine) hinzugeben, mit einem Messer in kleine Stücke schneiden und in das Mehl einarbeiten, bis eine krümelige Masse entsteht. Sie können das Fett auch mit den Fingern in das Mehl einkneten.

3 ▲ Die flüssigen Zutaten (Milch, Sahne, Buttermilch, Eier) hinzugeben und mit einer Gabel verkneten, bis die trockenen Zutaten gut durchtränkt sind und sich der Teig zu einer weichen Kugel formt.

4 ▲ Den Teig auf einer leicht bemehlten Arbeitsfläche für ca. 30 Sek. vorsichtig durchkneten, dann den Teig ca. 2 cm dick ausrollen.

5 ▲ **Scones im Ofen backen:** Mit einem scharfkantigen Teigausstecher Kreise oder mit einem Messer Dreiecke oder Rauten ausschneiden. Auf ein ungefettetes Backblech legen, ohne dass sie sich berühren. Auf der Oberseite mit Ei, Milch oder Sahne bestreichen und backen, bis sie goldbraun und aufgegangen sind.

6 ▲ **Den Teig als Biskuit backen:** Die flüssigen Zutaten hinzugeben, mit einer Gabel verkneten. Mit einem bemehlten Löffel kleine Teighaufen auf ein ungefettetes Backblech setzen, genügend Abstand dazwischen lassen und backen, bis die Kekse aufgegangen und goldbraun sind.

Butter-Scones
300 g Mehl, 1 Teelöffel Backpulver, 1/2 Teelöffel Salz, 115 g gekühlte Butter und 150-175 ml Milch zu einem Scones-Teig verarbeiten. Ausrollen und in Kreise mit 5 cm Durchmesser ausstechen. Die Scones im vorgeheizten Ofen bei 230°C/Gas 8 für 10-12 Min. backen. *Ergibt ca. 10 Stück.*

Tipps zum Teigausschneiden

- Das Messer oder die Ausstechformen sollten scharfkantig sein, damit der Teig beim Backen gut aufgehen kann.
- Die Formen so eng ausstechen, dass möglichst wenig Teigreste übrig bleiben.
- Auch ein Trinkglas läßt sich als Ausstecher verwenden. Den Glasrand mit Mehl bestäuben und nicht zu stark aufdrücken.

Amerikanisches Beeren-Biskuit

Für 8 Personen
300 ml Schlsagsahne
30 g Puderzucker, gesiebt
700 g Erdbeeren, halbiert oder geviertelt, oder gemischte Beerenfrüchte
55 g Streuzucker
Für den Teig
300 g Weizenmehl
2 Teelöffel Backpulver
75 g Streuzucker
115 g Butter
5 Esslöffel Milch
1 Ei, Größe 1

1 Ofen auf 230° C/Gas 8 vorheizen. Eine runde 20 cm-Form einfetten.

2 Mehl, Backpulver und Zucker in eine Schüssel sieben, die Butter stückchenweise einkneten, bis eine krümelige Masse entsteht. Die Milch mit den Eiern verrühren, zum Teig hinzugeben und untermischen, bis der Teig weich und geschmeidig ist.

3 Den Teig in die Backform füllen, die Oberfläche glätten. 15-20 Min. backen, bis an einem Spieß, den man in die Mitte sticht, kein Teig mehr haften bleibt. Leicht abkühlen lassen.

4 ▲ Die Sahne aufschlagen, bis sie anfängt, fest zu werden. Puderzucker hinzugeben und weiter schlagen, bis die Sahne weiche Spitzen bildet.

5 Die Beerenfrüchte in eine Schüssel geben, mit Zucker bestreuen und leicht durchrühren. Die Schüssel abdecken und beiseite stellen.

6 ▼ Den abgekühlten Kuchen aus der Form nehmen und mit einem langen Sägemesser horizontal in zwei Hälften schneiden.

7 ▲ Die Kuchenunterseite auf eine Servierplatte legen, mit der Hälfte der Beeren belegen und mit dem größten Teil der Sahne bestreichen. Die andere Kuchenhälfte darauflegen, leicht andrücken, mit den restlichen Beeren belegen und mit Sahnehäubchen verzieren.

Hefeteig zubereiten

Selbstgebackenes Brot ist ein besonderer Genuss, und es ist auch ein sinnliches Vergnügen, den Teig mit den eigenen Händen zu kneten. Darüber hinaus haben Sie es bei der Brotteigherstellung mit Hefe, mit lebenden Mikroorganismen zu tun, und nicht mit chemischen Backtriebmitteln. Zum Backen können Sie entweder frische Hefe oder Trockenhefe verwenden.

Einfaches Weißbrot
700g Weizenmehl mit 1 1/2 Teelöffel Salz und 1 Esslöffel Zucker in eine Schüssel sieben. 2 Teelöffel Trockenhefeflocken einstreuen. In der Mitte eine Vertiefung bilden, 450ml warmes, mit Milch gemischtes Wasser und 30g geschmolzene und Butter hineingeben. Zu einem weichen Teig verarbeiten, nach Bedarf mehr Flüssigkeit oder Mehl hinzufügen. Bis zur doppelten Größe aufgehen lassen, dann die Luft aus dem Teig herauspressen. Den Teig halbieren und in 2 Kasten-Backformen (21x11cm) füllen. An einem warmen Ort nochmals für 30-45Min. aufgehen lassen. 1 geschlagenes Ei mit 1 Esslöffel Milch mischen und damit die Oberseiten bestreichen. Bei 230° C/Gas 8 im vorgeheitezn Ofen 30-35Min. backen. *Für 2 Brote.*

1 ▲ Trockenhefe: Geben Sie die Hefe in eine Schüssel, gießen Sie warme Flüssigkeit (40-43°C) hinzu und verrühren die Hefe mit einer Gabel, bis sie sich aufgelöst hat. Je nach Rezept ein wenig Zucker hinzufügen.

2 ▲ Mehl zusammen mit den anderen trockenen Zutaten in eine große, angewärmte Schüssel sieben. In der Mitte eine Vertiefung bilden und dort die Hefemischung mit den anderen flüssigen Zutaten hineingeben.

3 ▲ Mit den Fingern oder einem Löffel das Mehl langsam in die Flüssigkeit einrühren, bis das ganze Mehl verarbeitet ist und der Teig sich von den Seitenwänden der Schüssel ablöst. Je nachdem, ob der Teig zu feucht oder zu trocken ist, ein wenig Mehl oder Flüssigkeit hinzugeben.

4 ▲ Den Teig auf eine leicht bemehlte Arbeitsfläche legen, dann in Körperrichtung zusammenfalten, dann mit dem Handballen auseinander- und vom Körper wegziehen. Den Teig etwas drehen, für ca. 10Min. wieder falten und auseinanderziehen, bis er seidig aussieht und elastisch ist.

5 ▲ Den Teig zu einer Kugel formen, in eine leicht gefettete Schüssel legen und hin und her drehen, um ihn rundum einzufetten. Die Schüssel abdecken und an einen warmen (ca. 27°C), zugluftfreien Ort stellen.

6 ▲ Für ca. 1-1 1/2 Std. aufgehen lassen, bis der Teig die doppelte Größe erreicht hat. Zur Probe einen Finger ca. 2,5cm tief in die Mitte drücken und schnell zurückziehen: die Vertiefung sollte sichtbar bleiben.

7 ▲ Mit der Faust sanft in den Teig drücken, um die Luft herauszupressen. Den Teig auf einer leicht bemehlten Arbeitsfläche nochmals für 2-3 Min. durchkneten. Je nach Rezept den Teig zu einer Kugel formen und ein zweites Mal aufgehen lassen.

8 ▲ Den Teig zu Broten oder Brötchen formen und in die vorbereiteten Backformen oder auf Backbleche geben. Abdecken und an einem warmen Ort nochmals für 3/4-1 Std. aufgehen lassen. Nach Wunsch die Teigoberseiten glasieren.

9 ▲ In der Mitte des vorgeheitzten Ofens backen, bis der Teig gut aufgegangen und goldbraun ist. Das Brot aus der Form holen und mit dem Fingerknöchel auf die Unterseite klopfen: Gibt es einem hohlen, dumpfen Laut, ist das Brot durchgebacken.

BRÖTCHENTEIG FORMEN

Ein Korb voller frisch gebackener Brötchen ist eine köstliche Beilage für Suppen oder Salate. Den geformten Brötchenteig mit genügend Abstand auf Backbleche legen und vor dem Backen nochmals 30 Min. aufgehen lassen.

Mit Hefe arbeiten
Sehr praktisch ist Instant-Hefe, die anders als gewöhnliche Trockenhefe nicht vorher mit Flüssigkeit vermischt werden muss. Sie kommt direkt zu den trockenen Zutaten hinzu.

Bei frischer Hefe entspricht 15g Hefe einem Esslöffel Trockenhefe. Die frische Hefe in einer Schüssel zerbröckeln, warme Flüssigkeit hinzugeben und mit einer Gabel mischen.

Wenn Sie nicht ganz sicher sind, ob frische oder trockene Hefe noch gut ist, stellen Sie sie mit Flüssigkeit gemischt an einen warmen Ort: Nach ca. 10 Min. sollte sie schaumig sein.

1 ▲ **Halbmonde:** Den Hefeteig 5 mm dick ausrollen und Kreise im Durchmesser von 6-7 cm ausschneiden. Die Kreise mit flüssiger Butter bestreichen, in der Mitte falten und halbmondförmig zusammenklappen, an den Kanten fest zusammendrücken. Auf ein eingefettetes Backblech legen.

2 ▲ **Röllchen:** Den Hefeteig 5 mm dick zu einem einzigen großen Kreis ausrollen, mit flüssiger Butter bestreichen und mit einem scharfen Messer Dreiecke mit 6-7 cm Schenkellänge ausschneiden und von der kurzen Seite her aufrollen. Auf ein eingefettetes Backblech legen, so dass die Spitze unten auf dem Blech liegt.

3 ◀ **Kringel:** Den Hefeteig in Stücke teilen, jedes Stück zwischen den Händen zu einer ca. 1,5 cm dicken und ca. 27 cm langen Teigschlange rollen. Jede Schlange zu einem Knoten formen, die Enden unterschlagen und festdrücken. Auf ein eingefettetes Backblech legen.

Zweifarbiges Brot

FÜR 2 BROTE

1 1/2 Esslöffel Trockenhefe
120 ml warmes Wasser
70 g Streuzucker
ca. 700 g Weizenmehl
1/2 Teelöffel Salz
600 ml Milch
75 g Butter oder Margarine, geschmolzen und abgekühlt
3 Esslöffel Zuckerrübensirup oder Melasse
300 g Vollkornmehl

1 Die Hefe mit 1 Teelöffel des Zuckers in Wasser auflösen

2 360 g des Weizenmehls mit Salz und dem restlichen Zucker in eine Schüssel sieben, in der Mitte eine Vertiefung bilden und Hefe, Milch, Butter oder Margarine hineingeben. Das Mehl langsam mit den flüssigen Zutaten vermischen und zu einem weichen, glatten Teig verarbeiten.

3 ▲ Den Teig halbieren und die eine Hälfte in eine Schüssel geben. 100 g Weizenmehl zur ersten Hälfte dazugeben und zu einem weichen Teig verkneten. Falls nötig, warmes Wasser oder Mehl hinzufügen.

4 Den Teig auf einer leicht bemehlten Arbeitsfläche kneten, bis er glatt und geschmeidig ist, und zu einer Kugel formen. In eine eingefettete Schüssel legen, in dem Fett wenden und die Schüssel mit Folie abdecken.

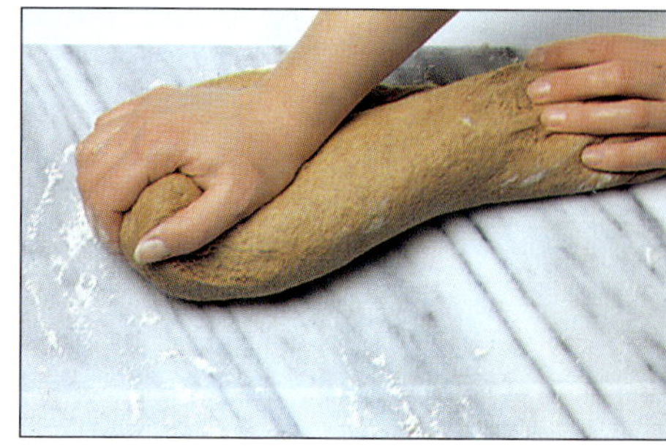

5 ▲ Die zweite Teighälfte mit Sirup und Vollkornmehl gut verkneten; gerade soviel von dem Weizenmehl hinzugeben, dass ein weicher Teig entsteht. Auf einer bemehlten Arbeitsfläche verkneten, zu einer Kugel formen, in eine eingefettete Schüssel legen und abdecken.

6 Den Teig an einem warmen Ort für ca. 1-1 1/4 Std. aufgehen lassen, bis er die doppelte Größe erreicht hat. Zwei Kastenbackformen einfetten.

7 Mit der Faust in den Teig drücken, um die Luft herauszupressen. Auf einer bemehlten Fläche die Hälfte des weißen Teiges zu einer rechteckigen Fläche von ca. 30x20 cm ausrollen. Die Hälfte des dunklen Teiges auf dieselbe Größe ausrollen.

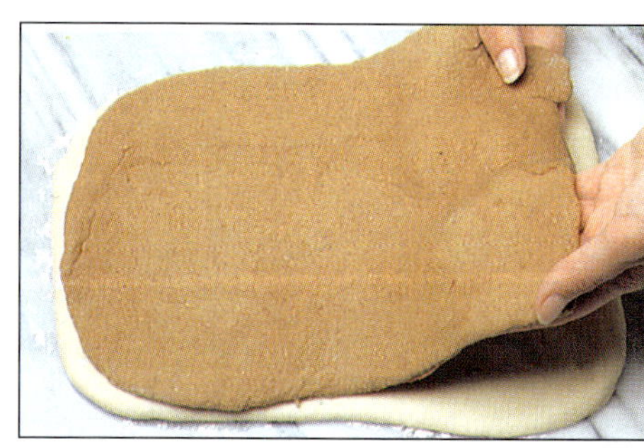

8 ▲ Den dunklen Teig auf den hellen legen und von der kurzen Seite her fest aufrollen. In die Backform legen. Den ganzen Vorgang mit den anderen Teighälften wiederholen. Die Backformen abdecken und 3/4-1 Std. zur doppelten Menge aufgehen lassen.

9 Ofen auf 220° C/Gas 7 vorheizen und die Brote für 30-35 Min. backen.

Zimt-Walnuss-Schnecken

FÜR CA. 24 STÜCK

2 Esslöffel Trockenhefe
120 ml warmes Wasser
ca. 900 g Weizenmehl
4 Esslöffel Streuzucker
2 Teelöffel Salz
360 ml warme Milch
160 g Butter oder Margarine, geschmolzen und abgekühlt
2 Eier, geschlagen
1 1/2 Teelöffel geriebene Orangenschale
170 g Puderzucker, gesiebt
3-4 Esslöffel Orangensaft

FÜR DIE FÜLLUNG

100 g Streuzucker
55 g Walnüsse, gehackt
1 1/2 Teelöffel Zimt, gemahlen

1 Die Hefe im Wasser auflösen.

2 Mehl, Zucker und Salz in eine vorgewärmte Schüssel sieben, in der Mitte eine Vertiefung bilden. Die aufgelöste Hefe, Milch, Eier, Orangenschale und die Hälfte der Butter hineingeben.

3 Langsam das Mehl in die flüssigen Zutaten einarbeiten und vermischen, bis der Teig sich von den Schüsselwänden ablöst. Nach Bedarf Wasser oder Mehl hinzugeben.

4 Den Teig auf einer bemehlten Arbeitsfläche kneten, bis er seidig-weich und geschmeidig ist, zu einer Kugel formen. In eine eingefettete Schüssel legen und abgedeckt an einen warmen Ort zur doppelten Größe aufgehen lassen. Zwei runde Backformen mit 23-25 cm Durchmesser einfetten.

5 Mit der Faust in den Teig schlagen und in zwei Portionen halbieren. Eine Hälfte auf einer bemehlten Arbeitsfläche zu einem 30 x 20 cm großen Rechteck ausrollen.

6 ▲ Für die Füllung den Zucker, die gehackten Walnüsse und den Zimt in eine Schüssel geben und gut vermischen.

7 ▲ Den Teig mit der Hälfte der geschmolzenen Butter einstreichen, mit der Hälfte der Füllung bedecken, von der langen Seite her fest aufrollen und die Teigkante andrücken.

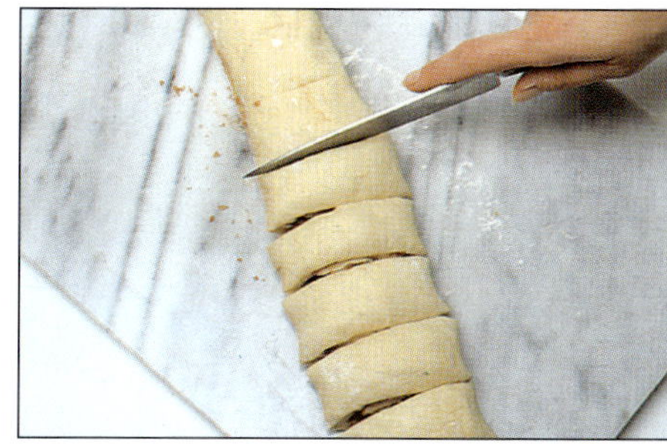

8 ▲ Die Teigrolle mit einem Messer in 2,5 cm breite Scheiben schneiden. die Scheiben mit der Schnittseite nach unten in die Backform legen. Den Vorgang mit der zweiten Teigportion wiederholen.

9 Die Backformen abdecken und den Teig an einem warmen Ort ca. 30 Min. aufgehen lassen. Den Ofen auf 190° C/Gas 5 vorheizen.

10 Die Schnecken für 30-40 Min. goldbraun backen und auf einem Kuchenrost abkühlen lassen.

11 Den Puderzucker mit Orangensaft verrühren, bis eine glatte, streichfähige Masse entsteht, und damit die Hefeschnecken glasieren.

PIZZA-TEIG ZUBEREITEN

Pizza-Böden lassen sich auf vielfältige Weise belegen. Es gibt sie zwar fertig zubereitet zu kaufen, aber man kann sie auch sehr einfach und schnell selber herstellen.

FÜR EINEN 35 CM-PIZZABODEN
2 Teelöffel Trockenhefe
180 ml warmes Wasser
315 g Weizenmehl
1 Teelöffel Salz
1 1/2 Esslöffel Olivenöl

1 ▲ Die Hefe in eine Schüssel geben, 4 Esslöffel des Wassers hinzugeben und 1 Min. einweichen lassen. Mit einer Gabel verrühren.

2 ▲ Mehl und Salz in eine vorgewärmte Schüssel sieben, in der Mitte eine Vertiefung bilden und die flüssigen Zutaten hineingeben.

3 ▲ Mit den Fingern das Mehl nach und nach in die Flüssigkeit einkneten und solange weiter mischen, bis das ganze Mehl eingearbeitet ist und der Teig gut zusammenhält.

4 ▲ Den Teig auf eine leicht bemehlte Arbeitsfläche legen und für 5 Min. kneten, bis er seidig-glatt ist, dann zu einer Kugel formen. In eine gefettete Schüssel legen und wenden, um ihn rundum einzufetten.

5 ▲ Die Schüssel mit Klarsichtfolie abdecken und den Teig an einem warmen Platz für ca. 1 Std. bis zur doppelten Größe aufgehen lassen. Dann wieder auf die Arbeitsfläche legen, mit der Faust die Luft herauspressen und kurz durchkneten.

6 ▲ Den Teig rund oder rechteckig ausrollen, so dass er ca. 5 mm dick ist. Auf einem leicht eingefetteten Backblech je nach Rezept belegen. Im Ofen backen, bis der Teigrand aufgegangen und knusprig-goldbraun ist. Heiß servieren.

Tomaten-Mozzarella-Pizza
300 g Tomaten-Knoblauchsauce (Rezept s. Seite 172) auf einen Pizzaboden verteilen, den Rand dabei freilassen. Mit 115 g Mozzarellastücken belegen, nach Wunsch Peperoni- oder Salamiwurst hinzufügen. Mit frisch geriebenem Parmesan bestreuen und mit Olivenöl beträufeln. Im Ofen bei 240° C/Gas 9 für 15-20 Min. backen.

Pizza-Teig maschinell kneten
Mehl, Salz, Hefemischung und Olivenöl in den Mischbehälter geben, kurz durchmischen und den Rest warmes Wasser hinzufügen und kneten, bis der Teig sich zu einer Kugel formt. Mit der Maschine 3-4 Min. weiter kneten, dann 2-3 Min. per Hand.

Pizza mit Ziegenkäse, Oliven und Basilikum

FÜR 2-4 PERSONEN

300 ml Tomaten-Knoblauchsauce (Rezept s. Seite 172)

einen Pizzaboden (23 cm Durchmesser)

3 Tomaten, möglichst Flaschentomaten, in Scheiben

170 g Ziegenkäse, grob zerbröckelt

15 g frische Basilikumblätter

18 schwarze Oliven, möglichst Kalamata-Oliven

2 Esslöffel geriebener Parmesankäse

2 Esslöffel Olivenöl

1 Ofen auf 240°C/Gas 9 vorheizen.

2 ▲ Die Tomatensauce gleichmäßig über den Pizzaboden verstreichen und mit den Tomatenscheiben belegen.

3 Ziegenkäse, Basilikumblätter und schwarze Oliven gleichmäßig über den Tomaten verteilen.

~ KOCHTIPP ~

Bei einer auf Ziegelsteinen gebackenen, sogenannten Steinofen-Pizza wird der Teig besonders knusprig. Der Pizzabäcker bereitet sie auf einem mit Grieß bestreutem Holzbrett zu und läßt sie dann von diesem Brett aus auf die heißen Steine gleiten.

4 ▼ Die Pizza mit Parmesan bestreuen und mit Olivenöl beträufeln.

5 Für 15-20 Min. backen, bis der Teigrand goldbraun aufgegangen und der Käse geschmolzen ist.

~ VARIATIONEN ~

Für eine Thunfisch-Pizza Tomatensauce (S. 172) auf den Boden streichen, mit dünnen Frühlingszwiebelringen und 200 g abgetropftem Thunfisch belegen. Darüber Sardellenfilets netzartig anordnen, mit schwarzen Oliven garnieren. Mit geriebenem Parmesan und Gruyérekäse bestreuen und mit Olivenöl beträufeln. Für eine Champignon-Pizza 225 g geschnittene Champignons über die Tomatensauce verteilen, mit 115 g Mozzarella bestreuen, Parmesan und Olivenöl hinzugeben.

KUCHEN & GEBÄCK

~

Der gute Ruf einer Küche liegt meist in köstlichen Kuchen- und Gebäckkreationen begründet. Wenn Sie erst einmal die Grundtechniken kennen, sind Mürbeteig, Rührteig, Brandteig und Biskuitrollen für Sie keine Zauberei mehr.

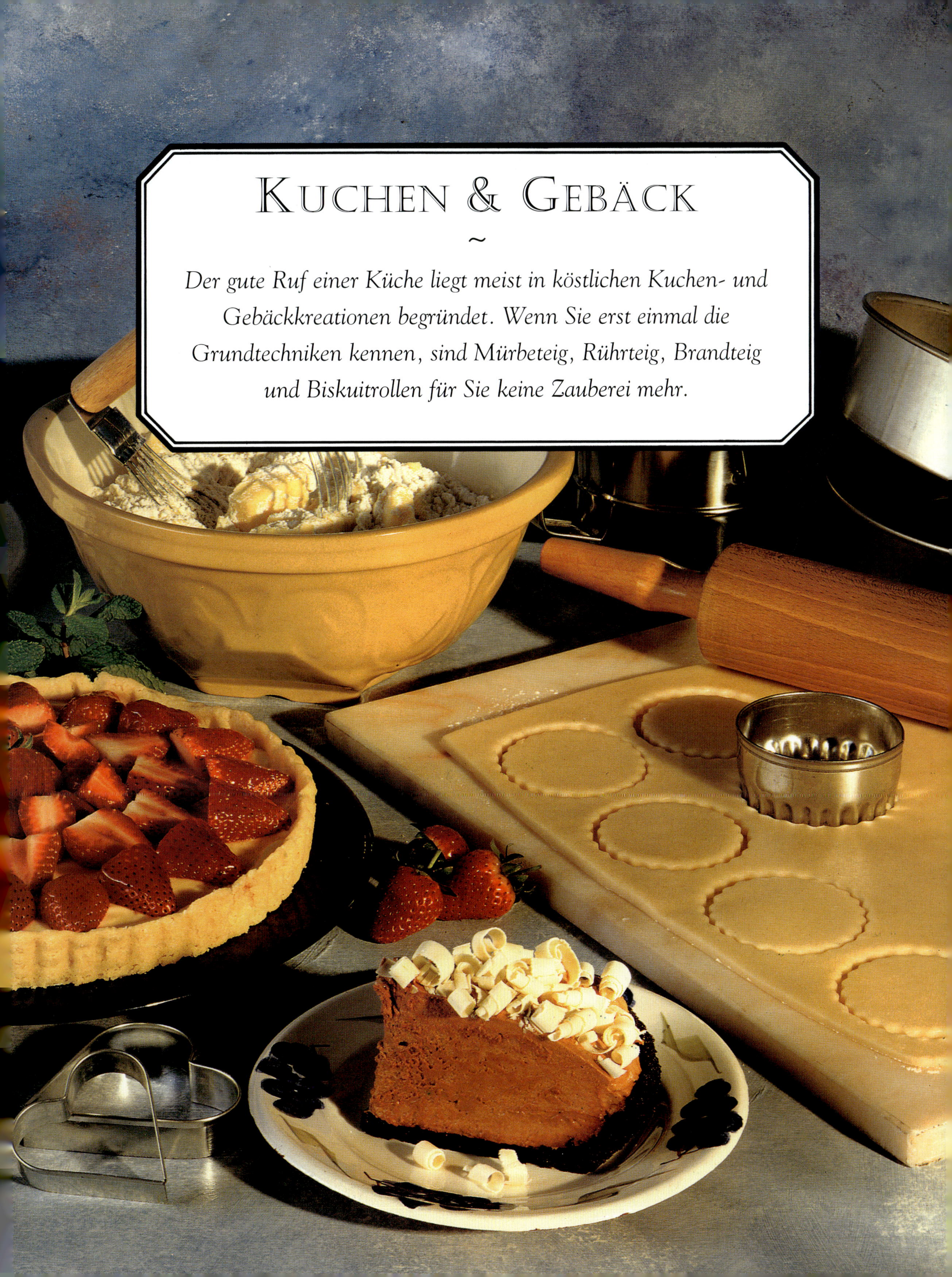

Mürbeteig herstellen

Ob süß oder pikant – ein Mürbeteig bietet für jede Füllung den idealen Rahmen. Für den Teig können Sie je zur Hälfte Butter oder Margarine und helles Pflanzenöl verwenden oder auch nur eine Art Backfett.

Für eine 23 cm-Backform
225 g Weizenmehl
1/4 Teelöffel Salz
115 g Fett, gekühlt und gewürfelt
3-4 Esslöffel Eiswasser

1 ▲ Mehl und Salz in eine Schüssel sieben, das Fett stückchenweise hinzufügen und untermischen, bis die Teigmasse krümelig wird.

2 ▲ Mit 3 Esslöffeln Wasser besprenkeln und mit einer Gabel in den Teig einarbeiten.

3 ▲ Den Teig zu einer Kugel formen. Wenn er zu trocken ist, das restliche Wasser hinzufügen.

4 ▲ Die Teigkugel in Klarsichtfolie einwickeln und für mindestens 30 Min. kühl stellen.

5 ▲ **Mürbeteig in der Küchenmaschine herstellen:** Mehl, Salz und Fettstücke in den Arbeitsbehälter einfüllen. In der Maschine vermischen, bis die Masse krümelig ist. Das Eiswasser hinzugießen und nochmals kurz mixen, gerade solange, bis der Teig sich von den Behälterwänden abzulösen beginnt. Den Teig aus der Maschine nehmen und zu einer Kugel formen, in Klarsichtfolie einwickeln und kühl stellen.

Tipps für die Teigherstellung

- Wenn Sie den Teig in der Küchenmaschine kneten, sollte das Fett kalt und fest sein. Wenn das Fett weich ist, wird der Teig ölig. Wenn Sie als Backfett Margarine verwenden, nehmen Sie welche in Blöcken, oder Becher.
- Wenn Sie das Fett mit den Fingern ins Mehl reiben und es sich zu weich anfühlt, stellen Sie es für 30 Min. in den Kühlschrank.
- Wasser oder andere Flüssigkeit für den Mürbeteig sollte eiskalt sein, damit das Fett nicht zu schnell schmilzt.
- Vorsicht beim Hinzugießen des Wassers (tropfenweise und nicht auf einmal): Verwenden Sie nur die Menge, die nötig ist, und fügen Sie nur dann mehr Wasser hinzu, wenn der Teig noch zu krümelig ist. Zuviel Wasser macht den Mürbeteig zäh.
- Den Teig schnell zu einer Kugel formen; wenn Sie zulange am Teig herumkneten, wird er zäh.
- Damit der Teig nicht zusammenschrumpft, sollte er vor dem Ausrollen gekühlt werden. Durch dieses „Ausruhen“ bleibt der Mürbeteig elastisch und geschmeidig.

Mürbeteig-Variationen

- *Mürbeteig mit Nüssen*: 30 g fein gehackte Pekan- oder Walnüsse zum Mehl hinzufügen.
- Für einen *schweren Mürbeteig* 225 g Mehl und 170 g Fett mit 1 Esslöffel Streuzucker für einen süßen Teig nehmen. Mit 1 Eigelb und 2-3 Esslöffel Wasser binden.
- Für einen *Mürbeteig mit Deckel* die Menge der Zutaten um 50% erhöhen. Für einen Grundmürbeteig gelten dann: 340 g Mehl, 1/2 Teelöffel Salz, 170 g Fett, 5-6 Esslöffel Wasser. Nehmen Sie für einen Nussmürbeteig die oben angegebenen Mengen, aber mit 55 g Nüsse; für einen schweren Mürbeteig gelten obige Mengen, aber mit 260 g Fett, 4-5 Esslöffel Wasser und 1 Eigelb.

Süßkartoffel-Pastete

FÜR 6-8 PERSONEN

680 g Süßkartoffeln, ungeschält

170 g brauner Zucker

2 Eier, getrennt

Eine Prise Salz

1 Teelöffel Zimt, gemahlen

1/2 Teelöffel Ingwer, gemahlen

1/4 Teelöffel Muskatnuss, gerieben

175 ml Schlagsahne

Eine Teigschale passend für eine 23 cm-Backform

1 Die Süßkartoffeln in kochendes Wasser legen und für 20-25 Min. simmern lassen, bis sie weich sind. Abtropfen und abkühlen lassen, dann schälen.

2 ▲ Die Süßkartoffeln in einer Küchenmaschine pürieren; sie sollten eine Menge von ca. 350 ml ergeben. Den Ofen auf 190° C/Gas Stufe 5 vorheizen.

3 ▲ Das Kartoffelpüree mit Zucker, Eigelb, Salz und Gewürzen in einer Schüssel gut vermischen. Die Schlagsahne einrühren.

4 In einer anderen absolut fettfreien Schüssel das Eiweiß so lange schlagen, bis die Spitzen des Eischaumes leicht vornüber kippen.

5 ▼ 1/4 des Eischnees in die Kartoffelmasse einrühren, um sie aufzulockern. Den Rest des Eischnees mit einem Löffel unterheben.

6 Die Kartoffelfüllung in die Teigschale geben und glattstreichen. Im Ofen für 40-45 Min. backen, bis die Füllung leicht angebräunt und der Teig goldbraun ist. Die Füllung geht beim Backen etwas auf, fällt dann aber wieder zusammen, wenn der Kuchen abgekühlt ist. Warm oder bei Zimmertemperatur servieren, nach Belieben mit Eis oder Schlagsahne.

~ VARIATION ~

Nehmen Sie für Kürbiskuchen statt der Süßkartoffeln frischen oder eingemachten Kürbis.

Backform mit Teig auskleiden

Eine Teigform sollte beim Backen nicht einschrumpfen oder ihre Form verlieren. Gehen Sie nach der hier gezeigten Methode vor, wenn Sie eine ca. 5 cm tiefe Backform mit Teig auskleiden wollen.

Den Teig aus dem Kühlschrank nehmen und langsam bei Zimmertemperatur erwärmen, aus der Folie wickeln, auf eine leicht bemehlte Fläche legen und rund ausrollen. Das Nudelholz mit Mehl bestäuben.

Tipps für das Ausrollen

- Wenn der Teig anfängt festzukleben, die Arbeitsfläche und das Nudelholz neu bemehlen.
- Beim Ausrollen und Auskleiden der Backform den Teig nicht dehnen, weil er dann beim Bakken einschrumpft und seine Form verliert.
- Beim Ausrollen mit den Händen ab und zu den Teigrand zurechtdrücken, damit er seine Kreisform behält.
- Mit einem Teigschaber lässt sich der Teig leichter von der Arbeitsfläche anheben.
- In Backformen aus hitzebeständigem Glas oder stumpfem Metall bekommt der Teig eine knusprige Kruste.
- Beim Dekorieren des Teigrandes darauf achten, dass der Teigrand überall fest an den Rand der Backform angedrückt ist. Dadurch bleibt der Teig beim Backen formstabil.
- Um einen Teigdeckel herzutellen, den Teig 5 cm größer als die Backform ausrollen. Vom Teigrand einen 2,5 cm breiten Streifen abschneiden und diesen auf den angefeuchteten Rand der Backform legen. Den Streifen befeuchten und den Deckel obenauf legen. Die Ränder zusammendrücken, so dass der Teigrand genau mit der Backform abschließt

1 ▲ Den Teig mit dem Nudelholz ausrollen, indem Sie jedesmal in der Mitte ansetzen und zu den Rändern hin ausrollen, dabei den Druck zum Rand hin leicht verringern.

2 ▲ Die Teigplatte ab und zu von der Arbeitsfläche heben und sie um ca. 90° drehen, damit der Teig nicht an der Fläche festklebt und gleichmäßig dünn ausgerollt wird.

3 ▲ So lange ausrollen, bis die Teigplatte um ca. 5 cm größer ist als die Backform. Der Teig sollte dann ca. 3 mm dick sein.

4 ▲ Das Nudelholz am Rand der Teigplatte ansetzen und diesen Rand um das Nudelholz herumlegen, dann das Nudelholz weiterrollen und den Teig dabei locker und vorsichtig aufwickeln.

5 ▲ Das Nudelholz über die Backform legen und den Teig vorsichtig abrollen, so dass er in die Form hineinrutscht.

6 ▲ Mit den Fingerspitzen den Teig in die Form einpassen und vorsichtig am Boden und an den Seiten festdrücken. Den Teigrand über den Rand der Backform überhängen lassen und zurechtscheiden.

TEIGRAND DEKORIEREN

1 ▲ **Eingekerbter Rand:** Den Teigrand gleichmäßig mit einer Gabel einkerben. Wenn die Gabel am Teig kleben bleibt, in Mehl eintauchen.

2 ▲ **Rand mit spitzen Ecken:** Den Teigrand so zurechtformen, dass er ca. 1,5 cm übersteht. Mit dem Knöchel des Zeigefingers von innen her den Teig ausbeulen; gleichzeitig mit Daumen und Zeigefinger der anderen Hand den Teig um den Zeigefingerknöchel herum zu einem „V" zurechtdrücken. Um den ganzen Teigrand herum weiterarbeiten.

3 ▲ **Wellenförmiger Rand:** Den Teigrand so zurechtformen, dass er ca. 1,5 cm übersteht. Daumen und Zeigefinger etwa 2,5 cm auseinander spreizen und den Teig von innen her nach außen drücken. Mit dem Zeigefinger der anderen Hand vorsichtig den Teig zwischen den beiden Fingern zum Rand hin zurechtformen. Den ganzen Teigrand entlang weiterarbeiten.

4 ▲ **Gemusterter Rand:** Den Teigrand so zuschneiden, dass er genau mit dem Rand der Backform abschließt. Mit einem kleinen Teigmesser dekorative Formen aus dem Teigrest ausschneiden. Den Rand anfeuchten und die Muster rundherum auflegen und festdrücken.

5 ▲ **Ein Band aus Teig formen:** Den Teig so zuschneiden, dass er genau mit dem Rand der Backform abschließt, und flach andrücken. Ca. 2 cm breite Teigstreifen zuschneiden. Den Teigrand anfeuchten,das Ende eines Streifens auf dem Rand festdrücken, den Streifen vorsichtig drehen und wieder auf dem Rand festdrücken, rundherum weiterarbeiten.

Streuselkuchen mit Äpfeln und Kirschen
340 g in Scheiben geschnittene Granny-Smith-Äpfel mit 300 g entsteinten Kirschen und 115 g braunem Zucker vermischen, in eine Teigschale mit 23 cm Durchmesser füllen. Für die Streusel 115 g Weizenmehl, 115 g Zucker und 1 TL gemahlenen Zimt mischen und 85 g Butter einarbeiten, bis die Masse bröselig wird. Über die Obstfüllung streuen, bei 190° C/Gas 5 für ca. 45 Min. im Ofen backen, bis die Streusel goldbraun sind. *Für 6 Personen.*

Teigdecke herstellen

Zwei saftige Teigschichten und dazwischen eine süße Füllung: was wünscht man sich mehr? Diese Technik eignet sich auch für kleine Pasteten.

Amerikanischer Apfelkuchen
900g geschälte Granny Smith-Äpfel in dünnen Scheiben mit 1 Esslöffel Weizenmehl und 100g Streuzucker gut vermischen, in eine mit Teig ausgekleidete Kuchenform füllen und mit einem Teigdeckel verschließen. Im Ofen bei 190°C/Gas 5 für ca. 45Min. backen, bis der Teig goldbraun und die Apfelfüllung weich ist (mit einem Metallspieß prüfen). Auf einem Kuchenrost abkühlen lassen.

1 ▲ Die Hälfte des Teigs auf einer bemehlten Fläche ausrollen und damit eine ca. 5cm tiefe Backform auskleiden. Teigrand zuschneiden.

2 ▲ Die Kuchenform füllen. Den Teigrand gleichmäßig mit Wasser anfeuchten.

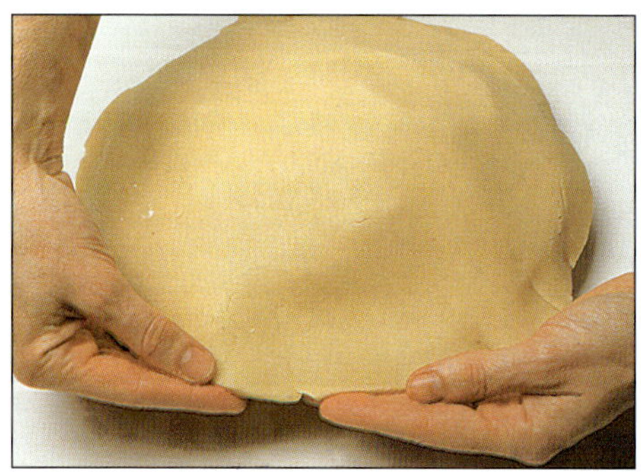

3 ▲ Ein zweites Teigstück ausrollen, das um ca. 2,5cm größer ist als die Backform. Mit dem Nudelholz aufrollen und über der Backform abrollen, die Teigkanten aufeinanderpressen.

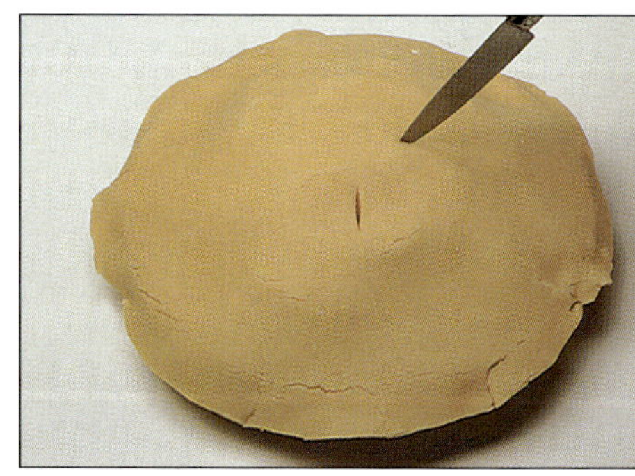

4 ▲ Den Teigrand um ca. 1,5cm überstehen lassen. Mit einem Messer den Teigdeckel einschlitzen, damit beim Backen der Dampf aus dem Inneren entweichen kann.

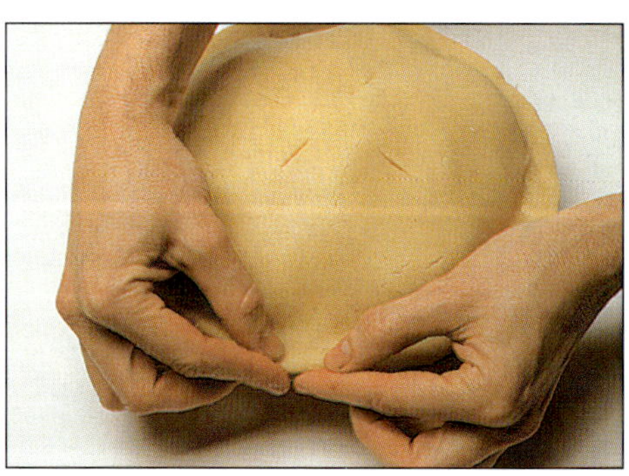

5 ▲ Den überstehenden Teigrand unter den Rand der Backform falten und die Kanten rundherum vorsichtig festdrücken. Den Teigrand nach Belieben dekorativ schmücken.

6 ▲ Den Teigdeckel mit Milch oder Sahne bestreichen oder mit einer Mischung aus 1 Eigelb und 1 Teelöffel Wasser für eine glänzend braune Kruste. Für eine süße Kruste mit Wasser anfeuchten und Streuzucker oder Zimt und Zucker verwenden.

7 ▲ Den Teigdeckel nach Belieben mit Teigformen schmücken, die aus dem Teigrest ausgeschnitten worden sind und so dünn wie möglich sein sollten. Die Muster mit ein wenig Wasser anfeuchten und festkleben; vor dem Backen glasieren.

Blaubeerkuchen

Für 6-8 Personen

Grund- oder schwerer Mürbeteig für eine Teigform mit Deckel (s. S. 222)

580g Blaubeeren

160g Streuzucker

3 Esslöffel Weizenmehl

1 Teelöffel abgeriebene Orangenschale

1/4 Muskatnuss, gemahlen

2 Esslöffel Orangensaft

1 Teelöffel Zitronensaft

1 Ofen auf 190° C/Gas 5 vorheizen.

2 ▲ Die Hälfte des Teiges ausrollen und eine ca. 5cm tiefe Backform mit 23cm Durchmesser damit auskleiden.

3 ▲ Die Blaubeeren mit Mehl, Orangenschale, Muskatnuss und 145g des Zuckers in einer Schüssel gut vermischen, so dass die Früchte ganz umhüllt sind.

4 ▼ Die Blaubeermischung in die Teigform füllen und glatt streichen. Mit dem Zitronensaft beträufeln.

5 Mit dem ausgerollten restlichen Teig den Kuchen abdecken, 2-3 mal einschlitzen oder ausschmücken.

6 ▲ Den Teigdeckel leicht mit Wasser anfeuchten und mit dem restlichen Zucker bestreuen.

7 Für ca. 45 Min. backen, bis die Kruste goldbraun ist. Warm oder bei Zimmertemperatur servieren.

KUCHENGITTER HERSTELLEN

Für ein dekoratives Kuchengitter aus Teigstreifen brauchen Sie einen Mürbeteig für einen Kuchen mit Decke. Mit der Hälfte des ausgerollten Teiges eine Backform auslegen, den Teigrand 1,5 cm überstehen lassen und den Kuchen nach Belieben füllen. Das zweite Teigstück kreisförmig ausrollen; es sollte im Durchmesser 5 cm größer sein als die Backform.

Aprikosen-Gitterkuchen
1 kg geschälte entsteinte Aprikosen in Scheiben mit 2 Esslöffeln Weizenmehl und 100 g Zucker mischen und damit eine Teigform füllen. Ein Kuchengitter herstellen, mit Milch glasieren und bei 190° C/Gas 5 für ca. 45 Min. backen, bis der Teig goldbraun ist und die Füllung brodelt. Auf einem Rost abkühlen lassen.

1 ▲ Mit einem Teigrad oder einem kleinem Messer ca. 1,5 cm breite gerade Teigstreifen ausschneiden, dabei ein Lineal zu Hilfe nehmen.

2 ▲ **Rechtwinkliges Gitter:** Die Hälfte der Streifen in gleichmäßigem Abstand über die Kuchenfüllung legen.

3 ▲ Jeden zweiten Streifen von der Mitte aus zurückbiegen. Einen Streifen quer über die Mitte über die flach liegenden Streifen platzieren und die Streifen wieder zurückbiegen.

4 ▲ Nun die anderen Streifen zurückbiegen, die beim ersten Schritt liegen geblieben sind. Noch einen Streifen quer über die jetzt flach liegenden Streifen platzieren.

5 ▲ Auf diese Weise die Teigstreifen auf der einen Kuchenhälfte miteinander verflechten und bei der anderen Kuchenhälfte wiederholen.

6 ▲ Überstehende Streifen an den Enden abschneiden. Den Teigrand anfeuchten und die Enden vorsichtig andrücken, den Teigrand dekorieren.

7 ▲ **Diagonales Gitter:** Wie oben, aber von Schritt 3 an werden die Streifen nicht im rechten Winkel, sondern diagonal verflochten.

Gitterkuchen mit Walnüssen und Birnen

FÜR 6-8 PERSONEN

- Nuss-Mürbeteig für einen gedeckten Kuchen (s. S. 222) mit Walnüssen
- 900 g Birnen, geschält, entkernt, in dünnen Scheiben
- 55 g Streuzucker
- 30 g Weizenmehl
- 1/2 Teelöffel geriebene Zitronenschale
- 30 g Rosinen oder Sultaninen
- 30 g Walnüsse, gehackt
- 1/2 Teelöffel Zimt, gemahlen
- 55 g Puderzucker
- 1 Esslöffel Zitronensaft
- etwa 2 Teelöffel kaltes Wasser

1 Ofen auf 190° C/Gas 5 vorheizen.

2 Die Hälfte des Mürbeteigs ausrollen und eine ca. 5 cm tiefe Backform mit 23 cm Durchmesser auslegen.

3 ▲ Birnen, Streuzucker, Mehl und Zitronenschale in einer Schüssel vermischen, so dass die Birnen von den trockenen Zutaten ganz umhüllt sind. Nüsse, Zimt und Rosinen einrühren.

4 ▲ Die Birnenmischung in die Teigform füllen und glattstreichen.

5 Den restlichen Mürbeteig ausrollen und ein Kuchengitter flechten.

6 Für 55 Min. im Ofen backen, bis der Teig goldbraun ist.

7 Puderzucker, Zitronensaft und Wasser in einer Schüssel gut miteinander verrühren.

8 ▼ Den Kuchen aus dem Ofen nehmen und die Puderzuckerglasur gleichmäßig über die Oberfläche träufeln. Vor dem Servieren auf einem Kuchenrost abkühlen lassen.

~ KOCHTIPP ~

Für eine gemusterte Kuchendecke den Teig kreisförmig ausrollen und gleichmäßig verteilte Formen ausstechen, die nicht zu dicht beieinander liegen sollten.

TEIG FÜR TORTENBÖDEN HERSTELLEN

Der Teig für Tortenböden oder Quiches wird mit Butter oder Margarine hergestellt. Je mehr Fett Sie verwenden, desto schwerer und gehaltvoller wird der Teig und gleicht dann schon fast einem Biskuitteig; aber das Ausrollen ist dann schwieriger. Versuchen Sie, den Teig zwischen zwei Klarsichtfolien auszurollen oder ihn in die Backform zu drücken, ohne ihn auszurollen. Teig für Tortenböden läßt sich wie Mürbeteig auch in der Küchenmaschine herstellen, und für ihn gelten auch dieselben Tipps und Hinweise wie für den Mürbeteig.

FÜR EINE 23 CM-BACKFORM
200 g Weizenmehl
1/2 Teelöffel Salz
115 g Butter oder Margarine
1 Eigelb
1/4 Teelöffel Zitronensaft
2-3 Esslöffel Eiswasser

1 ▲ Mehl und Salz in eine Schüssel sieben, Butter oder Margarine hinzufügen, in das Mehl einarbeiten, bis eine fein-krümelige Masse entsteht.

2 ▲ In einer kleinen Schüssel Eigelb, Zitronensaft und 2 Esslöffel Wasser mischen, zum Mehl geben und mit einer Gabel gut verrühren.

3 ▲ Den Teig zu einer Kugel formen. Wenn er zu trocken ist, das restliche Wasser hinzufügen. Auf eine Arbeitsfläche legen.

4 ▲ Mit dem Handballen den Teig stückweise vom Körper weg nach vorn abreißen und auf die Arbeitsfläche pressen.

Teigvariationen

- Für *süßen Tortenbodenteig* nur 1/4 Teelöffel Salz nehmen und 1 Esslöffel Zucker zum Mehl geben.
- *Für schweren Tortenbodenteig* 200 g Mehl, 1/2 Teelöffel Salz, 145 g Butter, 2 Eigelb und 1-2 Esslöffel Wasser verarbeiten.
- *Schweren süßen Tortenbodenteig* wie einen schweren Teig zubereiten, aber 3 Esslöffel Streuzucker zum Mehl hinzufügen und nach Belieben 1/2 Teelöffel Vanillemark zum Eigelb.

5 ▲ Den Teig weiter durchkneten, bis er geschmeidig ist und sich leicht von der Arbeitsfläche lösen lässt.

6 ▲ Den Teig zu einer glatten Kugel pressen, in Klarsichtfolie einwickeln und für mind. 30 Min. kühl stellen.

BACKFORMEN MIT TORTENTEIG AUSLEGEN

Eine Backform für Torten ist flach und ohne Rand; ihre glatten oder geriffelten Wände geben dem Tortenteig die charakteristische Form. Sehr nützlich sind Formen mit herausnehmbarem Boden, damit die Torten leicht aus der Form gelöst werden können. Tortenringe aus Metall mit glatten Wänden werden direkt auf das Backblech gesetzt.
Außerdem gibt es für Quiches Porzellanschüsseln sowie kleine verschiedende Backformen für Törtchen.

Pekannuss-Törtchen
Törtchenformen mit 10cm Durchmesser mit Tortenbodenteig auskleiden, in jede Form 30g halbierte Pekannüsse geben. In einer Schüssel 3 Eier schlagen, 30g flüssige Butter, 300g Sirup und 1/2 Teelöffel Vanilleessenz hinzugeben. 115g Streuzucker und 1 Esslöffel Weizenmehl sieben, zur Eimischung geben und glatt rühren. Die Törtchen damit füllen und stehen lassen, bis die Nusshälften nach oben steigen. Bei 180C°/Gas 4 für 35-40 Min. backen (Garprobe mit einem Spieß oder Messer). Die Törtchen für 15 Min. abkühlen lassen und auf einem Rost stürzen.

1 ▲ Den Teig aus dem Kühlschrank nehmen und bei Zimmertemperatur weich werden lassen. Zu einem Kreis mit einem ca. 5cm größerem Durchmesser als die Backform ausrollen. Der Teig ist dann ca. 3mm dick.

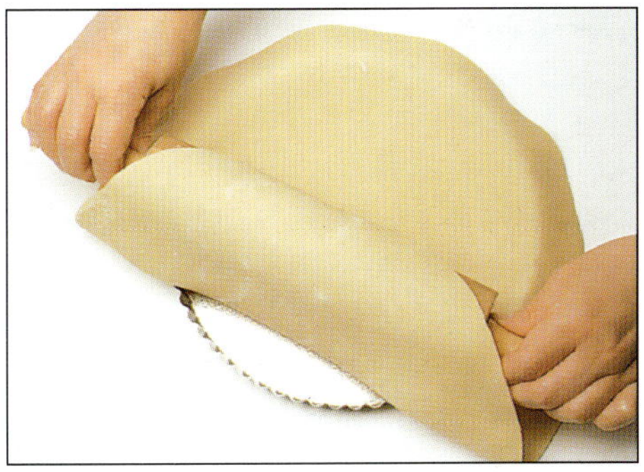

2 ▲ Den Teig auf ein Nudelholz aufrollen und vorsichtig über der Backform oder dem Tortenring entrollen.

3 ▲ Mit den Fingerspitzen den Teig in die Form oder den Ring legen; den Teig vorsichtig am Boden festdrücken, ohne ihn zu dehnen.

4 ▲ Den überhängenden Teig in die Form oder den Ring zurückfalten und den Teigrand dadurch verstärken. Den Teig an den Seiten glätten und festdrücken.

5 ▲ Das Nudelholz über die Backform oder den Tortenring rollen und dabei überschüssigen Teig abschneiden. Den Schnittrand glätten und wenn nötig festdrücken.

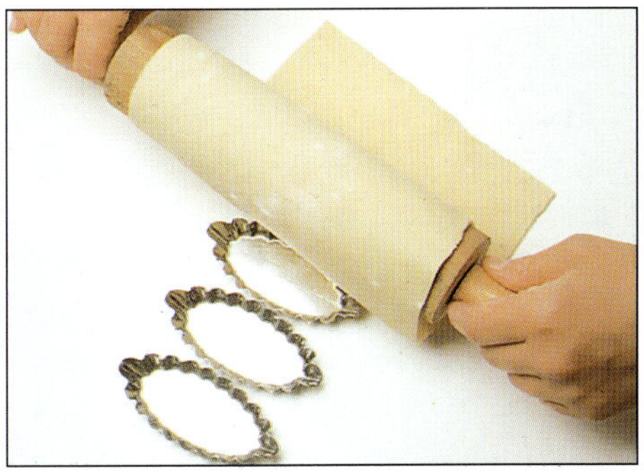

6 ▲ Törtchenformen dicht zusammenstellen und den Teig locker über ihnen entrollen. Mit dem Nudelholz überschüssigen Teig abschneiden und den Teig in die Formen drücken.

„Blind-backen“

Obst- oder Sahnefüllungen können den Teig aufweichen und matschig werden lassen. Vor dem Füllen und eigentlichen Backen wird der Tortenboden deshalb häufig vorgebacken, also „blind gebacken“. Diese Methode eignet sich auch für Pastetenteige, die mit einer rohen oder vorgekochten Mischung gefüllt werden sollen. Der Teig wird beim „Blind-Backen“ mit einem Gewicht beschwert, d.h. gefüllt (in unserem Falle mit Bohnen), damit er nicht zu sehr aufgeht und seine Form behält.

1 ▲ Die Backform auf Pergamentpapier legen und mit einem Bleistift den Umriss des Bodens aufs Papier zeichnen. Einen Kreis ausschneiden, der um ca. 7,5 cm größer ist als der gezeichnete Kreis.

2 ▲ Einen Tortenbodenteig ausrollen und damit die Backform auskleiden. Den Teigboden mit einer Gabel gleichmäßig einstechen.

3 ▲ Die Backform mit dem Kreis aus Pergamentpapier auslegen, dabei vorsichtig am Boden und an den Seiten festdrücken.

4 ▲ So viele Trockenbohnen in die Form füllen, dass der Boden lückenlos bedeckt wird.

5 ▲ **Halbgebackener Teig:** Die Tortenform bei 200° C/Gas 6 für 15-20 Min. backen. Das Papier mit den Bohnen aus der Form nehmen. Sie kann nun gefüllt und weitergebacken werden.

6 ▲ **Durchgebackener Teig:** Nach einer Backzeit von 15 Min. das Papier mit den Bohnen entfernen und den Teigboden wieder mit der Gabel einstechen. Nochmals für 5-10 Min. backen und vor dem Füllen vollständig abkühlen lassen.

Frische Erdbeertorte
Einen süßen oder einen schweren süßen Tortenboden herstellen (siehe S. 230). „Blind“ durchbacken, abkühlen lassen. 400 g Weichkäse (Vollfettstufe) mit 50 g Streuzucker, 1 Eigelb und 4 Esslöffel Schlagsahne mischen und glatt rühren, 1 steif geschlagenes Ei unterheben. In die Tortenform füllen und glatt streichen. Bei 180° C/Gas 4 für 15-20 Min. backen, bis sich die Füllung gesetzt hat. Den abgekühlten Kuchen dekorativ mit Erdbeerhälften belegen. 145 g Johannisbeergelee erwärmen und damit den Kuchen glasieren. Vor dem Servieren abkühlen lassen.
Für 6 Personen.

Quiche Lorraine

FÜR 6 PERSONEN

- 225 g geräucherter, durchwachsener Speck, gewürfelt
- ein halbgebackener Tortenboden mit 23 cm Durchmesser
- 3 Eier
- 2 Eigelb
- 360 ml Schlagsahne
- 120 ml Milch
- Pfeffer und Salz

1 Ofen auf 200° C/Gas 6 vorheizen.

2 ▲ Den Speck in einer Pfanne knusprig und goldbraun braten. Auf Papiertüchern trocknen lassen.

3 ▲ Den Speck in die halbgebackene Tortenform streuen.

4 In einer Schüssel die Eier, das Eigelb, Sahne und Milch verquirlen, mit Salz und Pfeffer abschmecken.

5 ▼ Die Eiermischung in die Tortenform gießen.

6 Für 35-40 Min. backen, bis die Füllung sich gesetzt hat und der Teig goldbraun ist. Warm oder bei Zimmertemperatur servieren.

~ VARIATIONEN ~

85 g geriebenen Gruyère-Käse zum Speck hinzufügen oder den Speck durch gewürfelten Kochschinken ersetzen. Für eine vegetarische Quiche den Speck weglassen, 450 g Zucchini kleinschneiden, in wenig Öl auf beiden Seiten leicht anbräunen, auf Papiertüchern trocknen, in die Tortenform geben, mit 55 g geriebenen Käse bestreuen und mit einer Mischung aus 4 Eiern, 240 ml Sahne, 4 Esslöffel Milch, 1/8 Teelöffel Muskat, Salz und Pfeffer begießen.

Tortenform aus Biskuits herstellen

Eine Tortenform aus Biskuitkeksen ist sehr einfach herzustellen und lässt sich geschmacklich auf vielerlei Art variieren. Sie können dazu alle Arten von trockenen Kekskrumen verwenden sowie Brot- und Kuchenkrümel. Für die meisten Torten werden gesüßte Biskuitteige verwendet, aber für einen leckeren Käsekuchen ist auch ungesüßter Teig geeignet.

Für eine 20-23 cm-Backform

- 225 g Biskuitkrumen (siehe unten)
- 115 g Butter, geschmolzen
- 3-4 Esslöffel Streuzucker (nach Belieben)

Verschiedene Biskuitteige

- Kekse aus Roggenmehl verwenden und nach Wunsch mit Zucker süßen, 1 TL gemahlenen Zimt oder Ingwer hinzufügen.
- Roggen-Kekse nach Wunsch mit Zucker süßen und mit 1 Teelöffel geriebener Zitronenschale oder 2 Teelöffeln geriebener Orangenschale mischen.
- 200 g Roggenkekse mit 45 g fein gemahlenen Nüssen (Mandeln, Haselnüsse, Pekan- oder Walnüsse) vermischen.
- Verwenden Sie Ingwerplätzchen, Mandelkekse, Butterkekse, Amarettokekse oder Mandelmakronen, ohne Zucker hinzuzugeben.
- Käse-Kräcker oder anderes Gebäck aus Salzteig für eine pikante Füllung verwenden.

Biskuits zerkleinern

Die Kekse in kleine Stücke brechen, portionsweise in eine Plastiktüte füllen, mit dem Nudelholz darüberrollen und in feine Krümel zerkleinern oder in einer Küchenmaschine oder einem Mixer fein mahlen.

1 ▲ Die Biskuits, die geschmolzene Butter und, falls gewünscht, den Streuzucker gut vermischen.

2 ▲ Die Biskuitmasse in eine eingefettete 20 cm-Springform oder eine 23 cm-Tortenform schütten, über den Boden und die Seiten verteilen.

3 ▲ Mit der Rückseite eines großen Löffels oder mit den Fingern die Biskuitmasse fest an den Boden und die Seiten der Backform andrücken.

4 ▲ Je nach Rezept den Biskuitteig für ca. 1 Std. kühlen, damit er sich setzt, oder ihn im Ofen bei 180° C/ Gas 4 für 8-10 Min. backen. Vor dem Füllen abkühlen lassen.

Einfache Schokoladentorte

Einen Biskuitteig mit Ingwerplätzchen zubereiten und eine 23 cm-Backform damit auskleiden. Backen und abkühlen lassen. 170 g Schokolade mit 4 EL Milch schmelzen. 450 ml Sahne schlagen, in die abgekühlte Schokoladenmasse einrühren und mit dieser Mischung die Biskuitform füllen. Abdecken und kühlen, bis die Masse fest ist. Vor dem Servieren mit geriebener Schokolade garnieren. *Für 6 Personen.*

Orangen-Käsekuchen

FÜR 8 PERSONEN

- 700 g Frischkäse, Vollfettstufe
- 200 g Streuzucker
- 2 Esslöffel Weizenmehl
- 115 g Butter, geschmolzen
- 1 Teelöffel Vanilleessenz
- 1 Esslöffel geriebene Orangenschale
- Biskuitteig für eine 20 cm-Backform aus Roggenkeksen und Orangenschale, gekühlt
- 4 süße Orangen, geschält, in Scheiben
- Ausgepresster Zitronensaft
- 1-2 Esslöffel Orangenlikör (nach Belieben)

1 Ofen auf 150° C/Gas 2 vorheizen.

2 ▲ Den Frischkäse mit Zucker und Mehl in einer Schüssel mixen, bis die Mischung locker und flockig ist.

3 ▲ Eier, Vanille und Orangenschale hinzugeben und zu einer glatten Masse verrühren.

4 ▲ Die Käsefüllung in die Biskuit-Teigform gießen und die Springform auf ein Backblech stellen.

5 Für 1-1 1/4 Std. backen, bis die Füllung sich leicht gesetzt hat (sie wird beim Abkühlen fest). Wenn der Kuchen oben zu schnell bräunt, mit Folie abdecken.

6 Den Kuchen im Ofen bei geöffneter Tür abkühlen lassen; abgedeckt über Nacht in den Kühlschrank stellen.

7 Die Orangenschnitze, den Zitronensaft und den Likör vermischen und mit dem Käsekuchen servieren.

~ VARIATIONEN ~

Für Zitronen-Käsekuchen statt der Orangenschale 1 1/2 Teelöffel Zitronenschale verwenden. Für einen leichteren Kuchen eine Mischung aus Ricotta und Vollfettkäse nehmen und in der Küchenmaschine glatt rühren.

Windbeutelteig herstellen

Anders als bei anderen Teigen, bei denen das Fett zum Mehl hinzukommt, wird bei einem Windbeutelteig Butter mit Wasser geschmolzen, dann das Mehl hinzugegeben und danach die Eier. Der Teig ist einfach herzustellen, aber die Zutaten sollten Sie genau abmessen.

Für 18 Windbeutel oder 12 Eclairs

- 115 g Butter in kleinen Stücken
- 240 ml Wasser
- 2 Teelöffel Streuzucker nach Wunsch
- 1/4 Teelöffel Salz
- 145 g Weizenmehl
- 4 Eier, geschlagen

Windbeutel formen

- *Große Windbeutel*: Zwei große, in Wasser getauchte Löffel nehmen, und damit ca. 5-6 cm breite Teigkleckse im Abstand von ca. 4 cm auf ein mit Papier belegtes Blech setzen, die Oberfläche glätten. Oder den Teig mit einem Spritzbeutel und einer 2 cm-Tülle aufs Blech setzen.
- *Windbeutel*: Zwei kleine Löffel oder eine Spritztülle mit 1,5 cm Durchmesser verwenden und 2,5 cm breite Kleckse formen.
- *Eclairs:* Eine Spritztülle mit 2 cm Durchmesser verwenden und 10-12 cm lange Teigstreifen spritzen.
- Für einen *Ring*: Einen Kreis mit 30 cm Durchmesser auf Backpapier zeichnen und mit zwei Löffeln große Teigkleckse ringförmig auf den Kreisumriss setzen.

Backzeiten für Windbeutel

Große Windbeutel 30-35 Min., kleine Windbeutel 20-25 Min. und Ringe 40-45 Min.

1 ▲ Butter, Wasser und nach Belieben Zucker in einen großen Topf mit schwerem Boden geben und bei mittlerer Hitze unter rühren aufkochen.

2 ▲ Sobald die Mischung kocht, vom Herd nehmen. Alles Mehl auf einmal in den Topf geben und mit einem Holzlöffel kräftig in die Flüssigkeit einrühren.

3 ▲ Den Topf wieder auf den Herd stellen und die Masse bei mittlerer Hitze für ca. 1 Min. kochen, bis sie sich zu einer Kugel formt und sich von den Topfwänden ablöst. Wieder vom Herd nehmen und 3-5 Min. abkühlen lassen.

4 ▲ Ein wenig von dem geschlagenen Ei hinzugeben und gut mit einem Löffel oder Handmixer einrühren. Noch ein wenig Ei einrühren, so lange, bis die Masse glatt, glänzend, fest und formbar geworden ist.

5 ▲ Den Windbeutelteig formen, wenn er noch warm ist, und auf ein mit Backpapier belegtes Backblech setzen.

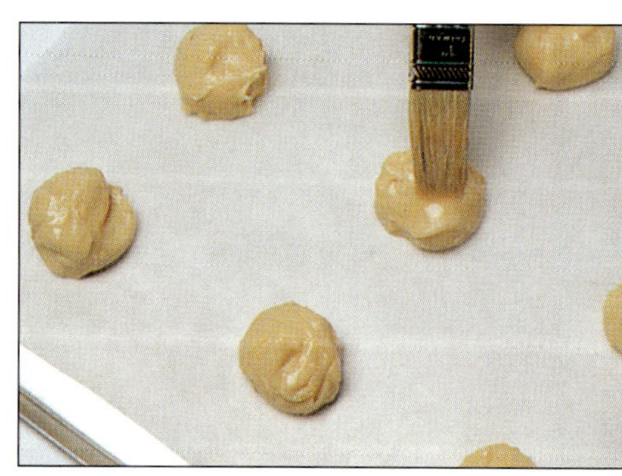

6 ▲ 1 Ei mit 1 Teelöffel kaltem Wasser verquirlen und den Teig glasieren, in den 220°C/ Gas 7 heißen Ofen stellen, dann die Hitze auf 200°C reduzieren. Goldbraun backen.

7 ▲ Nach dem Backen (siehe Backzeiten links unten) die Windbeutel mit der Messerspitze an der Seite einschlitzen, damit Dampf entweichen kann. In den abgeschalteten Ofen legen und für 5-10 Min. austrocknen lassen, auf einem Kuchenrost abkühlen lassen. Kurz vor dem Servieren die Windbeutel quer durchschneiden und nach Belieben füllen.

Füllungen für Windbeutel

- Süße Windbeutel mit Schlagsahne, Eiscreme oder Maronenpüree füllen, mit Sauce aus dunkler Bitterschokolade servieren.
- Pikante Windbeutel mit Käsesauce oder mit Hühnerfleisch in Rahmsauce füllen.

Windbeutel mit Cheddar-Füllung

FÜR CA. 28 WINDBEUTEL ALS VORSPEISE

55 g Butter, in Stücken
240 ml Wasser
1/2 Teelöffel Salz
145 g Weizenmehl
1/4 Teelöffel Senfpulver
1 gute Prise scharfes Paprikapulver
55 g reifer Cheddarkäse, gerieben
4 Eier, geschlagen
1 Ei gemixt mit 1 Teelöffel kaltem Wasser, zum Glasieren

FÜR DIE FÜLLUNG

225 g Frischkäse, Vollfettstufe
2 Esslöffel würzige Fruchtsauce
4 Esslöffel Pimiento, gewürfelt
2 Esslöffel schwarze Oliven, gehackt

1 Ofen auf 220° C/Gas 7 vorheizen.

2 Windbeutelteig herstellen, dabei Senfpulver und Paprika zum Mehl geben und den Cheddarkäse einrühren, bevor die Eier hinzukommen. Kleine Teigkleckse auf das Backblech setzen und glasieren.

3 In den Ofen stellen und die Hitze auf 200° C/Gas 6 reduzieren. Für 20-25 Min. backen, bis der Teig aufgeht und goldbraun und knusprig ist.

4 ▲ Für die Füllung den Frischkäse mit der Fruchtsauce gut vermischen, dann Oliven und Pimiento einrühren.

5 Die fertigen Windbeutel einschlitzen und im abgeschalteten Ofen für ca. 10 Min. austrocknen lassen.

6 ▼ Die noch warmen Windbeutel mit einem Spritzbeutel oder einem Löffel an der aufgeschlitzten Seite mit der Käsemasse füllen. Die Cheddar-Windbeutel warm servieren.

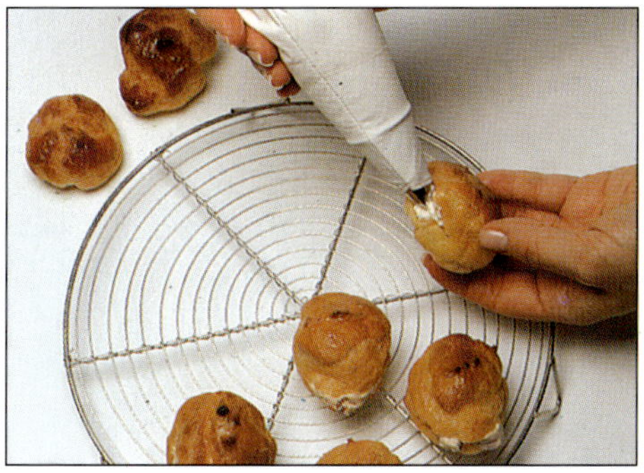

Rührteig herstellen

Ein saftiger Kuchen aus Rührteig ist immer beliebt. Er kann, mit Puderzucker bestreut, allein serviert oder zu einer mehrschichtigen Torte weiterverarbeitet werden.
Bei einem Rührteig werden Fett und Zucker zu einer glatten Masse verrührt, bevor die Eier und die trockenen Zutaten hinzukommen. Das Fett (Butter oder Margarine) sollte so weich sein, dass es sich leicht verrühren läßt. Sie sollte es deshalb rechtzeitig aus dem Kühlschrank nehmen. Für besonders gutes Gelingen sollten auch die Eier Zimmertemperatur haben.

Pfundskuchen
225 g Butter, 400 g Zucker, 4 Eier, 375 g Mehl, 1/4 Teelöffel Salz, 1/2 Teelöffel Backpulver, 300 ml Milch, 1/2 Teelöffel Vanillearoma und 1 Teelöffel Mandelaroma zu einem Rührteig verarbeiten. In eine gefettete und mit Mehl bestäubte 21x11 cm-Kastenbackform geben. Im vorgeheizten Ofen bei 180° C/Gas 4 für 1 1/2 Std. backen. In der Backform 15 Min. abkühlen lassen, dann auf einen Kuchenrost stürzen und ganz auskühlen lassen.

1 ▲ Das Mehl zusammen mit Backpulver und anderen trockenen Zutaten wie z.B. Kakaopulver durchsieben und beiseite stellen.

2 ▲ Das Fett in eine große Schüssel geben und mit einem Handmixer bei mittlerer Geschwindigkeit oder einem Holzlöffel weich rühren.

3 ▲ Nach und nach den Zucker hinzufügen, dabei die Masse weiter schlagen, bis sie locker ist und eine blasse Färbung hat. Der Zucker muss vollständig aufgelöst sein. Dieser Mixvorgang dauert ca. 4-5 Min. Während des Schlagens gelangt Luft in die Teigmasse, wodurch der Kuchenteig beim Backen besser aufgeht.

4 ▲ Eier oder Eigelb eins nach dem anderen hinzugeben; nach jedem Ei ca. 45 Min. rühren. Den Teig öfters von den Schüsselwänden abkratzen und gleichmäßig verrühren. Wenn die Eier zu kalt sind, könnte es passieren, dass der Teig anfängt zu gerinnen; in diesem Fall 1 Teelöffel von dem abgemessenen Mehl hinzufügen.

5 ▲ Die trockenen Zutaten hinzufügen und bei unterster Schaltstufe glatt verrühren oder mit einem Metalllöffel unterheben.

6 ▲ Je nach Rezept Flüssigkeit zugeben, und zwar abwechselnd mit den trockenen Zutaten und nicht alles auf einmal.

7 ▲ Je nach Rezept Eiweiß steif schlagen, Zucker hinzugeben und in den Rührteig unterheben.

8 ▲ Den Teig in eine Backform füllen und wie im Rezept vorgegeben backen.

9 ▲ Um zu prüfen, ob der Kuchen gar ist, einen Metall- oder Holzspieß in den Kuchen stecken; beim Herausziehen darf kein Teig kleben bleiben.

Amerikanischen Zuckerguss herstellen

Dieser lockere, weiß-glänzende Zuckerguss ergibt eine köstliche Füllung und Glasur für mehrschichtige Torten.

Zum Füllen und Glasieren einer mehrschichtigen 23 cm-Torte

- 300 g Zucker
- 1/4 Teelöffel Weinstein
- 2 Eiweiß
- 4 Esslöffel kaltes Wasser
- 1 Esslöffel flüssige Glukose
- 2 Teelöffel Vanilleessenz

1 ▲ Zucker, Weinstein, Eiweiß, Wasser und Glukose in einer großen feuerfesten Schüssel locker verrühren.

2 ▲ Die Schüssel über einen Topf mit kochendem Wasser stellen. Der Schüsselboden darf das Wasser nicht berühren.

3 ▲ Mit einem Handmixer auf höchster Schaltstufe für ca. 7 Min. mixen, bis der Zuckerguss zu einer steifen Masse geworden ist.

4 ▲ Vom Herd nehmen, die Vanilleessenz hinzufügen und ca. 3 Min. mixen, bis der Zuckerguss leicht abgekühlt ist. Sofort verarbeiten.

Zuckerguss -Varianten

- *Orangen-Zuckerguss*: Statt des Wassers Orangensaft verwenden, 1 Teelöffel abgeriebene Orangenschale und nur 1/2 Teelöffel Vanilleessenz nehmen.
- *Zitronen-Zuckerguss*: Je 2 Teelöffel Zitronensaft und Wasser verwenden sowie 1/2 Teelöffel abgeriebene Zitronenschale und nur 1/2 Teelöffel Vanilleessenz.

Kokosnuss-Limonentorte

Für 8 oder mehr Personen

225 g Weizenmehl
2 1/2 Teelöffel Backpulver
1/4 Teelöffel Salz
225 g Butter, temperiert
225 g Streuzucker
abgeriebene Schale von 2 Limonen
4 Eier
frisch gepreßter Saft von 2 Limonen
85 g Kokosnussstreusel
amerikanischer Zuckerguss (siehe Rezept S. 239)

1 Ofen auf 180°C/Gas 4 vorheizen. Die Böden zweier 23 cm-Backformen für Tortenböden mit eingefettetem Backpapier auslegen.

2 Mehl, Backpulver und Salz durchsieben und mischen.

3 In einer großen Schüssel die Butter weichschlagen, Zucker und Limonenschale hinzufügen und verrühren. Die Eier einzeln hinzufügen und verrühren.

4 ▲ Mit einem Holzlöffel abwechselnd die trockenen Zutaten und den Limonensaft einrühren. Wenn die Masse glatt ist, 2/3 der Kokosnussstreusel einrühren.

5 ▲ Den Teig auf die beiden Backformen aufteilen und glatt streichen. Für 30-35 Min. backen (Garprobe mit einem Spieß).

6 ▲ Die Tortenböden in der Form auf einem Rost für 10 Min. abkühlen lassen, dann stürzen und das Backpapier entfernen. Auf dem Rost ganz auskühlen lassen.

7 ▲ Die restlichen Kokosstreusel in eine andere Backform geben und goldbraun backen, dabei gelegentlich umrühren. Abkühlen lassen.

8 ▲ Auf einen Tortenboden mit der Oberseite nach unten eine Schicht Zuckerguss gleichmäßig verstreichen.

9 ▲ Mit dem zweiten Tortenboden, Unterseite nach unten, bedecken, den Rest Zuckerguss obenauf und an den Seiten der Torte verstreichen.

10 ▲ Die gerösteten Kokosnussstreusel oben auf der Torte verteilen und vor dem Servieren setzen lassen.

ALLE TEIGZUTATEN AUF EINMAL VERARBEITEN

Viele Kuchenteige werden hergestellt, indem man die Zutaten nicht nacheinander, sondern alle zusammen in eine Schüssel gibt und durchrührt oder mixt – per Hand oder in der Küchenmaschine. Sie können die „Alles-zusammen"-Methode verfeinern, indem Sie die Eier trennen und nur das Eigelb vewenden. Das Eiweiß wird steif geschlagen und unter den fertig gerührten Teig gehoben.

1 ▲ Die trockenen Zutaten (Mehl, Salz, Backtriebmittel, Gewürze) in eine Schüssel sieben.

2 ▲ Die flüssigen Zutaten (Eier, Milch, geschmolzenes Fett) hinzufügen und mit einem Mixer glatt rühren. In die Backform gießen und wie im Rezept angegeben backen.

EINFACHE BUTTERCREME ZUBEREITEN

Buttercreme ist schnell gemacht und läßt sich geschmacklich und farblich (mit Lebensmittelfarbe) variieren. Sie eignet sich als Füllung für alle Arten von Kuchen und Torten.

FÜR EINEN KUCHEN VON 17-20 CM DURCHMESSER

115 g Butter, möglichst ungesalzen, temperiert

225 g Puderzucker, gesiebt

1 Teelöffel Vanilleextrakt

etwa 2 Esslöffel Milch

1 ▲ Die Butter in eine tiefe Schüssel geben und mit einem Handmixer auf mittlerer Schaltstufe oder mit einem Holzlöffel weich schlagen.

2 ▲ Langsam den Puderzucker hinzufügen und bei mittlerer Schaltstufe unterrühren, bis die Mischung locker ist und eine blasse Farbe bekommt.

3 ▲ Vanilleextrakt und 1 Esslöffel Milch hinzufügen, glatt rühren. Wenn die Creme zu dick ist, Milch hinzufügen; wenn sie zu dünn ist, mehr Zucker einrühren.

Buttercreme-Variationen

- Für *Orangen- oder Zitronenbuttercreme* die Schale einer Orange oder Zitrone reiben, zum Zucker geben und statt Milch und Vanille den Fruchtsaft nehmen.
- Für *Schokoladen-Buttercreme* 4 Esslöffel Kakaopulver zusammen mit dem Zucker hinzufügen, 3-4 Esslöffel Milch verwenden.
- Für *Mocca-Buttercreme* die Milch erwärmen, darin 1 Teelöffel Instant-Kaffee auflösen, abkühlen lassen und weiter wie Schokoladenbuttercreme zubereiten.
- Für *Kaffee-Buttercreme* die Milch erwärmen, darin 1 Esslöffel Instant-Kaffee auflösen, abkühlen lassen und zur Buttercreme hinzufügen.

Schokoladentörtchen

FÜR 24 STÜCK

- 115 g Schokolade in guter Qualität, in kleinen Stücken
- 1 Esslöffel Wasser
- 300 g Weizenmehl
- 1 Teelöffel Backpulver
- 1/2 Teelöffel Natron
- eine Prise Salz
- 170 g Butter oder Margarine, bei Zimmertemperatur
- 150 ml Milch
- 1 Teelöffel Vanilleextrakt
- 3 Eier
- Buttercreme, nach Belieben geschmacklich variiert

1 Ofen auf 180° C/Gas 4 vorheizen. 24 Törtchenformen à 6,5 cm Durchmesser einfetten und mit Mehl bestäuben.

2 ▲ Schokolade und Wasser in eine Schüssel geben und diese über einen Topf mit fast simmerndem Wasser stellen. Zum Schmelzen bringen und glatt rühren. Vom Herd nehmen und abkühlen lassen.

3 Mehl, Backpulver, Natron, Salz und Zucker in eine große Schüssel sieben, die Schokolade hinzugeben sowie Butter, Milch und Vanilleextrakt.

4 ▲ Mit einem Elektromixer bei mittlerer Schaltstufe zu einem glatten Teig verrühren, dann auf hoher Stufe 2 Min. mixen, die Eier hinzugeben und nochmals für 2 Min. mixen.

5 Den Teig gleichmäßig auf die Törtchenformen verteilen.

6 Für 20-25 Min. backen (Garprobe mt einem Spieß). In den Formen 10 Min. abkühlen lassen, dann auf einem Kuchenrost ganz auskühlen lassen.

7 ▼ Jedes Törtchen auf der Oberseite mit einem Hütchen aus Buttercreme garnieren.

Klassischer Biskuitteig

Der klassische Biskuitteig enthält kein Fett und keine Backtriebmittel, sondern nur Eier, Zucker und Mehl. Die leichte, luftige Konsistenz entsteht durch das Schlagen der Zutaten, bei dem Luft in den Teig gelangt. Manchmal werden die Eier für einen Biskuitteig getrennt oder der Teig wird mit Butter angereichert. Ein Biskuitkuchen kann man einfach mit Streu- oder Puderzucker garnieren, mit süßer Schlagsahne oder frischen Früchten füllen oder als Biskuitrolle verarbeiten.

Wenn Sie Zucker und Eier mit einem Elektromixer verquirlen oder die Eier trennen, müssen Sie die Teigschüssel nicht über kochendes Wasser stellen.

Einfacher Biskuitkuchen

Aus 4 ganzen Eiern, 145 g Streuzucker und 115 g Weizenmehl einen Biskuitteig herstellen. In eine gefettete, mit Papier ausgelegte runde 23 cm-Tortenform gießen und für 25-30 Min. bei 180° C/Gas 4 backen. In der Form 10 Min. abkühlen lassen, dann auf einem Rost ganz auskühlen lassen. Vor dem Servieren das Backpapier entfernen und mit Puderzucker bestreuen.

1 ▲ Eier und Zucker in eine feuerfeste Schüssel geben. Die Schüssel über einen Topf mit simmerndem Wasser stellen. Der Boden der Schüssel sollte das Wasser nicht berühren.

2 ▲ Mit einem Handmixer bei mittlerer Stufe oder mit einem Schneebesen mehrere Min. schlagen, bis der Teig sehr dickflüssig und fast weiß ist.

3 ▲ Den Mixer oder Schneebesen herausnehmen; der herabtropfende Teig sollte auf der Teigoberfläche in der Schüssel eine deutlich erkennbare Spur hinterlassen.

4 ▲ Die Schüssel vom Wassertopf nehmen und für 2-3 Min. schlagen, bis sie abgekühlt ist.

5 ▲ Das Mehl in den Teig sieben und mit einem großen Löffel oder Spatel vorsichtig unterheben, dabei den Teig vom Boden der Schüssel anheben, umwälzen und dabei das Mehl einarbeiten.

6 ▲ Den Teig in eine vorbereitete Backform gießen und wie im Rezept angegeben backen. Um zu prüfen, ob ein Biskuitkuchen gar ist, die Mitte des Kuchens leicht drücken: Der Teig sollte elastisch zurückfedern.

Zitronenbiskuitkuchen

Für 8 oder mehr Personen

150 g granulierter Zucker

1 Teelöffel abgeriebene Zitronenschale

100 g Mehl

Für Glasur und Füllung

175 g Doppelrahmfrischkäse, bei Zimmertemperatur

50 g Butter, bei Zimmertemperatur

450 g Puderzucker

3-4 Esslöffel frisch gepresster Zitronensaft

1 Ofen auf 180°C/Gas 4 vorheizen. Eine 23 cm-Tortenform einfetten und den Boden mit Backpapier auslegen.

2 Eier und Zucker in einer Schüssel über einem Topf mit kochendem Wasser schlagen, bis die Masse dickflüssig und weiß wird. Die Schüssel vom Topf nehmen und den Teig schlagen, bis er abgekühlt ist. Die Zitronenschale einrühren.

3 Das Mehl in die Schüssel sieben und mit einem Spatel unterheben. Den Teig in die Tortenform gießen und für 35-40 Min. backen. Abkühlen lassen.

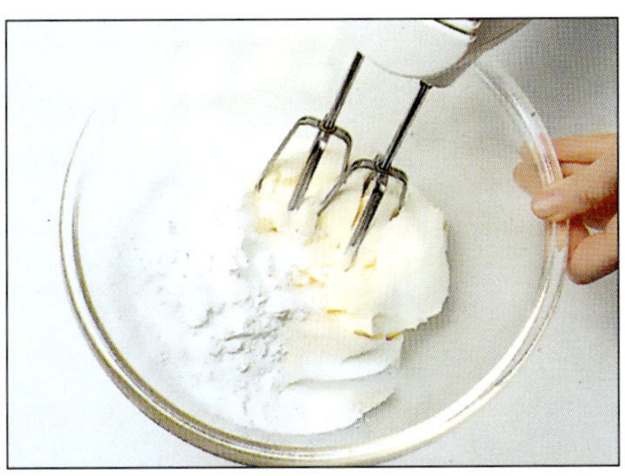

4 ▲ Für den Guss und die Füllung den Frischkäse mit der Butter glatt verrühren. Den Zucker nach und nach zugeben und gerade soviel Zitronensaft, dass eine lockere, gut verstreichbare Masse entsteht.

5 ▼ Den abgekühlten Kuchen quer durchschneiden, dabei mit einer Hand von oben festdrücken: Rund um den Kuchen herum einen Faden wickeln und festziehen, so dass er leicht in den Teig einschneidet. Den Faden entfernen und den Kuchen entlang an dieser Markierung mit einem Messer durchschneiden.

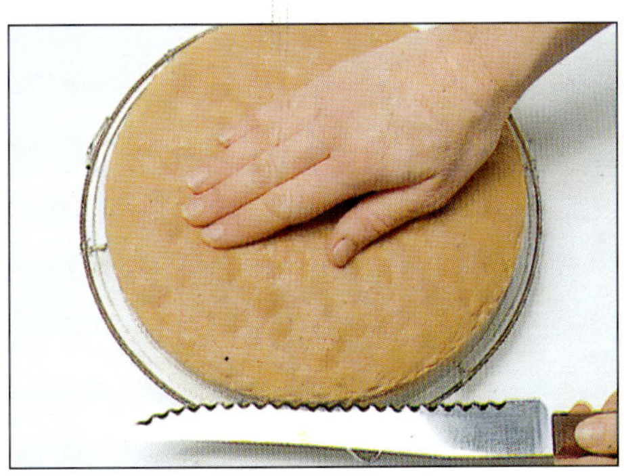

6 ▲ Die Unterseite des Kuchens mit einer Schicht Frischkäse bestreichen.

7 Mit der zweiten Kuchenhälfte abdecken und den Kuchen oben und an den Seiten mit der restlichen Füllung bestreichen, die Oberseite zu einem dekorativen Muster glätten.

Backformen vorbereiten

Backformen werden je nach Rezept auf verschiedene Weise vorbereitet: Manchmal müssen sie nur eingefettet werden, manchmal kommt noch eingefettetes Pergamentpapier für den Boden hinzu. Diese Details sind abhängig von der Teigrezeptur und der Backzeit. Aus gut eingefetteten Backformen lassen sich die Kuchen leichter stürzen.

Verschiedene Teigkrusten
Für manche Rezepte muss die eingefettete Backform mit Kakaopulver, Zucker oder gemahlenen Nüssen ausgestreut werden.

1 ▲ **Eine Backform einfetten:** Nehmen Sie dazu Butter, Margarine oder ein geschmacksneutrales Öl. Das Fett mit einem Papiertuch oder mit den Fingern aufnehmen und damit Boden und Wände der Form dünn auswischen. Bei Öl die Form mit einem Backpinsel einstreichen.

2 ▲ **Eine Backform bemehlen:** Eine kleine Menge Mehl in die Mitte der eingefetteten Backform geben und die Form so hin und her drehen und wenden, dass das Mehl am Boden und an den Seiten hängenbleibt. Die Form umdrehen und überschüssiges Mehl herausklopfen.

3 ▲ **Den Boden einer Backform auslegen:** Die Form auf ein Stück Backpapier legen und um den Boden herum zeichnen – Kreis, Rechteck oder Quadrat. Das Papier innerhalb der Linie ausschneiden und glatt auf den Boden der Form legen.

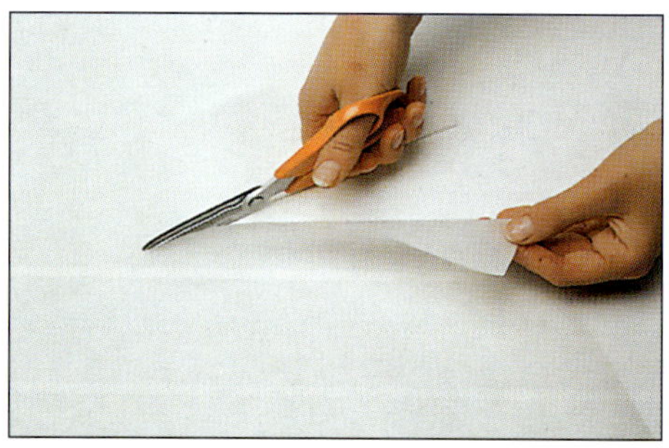

4 ▲ **Die Seiten einer Backform auslegen:** Einen Papierstreifen ausschneiden, der in der Länge um die Seitenwände der Form herumreicht; er sollte sich um ca. 4 cm überlappen und um 2,5 cm höher als die Seitenwände sein.

5 ▲ Den Streifen der Länge nach bei 2,5 cm Höhe scharf falten, diesen abgeknickten Rand in regelmäßigen Abständen bis zur Falzkante hin einschneiden, den eingeschnittenen Rand auf den Boden der Form legen und die Seitenwände auskleiden.

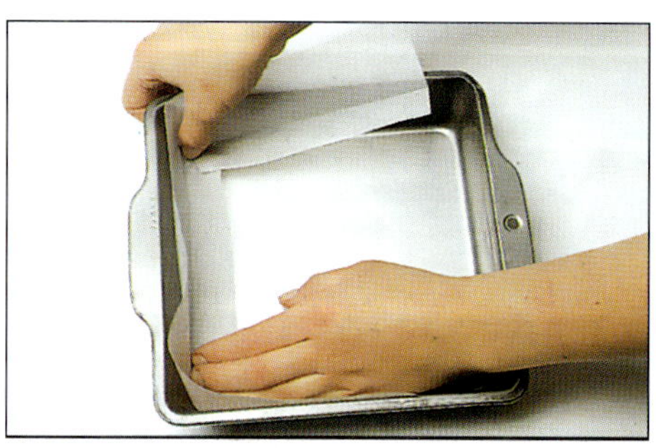

6 ▲ Bei rechteckigen und quadratischen Backformen den Streifen mit dem Fingernagel in die Ecken einpassen, dann mit einem anderen Stück Papier den Boden auslegen.

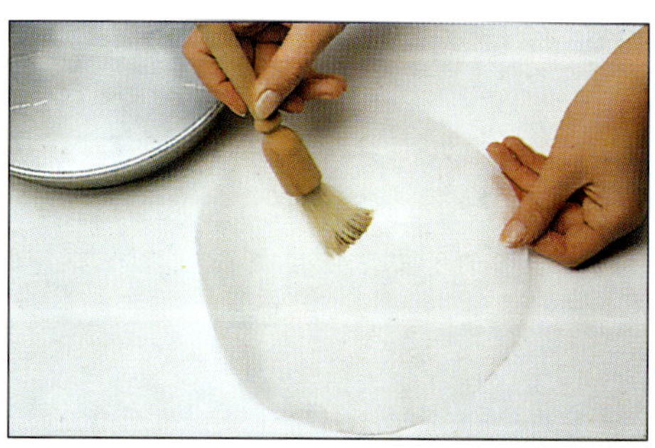

7 ▲ Je nach Rezept das Papier vor dem Einlegen in die Form einfetten. Die Form erst dann bemehlen, wenn das Papier eingepaßt ist.

8 ▲ **Förmchen für kleine Kuchen und Muffins:** Die Formen einfetten und bemehlen oder fertige Papierformen in der entsprechenden Größe verwenden.

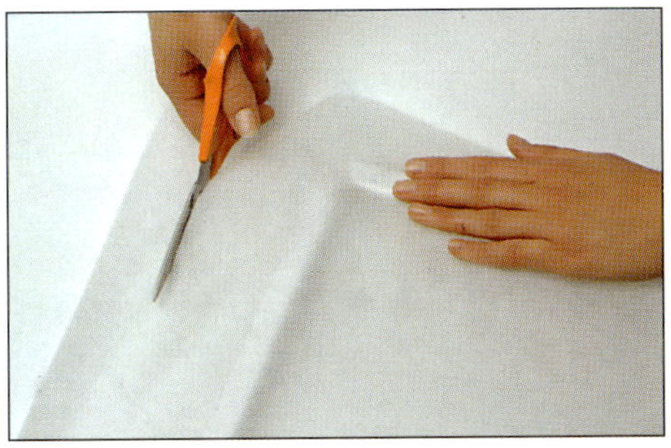

9 ▲ Eine Form für Biskuitteig auskleiden: Ein rechteckiges Papierstück ausschneiden, das rundherum um 5 cm größer ist als die Backform. Den Boden der Backform einfetten.

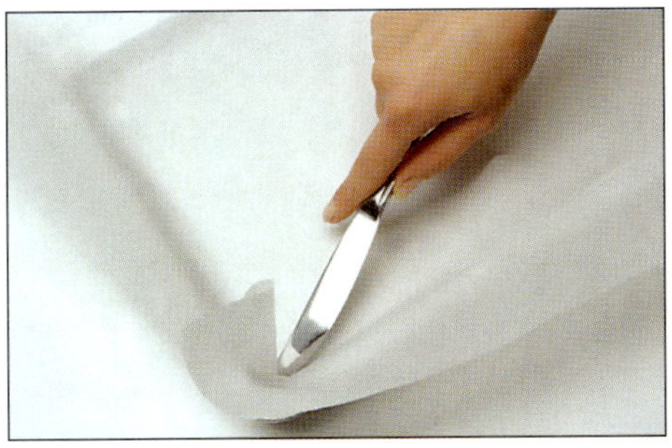

10 ▲ Das Papier glatt in die Form legen, mit einem Messer entlang der Kanten und in den Ecken festdrücken, aber nicht zerschneiden.

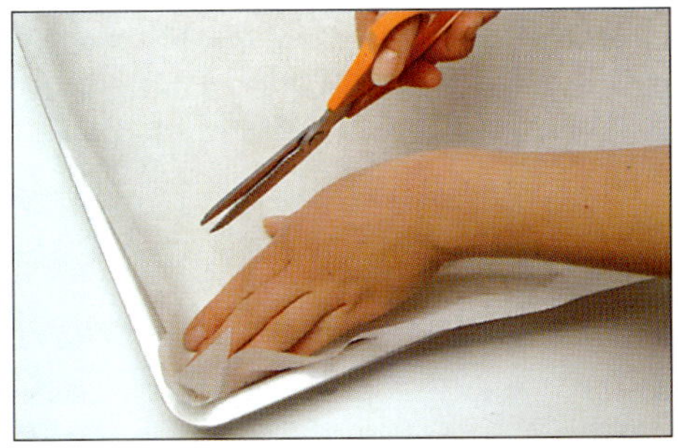

11 ▲ Mit einer Schere das Papier in den Ecken vom Rand hin zum Boden zurechtschneiden, so dass es sauber in die Ecken passt. Je nach Rezept das Papier einfetten.

EIER FÜR EINEN BISKUITTEIG TRENNEN

Diese Variante des Biskuitteigs ist einfacher als diejenige, bei der ganze Eier verwendet werden, aber der Teig wird mit dieser Methode genauso leicht und locker. Die Schüssel muss nicht unbedingt auf einen Topf mit kochendem Wasser gestellt werden, es sei denn, Sie schlagen den Teig mit einem Schneebesen, denn dann wird die Ei-Zuckermischung schneller dickflüssig und gewinnt mehr an Volumen. Schusseln und Mixgeräte müssen bei der Verarbeitung von Eiweiß absolut sauber sein.

1 ▲ Eigelb und Eiweiß sauber voneinander trennen und jeweils in zwei große Schüsseln geben.

2 ▲ Den größten Teil des Zuckers zum Eigelb geben. Mit einem Handmixer bei mittlerer Schaltstufe verrühren, bis eine sehr dickflüssige und weiße Masse entsteht. Die Quirle aus dem Teig heben: Die von ihnen heruntertropfende Masse sollte eine klar erkennbare Spur auf der Oberfläche der Schüssel zeichnen.

3 ▲ Das Eiweiß schlagen, bis es weiche Spitzen formt. Wenn Sie keine Kupferschüssel verwenden, eine Prise Weinstein hinzugeben. Restlichen Zucker hinzufügen und weiter quirlen, bis der Eischnee steif ist.

4 ▲ Mit einem Spatel das gesiebte Mehl in die Eigelbmischung und danach den Eischnee unterheben. Den Teig in die vorbereitete Backform geben und wie im Rezept angegeben backen.

Genuesischer Biskuit
Bei diesem reichhaltigen und kniffligen Biskuitteig wird geschmolzene Butter untergerührt, kurz bevor der Teig in die Backform kommt.

Biskuitrolle herstellen

Die dekorative Füllung einer aufgeschnittenen Biskuitrolle ist immer ein Blickfang. Man kann sie mit süßer Schlagsahne (S. 160), Eiscreme (S. 167), Fruchtgelee oder Buttercreme (S. 242) füllen.
Der Biskuitteig läßt sich nach Belieben mit ganzen oder getrennten Eiern herstellen (S. 244 oder S. 247).
Die Form wird mit eingefettetem Backpapier ausgelegt und bemehlt.

Schokoladen-Eiscremerolle
Einen Biskuitteig aus 4 getrennten Eiern, 115g Streuzucker und 115g gesiebtem Mehl und 3 Eßlöffeln Kakaopulver herstellen. In eine 37,5x25cm große Backform geben und im Ofen bei 190° C/Gas 5 für ca. 15Min. backen. Aus dem Ofen nehmen, aufrollen und abkühlen lassen. Dann den Teig aufrollen und mit 600ml weicher Vanille- oder Schokoladeneiscreme füllen. Den Kuchen einrollen, in Folie wickeln und einfrieren. Vor dem Servieren 30Min. in den Kühlschrank stellen. Mit Puder- oder Streuzucker bestäuben und nach Wunsch mit heißer Sauce aus Bitterschokolade (S. 203) servieren. *Für 8 Personen.*

1 ▲ Den Teig in die Backform einfüllen und mit einem Palettenmesser glätten. Wie im Rezept angegeben backen.

2 ▲ Ein Geschirrtuch auslegen und darauf ein Stück Pergamentpapier legen. Das Papier gleichmäßig mit Streu-, Puderzucker, Kakao u.ä. bestreuen. Den Kuchen auf das Papier stürzen.

3 ▲ Das Backpapier von der Unterseite des Kuchens vorsichtig abziehen, zu hart gebackene Stellen von den Kuchenrändern abschneiden.

4 ▲ Den Kuchen vorsichtig von der kurzen Seite her mit dem Papier nach innen aufrollen, das Tuch um die Rolle wickeln und abkühlen lassen.

5 ▲ Die Teigrolle aufwickeln, das Papier entfernen und gleichmäßig mit der Füllung bestreichen.

6 ▲ Den Teig wieder vorsichtig aufrollen und dabei mit Hilfe des Papiers voranschieben. Je nach Rezept mit Zucker oder Puderzucker bestreuen.

Baumstamm-Kuchen

Für 8 oder mehr Personen
4 Eier, getrennt
145 g Streuzucker
1 Teelöffel Vanilleextrakt
eine Prise Weinstein, wenn nötig
115 g Weizenmehl, gesiebt
240 ml Schlagsahne
300 g Vollmilch- oder Bitterschokolade, in Stücken
2 Esslöffel Rum oder Cognac

1 Ofen auf 190° C/Gas 5 vorheizen.

2 Die Eigelbe in eine Schüssel geben. 2 Esslöffel des Zuckers zurückbehalten, den Rest zum Eigelb geben, verrühren und Vanille hinzufügen.

3 In einer anderen sauberen und fettfreien Schüssel das Eiweiß steif schlagen (zusammen mit dem Weinstein, falls Sie keine Kupferschüssel benutzen), bis es weiche Spitzen bildet. Die zurückbehaltenen 2 Esslöffel Zucker hinzugeben und weiter verquirlen, bis die Masse glänzt und steife Spitzen bildet.

4 Die Hälfte des Mehls vorsichtig in die Eigelbe einrühren, 1/4 des Eischnees hinzugeben und unterheben. Das restliche Mehl einrühren, danach den restlichen Eischnee.

5 ▲ Den Teig in die Backform füllen und für 15 Min. backen.

6 Auf mit Zucker bestäubtes Backpapier stürzen, aufrollen und kühlen.

7 Die Sahne aufkochen. Die Schokolade in eine Schüssel geben, die Sahne hinzugießen und verrühren, bis die Schokolade geschmolzen ist.

8 ▲ Die Schokoladenmischung mixen, bis sie zu einer lockeren und verstreichbaren Masse geworden ist. 1/3 der Masse in eine andere Schüssel geben, Rum oder Cognac einrühren.

9 Den Kuchen auseinanderrollen, die Schokoladenmischung gleichmäßig verteilen und wieder aufrollen.

10 Etwa 1/4 von der Rolle schräg abschneiden und so an die Seite des größeren Stückes platzieren, dass der Kuchen einem Baumast ähnelt.

11 ▼ Den ganzen Kuchen mit der restlichen Schokoladenmasse bestreichen, mit einer Gabel in die Glasur Furchen wie bei einer Baumrinde hineinziehen. Vor dem Servieren mit Puderzucker bestäuben und nach Wunsch weihnachtlich dekorieren.

Teig nach der Schmelzmethode zubereiten

Kuchenteige, die nach der Schmelzmethode zubereitet werden, sind wunderbar saftig. Die Zutaten wie Zucker, Sirup und Fett werden zusammen erwärmt, geschmolzen und gut verrührt, bevor die trockenen Zutaten hinzukommen.

Früchtekuchen
225g Mehl, eine Prise Salz und 1 Teelöffel Gewürzmischung sieben. 115g Butter oder Margari ne, 115g braunen Zucker, 150ml Wasser, abgeriebene Schale und Saft einer Orange schmelzen. Wenn die Masse glatt ist, je 115g Sultaninen, Korinthen und Rosinen hinzufügen, für ca. 10Min. unter Rühren leise köcheln und dann abkühlen lassen. Diese Mischung zu den trockenen Zutaten geben, dann 55g gehackte glasierte Kirschen, 1 Esslöffel Orangen-marmelade und 2 geschlagene Eier hinzufügen. Gut durchmischen. In eine gefettete und mit Pergamentpapier ausgelegte Backform geben und bei 170°C/ Gas 3 für ca. 1 1/2Std. backen, bis die Kuchenkruste goldbraun ist (Garprobe mit einem Spieß). In der Form 30Min. abkühlen lassen, dann auf einen Kuchenrost stürzen.

1 ▲ Die trockenen Zutaten (Mehl, Zucker, Backtriebmittel, Salz, Gewürze) in eine große Schüssel sieben.

2 ▲ Zucker und/oder Sirup und das Fett in einem Topf bei geringer Hitze erwärmen, bis das Fett geschmolzen ist und der Zucker sich aufgelöst hat, dabei ab und zu umrühren. Die Mischung darf nicht kochen.

3 ▲ Je nach Rezept Früchte hinzugeben. Vom Herd nehmen und leicht abkühlen lassen (wenn die Mischung zu heiß ist, verbindet sie sich nicht mit den trockenen Zutaten).

4 ▲ Die Mitte der trockenen Zutaten vertiefen und die geschmolzene Mischung hineingeben, Eier oder andere Flüssigkeit (Milch, Wasser etc.) hinzufügen und zu einem glatten, dickflüssigen Teig verrühren.

5 ▲ Je nach Rezept Früchte oder Nüsse einrühren, wenn sie nicht bereits mit dem Sirup erwärmt worden sind. Den Teig in eine mit Papier ausgelegte Form gießen und backen.

Den Kuchen reifen lassen
Kuchen, die nach der Schmelzmethode gebacken wurden, schmecken am besten, wenn sie vor dem Verzehr einige Zeit „reifen“. Nach dem Auskühlen in Pergamentpapier einwickeln und für 1-2 Tage kühl stellen, bevor der Kuchen aufgeschnitten wird.

Saftiges Ingwerbrot

FÜR EINE QUADRATISCHE 20 CM-BACKFORM

225 g Weizenmehl
eine Prise Salz
1 Teelöffel Natron
2 Teelöffel Ingwer, gemahlen
1 Teelöffel Piment
115 g Butter oder Margarine
115 g Ahornsirup
115 g Zuckerrübensirup
55 g brauner Zucker
2 Eier, geschlagen
120 ml Milch
115 g Sultaninen

FÜR DIE GLASUR

115 g Puderzucker
etwa 4 Esslöffel Wasser

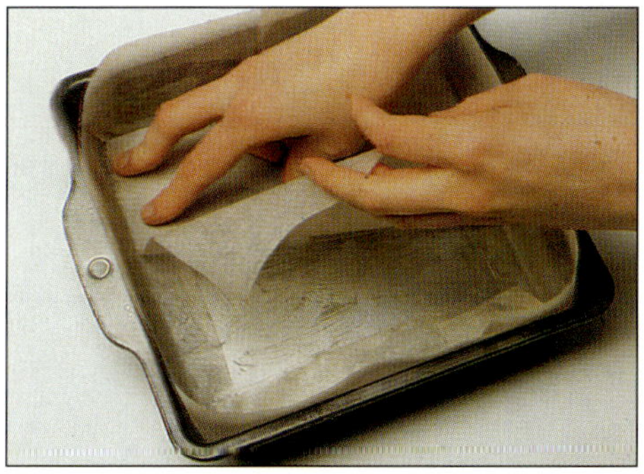

1 ▲ Ofen auf 180° C/Gas 4 vorheizen. Eine 20 x 20 cm Backform einfetten und mit Papier auslegen.

2 ▲ Mehl, Salz, Natron und Gewürze in eine Schüssel sieben.

3 Butter oder Margarine, Sirups und braunen Zucker in einem Topf bei geringer Hitze erwärmen, ab und zu umrühren, bis die Masse gleichmäßig geschmolzen ist. Vom Herd nehmen und leicht abkühlen lassen.

4 ▼ Die Mitte der trockenen Zutaten vertiefen, die geschmolzene Masse sowie die geschlagenen Eier und die Milch hineingeben. Mit einem Holzspatel glatt rühren. Sultaninen hinzufügen.

5 Den Teig in die Backform geben und für ca. 1 Std. backen. Um zu prüfen,ob das Ingwerbrot gar ist, leicht auf die Mitte drücken: Der Teig sollte zurückfedern. In der Form 5 Min. abkühlen lassen, dann auf einen Rost stürzen und ganz auskühlen lassen.

6 ▲ Für die Glasur den Puderzucker in eine Schüssel sieben, 3 Teelöffel des Wassers hinzufügen, glatt rühren und teelöffelweise weiter Wasser hinzufügen, bis die Glasur eine flüssige Konsistenz hat. Die Glasur über den Kuchen gießen und vor dem Servieren setzen lassen.

Einleitung

~

Kreative Küche heute – das sind abwechslungsreiche und schmackhafte Gerichte während der Woche und stressfreie, gemeinsame Mahlzeiten mit der Familie und mit Freunden. Vorbei sind die Zeiten, wo Notizbücher und Zettelkästen durchwühlt werden mussten auf der Suche nach dem besonderen Rezept der Großmutter für Rindfleischeintopf oder nach dem der Nachbarin für ihren einzigartigen Schokoladenkuchen.

In diesem Kochbuch haben wir sowohl bewährte traditionelle Rezepte aufgenommen als auch neue Kochideen, die die Vielfalt der Einflüsse aus den Küchen anderer Länder sowie den Wandel in unseren Essgewohnheiten widerspiegeln. Viele der exotischen Zutaten in den Rezepten sind inzwischen auch bei uns erhältlich.

Zusätzlich vermittelt dieses Buch auf leicht verständliche Weise Grundtechniken des Kochens. Mit den einzeln bebilderten Schritt-für-Schritt-Anleitungen kann sich auch ein Anfänger vertrauensvoll an die Rezepte wagen; für den erfahrenen Koch sind sie eine willkommene Gedächtnisstütze – und Sie haben die freie Auswahl aus über 200 erprobten Rezepten.

Als Vorspeisen werden Ihnen sättigende Suppen, Sandwiches und andere kleine Gerichte geboten – schlicht und einfach oder raffiniert in der Zubereitung. Es folgen die Fischkapitel, die aus dem reichen Angebot der bei uns erhältlichen Fischspezialitäten schöpfen. Fleischrezepte dürfen natürlich nicht fehlen: Rind, Schwein, Lamm und Geflügel sind für die meisten Menschen immer noch das Kernstück einer Mahlzeit. Aber auch der immer stärkere Trend zu vollwertigen Mahlzeiten aus Getreideprodukten und frischem Gemüse wird ausreichend berücksichtigt. Es mag sein, dass selbstgemachte Desserts und Torten heutzutage in der Alltagsküche ein Luxus sind, aber unsere Rezepte erfordern nur ein Minimum an Aufwand, damit Ihre Küche von köstlichem Kuchenduft erfüllt wird.

Kreatives Kochen für die ganze Familie – und für verschiedene Gelegenheiten: Dazu zählen auch gehaltvolle warme Gerichte für kalte Wintertage wie z.B. Käse-Makkaroni, traditioneller Hühnertopf und überbackenes Obst. Manchmal haben wir gängige Grundzutaten abgewandelt und bieten stattdessen Hähnchen mit Preiselbeersauce, Cheeseburger mit würziger Avocadocreme und Haselnuss-Eisbecher mit heißen Fondant. Auch die internationale Küche ist vertreten: Hühnchen auf mexikanische Art, Jambalaya, Spanisches Omelette oder pikante italienische Törtchen sind nur einige Beispiele.

Das einzige, was in der *kreative Küche* fehlt, sind Geschmack und Aroma der hier gezeigten Speisen. Auch Ihre persönliche Erfahrung kann dieses Buch nicht ersetzen. Nur Sie kennen die Eigenheiten Ihres Ofens, und nur Sie wissen, welches Ihrer Küchengeräte sich für einen bestimmten Zweck am besten eignet. Es gehört zu einer guten vernünftigen Küchenpraxis, wenn Sie alle Zutaten vor dem Kochen bereitstellen. Eine Mahlzeit kann allerdings immer nur so gut sein wie die verwendeten Zutaten. Nutzen Sie deshalb das saisonale, marktfrische Angebot an Früchten und Gemüsen und vergessen Sie nicht, die Gerichte vor dem Servieren noch einmal abzuschmecken – auch eine noch so ausgefeilte Kochtechnik kann fade Gewürze nicht ausgleichen.

Unser hektischer Lebensstil lässt uns immer weniger Zeit für das Kochen zu Hause. Wir hoffen aber, dass mit der *Kreativen Küche* die Freude an selbstzubereiteten Mahlzeiten und am gemeinsamen Genuss am Familien-Esstisch wiederentdeckt wird.

Suppen, Sandwiches & Vorspeisen

~

Hier finden Sie heiße und kalte Suppen für jede Jahreszeit, leckere Sandwiches und eine reiche Auswahl an Appetithappen als Vorspeisen.

Reichhaltige Gemüsesuppe

FÜR 8 PERSONEN

1 mittelgroßer Kopf Wirsingkohl, geviertelt, ohne Strunk
2 Esslöffel Pflanzenöl
4 Möhren, in dünnen Scheiben
2 Selleriestangen, in dünnen Scheiben
2 Pastinaken, gewürfelt
1,5 Liter Hühnerbrühe
3 mittelgroße Kartoffeln, gewürfelt
2 Zuccini, in Scheiben
1 kleine rote Paprika, gewürfelt
1 kleiner Blumenkohl, ohne Strunk, in kleine Röschen zerteilt
2 Tomaten, ohne Kerne, gewürfelt
1/2 Teelöffel frischer Thymian, oder 1/4 Teelöffel getrockneter Thymian
2 Esslöffel frisch gehackte Petersilie
Pfeffer und Salz

1 Die Wirsingviertel quer in dünne Streifen schneiden.

2 ▲ Öl in einem großen Topf erhitzen, Wirsing, Möhren, Sellerie und Pastinake hineingeben und für 10-15 Min. bei mittlerer Hitze anschwitzen, dabei öfters umrühren.

3 Die Brühe zum Gemüse gießen und zum Kochen bringen. Den Kochschaum von der Oberfläche abschöpfen.

4 ▲ Kartoffeln, Blumenkohl, Tomaten, Paprika und Zucchini sowie die Kräuter hinzufügen, mit Pfeffer und Salz würzen. Nochmals aufkochen, den Topf abdecken und für 15-20 Min. bei geringer Hitze simmern lassen, bis das Gemüse bisszart ist.

Klassische Tomatensuppe

FÜR 4 PERSONEN

30g Butter oder Margarine
1 Zwiebel, gehackt
900g Tomaten, geviertelt
2 Möhren, gewürfelt
500ml Hühnerbrühe
2 Esslöffel frische Petersilie
1/2 Teelöffel frischer Thymian oder 1/4 Teelöffel getrockneter Thymian
85ml Schlagsahne (nach Belieben)
Pfeffer und Salz

~ KOCHTIPP ~

Italienische Flaschentomaten aus der Dose sind für diese Suppe ideal geeignet.

1 Butter oder Margarine in einem großen Topf schmelzen, die Zwiebel hinzugeben und ca. 5Min. anbraten.

2 ▲ Tomaten, Möhren, Kräuter und Hühnerbrühe hinzugeben und zum Kochen bringen. Die Hitze reduzieren und bei zugedecktem Topf für 15-20 Min. simmern lassen.

3 ▼ Die Suppe in einer Gemüsemühle pürieren und wieder zurück in den Topf gießen.

5 Nach Belieben die Sahne einrühren, mit Pfeffer und Salz würzen und in vorgewärmten Tellern mit Kräutern bestreut heiß servieren.

Reichhaltige Gemüsesuppe (oben); klassische Tomatensuppe

Möhrensuppe

FÜR 6 PESONEN

30g Butter oder Margarine
1 Zwiebel, gehackt
1 Selleriestange, in Stücken
1 mittelgroße Kartoffel, gewürfelt
700g Möhren, gewürfelt
1 Teelöffel frisch gemahlener Ingwer
1,3 Liter Hühnerbrühe
85 ml Schlagsahne
1/4 Teelöffel Muskatnuss, gerieben
Pfeffer und Salz

1 ▼ Zwiebel und Sellerie in der Butter oder Margarine für ca. 5 Min. anschwitzen, bis sie weich sind.

2 Kartoffel, Möhren, Ingwer und Brühe hinzufügen, zum Kochen bringen und die Hitze reduzieren. Den Topf abdecken und bei geringer Hitze 20 Min. simmern lassen.

3 ▲ Die Suppe in eine Küchenmaschine, einen Mixer oder eine Gemüsemühle geben und glatt pürieren. Die Suppe wieder in den Topf geben, Sahne und Muskatnuss einrühren, mit Pfeffer und Salz abschmecken und vor dem Servieren nochmals anwärmen.

Erbsensuppe mit Minze

FÜR 6 PERSONEN

30g Butter oder Margarine
1 Zwiebel, gehackt
1 kleiner Kopfsalat, gehäckselt
900g frische Erbsen, geschält oder Tiefkühlerbsen, aufgetaut
1,5 Liter Hühnerbrühe
3 Esslöffel frische Minze, gehackt
Pfeffer und Salz
175 ml Schlagsahne
frische Minzblätter zum Garnieren

1 ▲ Butter oder Margarine in einem großen Topf schmelzen, Zwiebel hinzugeben und ca. 5 Min. weichkochen.

2 ▲ Salat, Erbsen, Brühe und Minze hinzugeben, aufkochen, dann abgedeckt bei geringer Hitze für 15 Min. simmern lassen.

3 Die Suppe in eine Küchenmaschine, einen Mixer oder eine Gemüsemühle geben und pürieren, dann wieder in den Topf geben und abschmecken.

4 ▲ 2/3 der Sahne einrühren und langsam erwärmen. Die Suppe in vorgewärmten Tellern servieren, mit einem spiralförmig gezogenen Teelöffel Sahne oder mit frischen Minzblättern garnieren.

~ VARIATION ~

Die Suppe für 3-4 Std. durchkühlen, wenn sie kalt gegessen werden soll. Die gesamte Sahne erst kurz vor dem Servieren einrühren oder jeden Teller nur mit einem Sahneklecks garnieren.

Möhrensuppe (oben), Erbsensuppe mit Minze

Kalte Avocado-Zucchinisuppe

Für 4 Person

1 Liter Hühnerbrühe
450 g Zucchini, in Scheiben
2 große, reife Avocados
3 Esslöffel frisch gepreßter Zitronensaft
175 ml Vollmilchjogurt
2 Esslöffel Worchestersauce
1/2 Teelöffel Chilipulver
1/8 Teelöffel Zucker
ein Spritzer Chilisauce
Salz

1 In einem großen Topf die Hühnerbrühe zum Kochen bringen.

2 ▲ Zucchini hinzufügen und für 10-15 Min. simmern lassen. Abkühlen.

3 ▲ Die Avocados schälen, die Kerne entfernen, das Fruchtfleisch kleinschneiden und zusammen mit dem Zitronensaft in einer Küchenmaschine oder einem Mixer pürieren.

4 ▲ Die Zucchini mit einer Schöpfkelle aus der Brühe heben, in die Küchenmaschine zu den Avocados geben und ebenfalls pürieren.

5 ▲ Das Avocado-Zucchini-Püree in eine Schüssel geben, die Brühe sowie 2/3 des Jogurts, Worchestersauce, Chilipulver, Chilisauce und Zucker hinzugeben und mit Salz abschmecken. Gut vermischen, fest abdecken und für 3-4 Std. kühlen.

6 Vor dem Servieren die Suppe in Teller umfüllen und den Rest Jogurt auf der Suppe dekorativ verrühren.

Hühnersuppe mit Nudeln

Für 8 Personen

1 Huhn (1,4 kg), kochfertig, in Stücke geschnitten
2 Zwiebeln, geviertelt
1 Pastinake, geviertel
2 Möhren, geviertelt
1/2 Teelöffel Salz
1 Lorbeerblatt
2 Pimentkörner
4 schwarze Pfefferkörner
3 Liter Wasser
85 g dünne Fadennudeln
frischer Dill zum Garnieren

1 ▲ Hühnerfleisch, Zwiebeln, Pastinake, Möhren, Lorbeer, Piment, Pfefferkörner und Salz in einen großen Topf geben.

2 ▲ Mit dem Wasser auffüllen und unter Rühren zum Kochen bringen.

3 Bei geringer Hitze für 1 1/2 Std. simmern lassen, gelegentlich den Kochschaum abschöpfen.

4 Die Brühe durch ein feines Sieb in eine Schüssel abseihen. Über Nacht in den Kühlschrank stellen.

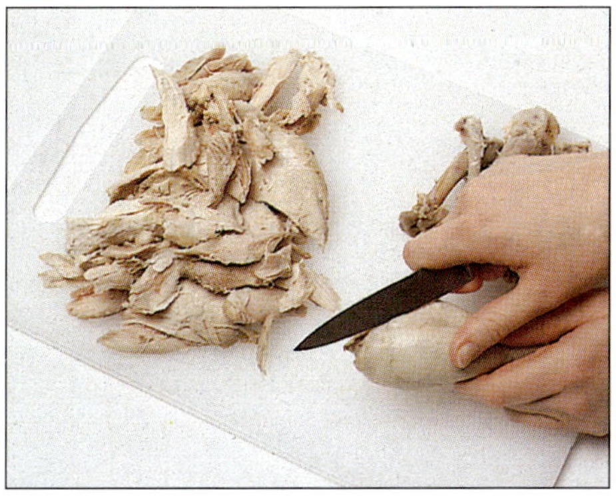

5 ▲ Von dem abgekühlten Hühnerfleisch Knochen und Haut entfernen und wegwerfen, auch die Gewürze und das Gemüse. Das Hühnerfleisch über Nacht in den Kühlschrank stellen.

6 Von der gekühlten Brühe die obere Fettschicht entfernen, in einen Topf gießen, aufkochen und abschmecken: Wenn sie zu flau schmeckt, für 10 Min. einkochen lassen, damit sich der Geschmack konzentiert.

7 ▲ Hühnerfleisch und Nudeln zur Brühe geben und ca. 8 Min. kochen, bis die Nudeln bissfest sind (die auf der Packung angegebene Kochzeit beachten). Mit frischem Dill garniert heiß servieren.

Grüne-Bohnen-Suppe mit Parmesan

FÜR 4 PERSONEN

- 30 g Butter oder Margarine
- 225 g grüne Bohnen, kochfertig
- 1 Knoblauchzehe, gepresst
- 500 ml Gemüsebrühe
- Pfeffer und Salz
- 55 g Parmesankäse
- 65 ml Sahne
- 2 Esslöffel frische Petersilie, gehackt

1 Butter oder Margarine in einem Topf schmelzen, grüne Bohnen und Knoblauch hinzufügen und für 2-3 Min. bei mittlerer Hitze unter Rühren anschwitzen.

2 ▲ Die Brühe eingießen und mit Pfeffer und Salz abschmecken. Aufkochen, die Hitze reduzieren und bei offenem Topf für 10-15 Min. simmern lassen, bis die Bohnen zart sind.

3 ▼ Die Suppe in einer Küchenmaschine, einem Mixer oder einer Gemüsemühle glatt pürieren. In den Topf zurückgießen, den Parmesan und die Sahne einrühren. Mit Petersilie bestreut servieren.

Herzhafte Linsensuppe

FÜR 6 PERSONEN

- 175 g braune Linsen
- 1 Liter Hühnerbrühe
- 250 ml Wasser
- 65 ml trockener Rotwein
- 700 g reife Tomaten, enthäutet, gehackt oder 400 g Tomaten aus der Dose
- 1 Möhre, in Scheiben
- 1 Zwiebel, gehackt
- 1 Selleriestange, in Stücken
- 1 Knoblauchzehen, gepresst
- 1/4 Teelöffel Koriander, gemahlen
- 2 Teelöffel frisches Basilikum, gehackt oder 1/2 Teelöffel getrocknetes Basilikum
- 1 Lorbeerblatt
- 6 Esslöffel Parmesankäse, frisch gerieben

1 ▲ Die Linsen abspülen, gespaltene oder dunkle Linsen aussortieren.

2 ▲ Linsen, Brühe, Wasser, Wein, Tomaten, Möhren, Sellerie, Zwiebel, Knoblauch, Gewürze und Basilikum in einen großen Topf geben.

3 ▼ Zum Kochen bringen, die Hitze reduzieren, den Topf abdecken und bei geringer Hitze für 20-25 Min. simmern lassen, bis die Linsen gar sind.

4 Den Lorbeer entfernen, und die Suppe in 6 Teller umfüllen und mit jeweils 1 Esslöffel Parmesan bestreuen.

~ VARIATION ~

Für eine gehaltvollere Suppe 115 g fein gehackten Kochschinken für die letzten 10 Kochminuten hinzugeben.

Grüne-Bohnen-Suppe mit Parmesan (oben); herzhafte Linsensuppe

Würzige Bohnensuppe

Für 8 Personen

- 350 g schwarze oder rote Kidney-Bohnen, über Nacht eingeweicht
- 2 Liter Wasser
- 6 Knoblauchzehen, gepresst
- 350 g weiße Bohnen, über Nacht eingeweicht
- 6 Esslöffel Balsamico- oder Weißweinessig
- 4 Chilischoten, ohne Kerne, gehackt
- 6 Frühlingszwiebeln, fein gehackt
- Saft einer Zitrone oder Limone
- 65 ml Olivenöl
- 3 Esslöffel frischer Koriander, gehackt
- Pfeffer und Salz

1 Die Kidney-Bohnen abspülen und abtropfen lassen und in einem großen Topf mit der Hälfte des Wassers und des Knoblauchs aufkochen. Bei geringer Hitze abgedeckt für ca. 1 1/2 Std. simmern lassen, bis sie weich sind.

2 Die weißen Bohnen abspülen und abtropfen lassen, in einem anderen Topf mit dem restlichen Wasser und Knoblauch aufkochen, abgedeckt bei geringer Hitze ca. 1 Std. gar kochen.

3 ▲ Die gekochten weißen Bohnen pürieren, dann den Essig, den Chili und die Hälfte der Frühlingszwiebeln einrühren. Wieder in den Topf geben und langsam erwärmen.

4 Die gekochten Kidney-Bohnen pürieren, im Topf mit Limonen- oder Zitronensaft, Olivenöl, Koriander und den restlichen Frühlingszwiebeln vermischen und langsam erhitzen.

5 ▲ Beide Suppen mit Pfeffer und Salz würzen. Zum Servieren eine Portion von beiden Bohnensuppen nebeneinander in einen Teller geben und mit einem Cocktailspieß dekorativ verrühren. Nach Wunsch mit frischen Korianderblättern garnieren.

Herbstliche Kürbissuppe

Für 4 Personen

- 30 g Butter oder Margarine
- 2 kleine Zwiebeln, gehackt
- 450 g Kürbis, geschält, ohne Kerne, in Würfeln
- 1,3 Liter Hühnerbrühe
- 225 g Kartoffeln, gewürfelt
- 1 Esslöffel Paprikapulver
- 125 ml Schlagsahne nach Belieben
- Pfeffer oder Salz
- 1 1/2 Esslöffel Schnittlauch, frisch gehackt und ganze Stengel zum Garnieren

1 Butter oder Margarine in einem großen Topf schmelzen und die Zwiebeln für 5 Min.weich braten.

2 ▲ Kürbiswürfel, Brühe, Kartoffeln und Paprika hinzufügen. Aufkochen und die Hitze auf geringe Stufe reduzieren. Abgedeckt für ca. 35 Min. simmern lassen, bis das Gemüse weich ist.

3 Die Suppe in einer Küchenmaschine oder einem Mixer pürieren und wieder in den Topf geben. Nach Belieben Sahne einrühren, mit Pfeffer und Salz würzen, langsam erwärmen.

4 ▲ Kurz vor dem Servieren gehackten Schnittlauch einrühren und mit einzelnen Stengeln garnieren.

Würzige Bohnensuppe (oben); herbstliche Kürbissuppe

Sandwich mit Mozzarella und Tomaten

Für 4 Personen

- 4 kleine Weizenbrötchen
- 125 ml frisch hergestelltes oder gekauftes Pesto
- 225 g Mozzarella, dünn geschnitten
- 4 mittelgroße Tomaten, in dünnen Scheiben
- 3 Esslöffel Olivenöl
- frisches Basilikum zum Garnieren

1 Die Brötchen mit einem Sägemesser in Hälften schneiden und jede Hälfte mit 1 Esslöffel Pesto-Sauce bestreichen.

2 ▲ Die unteren Brötchenhälften abwechselnd mit kleinen Tomaten- und Mozzarellascheiben belegen.

3 ▲ Die belegten Brötchenhälften mit Olivenöl beträufeln.

4 Die obere Brötchenhälfte auf die belegte Hälfte legen und mit Basilikum garnieren.

Griechischer Salat im Pitta-Brot

Für 6 Personen

- 1/2 Eisbergsalat, in feine Streifen geschnitten
- 1/2 Salatgurke, gewürfelt
- 9 Kirschtomaten, in Hälften
- 2 Frühlingszwiebeln, fein gehackt
- 115 g Fetakäse, gewürfelt
- 8 schwarze Oliven, entkernt, gehackt
- 6 ovale Pitta-Brote, quer durchgeschnitten

Für das Dressing

- 1 kleine Knoblauchzehe, gepreßt
- 1/8 Teelöffel Salz
- 2 Esslöffel Olivenöl
- 1 Teelöffel frisch gepresster Zitronensaft
- 1 Teelöffel frische Minze, gehackt
- Pfeffer

1 ▲ Eisbergsalat, Gurke, Tomaten, Frühlingszwiebeln, Oliven und Fetakäse in einer Schüssel vermischen.

2 ▲ Die Dressingzutaten in ein Glas mit Schraubverschluss geben und gut durchschütteln.

3 ▲ Das Dressing über den frischen Salat gießen und gut unterrühren.

4 ▲ Die Pitta-Hälften vorsichtig öffnen und den Salat hineinfüllen. Sofort servieren.

Sandwich mit Mozzarella und Tomaten (oben); Griechischer Salat im Pitta-Brot

Club-Sandwiches

FÜR 4 PERSONEN

8 Streifen durchwachsener Speck

12 Scheiben Weißbrot, getoastet

125ml Majonäse

120-230g gekochte Hähnchenbrust in Scheiben geschnitten

8 große Salatblätter

1 Fleischtomate, in 4 Scheiben geschnitten

Salz und Pfeffer

1 ▼ Den Speck in einer schweren Pfanne knusprig braten und auf Papiertüchern trocknen lassen.

2 Vier Toastscheiben auf eine Arbeitsfläche legen und mit etwas Majonäse bestreichen.

3 ▲ Auf jede Toastscheibe 1/4 der Hähnchenbrust und ein Salatblatt legen. Mit Salz und Pfeffer würzen.

4 ▲ Vier weitere Toastscheiben mit Majonäse bestreichen und oben auf den Salat legen.

5 ▲ Auf diese Toastscheibe zwei Speckstreifen, eine Tomatenscheibe und ein weiteres Salatblatt legen.

6 Die restlichen Toastscheiben mit Majonäse bestreichen und mit der Majonäse-Seite nach unten auf die Sandwiches legen.

7 Jedes Sandwich in vier Dreiecke schneiden und jedes Dreieck mit einem Cocktailspieß feststecken.

Hot Dogs mit Chili

FÜR 6 PERSONEN

6 Frankfurter Würstchen
6 große Hot Dog-Brötchen, längs aufgeschnitten
30 g Butter oder Margarine
45 g Cheddarkäse, gerieben
45 g rote Zwiebeln, gehackt

FÜR DAS CHILI

2 Esslöffel Öl
1 kleine Zwiebel, gehackt
1/2 grüne Paprika, gewürfelt
225 g Hackfleisch vom Rind
250 ml Tomaten, enthäutet, gekocht und durchgesiebt
85 g Kidney-Bohnen aus der Dose, abgetropft
2 Teelöffel Chilipulver
Salz und Pfeffer

1 ▲ Das Öl in einer Pfanne erhitzen, Zwiebel und Paprika darin für ca. 5 Min. dünsten, bis das Gemüse weich ist.

2 ▲ Das Hackfleisch hinzugeben und unter Rühren gleichmäßig anbraten.

3 ▼ Tomaten, Bohnen und Chilipulver einrühren, mit Salz und Pfeffer abschmecken. Die Pfanne abdecken und für 10 Min. köcheln lassen.

4 Die Frankfurter in einen Topf mit kaltem Wasser geben, aufkochen, vom Herd nehmen und im abgedeckten Topf für 5 Min. stehen lassen.

5 ▲ Beide Brötchenhälften mit Butter oder Margarine bestreichen und in einer heißen Pfanne von beiden Seiten goldbraun anbraten.

6 Je ein Würstchen zwischen die Hot Dog-Hälften legen, darauf das Chilipulver verteilen und mit Käse und Zwiebeln bestreuen. Sofort servieren.

Gebratene Käse-Chutney-Sandwiches

FÜR 4 PERSONEN

- 45 g Butter oder Margarine
- 3 große Knoblauchzehen, gepresst
- 85 ml selbstgemachtes oder fertiges Mango-Chutney
- 8 Scheiben Weißbrot
- 225 g Cheddar-Käse, gerieben

1 ▲ Butter oder Margarine in einem Topf schmelzen und den Knoblauch unter Rühren für ca. 2 Min. darin anbraten, bis er weich, aber nicht braun ist. Vom Herd nehmen.

2 ▲ Vier Weißbrotscheiben mit dem Chutney bestreichen.

3 ▲ Den geriebenen Käse auf die Brotscheiben verteilen und die anderen vier Scheiben darauflegen.

4 ▲ Beide Seiten des Sandwiches mit der Knoblauchbutter bestreichen.

5 Die Sandwiches in einer Pfanne bei mittlerer Hitze auf jeder Seite ca. 2 Min. braten, bis sie goldbraun sind. Sofort servieren.

~ KOCHTIPP ~

Zum kräftigen Geschmack des Knoblauchs und des Chutneys passt ein alter, gut gereifter Cheddar am besten.

Brötchen mit Thunfisch und Tomaten

FÜR 4 PERSONEN

- 200 g Dosen-Thunfisch, abgetropft
- 2 Esslöffel schwarze Oliven, gehackt
- 65 ml getrocknete, in Öl eingelegte Tomaten, fein gehackt
- 3 Frühlingszwiebeln, fein gehackt
- 4 Weizenbrötchen, aufgeschnitten
- 1 Handvoll kleine Salatblätter

FÜR DAS DRESSING

- 1 1/2 Esslöffel Rotweinessig
- 5 Esslöffel Olivenöl
- 3 Esslöffel frischer Basilikum, gehackt
- Salz und Pfeffer

1 ▼ Für das Dressing Essig und Öl in einer Schüssel zu einer glatten Sauce verrühren, Basilikum einstreuen und mit Salz und Pfeffer würzen.

2 Mit Thunfisch, Tomaten, Oliven und Frühlingszwiebel gut verrühren.

3 ▲ Die Thunfischmischung auf die Brötchenhälften verteilen, mit Salat belegen und die obere Brötchenhälfte fest auf die untere drücken.

Gebratene Käse-Chutney-Sandwiches (oben); Brötchen mit Thunfisch und Tomaten

Roastbeef-Meerrettich-Brote

FÜR 4 PERSONEN

- 4 Scheiben Pumpernickel oder Schwarzbrot
- 350 g Roastbeef, in dünnen Scheiben
- Salz und Pfeffer
- 4 Esslöffel Majonäse
- 1 1/2 Esslöffel Meerrettich
- 2 kleine Tomaten, gewürfelt
- 2-2 1/2 Esslöffel eingelegte Essiggurke, fein gehackt
- frischer Dill zum Garnieren

1 ▲ Das Roastbeef auf die vier Brotscheiben verteilen, falls nötig doppelt legen, wenn sie zu groß sind. Mit Salz und Pfeffer würzen.

2 Majonäse und Meerrettich in eine kleine Schüssel geben, Tomaten und Essiggurke hinzufügen und mischen.

3 ▲ Die Meerrettich-Majonäse auf die belegten Brote verteilen, mit Dill garnieren und servieren.

Brötchen mit Krautsalat und Schweinebraten

FÜR 6 PERSONEN

- 175 ml Majonäse
- 2 Esslöffel Tomatenketchup
- 1/4-1/2 Teelöffel Cayennepfeffer
- 1 Esslöffel brauner Zucker
- 450 g Schweinebraten, dünn geschnitten
- 1 Weißkohlkopf à ca. 450 g, geviertelt
- 2 Möhren, fein geraspelt
- 1 kleine grüne Paprika, gewürfelt
- 1/2 kleine rote Zwiebel, in feine Ringe geschnitten
- 12 Weizenbrötchen, halb aufgeschnitten

~ VARIATIONEN ~

Den Schweinebraten durch Kochschinken, Truthahn oder auch Thunfisch ersetzen und wie oben zubereiten.

1 ▲ Majonäse, Ketchup, Cayennepfeffer und braunen Zucker in einer Schüssel gut verrühren.

2 Die Schweinebratenscheiben aufstapeln und mit einem scharfen Messer in dünne Streifen schneiden.

3 Den Strunk von den Weißkohlvierteln entfernen und die Kohlblätter quer in sehr dünne Streifen schneiden.

4 ▲ Schweinebraten, Kohlstreifen, Möhren, Paprika und Zwiebel zur Majonäse geben, gut vermischen.

5 ▲ Die Brötchenhälften mit dem Krautsalat füllen.

Roastbeef-Meerrettich-Brote (oben); Brötchen mit Krautsalat und Schweinebraten

Gebackene Kartoffeln mit Käsefüllung

FÜR 20 STÜCK

- 20 kleine neue Kartoffeln
- 65 ml Pflanzenöl
- grobes Salz
- 125 ml saure Sahne
- 30 g Blauschimmelkäse, zerkrümelt
- 2 Esslöffel Schnittlauch, gehackt

1 Ofen auf 180° C/Gas 4 vorheizen.

2 Die Kartoffeln waschen und trocknen. Das Öl in eine Schüssel geben und die Kartoffeln darin wenden.

3 ▼ Die Kartoffeln anschließend in dem groben Salz wälzen und auf ein Backblech legen. 45-50 Min. backen, bis sie weich sind.

4 ▲ Saure Sahne und Blauschimmelkäse in einer Schüssel verrühren.

5 ▲ Die Kartoffeln auf einer Seite kreuzweise einschneiden und mit einem Fingerdruck öffnen.

6 ▲ Jede Kartoffel mit einem Löffel voll Käsesauce füllen, mit Schnittlauch bestreuen und sofort servieren.

Tortilla Chips mit Avocadocreme

Für 10 Personen

2 vollreife Avocados

2 Schalotten oder Frühlingszwiebeln, gehackt

2 Esslöffel frisch gepresster Limonensaft

1 Teelöffel Salz

2 Teelöffel Chilipulver

1 mittelgroße Tomate, gewürfelt

Für die Tortilla Chips

3 Esslöffel Maiskeimöl

1 1/2 Teelöffel Kumin, gemahlen

1 Teelöffel Salz

Tortilla Chips aus Maismehl, möglichst in Dreieckform

1 Ofen auf 150° C/Gas 2 vorheizen.

2 ▲ Öl, Kumin und Salz in einer Schüssel verrühren.

3 ▲ Die Tortillas auf ein Backblech legen und von beiden Seiten mit dem gewürztem Öl bestreichen. Für 20 Min. kusprig-braun backen, ab und zu wenden und mit Öl bestreichen.

4 ▼ Avocados schälen, das Fruchtfleisch kleinhacken und in einer Küchenmaschine zusammen mit Schalotten oder Frühlingszwiebeln, Limonensaft, Salz und Chilipulver zu einer glatten Masse pürieren.

5 ▲ Die Tomaten vorsichtig in die Avocadomischung einrühren.

6 Die Avocdocreme in einer Schale servieren und die Tortilla-Chips auf einem Teller rundherum verteilen.

Pfannkuchen mit saurer Sahne und Lachs

FÜR 25 STÜCK

- 225 g Lachsfilet, ohne Haut
- Zitronen- oder Limonensaft
- 65 ml Olivenöl „extra virgine"
- eine Prise Salz
- 3 Esslöffel frischer Dill, gehackt
- 150 ml saure Sahne
- 1/4 Avocado, geschält, gewürfelt
- 3 Esslöffel Schnittlauch, gehackt
- frischer Dill zum Garnieren

FÜR DIE PFANNKUCHEN

- 85 g Buchweizenmehl
- 2 Teelöffel Streuzucker
- 1 Ei
- 125 ml Milch
- 30 g Butter oder Margarine
- 1/2 Teelöffel Weinstein
- 1/4 Teelöffel Natron
- 1 Esslöffel Wasser

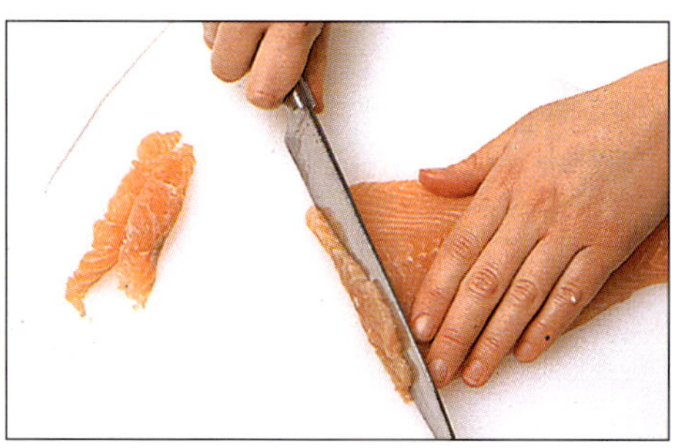

1 ▲ Das Lachsfilet mit einem scharfen Messer in so dünne Scheiben wie möglich schneiden. Die Scheiben nebeneinander in eine flache Glas- oder Porzellanschüssel legen.

~ KOCHTIPP ~

Sie können die Pfannkuchen im voraus zubereiten und abgedeckt stehen lassen. Vor dem Servieren wärmen Sie sie auf einem Backblech bei 200° C/Gas 6 für 3-4 Min. auf.

2 ▲ Limonensaft, Olivenöl, Salz und gehackten Dill in einer Schüssel verrühren und über den Lachs gießen. Gut abdecken und für mehrere Stunden oder über Nacht kühlen.

3 ▲ Für die Pfannkuchen das Buchweizenmehl mit dem Zucker vermischen und beiseite stellen.

4 ▲ Ei, Milch und Butter oder Margarine in einer Schüssel mixen und nach und nach in das Buchweizenmehl einrühren, dann Weinstein, Natron und Wasser hinzugeben und ebenfalls verrühren.

5 ▲ Den Teig abdecken und für ca. 1 Std. ruhen lassen.

6 Den marinierten Lachs mit einem Messer in dünne Streifen schneiden.

7 ▲ Eine große Pfanne mit Antihaftbeschichtung erhitzen. Mit einem großen Löffel etwas Teig in die Pfanne geben und kleine Pfannkuchen mit einem Durchmesser von ca. 5 cm backen. Wenn die Oberfläche anfängt, Blasen zu werfen, den Pfannkuchen wenden. Auf beiden Seiten goldbraun backen, bis der ganze Teig verbraucht ist.

8 ▲ Einen Teelöffel saure Sahne auf jeden Pfannkuchen geben, mit den marinierten Lachsstreifen belegen, mit Schnittlauch und Avocadowürfeln bestreuen und mit Dill garnieren.

Räucherlachs-Muffins

Für 25 Stück

55 g Maismehl oder Polenta
30 g Weizenmehl
1/2 Teelöffel Backpulver
1/8 Teelöffel Salz
1 Esslöffel Zucker
1 Ei
125 ml Buttermilch
65 ml Sahne
70 g Räucherlachs, in feine Streifen geschnitten

1 Ofen auf 200° C/Gas 6 vorheizen. Muffinformen oder -bleche einfetten.

2 Maismehl, Mehl, Backpulver, Salz und Zucker in einer Schüssel vermischen, beiseite stellen.

3 ▼ Ei, Buttermilch und Sahne in einer anderen Schüssel verrühren. Nach und nach die Eimischung in das Mehl gießen und unter Rühren zu einem glattem Teig verarbeiten.

4 ▲ Die Räucherlachsstreifen in den Teig einrühren.

5 Den Teig in die Muffinförmchen geben, so dass sie zu 3/4 gefüllt sind. Für 18-20 Min. backen, bis sie leicht aufgegangen und goldbraun sind. Vor dem Stürzen in den Förmchen 5 Min. abkühlen lassen.

Kleine mexikanische Tacos

Für 30 Stück

400 g Kidneybohnen aus der Dose, abgespült und abgetropft
2 Tomaten, gewürfelt
1 Knoblauchzehe, gepresst
1 Schalotte oder kleine Zwiebel, fein gehackt
1 Chilischote, ohne Kerne, gehackt
1 Teelöffel abgeriebene Zitronen- oder Limonenschale
1 Esslöffel Olivenöl
2 Esslöffel Zitronen- oder Limonensaft
2 Teelöffel Ahornsirup
Salz und Pfeffer
3 Esslöffel frischer Koriander, gehackt

Für die Tacos

Tortilla-Teig
3-4 Esslöffel Maiskeimöl

1 Ofen auf 200° C/Gas 6 vorheizen.

2 ▼ Für die Tacos mit einem runden Teigschneider mit 5cm Durchmesser Kreise aus dem Tortilla-Teig ausschneiden. Beide Seiten der Teigkreise mit Öl bestreichen.

3 Die Teigkreise in Törtchenformen hineinpressen und ca. 6 Min. backen, bis sie knusprig sind. Auf einem Rost abkühlen lassen.

4 ▲ Bohnen, Tomaten, Zwiebel, Knoblauch, Chilischote, Limonenschale und -saft, Olivenöl und Ahornsirup vermischen, mit Salz und Pfeffer abschmecken.

5 Einen Löffel von der Bohnenmischung in jede Taco-Teigschale geben und vor dem Servieren mit dem gehackten Koriander bestreuen.

Räucherlachs-Muffins (oben); Kleine mexikanische Tacos

Käse-Teigsterne mit Fruchtsauce

FÜR 12 STÜCK
6 große Scheiben Strudelteig
115 g Butter oder Margarine
225 g Brie-Käse, fein gewürfelt
FÜR DIE SAUCE
85 g Johannisbeeren oder Preiselbeeren
2 Esslöffel brauner Zucker

1 Für die Sauce die Johannis- oder Preiselbeeren in einem Topf geben und so viel Wasser hinzugießen, dass die Beeren gerade eben bedeckt sind. Zum Kochen bringen und für ca. 3 Min. unter Rühren simmern lassen.

2 ▼ Die Früchte mit einer Küchenmaschine oder einem Mixer fein pürieren und dann durch ein engmaschiges Nylonsieb pressen. Nach Bedarf mit Zucker nachsüßen. Beiseite stellen.

3 Ofen auf 230° C/Gas 8 vorheizen.

4 ▲ Für die Teigsterne den Teig in Quadrate mit ca. 13 cm Seitenlänge schneiden. Ein Teigquadrat auf die Arbeitsfläche legen und mit Fett bestreichen. Darauf ein Zweites so hinlegen, dass die Ecken nicht ganz übereinander liegen. Das dritte Quadrat wieder so legen, dass die Ecken nicht auf denen der beiden anderen Quadrate liegen und auf diese Weise einen 12-eckigen Stern bilden.

5 Einen gehäuften Esslöffel des Brie-Käses in die Mitte jedes Teigsterns geben.

6 ▲ Die Spitzen jedes Teigsterns über die Käsefüllung zu einem Beutel zusammenziehen und festdrehen. Die Teigspitzen zurückbiegen.

7 Die Teigsterne auf ein Backblech legen und für 10-15 Min. knusprig und goldbraun backen.

8 Inzwischen die Fruchtsauce langsam erwärmen und die fertigen Käse-Teigsterne mit der Sauce servieren.

Würzige Bohnen-Snacks

FÜR 8 PERSONEN

2 Esslöffel Pflanzenöl
2 Zwiebeln, gehackt
2 Knoblauchzehen, gehackt
3 Chilischoten, ohne Kerne, gehackt
1 1/2 Esslöffel mildes Chilipulver
450 g Kidney-Bohnen aus der Dose, mit der Konservenflüssigkeit
3 Esslöffel frischer Koriander, gehackt
Nacho- oder Tortilla Chips zum Servieren
225 g Cheddar-Käse, gerieben
85 g schwarze Oliven, ohne Kern, in dünnen Scheiben
frischer Koriander zum Garnieren

1 Ofen auf 220° C/Gas 7 vorheizen.

2 ▼ Öl in einer Pfanne erhitzen, Zwiebeln, Knoblauch und Chilis für 5 Min. braten, Chilipulver hinzugeben und nochmals für 1 Min. braten.

~ VARIATION ~

Für eine Bohnen-Dipsauce den Käse und die Oliven einrühren, dann in einer runden Keramikschüssel 10-15 Min. backen, bis der Käse schmilzt und anbräunt. Mit Koriander garnieren und mit Tortilla Chips servieren.

3 ▲ Die Bohnen zusammen mit 125 ml von dem Bohnenwasser aus der Dose zu den Zwiebeln hinzugeben und ca. 10 Min. kochen und andicken lassen, dabei die Bohnen mit einer Gabel zerdrücken. Vom Herd nehmen und den gehackten Koriander einrühren.

4 ▼ Auf jeden Tortilla Chip einen Klecks Bohnen geben, mit Käse bestreuen und mit einer Olivenscheibe belegen. Auf ein Backblech legen.

5 5-10 Min. backen, bis der Käse geschmolzen ist und anfängt zu bräunen. Sofort servieren, nach Belieben mit Koriander garnieren.

Teigtaschen mit Käse-Spinatfüllung

FÜR 20 STÜCK

- 2 Esslöffel Olivenöl
- 2 Schalotten oder 1 kleine Zwiebel, fein gehackt
- 450g Tiefkühlspinat, aufgetaut
- 115g Fetakäse, zerbröckelt
- 55g Walnüsse, gehackt
- 1/4 Teelöffel Muskatnuss
- Pfeffer und Salz
- 4 große Bögen Strudelteig, aufgetaut
- 115g Butter oder Margarine, geschmolzen

1 Ofen auf 200° C/Gas 6 vorheizen.

2 ▲ Olivenöl in einer Pfanne erhitzen und die Schalotten oder Zwiebel für ca. 5 Min. andünsten.

3 ▲ Den Spinat portionsweise mit der Hand auspressen, dann zu der Schalotte oder den Zwiebeln geben, bei starker Hitze unter ständigem Rühren für ca. 5 Min. schmoren, bis die restliche Flüssigkeit verdampft ist.

4 ▲ Spinat und Zwiebeln in eine Schüssel geben und abkühlen, Fetakäse und Walnüsse hinzufügen und mit Muskat, Salz und Pfeffer würzen.

5 ▲ Einen Teigbogen auf die Arbeitsfläche legen, den Rest mit einem feuchten Tuch bedeckt lassen, damit er nicht austrocknet. Mit Fett bestreichen und einen zweiten Bogen darauflegen. Mit einer Schere die beiden Teigbögen längs in 8cm breite Streifen schneiden.

~ VARIATION ~

Für eine andere Füllung 350g Ziegenkäse statt des Feta verwenden und 55g geröstete Pinienkerne statt der Walnüsse; Spinat und Zwiebel weglassen. Den Käse mit Olivenöl und 1 Esslöffel frischen Basilikum vermischen.

6 ▲ Einen Esslöffel voll Spinat-Käsefüllung auf das Ende eines Teigstreifens setzen.

7 ▲ Eine Ecke des Teigendes so über die Füllung umschlagen, dass sich ein Dreieck bildet. Dies Dreieck den Teigstreifen entlang weiterrollen und ihn dabei aufwickeln; auch die übrigen Teigstreifen zu Dreiecken formen.

8 ▲ Die Teigtaschen auf Backbleche legen und mit flüssiger Butter bestreichen. Für ca. 10 Min. backen, bis sie goldbraun und knusprig sind. Heiß servieren.

Kartoffelpfannkuchen mit Zitronen-Dip

FÜR 40 STÜCK
2 Esslöffel Butter oder Margarine
1 Schalotte, fein gehackt
1 Ei
225 g Kartoffeln
Salz und Pfeffer
Öl zum Braten
FÜR DIE DIP-SAUCE
115 g Doppelrahmfrischkäse
2 Esslöffel saure Sahne
1 Teelöffel abgeriebene Zitronenschale
1 Esslöffel frisch gepresster Zitronensaft
1 Esslöffel Schnittlauch, gehackt

1 Butter oder Margrine in einer kleinen Pfanne erhitzen und die Schalotte für ca. 3 Min. anbraten, bis sie weich ist. Beiseite stellen.

2 Das Ei in einer großen Schüssel schaumig schlagen.

3 Die Kartoffeln grob reiben, zum Ei geben und gut durchmischen. Gut mit Salz und Pfeffer würzen, die Schalotte hinzufügen und verrühren.

4 ▼ Für die Dipsauce den Frischkäse und die saure Sahne in einer Schüssel zu einer glatten Masse verrühren. Zitronenschale und -saft sowie den Schnittlauch hinzufügen. Beiseite stellen.

5 ▲ Öl in einer Höhe von 5 mm in eine Pfanne gießen und erhitzen, den Kartoffelteig teelöffelweise hineingeben und mit dem Löffel flachdrücken. Für 2-3 Min. braten, bis jede Seite gut gebräunt ist. Nacheinander den ganzen Teig ausbacken, die Pfannkuchen auf Papiertüchern trocken lassen und warm stellen.

6 Die Kartoffelpfannkuchen heiß servieren und die Dipsauce dazu reichen.

Kirschtomaten mit Krabbenfüllung

FÜR 40 STÜCK
115 g Krabbenfleisch
1 Teelöffel Chilisauce
1/4 Teelöffel Dijon-Senf
2 Esslöffel Majonäse
1/2 Teelöffel Worchestersauce
2 Frühlingszwiebeln, gehackt
1 Esslöffel Basilikum, gehackt
1 Esslöffel Schnittlauch, gehackt
40 Kirschtomaten
Salz

1 Krabbenfleisch, Chilisauce, Worcestersauce, Frühlingszwiebeln und Kräuter in einer Schüssel gut vermischen. Abdecken und kühl stellen.

2 ▲ Mit einem Sägemesser den Stielansatz jeder Tomate flach abschneiden. Die Tomaten mit einem kleinen Löffel vorsichtig aushöhlen.

3 Das Innere der Tomaten leicht mit Salz ausstreuen, auf Küchenkrepp mit der Öffnung nach unten 15 Min. trocknen lassen.

4 ▲ Die Tomaten mit der Krabbenmischung füllen, kalt servieren.

Kartoffelpfannkuchen mit Zitronen-Dip (oben); Kirschtomaten mit Krabbenfüllung

Fisch & Meeresfrüchte

~

Ob frisch aus dem Meer oder tiefgefroren – Fischgerichte und Meeresfrüchte sind gesund und einfach zuzubereiten. Die Palette der folgenden Rezeptideen reicht von nahrhaften Eintöpfen über würzige Kebab-Spieße bis hin zu gegrillten Fischsteaks.

Fischsteak mit Orangen-Kapernsauce

FÜR 4 PERSONEN

65 ml Orangensaft, frisch gepresst
1 Teelöffel Sojasauce
2 Esslöffel Olivenöl
225 g Fischsteaks (Schwertfisch oder andere weiße festfleischige Fische)
Salz und Pfeffer
45 g kalte Butter oder Margarine, in Stücken
2 Esslöffel Kapern, in Essig eingelegt
1 Esslöffel frische Petersilie, gehackt

1 Orangensaft, Sojasauce und 1 Esslöffel des Olivenöls in einer kleien Schüssel verquirlen.

2 Die Fischsteaks in eine flache Backform legen, mit der Orangensaftmixtur begießen und mit Salz und Pfeffer bestreuen.

3 Das restliche Olivenöl in einer schweren Pfanne erhitzen.

4 ▲ Den Fisch abtropfen lassen, die Marinade zurückbehalten. Die Steaks in der Pfanne bei mittlerer Hitze auf jeder Seite für 3-4 Min. braten; sie sind gar, wenn sich das Fleisch mit einer Gabel leicht zerteilen läßt. Ab und zu mit der Marinade begießen. Die Steaks warmstellen.

5 ▲ Die zurückbehaltene Marinade in die Pfanne gießen und für 1 Min. kochen, dabei den Bratensatz einrühren. Butter oder Margarine hinzufügen, dann die Kapern mit Essig und Petersilie. Solange kochen, bis die Butter geschmolzen und die Sauce eingedickt ist.

6 Die Sauce über die Fischsteaks gießen und sofort servieren.

Thunfisch auf orientalische Art

FÜR 6 PERSONEN

6 Thunfischsteaks (900 g Gesamtgewicht)

FÜR DAS DRESSING

2,5 cm lange frische Ingwerwurzel, geschält, fein gerieben
2 Frühlingszwiebeln, feine Scheiben
2 Esslöffel Schnittlauch, gehackt
Saft und abgeriebene Schale einer Zitrone oder Limone
2 Esslöffel trockener Sherry
1 Esslöffel Sojasauce
125 ml Olivenöl
Salz und Pfeffer

1 ▲ Für das Dressing Ingwer, Frühlingszwiebeln, Schnittlauch, Sherry, Sojasauce, Zitronensaft und -schale in eine Schüssel geben und zusammen mit dem Olivenöl verquirlen. Abschmecken und beiseite stellen.

2 Den Grill vorheizen. Die Fischsteaks mit Salz und Pfeffer würzen.

3 ▼ Die Thunfischsteaks auf den Grillrost legen und im Abstand von 8 cm von der Heizquelle für ca. 5 Min. auf jeder Seite grillen, bis das Fischfleisch gar ist.

4 Das Dressing über die Fischsteaks verteilen und auf vorgewärmten Tellern servieren.

Fischsteak mit Orangen-Kapernsauce (oben); Thunfisch auf orientalische Art

Knuspriges Kabeljausteak mit Tomatensauce

Für 4 Personen

- 3 Esslöffel Maismehl oder Polenta
- 1/2 Teelöffel Salz
- 1/4 Teelöffel Chilipulver
- 4 Kabeljausteaks, ca. 2,5 cm dick (700 g Gesamtgewicht)
- 2 Esslöffel Olivenöl
- frisches Basilikum zum Garnieren

Für die Tomatensauce

- 2 Esslöffel Olivenöl
- 1 Schalotte oder 1 kleine Zwiebel, fein gehackt
- 1 Knoblauchzehe, gepresst
- 450 g reife Tomaten, gehackt oder 450 g Tomaten aus der Dose
- 1/8 Teelöffel Zucker
- 65 ml trockener Weißwein
- 2 Esslöffel frisches Basilikum, gehackt oder 1/2 Teelöffel Trockenbasilikum
- Salz und Pfeffer

1 Öl in einer Pfanne erhitzen, Zwiebel oder Schalotte und Knoblauch hineingeben und für 5 Min. anbraten. Tomaten, Zucker, Weißwein und Basilikum einrühren, aufkochen und für 10-15 Min. simmern lassen, bis die Sauce andickt.

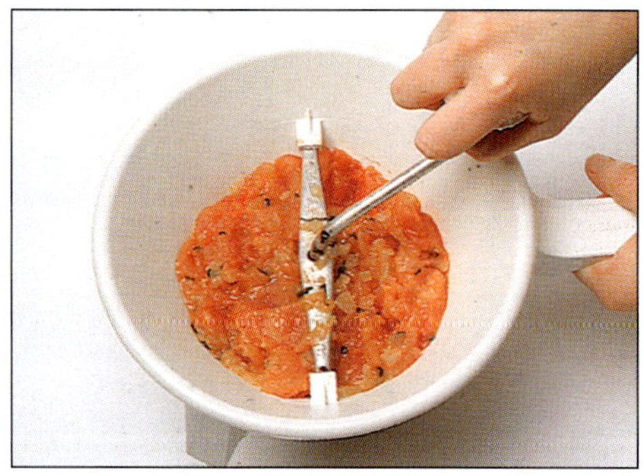

2 ▲ Die Sauce mit einer Gemüsemühle pürieren oder durchseihen, in die Pfanne geben und mit Salz und Pfeffer würzen. Beiseite stellen.

3 ▲ Maismehl oder Polenta, Salz und Chilipulver auf ein Stück Pergamentpapier geben.

4 ▲ Die Kabeljausteaks abspülen und dann auf beiden Seiten im Mehl wenden, die Panade dabei vorsichtig festklopfen.

5 ▲ Öl in einer großen Pfanne erhitzen, die Steaks hineingeben und für ca. 5 Min. auf jeder Seite goldbraun braten, bis das Fleisch sich mit einer Gabel leicht zerteilen lässt, falls nötig, portionsweise braten. Inzwischen die Tomatensauce anwärmen.

6 Die Kabeljausteaks mit der Tomatensauce servieren.

Würzige Fischsteaks

FÜR 4 PERSONEN
1 Teelöffel Zwiebelgewürz, granuliert
1 Teelöffel Knoblauchgewürz, granuliert
2 Teelöffel Paprikapulver
1 Teelöffel Kumin, gemahlen
1 Teelöffel Senfpulver
1 Teelöffel Cayennepulver
2 Teelöffel getrockneter Thymian
2 Teelöffel getrockneter Oregano
1/2 Teelöffel Salz
1 Teelöffel Pfeffer
4 Schwertfischsteaks oder anderer festfleischiger Fisch (ca. 700g gesamt)
55g flüssige Butter oder Margarine
frischer Dill zum Garnieren

1 Die Trockengewürze und Kräuter in einer kleinen Schüssel vermischen.

2 ▲ Beide Seiten der Fischsteaks mit geschmolzener Butter oder Margarine bestreichen.

3 ▲ Die Steaks auf beiden Seiten in der Würzmischung wälzen; die Gewürze dabei gut ins Fleisch einreiben.

4 Eine große Pfanne ca. 5 Min. lang erhitzen, bis ein Wassertropfen auf dem Pfannenboden verdampft.

5 ▲ Die Steaks mit 2 Teelöffeln des geschmolzenen Fetts beträufeln, mit der eingefetteten Seite nach unten in die Pfanne geben und für 2-3 Min. braten, bis die Unterseite stark angebräunt ist.

6 ▲ Die Oberseite mit Fett beträufeln und die Steaks wenden und für 2-3 Min. braten, bis auch die andere Seite stark gebräunt ist und das Fischfleisch sich mit einer Gabel leicht zerteilen läßt.

7 Den Fisch mit Butter beträufeln, mit Dill garnieren und auf vorgewärmten Tellern servieren.

Gegrillter Lachs mit Limonenbutter

FÜR 4 PERSONEN

- 4 Lachssteaks (700 g Gesamtgewicht)
- Salz und Pfeffer

FÜR DIE LIMONENBUTTER

- 55 g Butter oder Margarine, temperiert
- 1 Esslöffel frischer Koriander, gehackt oder 1 Teelöffel getrockneter Koriander
- 1 Teelöffel abgeriebene Limonenschale
- 1 Esslöffel frisch gepresster Limonensaft

1 Für die Limonenbutter Butter oder Margarine, Koriander, Limonenschale und -saft in einer Schüssel mit einer Gabel gut durchmischen.

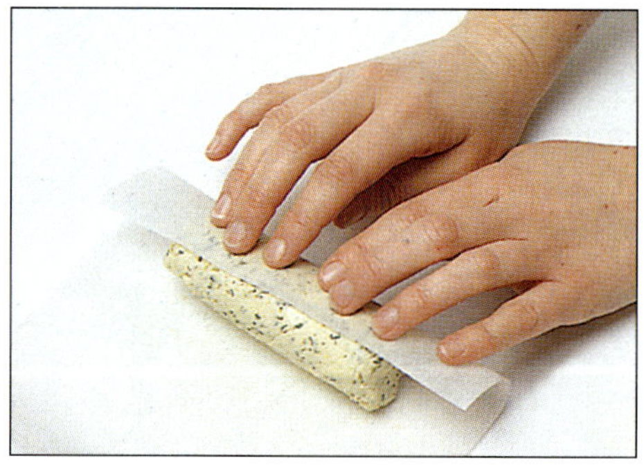

2 ▲ Die Limonenbutter auf ein Stück Pergamentpapier legen, in das Papier einrollen und zu einer glatten Rolle formen. Im Kühlschrank für 1 Std. kühlen und fest werden lassen.

3 Den Grill vorheizen.

4 ▼ Die Lachssteaks mit Salz und Pfeffer würzen, auf den Rost einer Grillpfanne legen und im Abstand von 8 cm zur Heizquelle jede Seite für 5 Min. grillen.

5 Die Limonenbutter auswickeln, in 4 Stücke schneiden, jeweils auf ein Lachssteak legen und servieren.

Fischfilet mit Zitrussauce

FÜR 6 PERSONEN

- 15-30 g Butter oder Margarine
- 900 g Seezungenfilet
- Salz und Pfeffer
- 1 Teelöffel abgeriebene Zitronenschale
- 1 Teelöffel abgeriebene Orangenschale
- 2 Esslöffel frisch gepreßter Orangensaft
- 85 ml Schlagsahne
- 1 Esslöffel Basilikum, gehackt
- frischer Basilikum zum Garnieren

1 Ofen auf 180° C/Gas 4 vorheizen. Eine große Backform mit der Butter oder Margarine gut einfetten.

2 ▲ Die Fischfilets mit der Hautseite nach unten in die Backform legen und mit Salz und Pfeffer würzen.

3 ▲ Orangensaft und -schale mit der Zitronenschale vermischen und über die Fischfilets gießen.

4 Für 15-20 Min. backen, bis sich das Fleisch mit einer Gabel leicht zerteilen läßt. Die Filets auf einen vorgewärmten Teller legen.

5 ▲ Die in der Backform verbliebene Flüssigkeit durchseihen, in einen Topf geben, die Sahne und das gehackte Basilikum einrühren und ca. 5 Min. kochen lassen, bis die Sauce eingedickt ist.

6 Die Sauce über die Fischfilets gießen, mit frischem Basilikum garnieren und servieren.

Gegrillter Lachs mit Zitronenbutter (oben); Fischfilets mit Zitrussauce

Süß-saure Lachsfilets

Für 6 Personen

- 900 g Lachsfilet, in 6 Portionen zerteilt
- 125 ml Honig
- 65 ml Sojasauce
- Saft einer Zitrone oder Limone
- 1 Esslöffel Sesamöl
- 1/4 Teelöffel getrocknete Chilischoten, grob zerkleinert
- 1/4 Teelöffel Pfefferkörner, gemahlen

~ KOCHTIPP ~

Die Zitronensäure trägt zum Garvorgang bei; deshalb muss nur eine Filetseite gegrillt werden.

1 Die Lachsfilets mit der Hautseite nach unten nebeneinander in eine große Backform legen.

2 ▲ Honig, Sojasauce, Zitronen- oder Limonensaft, Sesamöl, Chilischoten und Pfefferkörner in einer kleinen Schüssel vermischen.

3 ▲ Diese Mischung über die Lachsfilets gießen, mit Folie abdecken und für 30 Min. marinieren lassen.

4 Den Grill vorheizen, den Fisch aus der Marinade nehmen und auf den Rost in einer Grillpfanne mit der Haut nach unten legen. Im Abstand von 8 cm für 6-8 Min. gar grillen.

Kabeljausteaks mit Pfefferkruste

Für 4 Personen

- Je 1 Teelöffel rote, weiße und grüne Pfefferkörner
- 45 g Butter oder Margarine
- 4 Kabeljausteaks, ca. 450 g Gesamtgewicht, je 2,5 cm dick
- Salz
- 125 ml Fischbrühe
- 125 ml Schlagsahne
- 3 Esslöffel Schnittlauch, gehackt

1 ▼ Pfefferkörner in ein Geschirrtuch oder eine Plastiktüte legen und mit einem Nudelholz fein zermahlen.

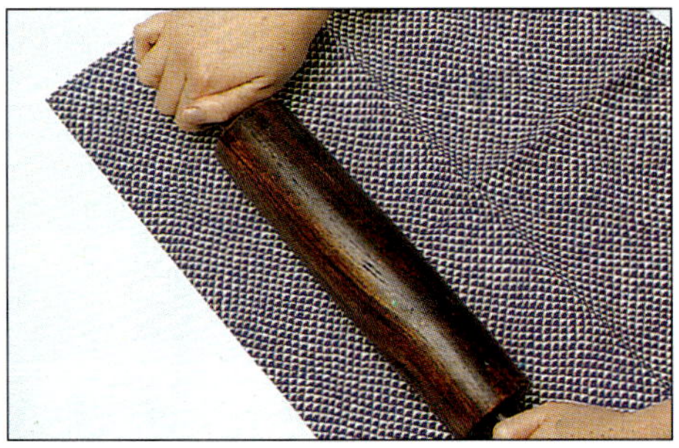

2 Butter oder Margarine in einer großen Pfanne schmelzen, vom Herd nehmen und die Kabeljausteaks mit dem flüssigen Fett bestreichen.

3 ▲ Die zermahlenen Pfefferkörner auf beiden Seiten in das Fischfleisch einreiben, mit Salz würzen.

4 Die Pfanne erhitzen, die Steaks hineingeben und bei mäßiger Hitze auf jeder Seite ca. 4 Min. braten, bis sich das Fleisch mit der Gabel leicht auffasern läßt. Die Steaks auf einen vorgewärmten Teller legen.

5 ▲ Brühe und Sahne in die Pfanne geben, unter Rühren aufkochen und für 5 Min. weiterkochen, bis die Flüssigkeit auf die Hälfte reduziert ist. Vom Herd nehmen und den Schnittlauch einrühren.

6 Die Sauce über den Fisch gießen und sofort servieren.

~ KOCHTIPP ~

Schwarzen und weißen Pfeffer nehmen statt roten und grünen, falls dieser nicht erhältlich ist.

Süß-saure Lachsfilets (oben); Kabeljausteaks mit Pfefferkruste

Fisch im Brotmantel mit Remoulade

Für 4 Personen
55 g trockene Brotkrumen
1 Teelöffel getrockneter Oregano
1/2 Teelöffel Cayennepfeffer
250 ml Milch
2 Teelöffel Salz
700 g Kabeljaufilet, in 4 Portionen
45 g flüssige Butter oder Margarine
Für die Remoulade
125 ml Majonaise
1/2 Teelöffel Dijon-Senf
1-2 eingelegte Essiggurken, fein gehackt
1 Esslöffel Kapern, gehackt
1 Teelöffel frische Petersilie, gehackt
1 Teelöffel frischer Schnittlauch, gehackt
1 Teelöffel frischer Estragon, gehackt
Salz und Pfeffer

1 Ofen auf 230° C/Gas 8 vorheizen. Eine flache feuerfeste Backform einfetten.

2 ▲ Brotkrumen, Oregano und Cayennepfeffer auf einem Teller vermischen. Milch mit Salz in einer Schüssel verquirlen, so dass sich das Salz ganz auflöst.

3 ▲ Die einzelnen Filetstücke in die Milch tauchen und dann mit den gewürzten Brotkrumen panieren.

4 ▲ Den panierten Fisch in die Backform legen und mit der geschmolzenen Butter oder Margarine beträufeln.

5 Den Fisch 10-15 Min. backen, bis er gar ist (Garprobe mit der Gabel).

6 ▲ Inzwischen die Zutaten für die Remoulade in einer kleinen Schüssel gut vermischen.

7 Den Fisch zusammen mit der Remoulade heiß servieren.

Gefüllte Seezunge

FÜR 4 PERSONEN

8 Seezungenfilets ohne Haut (ca. 450 g Gesamtgewicht)
15 g Butter, in 8 Stücke aufgeteilt
65 ml trockener Weißwein

FÜR DIE FÜLLUNG

30 g Butter oder Margarine
1 kleine Zwiebel, fein gehackt
1 Handvoll frischer Spinat, gehäckselt
2 Esslöffel Pinienkerne, geröstet
2 Esslöffel Rosinen
2 Esslöffel frische Semmelbrösel
1/8 Teelöffel Zimt, gemahlen
Salz und Pfeffer

1 Ofen auf 200° C/Gas 6 vorheizen. Eine flache Backform einfetten.

2 ▲ Für die Füllung die Butter in einem kleinen Topf schmelzen und die Zwiebel ca. 5 Min. bei mittlerer Hitze anbraten. Die Spinatblätter hinzugeben und unter Rühren anschwitzen.

3 Pinienkerne, Rosinen, Semmelbrösel und Zimt hinzufügen, mit Salz und Pfeffer würzen. Bei stärkerer Hitze unter Rühren weiterkochen, bis die Kochflüssigkeit fast ganz verdampft ist. Vom Herd nehmen.

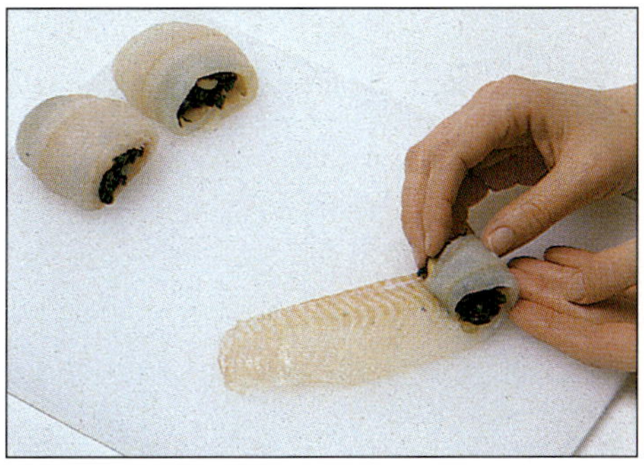

4 ▲ Die Seezungenfilets mit Salz und Pfeffer würzen. Einen Löffel von der Füllung auf ein Filetende geben und das Filet aufrollen. Wenn nötig, mit einem Cocktailspieß feststecken.

5 ▲ Die gefüllten Seezungen in die Backform legen, auf jedes Filet ein Stück Butter legen und mit dem Wein übergießen. Die Form mit Folie abdecken und für 15 Min. backen (Garprobe mit der Gabel).

6 Die Seezungenfilets mit der Kochflüssigkeit aus der Backform beträufeln und auf vorgewärmten Tellern servieren.

~ VARIATION ~

Die Seezunge durch Scholle ersetzen, oder gefüllte Filets von Süßwasserfischen wie Forelle oder Flussbarsch ausprobieren.

Fischfilet mit Orangen-Tomatensauce

FÜR 4 PERSONEN

- 3 Esslöffel Weizenmehl
- Salz und Pfeffer
- 4 Filets (700 g gesamt) von festfleischigen weißen Fischen wie Kabeljau, Seezunge, Seebarsch etc.
- 15 g Butter oder Margarine
- 2 Esslöffel Olivenöl
- 1 Zwiebel, in Scheiben
- 2 Knoblauchzehen, gehackt
- 1/4 Teelöffel Kumin, gemahlen
- 580 g Tomaten, ohne Kerne, geschält, gehackt oder 400 g Dosentomaten
- 125 ml frisch gepreßter Orangensaft
- Orangenschnitze zum Garnieren

1 ▼ Das Mehl auf einem Teller mit Pfeffer und Salz mischen und die Fischfilets darin dünn panieren, überschüssiges Mehl abschütteln.

2 Butter oder Margarine und die Hälfte des Öls in einer großen Pfanne erhitzen, die Fischfilets hineingeben und auf jeder Seite ca. 3 Min. goldbraun braten, bis das Fleisch sich mit einer Gabel leicht zerteilen läßt.

3 ▲ Den gebratenen Fisch auf einen vorgewärmten Teller legen, mit Folie abdecken und warm stellen.

4 ▲ Das restliche Öl in der Pfanne erhitzen und darin Zwiebelscheiben und Knoblauch für 5 Min. braten.

5 ▲ Kumin, Orangensaft und Tomaten einrühren, aufkochen und für 10 Min. unter Rühren kochen, bis die Sauce andickt.

6 Den Fisch mit Orangenschnitzen garnieren, die Sauce extra servieren.

Gebackene Forelle

FÜR 4 PERSONEN
30 g Butter oder Margarine
1 Zwiebel, gehackt
1 Selleriestange, gewürfelt
2 Scheiben frisches Brot, in 1 cm große Würfel geschnitten
1 Esslöffel frischer Thymian oder 1 Teelöffel getrockneter Thymian
Salz und Pfeffer
4 Forellen à 225 g, ausgenommen
8 Streifen durchwachsener Speck

1 Ofen auf 230° C/Gas 8 vorheizen.

2 ▲ Butter oder Margarine in einer Pfanne schmelzen, Zwiebel und Sellerie hineingeben und für 5 Min. anbraten. Vom Herd nehmen, Brotwürfel und Thymian einrühren und mit Salz und Pfeffer würzen. Gut vermischen.

3 ▲ Die Forellen von innen mit Salz und Pfeffer würzen.

4 ▲ Die Brotmischung gleichmäßig auf die Forellen aufteilen und sie damit füllen. Die Bauchöffnung falls nötig mit hölzernen Cocktailspießen feststecken.

5 ▼ Um jede Forelle zwei Speckstreifen wickeln und sie nebeneinander in eine Backform legen.

6 Im Ofen für 35-40 Min. backen, bis der Speck knusprig ist und das Fischfleisch sich mit der Gabel leicht zerteilen läßt. Mit Selleriegrün oder Petersilie garniert servieren.

Heilbutt mit Fruchtsauce

Für 4 Personen

- 4 Heilbuttsteaks (700 g Gesamtgewicht)
- 30 g Butter oder Margarine
- Salz und Pfeffer
- frische Minze zum Garnieren

Für die Sauce

- 70 g frische Ananas, fein gewürfelt
- 2 Esslöffel rote Paprika, gewürfelt
- 1 Esslöffel rote Zwiebel, fein gehackt
- frisch geriebene Schale von 1 Zitrone
- 1 Esslöffel Zitronensaft
- 1 Teelöffel Honig
- 2 Esslöffel frische Minze, gehackt

1 Für die Sauce Ananas, Paprika, Zwiebel, Honig, Zitronenschale und -saft in einer kleinen Schüssel gut vermischen. Mit Klarsichtfolie abdecken und für 30 Min. in den Kühlschrank stellen.

2 Den Grill vorheizen.

3 ▲ Die Fischsteaks auf einer Seite mit flüssiger Butter bestreichen, mit dieser Seite nach oben in eine Grillpfanne legen, salzen und pfeffern.

4 Die Heilbuttsteaks in einer Entfernung von 8cm von der Heizquelle ca. 5 Min. auf jeder Seite grillen. Beim Wenden mit der restlichen Butter bestreichen. Auf vorgewärmte Teller legen.

5 ▲ Die gehackte Minze in die Ananasmischung einrühren. Den Heilbutt mit der Sauce servieren und mit frischen Minzblättern garnieren.

Cremige Fischsuppe

Für 4 Personen

- 3 dicke Scheiben Bauchspeck, fein gewürfelt
- 1 große Zwiebel, gehackt
- 2 große Kartoffeln, in 2 cm große Würfel geschnitten
- Salz und Pfeffer
- 1 Liter Fischbrühe
- 450 g Schellfisch- oder Kabeljaufilet, ohne Haut, in 2,5 cm große Würfel geschnitten
- 2 Esslöffel frische Petersilie, gehackt
- 1 Esslöffel Schnittlauch, gehackt
- 250 ml Schlagsahne oder Milch

1 Den Speck in einer Pfanne braten, bis das Fett ausgelassen ist. Zwiebel und Kartoffeln hinzufügen und bei geringer Hitze ca. 10 Min. braten, ohne dass sie braun werden. Mit Salz und Pfeffer abschmecken.

2 ▲ Das ausgelassene Fett aus der Pfanne gießen, Brühe hinzugeben und aufkochen, für 15-20 Min. simmern lassen, bis das Gemüse gar ist.

3 ▲ Fisch, Petersilie und Schnittlauch einrühren und für 3-4 Min. simmern lassen, bis der Fisch gar ist.

4 Die Sahne oder Milch einrühren und langsam erwärmen. Nochmals abschmecken und sofort servieren.

Heilbutt mit Fruchtsauce (oben); Cremige Fischsuppe

Krabben-Bratlinge

Für 3 oder 6 Personen

- 450 g frisches Krabbenfleisch
- 1 Ei, schaumig geschlagen
- 1 Teelöffel Dijon-Senf
- 2 Teelöffel Meerrettich
- 2 Teelöffel Worchestersauce
- 8 Frühlingszwiebeln, fein gehackt
- 3 Esslöffel frische Petersilie, gehackt
- 85 g frische Semmelbrösel
- Salz und Pfeffer
- 1 Esslöffel Schlagsahne nach Belieben
- 55 g Paniermehl
- 45 g Butter oder Margarine
- Zitronenschnitze zum Garnieren

1 Das Krabbenfleisch mit Ei, Senf, Meerrettich, Worchestersauce, Frühlingszwiebeln, Petersilie und frischen Semmelbrösen vorsichtig in einer Schüssel vermischen, damit das Krabbenfleisch nicht zu sehr zerfällt. Wenn die Mischung zu trocken wird, die Sahne hinzugeben.

2 ▲ Die Mischung in 6 Portionen aufteilen und zu Bratlingen formen.

3 ▲ Das Paniermehl auf einen Teller geben und die Bratlinge darin von allen Seiten wenden.

4 Butter oder Margarine in einer Pfanne erhitzen und die Bratlinge auf jeder Seite ca. 3 Min. goldbraun braten. Wenn nötig, Fett hinzugeben.

5 1 oder 2 Bratlinge pro Person mit Zitronenschnitzen servieren.

Krebse gefüllt und gebacken

Für 4 Personen

- 4 Krebse, frisch gekocht
- 1 Selleriestange, gewürfelt
- 1 Frühlingszwiebel, fein gehackt
- 1 kleine grüne Chilischote, ohne Kerne, fein gehackt
- 85 ml Majonäse
- 2 Esslöffel frisch gepresster Zitronensaft
- 1 Esslöffel Schnittlauch, gehackt
- Salz und Pfeffer
- 30 g frische Brotkrumen
- 55 g Cheddarkäse, gerieben
- 30 g Butter oder Margarine
- Petersilie zum Garnieren

1 Ofen auf 190°C/Gas 5 vorheizen.

2 ▼ Scheren und Beine von den Krebsen abziehen, den Körper von der Schale abtrennen, das Fleisch aus der Schale herauslöffeln, die fedrigen Kiemen und Därme wegwerfen. Die Scheren aufknacken und das Fleisch herauskratzen.

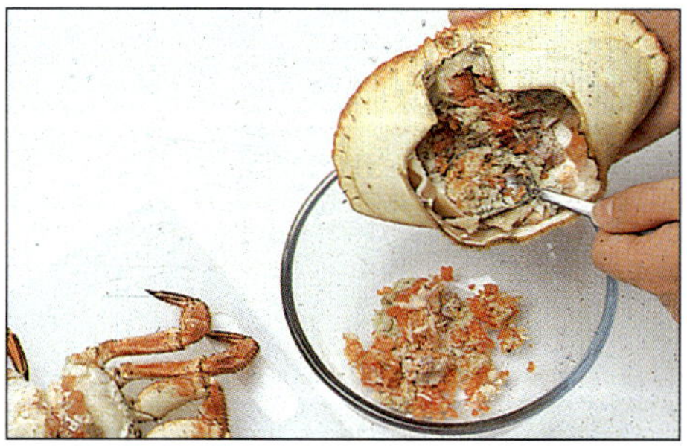

3 Die Schalen abschrubben und die Naht an der Unterseite mit einer Schere einschneiden. Der innere Teil der Schale wird entlang der Naht herausbrechen und damit die Öffnung vergrößern. Die Schale von innen abspülen und gut trocknen.

4 Krebsfleisch, Sellerie, Frühlingszwiebel, Chilischote, Majonäse, Zitronensaft und Schnittlauch in einer Schüssel gut vermischen, mit Salz und Pfeffer abschmecken.

5 In einer anderen Schüssel Brotkrumen, geriebenen Käse und geschmolzene Butter oder Margarine mischen.

6 ▲ Die Krebsschalen mit der Krebsfleischmischung füllen und mit der Käsemischung bestreuen. Ca. 20 Min. backen, bis die Kruste goldbraun ist. Heiß servieren.

Krabben-Bratlinge (oben); Krebse gefüllt und gebacken

Paella

FÜR 6 PERSONEN

- 4 Esslöffel Olivenöl
- 300 g Rundkornreis
- 1 große Zwiebel, gehackt
- 1 rote Paprika, gewürfelt
- 350 g Tintenfischringe, nach Belieben
- 500 ml Fisch- oder Hühnerbrühe
- 125 ml trockener Weißwein
- 1/2 Teelöffel Safranfäden
- 1 große Knoblauchzehe, gepreßt
- 250 ml Tomaten aus der Dose, gehackt
- 1 Lorbeerblatt
- 1/4 Teelöffel geriebene Zitronenschale
- 115 g Chorizo-Wurst oder eine andere würzige Kochwurst, in 5 mm dicke Scheiben geschnitten
- Salz und Pfeffer
- 200 g Erbsen, frisch oder tiefgekühlt
- 350 g Mönchsfisch, ohne Haut, in 2,5 cm große Würfel geschnitten
- 24 Miesmuscheln, gut abgebürstet
- 12 rohe oder gekochte Garnelen, geschält und ohne Darm

1 ▼ Das Öl in einer großen Pfanne oder Paella-Pfanne erhitzen. Den Reis hinzugeben und bei mittlerer Hitze unter ständigem Rühren braten, bis er Farbe annimmt.

2 ▲ Zwiebel und Paprika einrühren und für 2-3 Min. weiterkochen.

3 ▲ Tintenfischringe hinzufügen und unter Rühren anbräunen.

4 Brühe, Weißwein, Safran und Knoblauch einrühren und zum Kochen bringen.

5 ▲ Tomaten, Lorbeer, Zitronenschale und Wurst hinzufügen, salzen und pfeffern. Aufkochen, dann die Hitze reduzieren, abdecken und für 15 Min. simmern lassen, bis der Reis die Flüssigkeit fast aufgenommen hat.

6 ▲ Erbsen, Mönchsfisch und Muscheln hinzugeben; die Muscheln in den Reis hineinstecken.

7 ▲ Vorsichtig die Garnelen einrühren und für ca. 5 Min. weiterkochen, bis die Muscheln sich geöffnet haben und der Reis weich ist. Die Garnelen sollten rosafarben sein.

8 Abschmecken und bei Bedarf nachwürzen. In einer vorgewärmten Schüssel oder direkt aus der Paella-Pfanne sofort servieren.

~ KOCHTIPP ~

Die Mengen dieses Rezeptes lassen sich bei Bedarf verdoppeln; aber auch die Pfanne sollte dann größer sein. Ab Schritt 5 kann Paella auch im vorgeheizten Ofen bei 190° C/ Gas 5 weitergekocht werden; eine Paella-Pfanne sollte man dann mit Folie abdecken.

Gemüsepfanne mit Meeresfrüchten

FÜR 4 PESONEN

- 450 g Vermicelli-Reis
- 125 ml getrocknete Tomaten in Öl, abgetropft und fein geschnitten
- 2 Esslöffel Öl von den getrockneten Tomaten
- 4 Frühlingszwiebeln, schräg in 1 cm lange Stücke geschnitten
- 2 große Möhren, gestiftelt
- 1 Zucchini, gestiftelt
- 225 g frische Garnelen, geschält, ohne Darm oder gekochte Garnelen
- 225 g Jakobsmuscheln, ohne Schale
- 2,5 cm Ingwerwurzel, geschält, fein gerieben
- 3 Esslöffel frisch gepresster Zitronensaft
- 3 Esslöffel frisches Basilikum gehackt oder 1 Teelöffel Trockenbasilikum
- Salz und Pfeffer

1 ▲ Einen großen Topf Wasser aufkochen, den Vermicelli-Reis hineingeben und gemäß dem Packungshinweis gar kochen. Abtropfen lassen, mit kochendem Wasser übergießen und nochmals trocknen. Warm stellen.

2 ▲ Öl in einem Wok stark erhitzen; Tomaten, Frühlingszwiebeln und Möhren für 5 Min. anbraten.

3 ▲ Zucchini, Garnelen, Jakobsmuscheln und Ingwer hinzufügen, unter Rühren 3 Min. braten.

4 ▲ Zitronensaft und Basilikum einrühren, mit Salz und Pfeffer würzen. Ca. 2 Min. weiterbraten und dabei rühren, bis die Garnelen rosafarben sind.

5 Auf der Reisunterlage servieren.

Meeresfrüchte-Eintopf

FÜR 6 PERSONEN

- 3 Esslöffel Olivenöl
- 2 große Zwiebeln, gehackt
- 1 kleine grüne Paprika, in Streifen
- 3 Möhren, gewürfelt
- 3 Knoblauchzehen, gepresst
- 2 Esslöffel Tomatenpüree
- 400g Tomaten aus der Dose, gehackt
- 3 Esslöffel frische Petersilie, gehackt
- 1 Teelöffel frischer Thymian oder 1/4 Teelöffel getrockneter Thymian
- 1 Esslöffel frisches Basilikum oder 1 Teelöffel getrocknetes Basilikum
- 125ml trockener Weißwein
- 450g frische Garnelen, geschält ohne Darm, oder gekocht und geschält
- 1,4kg Mies- oder Venusmuscheln mit Schale, oder als Mischung, sauber abgebürstet
- 900g Heilbuttfilet oder andere weiße festfleischige Fische, in 5-8cm große Stücke geschnitten
- 380ml Fischbrühe oder Wasser
- Salz und Pfeffer
- gehackte Kräuter zum Garnieren

1 ▲ Öl in einer Kasserolle erhitzen, Zwiebeln, Paprika, Möhren und Knoblauch hinzugeben und 5Min. weich kochen.

2 Tomatenpüree, Dosentomaten, Kräuter und Wein hinzufügen und gut verrühren. Aufkochen und für 20Min. simmern lassen.

3 ▲ Frische Garnelen, Muscheln, Fischstücke und Brühe oder Wasser hinzugeben, salzen und pfeffern.

4 ▲ Aufkochen und 5-6Min. simmern lassen, bis die Garnelen rosa sind, die Muscheln sich geöffnet haben und der Fisch gar ist. Gekochte Garnelen die letzten 2Min. zugeben.

5 In großen Suppentellern servieren und mit Kräutern bestreuen.

Würzige Tomaten-Garnelen

FÜR 4 PERSONEN
55 g Butter oder Margarine
3 Knoblauchzehen, gepresst
1 große Zwiebel, fein gehackt
1 grüne Paprika, gewürfelt
2 Selleriestangen, gehackt
450 ml Tomaten aus der Dose, gehackt
1 Teelöffel Zucker
2 Teelöffel Salz
1 Lorbeerblatt
1 1/2 Teelöffel frischer Thymian oder 1/2 Teelöffel getrockneter Thymian
1/4 Teelöffel Cayennepfeffer
900 g frische Garnelen, geschält, ohne Darm oder gekochte Garnelen
1/2 Teelöffel geriebene Zitronenschale
2 Esslöffel frisch gepresster Zitronensaft
Pfeffer

1 Butter oder Margarine in einer Kasserolle erhitzen; Knoblauch, Zwiebel, Paprika und Sellerie für 5 Min. braten, bis sie weich sind.

2 ▲ Tomaten, Zucker, Salz, Lorbeer, Thymian und Cayennepfeffer hinzufügen, aufkochen. Die Hitze reduzieren und für 10 Min. simmern lassen.

3 ▲ Garnelen, Zitronensaft und -schale einrühren, nach Belieben pfeffern. Abdecken und 5 Min. simmern lassen, bis die frischen Garnelen rosafarben sind; bei gekochten Garnelen sind es nur 2 Min.

4 Zusammen mit frisch gekochtem Reis sofort servieren.

Garnelen in sahniger Senfsauce

FÜR 4 PERSONEN
55 g Butter oder Margarine
900 g frische Garnelen, geschält, ohne Darm, oder gekocht und geschält
1 kleine Zwiebel, fein gehackt
4 Frühlingszwiebeln, schräg in 3 mm-Stücke geschnitten
2 Esslöffel frisch gepresster Zitronensaft
125 ml trockener Weißwein
125 ml Schlagsahne
2 Esslöffel grobkörniger Senf
Salz und Pfeffer

1 Die Hälfte der Butter oder Margarine in einer Pfanne stark erhitzen. Garnelen hineingeben und für ca. 2 Min. unter ständigen Rühren braten, bis sie blassrosa werden. Aus der Pfanne nehmen und beseite stellen.

2 Die restliche Butter oder Margarine in der Pfanne erhitzen, Zwiebel und Frühlingszwiebel hinzufügen und für 3-4 Min. braten, bis sie weich sind, dabei öfters umrühren.

3 ▲ Zitronensaft und Wein einrühren, aufkochen und dabei mit einem Holzlöffel den Bratensatz vom Pfannenboden loslösen.

4 ▲ Sahne hinzugießen und 3-4 Min. unter Rühren köcheln lassen, bis die Sauce angedickt ist. Den Senf einrühren.

5 Die Garnelen wieder in die Pfanne geben und kurz anwärmen. Gekochte Garnelen erst hier hinzugeben und 2 Min. durchwärmen. Mit Salz und Pfeffer abschmecken und servieren.

Würzige Tomaten-Garnelen (oben); Garnelen in sahniger Senfsauce

Meeresfrüchte-Platte

Für 6 Personen

- 450 g Hummer, frisch, tiefgekühlt oder gekocht
- 900 g Perlzwiebeln, geschält
- 900 g kleine Kartoffeln
- 3 Dutzend Venus- oder Miesmuscheln in der Schale, gründlich gesäubert
- 6 Maiskolben, kochfertig
- 225 g Butter oder Margarine
- 3 Esslöffel Schnittlauch, gehackt

1 Den Boden eines tiefen Topfes mit 2,5 cm Salzwasser bedecken, die frischen Hummer hineinlegen. Gekochte Hummer sollte man in einem Topf mit 2,5 cm Salzwasser nur 5 Min. dämpfen und durchwärmen.

2 Zwiebeln und Kartoffeln hinzufügen, den Topf fest abdecken und das Wasser zum Kochen bringen.

3 ▲ Nach 10 Min. Muscheln und Maiskolben hinzugeben, wieder abdecken und 15-20 Min. weiterkochen, bis die Hummerscheren rot und die Kartoffeln gar sind.

4 ▲ Inzwischen die Butter oder Margarine in einem kleinen Topf schmelzen und den Schnittlauch einrühren.

5 Hummer und Muscheln zuammen mit dem Gemüse servieren, die Schnittlauchbutter dazu reichen.

Kebab mit Jakobsmuscheln

Für 4 Personen

- 16 Jakobsmuscheln, ohne Schale, oder tiefgekühlt
- 1/2 Teelöffel Ingwer, gemahlen
- 225 g Ananasstücke aus der Dose, abgetropft, mit Saft
- 16 Zuckererbsenschoten
- 16 Cherrytomaten
- 8 Baby-Zucchini, in Hälften
- 1 kleine rote Chilischote, ohne Kerne, gehackt
- abgeriebene Schale und Saft von 1 Zitrone oder Limone

1 Die Muscheln in eine Schüssel geben, Ingwer, Ananassaft, Chilischote, Zitronen- oder Limonensaft und -schale hinzufügen und gut vermischen. Abdecken und für 20 Min. bei Zimmertemperatur oder 2 Std. im Kühlschrank marinieren lassen.

2 Den Grill vorheizen.

3 ▲ Die Muscheln abtropfen lassen, die Marinade zurückbehalten. Eine Erbsenschote um eine Muschel herumwickeln und auf einen Grillspieß stecken, danach eine Kirschtomate, eine Zucchinihälfte, ein Ananasstück und eine weitere Muschel mit Erbsenschote aufspießen. Auf diese Weise 4 Grillspieße vorbereiten.

4 ▲ Die Kebabs in eine passende Grillpfanne legen und mit der Marinade bestreichen.

5 Im Abstand von 8 cm für 4-5 Min. grillen, dabei öfters wenden und mit Marinade bestreichen, bis das Muschelfleisch undurchsichtig ist.

6 Sofort servieren, nach Belieben auf einer Reisunterlage.

Meeresfrüchte-Platte (oben); Kebabs mit Jakobsmuscheln

FLEISCH & GEFLÜGEL

~

Schier unbegrenzt sind die vielfältigen Zubereitungsmöglichkeiten der verschiedenen Fleischsorten: Servieren Sie Rind, Schwein, Lamm sowie Hähnchen und Truthahn als traditionell beliebte Grill- und Bratgerichte oder exotisch gewürzt.

Hackbraten mit Fruchtfüllung

FÜR 6 PERSONEN
700 g Hackfleisch vom Rind
225 g Hackfleisch vom Schwein
2 Eier, geschlagen
55 g frische Brotkrumen
1/4 Teelöffel Zimt, gemahlen
Salz und Pfeffer
FÜR DIE FÜLLUNG
15 g Butter oder Margarine
1 kleine Zwiebel, gehackt
45 g getrocknete Feigen, gehackt
45 g getrocknete Aprikosen, gehackt
45 g Sultaninen
30 g Pinienkerne
125 ml trockener Weißwein
2 Esslöffel frische Petersilie, gehackt

1 Ofen auf 180°C/Gas 4 vorheizen.

2 ▼ Für die Füllung Butter oder Margarine in einer kleinen Pfanne schmelzen, Zwiebel hinzugeben und 5 Min. anbraten. Feigen, Aprikosen, Sultaninen, Pinienkerne und Wein einrühren, aufkochen und die Flüssigkeit 5 Min. einkochen lassen. Vom Herd nehmen, die Petersilie einrühren und beiseite stellen.

3 Hackfleisch, Eier, Brotkrumen, Zimt und ein wenig Salz und Pfeffer in einer Schüssel gut vermischen.

4 ▲ Die Hälfte des Hackfleisches in eine lange 23x13 cm-Backform geben, die Füllung darüber verteilen, die andere Hälfte Hackfleisch obenauf verstreichen und leicht festdrücken.

5 Die Backform mit Folie abdecken und für 1 1/4 Std. backen. Das Fett aus der Backform abgießen und vor dem Servieren leicht abkühlen lassen.

Steak mit Champignonsauce

FÜR 4 PERSONEN
70 g Butter oder Margarine
450 g Champignons, geviertelt
1 Schalotte oder 1 kleine Zwiebel, fein gehackt
3 Esslöffel frische Petersilie, gehackt
Salz und Pfeffer
4 Filetsteaks, ca. 2,5 cm dick
1 Zwiebel, in dünnen Scheiben
1/8 Teelöffel Chilipulver
1/8 Teelöffel Cayennepfeffer
ein Spritzer Chilisauce
2 Teelöffel Worcestersauce
2 Teelöffel Zucker
150 ml Brandy
250 ml Rinderbrühe

1 ▼ 30 g der Butter oder Margarine in einer Pfanne schmelzen, Pilze und Schalotte oder Zwiebel hinzufügen und für 5 Min. weich kochen lassen. Die Kochflüssigkeit abgießen, mit Petersilie und wenig Salz und Pfeffer bestreuen, beiseite stellen.

2 Den Grill vorheizen. Die Steaks mit Salz und Pfeffer würzen und auf den Rost in eine Grillpfanne legen. Beiseite stellen.

3 Die restliche Butter oder Margarine in einem Topf schmelzen, Zwiebelringe hinzufügen und für 5 Min. anbraten. Chilipulver, Chilisauce, Cayennepfeffer, Worcestersauce, Zucker und Brandy einrühren, aufkochen und die Sauce auf die Hälfte einkochen lassen.

4 Die Steaks im Abstand von 8 cm grillen; 5 Min. auf jeder Seite für ein blutiges Steak oder 8 Min. für ein halb durchgebratenes Steak.

5 Inzwischen die Brühe zur Sauce geben und nochmals auf die Hälfte einkochen lassen. Mit Salz und Pfeffer würzen und die Champignons einrühren.

6 Die Steaks auf vorgewärmte Teller legen und mit der Sauce servieren.

Hackbraten mit Fruchtfüllung (oben); Steaks mit Champignon-Sauce

Cheeseburger mit Avocadocreme

Für 6 Personen

- 900 g Hackfleisch vom Rind
- Salz und Pfeffer
- 6 Scheiben Greyerzer- oder Cheddarkäse
- 6 Hamburger-Brötchen mit Sesam, aufgeschnitten und getoastet
- 2 große Tomaten, in Scheiben

Für die Avocadocreme

- 1 große reife Avocado
- 1 Frühlingszwiebel, gehackt
- 2 Teelöffel frisch gepresster Zitronensaft
- 1 Teelöffel Chilipulver
- 2 Esslöffel Tomaten, gehackt

1 Die Avocado schälen und das Fruchtfleisch mit einer Gabel zerdrücken. Mit Frühlingszwiebel, Zitronensaft, Chilipulver und gehackten Tomaten vermischen. Beiseite stellen.

2 Den Grill vorheizen.

3 ▼ Das Hackfleisch in 6 Portionen aufteilen und zu einem ca. 2 cm große reife Avocado dicken Burger formen und mit Salz und Pfeffer würzen.

4 Die Burger auf den Rost in eine Grillpfanne legen und bei 8 cm Abstand zur Heizquelle grillen: für halbdurchgegarte Burger sind es 5 Min. pro Seite, für durchgegarte 8 Min.

5 ▲ Auf jeden Burger eine Scheibe Käse legen und ca. 30 Sek. grillen, bis der Käse geschmolzen ist.

6 In jedes Brötchen einen Burger legen, mit einer Tomatenscheibe und einem Löffel Avocadocreme obenauf, und servieren.

Chili con Carne

Für 8 Personen

- 3 Esslöffel Olivenöl
- 1 große Zwiebel, gehackt
- 900 g Hackfleisch vom Rind
- 4 Knoblauchzehen, gepresst
- 1 Esslöffel brauner Zucker
- 2-3 Esslöffel Chilipulver
- 1 Teelöffel Kumin, gemahlen
- je 1 Teelöffel Salz und Pfeffer
- 140 g Tomatenpüree aus der Dose
- 250 ml Bier
- 450 ml Tomaten, enthäutet und durch ein Sieb passiert
- 350 ml Kidney-Bohnen, gekocht oder aus der Dose

Zum Servieren

- 450 g Spaghetti, in Hälften gebrochen
- 250 ml saure Sahne
- 225 g Cheddar oder Gruyère, gerieben

1 Öl in einem tiefen Topf erhitzen und die Zwiebel ca. 5 Min. anbraten, bis sie weich ist. Das Hackfleisch hinzugeben und unter Rühren gleichmäßig anbräunen.

2 ▼ Knoblauch, braunen Zucker, Chilipulver, Kumin, Salz und Pfeffer einrühren, Tomatenpüree, passierte Tomaten und Bier hinzugeben und verrühren. Aufkochen, abdecken und für 50 Min. simmern lassen.

3 ▲ Die Kidney-Bohnen hinzugeben und im offenen Topf für 5 Min. köcheln lassen.

4 Die Spaghetti in einem großen Topf Salzwasser bissfest kochen (Packungshinweis beachten). Abtropfen lassen.

5 Das Chili con Carne in vorgewärmten Tellern auf einer Unterlage von Spaghetti mit einem Klecks saurer Sahne und geriebenem Käse servieren. Restliche saure Sahne und Käse extra dazu reichen.

Cheeseburger mit Avocadocreme (oben); Chili con Carne

Traditioneller Rindseintopf

FÜR 6 PERSONEN
3 Esslöffel Pflanzenöl
1 große Zwiebel, in Scheiben
2 Möhren, gewürfelt
1 Selleriestange, gehackt
30 g Weizenmehl
3 Esslöffel Paprika
900 g Rinderschmorfleisch, gewürfelt
2 Esslöffel Tomatenpüree
250 ml Rotwein
450 ml Rinderbrühe
1 frischer Thymianzweig, oder 1 Teelöffel getrockneter Thymian
1 Lorbeerblatt
Salz und Pfeffer
3 mittelgroße Kartoffeln, in 3 cm große Stücke geschnitten
85 g Champignonköpfe, geviertelt

1 Ofen auf 190°C/Gas 5 vorheizen.

2 ▼ Die Hälfte des Öls in einer Kasserolle erhitzen, Zwiebel, Möhren und Sellerie hineingeben und ca. 5 Min. anschwitzen, bis das Gemüse weich ist, dann aus dem Topf nehmen und beiseite stellen.

3 ▲ Mehl und Paprika in einer Plastiktüte vermischen. Das Fleisch hineingeben und schütteln, um sie rundherum zu panieren.

4 Das restliche Öl in der Kasserolle erhitzen, die Fleischwürfel hinzugeben und ca. 10 Min. von allen Seiten anbräunen.

5 Das Gemüse wieder in die Kasserolle geben, Tomatenpüree, Rotwein, Brühe, Kräuter und Gewürze hinzufügen und zum Kochen bringen.

6 ▲ Die Kartoffeln einrühren, die Kasserolle abdecken und im Ofen 1 Std. schmoren lassen.

7 Die Champignons einrühren und den Eintopf für 30 Min. weiterkochen, bis das Fleisch zart ist. Vor dem Servieren das Lorbeerblatt entfernen.

Rindergeschnetzeltes mit Gemüse

FÜR 4 PERSONEN

- 2-3 Teelöffel Chilipulver
- 1 Teelöffel Kumin, gemahlen
- 1/2 Teelöffel Oregano, getrocknet
- Salz und Pfeffer
- 450 g Rindfleisch aus der Hochrippe, in dünne Streifen geschnitten
- 2 Esslöffel Pflanzenöl
- 5 Frühlingszwiebeln, schräg in 2,5 cm lange Stücke geschnitten
- je 1 kleine rote, grüne und gelbe Paprika, in dünne Streifen geschnitten
- 115 g Maiskölbchen, der Hälfte nach durchgeschnitten, oder 225 g Dosenmais aus der Dose, abgetropft
- 4 Knoblauchzehen, gepresst
- 2 Esslöffel frisch gepresster Zitronen- oder Limonensaft
- 2 Esslöffel frischer Koriander, gehackt

1 ▼ Gewürze, Oregano und ein wenig Salz und Pfeffer in einer Schüssel vermischen und das Fleisch mit dieser Mischung gut einreiben.

2 Die Hälfte des Öls in einem Wok oder einer großen Pfanne stark erhitzen, die Fleischstreifen hineingeben und unter ständigem Rühren für 3-4 Min. gut anbräunen. Das Fleisch aus dem Wok nehmen und warm stellen.

3 ▲ Das restliche Öl erhitzen, Frühlingszwiebeln, Paprikastreifen, Maiskolben und Knoblauch darin unter ständigem Rühren ca. 3 Min. garen, bis das Gemüse zart ist.

4 ▼ Das Fleisch wieder in den Wok geben und mit dem Gemüse mischen. Limonen- oder Zitronensaft und Koriander einrühren und servieren.

Gekochte Rinderbrust

FÜR 6 PERSONEN

ca. 1 kg Rinderbrust
1 Teelöffel schwarze Pfefferkörner
2 Lorbeerblätter
1 kleine Steckrübe, ca. 450 g, in Stücken
8 Perlzwiebeln
8 kleine Kartoffeln
3 Möhren, der Länge nach geviertelt
1 kleiner Kopf früher Weißkohl, in 6 Stücke zerteilt

FÜR DIE SAUCE

85 ml Rotweinessig
55 g Zucker
1 Esslöffel Senfpulver
ca. 55 g Butter oder Margarine
Salz und Pfeffer

1 Die Rinderbrust in einen großen Topf geben, Pfefferkörner und Lorbeer hinzufügen und mit Wasser auffüllen. Aufkochen, die Hitze reduzieren und ca. 2 Std. simmern lassen.

2 ▼ Steckrübe, Zwiebeln, Kartoffeln und Möhren hinzugeben, wieder zum Kochen bringen und die Hitze reduzieren, im abgedeckten Topf für 10 Min. simmern lassen.

3 Die Kohlstücke hinzufügen, abdecken und 15 Min. weiterkochen.

4 Fleisch und Gemüse mit einer Schöpfkelle aus dem Topf nehmen und warm stellen. 350 ml von der Kochflüssigkeit zurückbehalten.

5 ▲ Für die Sauce die Kochflüssigkeit mit Rotweinessig, Zucker und Senfpulver in einem kleinen Topf vermischen, aufkochen und die Hitze reduzieren. Ca. 5 Min. simmern lassen, bis die Sauce eingedickt ist. Vom Herd nehmen und die Butter einrühren, mit Salz und Pfeffer würzen.

6 Die gekochte Rinderbrust in Scheiben schneiden und zusammen mit dem Gemüse auf einer vorgewärmten Platte servieren. Die Sauce extra dazu reichen.

Steak-Sandwiches mit Zwiebeln

FÜR 3 PERSONEN

3 Rumpsteaks, dünn geschnitten (ca. 450 g Gesamtgewicht)
Salz und Pfeffer
30 g Butter oder Margarine
2 Esslöffel Pflanzenöl
1 große Zwiebel, in dünnen Scheiben
1 Baguettebrot, längs aufgeschnitten und gedrittelt
Dijon-Senf zum Servieren

1 Die Steaks großzügig mit Salz und Pfeffer würzen.

2 ▲ Die Butter oder Margarine und die Hälfte des Öls in einer Pfanne erhitzen, die Zwiebelscheiben hineingeben und für 8 Min. knusprig braun braten, aus der Pfanne nehmen und auf Küchenkrepp trocknen lassen. Das restliche Öl in die Pfanne geben.

3 ▼ Die Steaks in der Pfanne für 3 Min. braten, bis sie gut angebräunt sind, dabei einmal wenden.

4 Die Steaks und Zwiebelringe auf die Baguettes verteilen und mit der oberen Brothälfte belegen, mit dem Senf servieren.

Gekochte Rinderbrust (oben); Steak-Sandwiches mit Zwiebeln

Schweinefilet mit Pfeffer-Senf-Sauce

FÜR 4 PERSONEN

- 2 Filetstücke vom Schwein à 350g
- 30g Butter oder Margarine
- 1 Esslöffel Olivenöl
- 1 Esslöffel Rotweinessig
- 1 Esslöffel grobkörniger Senf
- 3 Esslöffel Schlagsahne
- 1 Esslöffel grüne Pfefferkörner in Lake, abgetropft
- eine Prise Salz

1 Das Schweinefleisch quer in 2,5cm dicke Scheiben schneiden.

2 ▼ Butter oder Margarine in einer Pfanne erhitzen, das Schweinefleisch hineingeben und 5-8Min. auf jeder Seite braten, bis das Fleisch gut angebräunt ist. Aus der Pfanne nehmen und warm stellen.

3 ▼ Essig und Senf in die Pfanne geben und 1Min. kochen lassen, dabei mit einem Holzlöffel den Bratensatz ablösen und einrühren.

4 Sahne, Pfefferkörner und Salz einrühren, 1Min. kochen und die Sauce über die Schweinefilets gießen.

Koteletts mit Äpfeln und Kartoffeln

FÜR 6 PERSONEN

- 450ml Apfelsaft
- 225g Kartoffeln, geschält, in 1cm dicke Scheiben geschnitten
- 225g Süßkartoffeln oder Steckrüben, geschält, in 1cm dicken Scheiben
- 450g Äpfel, geschält, ohne Kerne, in 1cm dicken Scheiben geschnitten
- Salz und Pfeffer
- 45g Weizenmehl
- 6 Schweinekoteletts, 2,5cm dick, bratfertig zugeschnitten
- 55g Butter oder Margarine
- 3 Esslöffel Pflanzenöl
- 6 Salbeiblätter

1 Ofen auf 180°C/Gas 4 vorheizen. Eine 33 x 23cm-Backform einfetten.

2 Den Apfelsaft in einem kleinen Topf aufkochen.

3 ▼ Eine Reihe Kartoffelscheiben an die Querseite der Backform legen, danach eine Reihe Süßkartoffelscheiben, gefolgt von einer Reihe Apfelscheiben. Abwechselnd Kartoffel-, Süßkartoffel- und Apfelreihen legen, bis die Form gefüllt ist. Mit Salz und Pfeffer bestreuen.

4 Die Scheiben mit dem Apfelsaft übergießen, mit Folie abdecken und für 40Min. backen.

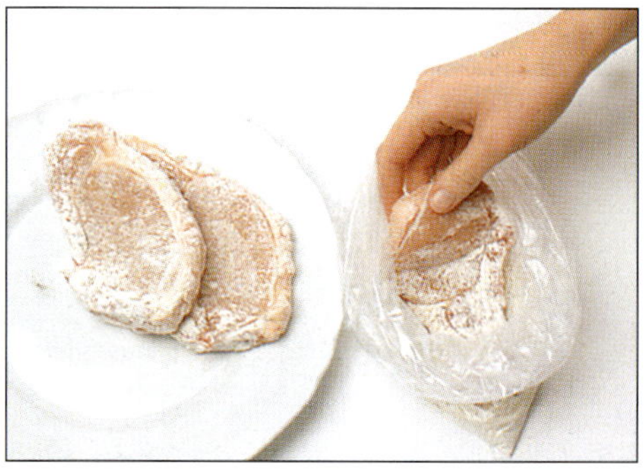

5 ▲ Das Mehl mit Salz und Pfeffer mischen und die Koteletts darin panieren, überschüssiges Mehl abschütteln. Butter oder Margarine mit dem Öl erhitzen und die Koteletts auf jeder Seite 5Min. braten, bis sie gebräunt sind.

6 Die Koteletts mit einem Salbeiblatt obendrauf in die Backform auf die Apfel- und Kartoffelscheiben legen.

7 Die Backform ohne Folie in den Ofen stellen und ca. 1Std. backen, bis Kartoffeln und Fleisch gar sind und die Flüssigkeit verdampft ist.

Schweinefilets mit Pfeffer-Senf-Sauce (oben); Kotelett mit Äpfeln und Kartoffeln

Kotelett mit Sauerkraut

FÜR 6 PERSONEN

6 Streifen Bauchspeck, gewürfelt
3 Esslöffel Weizenmehl
Salz und Pfeffer
6 Schweinekoteletts ohne Knochen
2 Teelöffel brauner Zucker
1 Knoblauchzehe, gepreßt
700 g Sauerkraut, abgespült
1 Teelöffel Wacholderbeeren
1 Teelöffel schwarze Pfefferkörner
250 ml Bier
250 ml Hühnerbrühe

1 Ofen auf 180° C/Gas 4 vorheizen.

2 ▼ Den Speck in einer Pfanne braten, bis er leicht anbräunt, mit einer Schöpfkelle aus der Pfanne nehmen und in eine Kasserolle geben.

3 ▲ Mehl mit Salz und Pfeffer mischen und die Koteletts darin panieren. Überschüssiges Mehl abschütteln. Die Koteletts in der Pfanne auf jeder Seite 5 Min. anbräunen. Auf Küchenkrepp trocknen lassen.

4 ▲ Braunen Zucker und Knoblauch in die Pfanne geben und unter rühren für 3 Min. braten. Sauerkraut, Wacholderbeeren und Pfefferkörner hinzufügen.

5 ▲ Die Sauerkrautmischung aus der Pfanne in die Kasserolle geben und mit dem Speck mischen, die Koteletts obenauf legen, mit Bier und Hühnerbrühe übergießen.

6 Die Kasserolle in den Ofen stellen und für 45-55 Min. schmoren, bis das Kotelettfleisch zart ist.

Schweinerippchen

Für 4 Personen
1,4 kg Schweinebauchrippe (Spareribs)
125 ml Pflanzenöl
1/2 Teelöffel Paprika

Für die Sauce
85 g brauner Zucker
2 Teelöffel Senfpulver
1 Teelöffel Salz
1/8 Teelöffel Pfeffer
1/2 Teelöffel Ingwer, gemahlen
125 ml Tomaten, enthäutet, gedünstet, passiert
125 ml Orangensaft
1 kleine Zwiebel, fein gehackt
1 Knoblauchzehe, gepresst
2 Esslöffel frische Petersilie, gehackt
1 Esslöffel Worcestersauce

1 ▲ Ofen auf 190° C/Gas 5 vorheizen. Die Spareribs in eine Grillpfanne zurechtlegen.

2 ▲ Öl und Paprika vermischen und damit die Spareribs bestreichen. Im Ofen 55-60 Min. backen, bis die Rippchen leicht knusprig sind.

3 ▼ Die Zutaten für die Sauce in einem Topf vermischen und aufkochen. Für 5 Min. simmern lassen, ab und zu umrühren.

4 ▲ Das Fett aus der Grillpfanne abgießen, die Spareribs mit der Hälfte der Sauce bestreichen und 20 Min. backen, dann wenden, mit dem Rest der Sauce bestreichen und nochmals 20 Min. backen. Heiß servieren.

Tortillas mit Schweinefleisch

Für 4 Personen

- 1 Knoblauchzehe, gepreßt
- 2 Esslöffel Pflanzenöl
- 85 ml Limonensaft, frisch gepresst
- 3 Esslöffel Worcestersauce
- 1/8 Teelöffel Pfeffer
- 580 g Schweinskotelett, längs in Streifen gschnitten
- 1 große reife Avocado
- 4 Esslöffel frischer Koriander, gehackt
- 8 Tortillas aus Maismehl
- 1 Zwiebel, in Scheiben geschnitten
- 1 grüne Paprika, in Streifen
- schwarze Oliven zum Garnieren

Für die Salsa-Mischung

- 225 g Dosenmais, abgetropft, oder Tiefkühlmais, aufgetaut
- 1 kleine rote Paprika, in Streifen
- 1 kleine rote Zwiebel, in dünnen Scheiben
- 1 Teelöffel Honig
- Saft von 1 Zitrone oder Limone

1 ▼ 1 Esslöffel von dem Öl mit Zitronensaft, Pfeffer, Knoblauch und Worcestersauce vermischen, die Fleischstreifen hinzufügen und in der Marinade wälzen, für 10-20 Min. ziehen lassen, dabei einmal umrühren.

2 ▲ Die Zutaten für die Salsa-Mischung in einer Schüssel gut verrühren. Beiseite stellen.

3 ▲ Die Avocado halbieren und das Fruchtfleisch mit einer Gabel zerdrücken. Den gehackten Koriander einrühren.

4 ▲ Ofen auf 180° C/Gas 4 vorheizen. Die Tortillas in Alufolie wickeln und im Ofen für 10 Min. aufwärmen.

5 ▲ Das restliche Öl in einer Pfanne erhitzen, Zwiebel und grüne Paprika hineingeben und für ca. 5 Min. anbraten, bis sie weich sind.

6 ▲ Die Fleischstreifen hinzugeben und unter ständigem rühren ca. 5 Min. scharf anbraten, bis sie rundherum gut gebräunt sind.

7 ▲ Einen Löffel Avocadocreme auf die angewärmten Tortillas geben, darauf dann das Fleisch und etwas von der Salsamischung verteilen. Mit einer Olive garnieren und servieren.

Gebackene Bohnen mit Wurst

FÜR 6 PERSONEN

- 350 g weiße Bohnen, über Nacht eingeweicht und abgetropft
- 1 Zwiebel, gespickt mit 4 Gewürznelken
- 45 g Butter oder Margarine
- 450 g Wurst vom Schwein
- 450 g Knoblauchwurst, in 1 cm dicke Scheiben geschnitten
- 115 g Schinkenspeck, gehackt
- 1 große Zwiebel, gehackt
- 2 Knoblauchzehen, gepresst
- 450 g Dosentomaten, gehackt
- 140 g Tomatenmark
- 65 ml Ahornsirup
- 2 Esslöffel brauner Zucker
- 1/2 Teelöffel Senfpulver
- 1/4 Teelöffel Salz
- Pfeffer
- 30 g frische Semmelbrösel

1 ▲ Die Bohnen in einen Topf geben und mit frischem kalten Wasser bedecken, die gespickte Zwiebel hinzufügen. Aufkochen und ca. 1 Std. kochen lassen, bis die Bohnen fast gar sind. Abtropfen lassen, die Zwiebel wegwerfen.

2 Ofen auf 180° C/Gas 4 vorheizen.

3 ▲ Die Hälfte der Butter oder Margarine in einer Kasserolle schmelzen, Würste, Speck, Zwiebel und Knoblauch darin braten, bis Würste und Speck gut angebräunt sind.

4 ▲ Bohnen, Tomaten, Tomatenmark, Ahornsirup, braunen Zucker, Senfpulver hinzugeben, salzen und pfeffern und zum Kochen bringen.

5 ▲ Die Semmelbrösel über die Bohnen streuen und Butter- oder Margarineflocken obenauf setzen.

6 Im Ofen ca. 1 Std. backen, bis die Bohnen fast die ganze Flüssigkeit aufgenommen haben und die Brotkruste knusprig ist.

Jambalaya

Für 6 Personen

- 2 Esslöffel Pflanzenöl
- 4 halbe Hähnchenbrüste, ohne Haut und Knochen, in Stücke geschnitten
- 450g Kochwurst, in Scheiben
- 170g Räucherschinken, gewürfelt
- 1 große Zwiebel, gehackt
- 2 Selleriestangen, gehackt
- 2 grüne Paprika, gewürfelt
- 3 Knoblauchzehen, gepresst
- 250ml Dosentomaten, gehackt
- 450ml Hühnerbrühe
- 1 Teelöffel Cayennepeffer
- 1 frischer Thymianzweig oder 1/4 Teelöffel getrockneter Thymian
- 2 Stiele glattblättrige Petersilie
- 1 Lorbeerblatt
- 300g Reis
- Salz und Pfeffer
- 4 Frühlingszwiebeln, fein gehackt

1 ▼ Das Öl in einer großen Pfanne erhitzen, Hühnerfleisch und Wurstscheiben hinzugeben und ca. 5Min. anbräunen, Schinkenwürfel einrühren und nochmals 5Min. braten.

2 Zwiebel, Sellerie, Paprika, Knoblauch, Tomaten, Brühe, Cayennepfeffer, Thymian, Petersilie und Lorbeerblatt hinzufügen und unter rühren aufkochen.

3 ▲ Den Reis einrühren und mit Salz und Pfeffer würzen. Wenn die Flüssigkeit anfängt zu kochen, die Hitze reduzieren und die Pfanne abdecken. 10 Min. simmern lassen.

4 Die Pfanne vom Herd nehmen und mit Deckel 20Min. beiseite stellen, um den Reis zu Ende garen zu lassen.

5 ▲ Lorbeerblatt entfernen und das Gericht kurz vor dem Servieren mit gehackter Frühlingszwiebel bestreuen.

Spargel und Schinken mit Käsesauce

FÜR 4 PERSONEN
24 Spargelstangen
45 g Butter oder Margarine
3 Esslöffel Weizenmehl
350 ml Milch
115 g Gruyère- oder Cheddarkäse, gerieben
1/8 Teelöffel Muskatnuss, gerieben
Salz und Pfeffer
12 Scheiben Koch- oder Parmaschinken

1 Holzige Stellen von den Spargelstangen entfernen. In einem großen flachen Topf Salzwasser aufkochen, den Spargel hineingeben und 5-7 Min. simmern lassen, bis er fast gar ist. In einem Sieb abtropfen lassen, mit kaltem Wasser abspülen und auf Küchenkrepp trocknen lassen.

2 Den Grill vorheizen. Eine 33 x 23 cm-Backform einfetten.

3 Butter oder Margarine in einem Topf schmelzen, Mehl hinzugeben und 2 Min. unter Rühren anschwitzen. Milch hinzugießen, aufkochen und 5 Min. simmern lassen, bis die Sauce andickt, ab und zu umrühren.

4 ▲ In die Sauce 3/4 des Käses einrühren, mit Muskat, Salz und Pfeffer abschmecken. Warm stellen.

5 ▲ Jeweils zwei Spargelstangen in eine Schinkenscheibe einwickeln und in die Backform legen.

6 Die Käsesauce über die Schinken-Spargelstangen gießen und mit dem restlichen Käse bestreuen. Im Abstand von 8 cm zur Heizquelle ca. 5 Min. grillen, bis die Sauce goldbraun ist. Heiß servieren.

Schinkensteaks mit Rosinen

FÜR 4 PERSONEN
55 g Rosinen
250 ml warmes Wasser
1/2 Teelöffel Instant-Kaffee
1 Teelöffel Maismehl
45 g Butter oder Margarine
4 Schinkensteaks à 120 g, ohne Fettrand
2 Teelöffel brauner Zucker
2 Teelöffel Apfelessig
2 Teelöffel Sojasauce

~ VARIATION ~

Für eine gehaltvollere Sauce die Rosinen durch die gleiche Menge gehackter Pflaumen ersetzen.

1 ▼ Die Rosinen in einer kleinen Schüssel in der Hälfte des Wassers ca. 10 Min. einweichen lassen.

2 Maismehl und Kaffeepulver mit dem restlichen Wasser vermischen.

3 Butter oder Margarine in einer großen Pfanne erhitzen und die Schinkensteaks darin bei mäßiger Hitze ca. 5 Min. auf jeder Seite leicht anbräunen.

4 ▲ Die gebratenen Steaks auf vorgewärmte Teller legen.

5 Rosinen abtropfen, in die Pfanne geben und das Kaffee-Mehlgemisch einrühren, danach Essig, Zucker und Sojasauce hinzufügen und aufkochen. Unter Rühren ca. 3 Min. simmern lassen, bis die Sauce leicht andickt.

6 Die Rosinensauce über die Schinkensteaks gießen und servieren.

Spargel und Schinken mit Käsesauce (oben); Schinkensteaks mit Rosinen

Lammkoteletts mit Basilikumsauce

FÜR 4 PERSONEN

- 1 Handvoll frisches Basilikum
- 30g Pinienkerne
- 2 Knoblauchzehen
- 30g Parmesankäse, gewürfelt
- 125ml Olivenöl „extra virgine"
- Salz und Pfeffer
- 1 Lammfilets oder -koteletts à 230g
- Basilikumblätter zum Garnieren

1 Basilikum, Pinienkerne, Knoblauch und Parmesankäse in einer Küchenmaschine oder einem Mixer hacken. Während die Maschine arbeitet, langsam das Olivenöl hinzugießen. Mit Salz und Pfeffer abschmecken. Die Sauce sollte relativ dünn und cremig sein. Man kann die Zutaten auch in einem Mörser zerkleinern.

2 ▼ Die Lammkoteletts oder-filets in eine flache Schüssel legen und von beiden Seiten mit der Basilikum-Sauce übergießen. 1 Std. marinieren lassen.

3 Den Grill vorheizen. Den Rost in der Grillpfanne mit Olivenöl bestreichen.

4 ▲ Die Koteletts auf den Grillrost legen und im Abstand von 8cm für ca. 15Min. grillen, bis der gewünschte Garpunkt erreicht und das Fleisch gut gebräunt ist, zwischendurch einmal wenden. Mit frischen Basilikumblättern garnieren.

Lammfleisch-Eintopf mit Bohnen

FÜR 6 PERSONEN

- 250g rote Kidney-Bohnen, über Nacht eingeweicht und abgetropft
- 2 Esslöffel Pflanzenöl
- 900g mageres Lammfleisch, in 3cm große Würfel geschnitten
- 1 große Zwiebel, gehackt
- 1 Lorbeerblatt
- 750ml Hühnerbrühe
- 1 Knoblauchzehe, gepreßt
- Salz und Pfeffer

1 Die Bohnen in einen großen Topf geben, mit frischem Wasser auffüllen und zum Kochen bringen. 10Min. kochen lassen, dann die Hitze reduzieren und für weitere 30Min. simmern lassen. Die Bohnen abgießen.

2 In einem anderen Topf das Öl erhitzen, die Lammwürfel hineingeben und rundherum anbraten. Das Fleisch mit einer Schöpfkelle aus dem Topf nehmen und beiseite stellen.

3 ▼ Die Zwiebel in die Pfanne geben und für 5Min. anbraten, bis sie weich ist.

4 ▲ Das Lammfleisch wieder in den Topf geben, Bohnen, Lorbeer, Brühe und Knoblauch hinzufügen, mit Salz und Pfeffer würzen. Aufkochen und bei geringer Hitze im geschlossenen Topf 1 1/4Std. simmern lassen.

5 Das Lorbeerblatt entfernen und vor dem Servieren abschmecken.

Lammkoteletts mit Basilikum-Sauce (oben); Lammfleisch-Eintopf mit Bohnen

Stielkoteletts vom Lamm

Für 4 Personen
8 Lamm-Stielkoteletts
Salz und Pfeffer
1 Ei
1 Teelöffel Dijon-Senf
3 Esslöffel Semmelbrösel
3 Esslöffel Sesamkörner
2 Esslöffel Weizenmehl
30 g Butter oder Margarine
1 Esslöffel Pflanzenöl

1 ▼ Überschüssiges Fett von den Koteletts abschneiden, mit einem Messer Fleisch und Fett vom Ende des Rippenknochens auf eine Länge von ca. 5 cm abkratzen. Die Koteletts großzügig salzen und pfeffern.

2 ▲ Ei und Senf verrühren und in einen Teller gießen. Auf einem anderen Teller die Semmelbrösel mit dem Sesam mischen. Das Mehl auf einen dritten Teller schütten.

3 ▲ Jedes Kotelett im Mehl wälzen, danach in die Ei-Senfmischung tauchen und zum Schluss in den Semmelbröseln wenden; die Panade gut andrücken. Die panierten Koteletts 15 Min. in den Kühlschrank stellen.

4 ▲ Butter oder Margarine in einer Pfanne erhitzen, die Koteletts hineingeben und bei mittlerer Hitze 4-5 Min. auf jeder Seite braten, dabei vorsichtig mit Zangen wenden, bis sie goldbraun und knusprig sind.

Rippchen mit Senfkruste

Für 4 Personen

- 2 Rippenstücke vom Lamm (je 8 Koteletts) mit freigelegten Rippenenden
- 3 Esslöffel Dijon-Senf
- 1 1/2 Esslöffel frischer Rosmarin oder 1 Esslöffel getrockneter Rosmarin
- Salz und Pfeffer
- 55 g Semmelbrösel
- 3 Esslöffel frische Petersilie, gehackt
- 4 Knoblauchzehen, gepresst
- 65 ml Olivenöl
- 115 g Butter oder Margarine
- 250 ml Hühnerbrühe

1 Ofen auf 220° C/Gas 7 vorheizen.

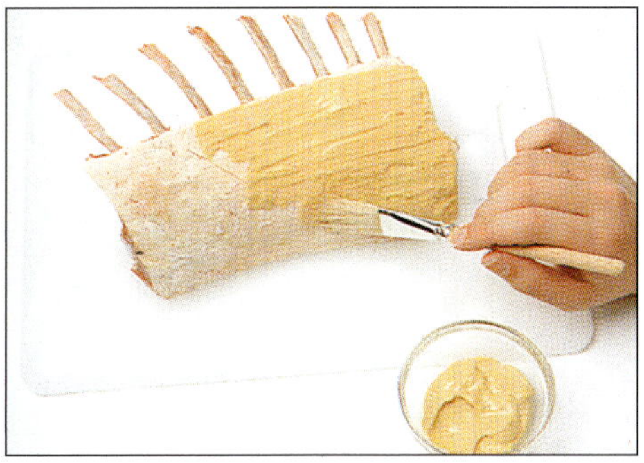

2 ▲ Die Fleischseite der Rippenstücke mit Senf bestreichen und mit Rosmarin, Salz und Pfeffer würzen.

3 ▲ Semmelbrösel, Petersilie, Knoblauch und die Hälfte des Olivenöls vermischen und diese Mischung in die Senfschicht eindrücken. Die Rippenenden mit Folie umwickeln und das Fleisch in einen Bräter legen.

4 Die Hälfte der Butter oder Margarine in einem Topf schmelzen, das restliche Olivenöl einrühren und damit die Rippenstücke beträufeln.

5 Die Rippen im Ofen braten: In 40 Min. ist das Fleisch innen rosa und in 50 Min. halb durchgebratenen.

6 Die Rippenstücke auf einer vorgewärmte Servierplatte so zurechtlegen, dass die Knochenenden ineinander verschränkt sind. Locker mit Folie abdecken und beiseite stellen.

7 Die Brühe in den Bräter gießen und aufkochen, dabei den Bratensatz vom Boden ablösen und unterrühren. Vom Herd nehmen, die restliche Butter einrühren und diese Bratensauce in eine vorgewärmte Saucière gießen.

8 Zum Servieren den Braten zwischen den Rippen hindurch in einzelne Koteletts schneiden oder – für Doppel-Koteletts – zwischen jeweils 2 Rippen hindurchschneiden.

Lamm-Kebabs

FÜR 4 PERSONEN

- 450 g Lammkeule, ohne Knochen, in 2,5 cm große Würfel geschnitten
- 3 mittelgroße Zucchini, in 1 cm dicke Scheiben geschnitten
- 3 Esslöffel Minzgelee
- 2 Esslöffel frisch gepresster Zitronensaft
- 2 Esslöffel Olivenöl
- 1 Esslöffel frische Minze, gehackt

~ VARIATION ~

Statt des Minzgelees die gleiche Menge Orangenmarmelade und 2 Teelöffel geriebene Orangenschale statt der Minze verwenden.

1 Den Grill vorheizen.

2 Die Lammfleischwürfel und Zucchinischeiben abwechselnd auf Metall- oder Holzspieße stecken.

3 ▲ Minzgelee, Zitronensaft, Olivenöl und gehackte Minze in einem Topf bei geringer Hitze unter Rühren erwärmen, bis das Gelee schmilzt.

4 ▼ Die Grillspieße mit dieser Mischung bestreichen und auf den Rost in eine Grillpfanne legen.

5 Im Abstand von 8 cm von der Heizquelle für ca. 10-12 Min. bis zum gewünschten Garpunkt grillen, dabei die Spieße öfters wenden. Nach Belieben mit Reis als Beilage servieren.

Lammburger mit Gurke und Minze

FÜR 4 PERSONEN

- 700 g Hackfleisch vom Lamm
- 1 mittelgroße Zwiebel, gehackt
- 1 Esslöffel Paprika
- 2 Esslöffel frische Petersilie, gehackt
- 2 Esslöffel frische Minze, gehackt, oder 1 Esslöffel getrocknete Minze
- Salz und Pfeffer
- 4 Hamburger-Brötchen mit Sesam, quer aufgeschnitten

FÜR DIE GURKEN-BEILAGE

- 1 große Salatgurke, dünn geschnitten
- 1 kleine rote Zwiebel, in dünnen Scheiben
- 3 Esslöffel frisch gepresster Zitronen- oder Limonensaft
- 2 Esslöffel Pflanzenöl
- 4 Esslöffel frische Minze, gehackt, oder 2 Teelöffel getrocknete Minze
- 2 Frühlingszwiebeln, fein gehackt

1 Die Zutaten für die Gurkenbeilage in einer Glas- oder Keramikschüssel vermischen, mit Folie abdecken und für mind. 2 Std. in den Kühlschrank stellen.

2 ▲ Hackfleisch, Zwiebel, Petersilie, Paprika und Minze mit ein wenig Salz und Pfeffer in einer Schüssel gründlich durchmischen.

3 Den Grill vorheizen.

4 ▲ Die Hackmischung in 4 Portionen aufteilen und ca. 2,5 cm dicke Burger formen.

5 Die Burger im Abstand von 8 cm zur Heizquelle grillen: Nach 5 Min. auf jeder Seite sind sie innen rosa, nach 8 Min. halb durchgebraten. Die Brötchen aufgeklappt unter dem Grill kurz anrösten.

6 Die Lammburger in die Brötchen legen und zusammen mit der Gurken-Minze-Beilage servieren.

Lamm-Kebabs (oben); Lamm-Burger mit Gurke und Minze

Hähnchenbrust mit Mandeln und Pflaumen

Für 4 Personen

30 g Butter oder Margarine
1 Esslöffel Pflanzenöl
Hähnchenbrust (ca. 1,2 kg), in Hälften
750 ml Hühnerbrühe
115 g Rosinen
1 Esslöffel frischer Thymian, oder 1 Teelöffel getrockneter Thymian
3 frische Salbeiblätter, gehackt
3 Esslöffel frische Petersilie, gehackt
1 Esslöffel frischer Majoran, gehackt, oder 1 Teelöffel trockener Majoran
55 g frische Semmelbrösel
55 g Mandeln, gemahlen
12 Backpflaumen, entsteint
4-6 Gewürznelken
1/2 Teelöffel Muskatblüte, gemahlen
eine Prise Safranfäden, grob zerkleinert
Salz und Pfeffer
45 g Mandelblättchen, geröstet

1 ▼ Butter oder Margarine mit dem Öl in einer Pfanne erhitzen, Hähnchenbrüste hinzugeben und 10 Min. anbräunen, dabei einmal wenden. Danach in einen großen Topf geben.

~ KOCHTIPP ~

Ganze Mandeln oder Mandelblättchen lassen sich auch in einer Küchenmaschine mahlen.

2 ▲ Die Brühe zu den Hähnchenbrüsten hinzugießen und aufkochen. Alle restlichen Zutaten bis auf die gerösteten Mandeln gut einrühren und für 45 Min. simmern lassen.

3 ▲ Die Hähnchen mit einer Zange aus den Topf nehmen und abkühlen lassen. Die Flüssigkeit wieder zum Kochen bringen und für ca. 10 Min. einkochen lassen, dabei öfters rühren.

4 ▲ Die Knochen aus den Hühnerbrüsten lösen, das Fleisch wieder in den Topf geben, aufwärmen und mit Mandelblättchen bestreut servieren.

Knuspriges Brathähnchen

FÜR 4 PERSONEN

- 125 ml Buttermilch
- 1,4 kg Hähnchenteile
- Pflanzenöl zum Braten
- 55 g Weizenmehl
- 1 Esslöffel Paprika
- 1/4 Teelöffel Pfeffer
- 1 Esslöffel Wasser

1 ▼ Die Buttermilch in eine Schüssel gießen und die Hähnchenteile darin wenden. 5 Min. ziehen lassen.

2 Öl in eine große Pfanne geben und bei starker Hitze erwärmen. Das Öl darf nicht zu heiß werden.

3 ▲ Mehl, Paprika und Pfeffer in einer Schüssel oder Plastiktüte vermischen. Ein Hähnchenteil nach dem anderen darin wälzen und rundherum panieren, überschüssiges Mehl abschütteln.

4 ▼ Die Hähnchenteile in die Pfanne geben und für ca. 10 Min. braten, bis sie leicht angebräunt sind. Nach der Hälfte der Zeit wenden.

5 ▲ Die Hitze reduzieren und das Wasser hinzugießen. Die Pfanne abdecken und für 30 Min. schmoren, dabei die Hähnchen alle 10 Min. wenden. Ohne Deckel für weitere 15 Min. schmoren und alle 5 Min. wenden, bis das Fleisch zart und die Haut knusprig ist. Heiß servieren.

Gefülltes Brathähnchen mit Honigglasur

Für 4 Personen
1 großes Hähnchen à 1,6 kg
2 Esslöffel flüssiger Honig
1 Esslöffel Brandy
1 1/2 Teelöffel Weizenmehl
165 ml Hühnerbrühe

Für die Füllung
2 Schalotten oder 1 kleine Zwiebel, gehackt
4 Streifen Schinkenspeck, gehackt
45 g Champignonköpfe, geviertelt
1 Esslöffel Butter oder Margarine
2 dicke Scheiben Weißbrot, gewürfelt
1 Esslöffel frische Petersilie, gehackt
Salz und Pfeffer

1 ▼ Schalotten, Speck und Pilze in einer Pfanne 5 Min. anbraten, dann mit einer Schöpfkelle herausnehmen und in eine Schüssel geben.

2 Vom Bratfett 2 Esslöffel in der Pfanne lassen, den Rest abgießen. Butter oder Margarine hinzugeben und die Brotwürfel goldbraun rösten, dann das Brot zur Speckmischung in die Schüssel geben, dazu die Petersilie und alles vermischen. Mit Salz und Pfeffer würzen. Abkühlen lassen.

3 Ofen auf 180° C/Gas 4 vorheizen.

4 ▲ Diese Mischung in die Rumpföffnung des Hähnchens einfüllen und das Geflügel mit Faden oder Spießen dressieren.

5 ▲ Das Hähnchen in einen nicht zu großen Bräter legen.

6 ▲ Den Honig mit dem Brandy vermischen und mit der Hälfte davon das Hähnchen einstreichen. Das Hähnchen im Ofen für 1 Std. 20 Min. durchgaren, dabei immer wieder mit der Honig-Brandy-Mischung bestreichen.

7 ▲ Das fertige Hähnchen auf eine vorgewärmte Servierplatte legen und mit Alufolie abdecken.

8 ▲ Den Bratensaft in einen Messbecher abseihen. Sobald das Fett nach oben gestiegen ist, abschöpfen.

9 ▲ Das Mehl in den Bräter einstreuen, Bratensaft und Brühe hinzugeben. Unter ständigem rühren aufkochen, bis die Bratensauce andickt.

10 Die Bratensauce in eine vorgewärmte Saucière gießen und mit dem Brathähnchen servieren.

Hühner-Schinkenröllchen

Für 4 Personen

16 Streifen durchwachsener Speck
8 Hähnchenschenkel, ohne Haut

Für die Marinade

Saft und abgeriebene Schale einer Orange
Saft und abgeriebene Schale einer Zitrone oder Limone
5 Knoblauchzehen, gepresst
1 Esslöffel Chilipulver
1 Esslöffel Paprika
1 Teelöffel Kumin, gemahlen
1/2 Teelöffel getrockneter Oregano
1 Esslöffel Olivenöl

1 Für die Marinade die abgeriebene Schale und Saft der Zitrusfrüchte mit Knoblauch, Paprika, Chilipulver, Kumin, Oregano und Olivenöl in einer Schüssel vermischen.

2 ▲ Jeden Hähnchenschenkel mit 2 Speckstreifen kreuzweise umwickeln, mit Cocktailspießen feststecken und in eine Backform legen.

3 Die Marinade über die Schenkel gießen, abdecken und für 1 Std. bei Zimmertemperatur oder für mehrere Stunden im Kühlschrank ziehen lassen.

4 Ofen auf 190° C/Gas 5 vorheizen.

5 ▼ Die Backform in den Ofen stellen und backen. Kleinere Schenkel brauchen ca. 40 Min., größere ca. 1 Std., bis sie gar sind; auch der Speck sollte dann knusprig sein. Vor dem Servieren das Fett von der Bratensauce in der Backform abschöpfen. Als Beilage passt Reis sehr gut dazu.

Hähnchenkeulen in scharfer Sauce

Für 4 Personen

2 Esslöffel Pflanzenöl
8 Hähnchenkeulen (ca. 1,4 kg Gesamtgewicht)
1 mittelgroße Zwiebel, gehackt
125 ml Wasser
3 Esslöffel Dijon-Senf
1 Esslöffel geriebener Meerrettich
1 Esslöffel Worcestersauce
1 Teelöffel brauner Zucker
1/4 Teelöffel Salz
frische Petersilie zum Garnieren

1 Das Öl in einer Pfanne erhitzen, die Hähnchenkeulen hinzugeben und von allen Seiten anbräunen. Aus der Pfanne nehmen und auf Küchenkrepp trocknen lassen.

2 ▲ Die Zwiebel in das heiße Öl geben und 5 Min. braten, bis sie weich ist. Die Keulen wieder in die Pfanne geben, dann Wasser, Senf, Meerrettich, Worcestersauce, braunen Zucker und Salz einrühren und aufkochen.

3 Die Hitze reduzieren, die Pfanne abdecken und bei geringer Hitze ca. 45 Min. simmern lassen, bis das Hähnchenfleisch zart ist.

4 ▼ Die Keulen auf vorgewärmte Teller legen, das Fett von der Bratflüssigkeit abschöpfen und diese Sauce über die Hähnchenkeulen gießen. Mit Petersilie garnieren.

Hühner-Schinken-Röllchen (oben); Hähnchenkeulen in scharfer Sauce

Stubenküken mit Preiselbeeren

Für 4 Personen

4 Stuben- oder Frühlingsküken à 450g, mit Innereien
45 g Butter oder Margarine
Salz und Pfeffer
1 Zwiebel, geviertelt
65ml Portwein
170ml Hühnerbrühe
2 Teelöffel Honig
140g frische Preiselbeeren

~ KOCHTIPP ~

Statt frischen Beeren genügt auch fertige Preiselbeersauce; in diesem Fall den Honig weglassen.

1 Ofen auf 230°C/Gas 8 vorheizen.

2 ▼ Die Küken von allen Seiten mit 30g von der Butter oder Margarine einreiben und in einem ausreichend großen Bräter auf die Seite legen. Mit Salz und Pfeffer bestreuen und die Zwiebelviertel in den Bräter legen. Die Innereien mit der Leber kleinhacken und um die Küken herum verteilen.

3 ▲ Für 20Min. braten, dabei öfters mit dem Fett in dem Bratgefäß begießen. Die Küken auf die andere Seite legen und nochmals für 20Min. braten und mit Fett begießen. Dann mit der Brust nach oben für 15Min. durchgaren. Auf eine vorgewärmte Servierplatte legen, mit Folie abdecken und beiseite stellen.

4 Das Fett vom Bratensaft abschöpfen. Den Bräter auf den Herd stellen und den Bratensaft aufkochen. Den Portwein hinzugießen, wieder aufkochen, unter Rühren den Bratensatz vom Boden ablösen und mit der Sauce vermischen.

5 ▲ Die Sauce in einen kleinen Topf abseihen, die Brühe hinzugießen, aufkochen und die Sauce etwa auf die Hälfte einkochen lassen. Den Honig und die Preiselbeeren einrühren und 3Min. simmern lassen.

6 Den Topf vom Herd nehmen und die restliche Butter oder Margarine einrühren, abschmecken, in eine vorgewärmte Saucière gießen und zu den Stubenküken servieren.

Hähnchen mit Barbecue-Sauce

Für 4 Personen
- 3 Esslöffel Pflanzenöl
- 1 große Zwiebel, gehackt
- 175 ml Tomatenketchup
- 175 ml Wasser
- 2 1/2 Esslöffel frisch gepresster Zitronensaft
- 1 1/2 Esslöffel geriebener Meerrettich
- 1 Esslöffel brauner Zucker
- 1 Esslöffel französischer Senf
- 1,4 kg Hähnchenteile

1 Ofen auf 180° C/Gas 4 vorheizen.

2 ▲ 1 Esslöffel des Öls in einem Topf erhitzen und die Zwiebel für 5 Min. anbraten. Ketchup, Wasser, Zitronensaft Meerrettich, braunen Zucker und Senf einrühren und zum Kochen bringen. Dann die Hitze reduzieren und 10 Min. simmern lassen, dabei ab und zu umrühren.

3 ▲ Das restliche Öl in einer schweren Pfanne erhitzen, Hähnchenteile hineingeben, rundum anbräunen und auf Papiertüchern trocknen lassen.

4 ▼ Die Hähnchenteile in eine 28x23 cm große Backform legen und mit der Sauce übergießen.

5 ▲ Für ca. 1 1/4 Std. backen, bis die Hähnchen gar sind, dabei ab und zu mit der Sauce bestreichen, oder 40-50 Min. bei mittlerer Hitze grillen, dabei einmal wenden und öfters mit der Sauce bestreichen.

Traditionelle Hühnerpastete

Für 6 Personen

- 55 g Butter oder Margarine
- 1 mittelgroße Zwiebel, gehackt
- 3 Möhren, in 1 cm großen Würfeln
- 1 Pastinake, in 1 cm großen Würfeln
- 3 Esslöffel Weizenmehl
- 350 ml Hühnerbrühe
- 85 ml Sherry halbtrocken
- 85 ml trockener Weißwein
- 175 ml Schlagsahne
- 100 g Tiefkühlerbsen, aufgetaut
- 350 g gekochtes Hühnerfleisch, in Stücke geschnitten
- 1 Teelöffel getrockneter Thymian
- 1 Teelöffel frische Petersilie, gehackt
- Salz und Pfeffer

Für den Pastetenteig

- 165 g Weizenmehl
- 1/2 Teelöffel Salz
- 115 g Schweineschmalz oder Pflanzenfett
- 2-3 Esslöffel Eiswasser
- 1 Ei
- 2 Esslöffel Milch

1 ▲ Mehl und Salz in eine Schüssel sieben. Das Fett stückchenweise hineinschneiden und vermischen, bis der Teig krümelig wird. Das Eiswasser teelöffelweise hinzugeben und vorsichtig mit einer Gabel einrühren, bis der sich Teig zu einer Kugel formt. Den Teig mit Mehl bestäuben, einwickeln und kühl stellen.

2 Ofen auf 200° C/Gas 6 vorheizen.

3 ▲ Die Hälfte der Butter oder Margarine in einem Topf erhitzen, Zwiebel, Möhren und Pastinake hineingeben und 10 Min. weich kochen. Das Gemüse mit einer Schöpfkelle aus dem Topf herausnehmen.

4 ▲ Die restliche Butter oder Margarine erhitzen, das Mehl einstreuen und unter ständigem Rühren 5 Min. anschwitzen, dann Brühe, Sherry und Wein hinzugießen. Die Sauce aufkochen und für 1 Min. weiterkochen lassen, dabei ständig rühren.

5 ▲ Sahne, Erbsen, Hühnerfleisch, Thymian und Petersilie hinzugeben. Mit Salz und Pfeffer abschmecken und 1 Min. simmern lassen.

6 ▼ Die Hühnerfleischmischung in eine flache Backform geben.

7 Den Teig auf einer bemehlten Arbeitsfläche 1 cm dick ausrollen, auf die Backform legen und überstehenden Teig abschneiden. Den Rand der Backform anfeuchten und den Teigrand mit einer Gabel festdrücken.

8 Aus den übriggebliebenen Teigresten dekorative Formen ausstechen.

9 ▲ Das Ei locker mit der Milch verquirlen und damit den Teig einstreichen, dann mit den Teigformen schmücken und nochmals mit Ei bestreichen. 1 oder 2 Löcher in die Kruste stechen, damit während des Backens der Dampf entweichen kann.

10 Die Pastete für ca. 35 Min. backen, bis die Kruste goldbraun ist. Heiß servieren.

Hähnchen mit Süßkartoffeln

FÜR 6 PERSONEN

abgeriebene Schale und Saft von einer großen Navel-Orange
85 ml Sojasauce
2,5 cm frische Ingwerwurzel, geschält und fein gerieben
1/4 Teelöffel Pfeffer
1,2 kg Hähnchenteile
55 g Mehl
3 Esslöffel Maiskeimöl
30 g Butter oder Margarine
900 g Süßkartoffeln, geschält und in 2,5 cm große Würfel geschnitten
45 g brauner Zucker

1 ▲ Orangenschale und -saft zusammen mit Sojasauce, Ingwerwurzel und Pfeffer in einer Plastiktüte vermischen und die Hähnchenteile hineinlegen. Die Tüte verschließen, in eine Schüssel legen und die Hähnchen über Nacht im Kühlschrank marinieren lassen.

2 Ofen auf 220° C/Gas 7 vorheizen.

3 ▼ Die Hähnchenteile trocknen lassen und in Mehl wälzen. Die Marinade zurückbehalten.

4 In einer Pfanne 2 Esslöffel des Öls erhitzen und die Hähnchenteile darin rundherum anbräunen.

5 Das restliche Öl und die Butter oder Margarine in eine 30 x 23 cm große Backform geben und im Ofen für einige Minuten erwärmen.

6 ▲ Die Süßkartoffeln auf den Boden der Backform legen und mit dem geschmolzenem Fett vermischen. Die Hähnchenteile in einer Schicht darüber verteilen, mit Folie abdecken und 40 Min. backen.

7 Die zurückbehaltene Marinade mit dem braunen Zucker mischen. Die Folie von der Backform nehmen und die Marinade über die Hähnchenteile und Kartoffeln gießen. Noch einmal für ca. 20 Min. in der offenen Form backen, bis das Hähnerfleisch und die Kartoffeln durchgegart sind.

Hühnchen auf mexikanische Art

FÜR 4 PERSONEN
- 1 Suppenhuhn à 1,4 kg
- 1 Teelöffel Salz
- 12 Taco-Schalen
- 1 kleiner Eisbergsalat, in Streifen
- 170 g Tomaten, gehackt
- 250 ml saure Sahne
- 115 g Cheddarkäse, gerieben

FÜR DIE SAUCE
- 250 ml frische Tomaten, enthäutet, gedünstet und passiert
- 1-2 Knoblauchzehen, gepresst
- 1/2 Teelöffel Apfelessig
- 1/2 Teelöffel getrockneter Oregano
- 1/2 Teelöffel Kumin, gemahlen
- 1-2 Esslöffel mildes Chilipulver

1 Das Huhn in einen großen Topf legen, mit Wasser auffüllen, so dass es gerade bedeckt ist, salzen und aufkochen. Die Hitze reduzieren und ca. 45 Min. simmern lassen, bis das Huhn durchgegart ist, dann aus dem Topf nehmen und abkühlen lassen. 125 ml von der Brühe zurückbehalten.

2 ▲ Die Knochen aus dem Hühnerfleisch lösen und die Haut entfernen. Das Fleisch grob zerkleinern.

3 Die Zutaten für die Sauce zusammen mit der Brühe in einen Topf geben und aufkochen, das Hühnerfleisch einrühren und ca. 20 Min. simmern lassen, bis die Sauce andickt, dabei ab und zu umrühren.

4 Ofen auf 180° C/Gas 4 vorheizen.

5 ▲ Die Taco-Schalen auf 2 Backbleche verteilen und im Ofen für 7 Min. anwärmen.

6 Inzwischen den Eisbergsalat, die gehackten Tomaten, saure Sahne und geriebenen Käse in verschiedenen Servierschüsseln anrichten.

7 ▲ Die Taco-Schalen mit dem Hühnerfleisch füllen und zusammen mit dem Salat, den Tomaten, mit saurer Sahne und Käse servieren.

Gefüllter Truthahnbraten

FÜR 12 PERSONEN

- 1 Truthahn à 5,5 kg, mit Innereien
- 170 g weiche Butter
- Salz und Pfeffer
- 1 Zitrone, geviertelt
- 2 Zwiebeln, geviertelt
- 500 ml kaltes Wasser
- 6 kleine Auberginen (nach Belieben)
- 1 Esslöffel Maismehl
- Petersilie zum Garnieren

FÜR DIE FÜLLUNG

- 30 g Pinienkerne
- 170 g Couscous
- 375 ml kochendes Wasser
- 30 g Butter oder Margarine
- 6 Frühlingszwiebeln, gehackt
- 1 rote Paprika, gewürfelt
- 45 g Rosinen
- 1/2 Teelöffel Kumin, gemahlen
- 3 Esslöffel frische Petersilie, gehackt
- 1 Esslöffel frisch gepresster Zitronensaft

1 Ofen auf 165° C/Gas 3 vorheizen. Die Pinienkerne auf ein Backblech schütten und im Ofen 5-10 Min. goldbraun anrösten, dabei ab und zu wenden.

2 Den Couscous in eine Schüssel geben, mit dem kochendem Wasser übergießen, 10 Min. stehen lassen.

3 ▲ Die Pinienkerne zusammen mit den restlichen Zutaten für die Füllung zum Couscous hinzugeben und mit einer Gabel gut durchmischen.

4 Den Truthahn innen und außen mit kaltem Wasser abspülen und trockentupfen. Die Brusthaut mit der Hand vorsichtig vom Fleisch ablösen.

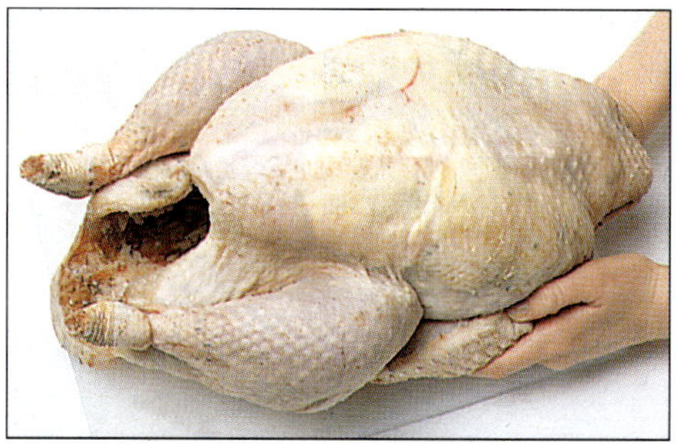

5 ▲ Das Brustfleisch unter der Haut gleichmäßig mit 2/3 der weichen Butter einreiben.

6 Einen Teil der Couscous-Mischung in die Halsöffnung des Truthahns einfüllen, den Rest zurückbehalten. Die Halshaut mit einem Dressierspieß oder -faden über der Halsöffnung befestigen.

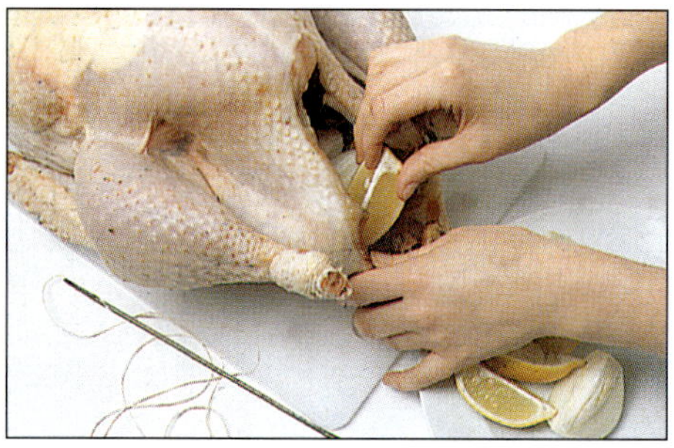

7 ▲ Den Rumpf von innen mit Salz und Pfeffer würzen, mit den Zitronenvierteln und einem Zwiebelviertel füllen und die Keulenenden zusammenbinden.

8 Den Truthahn mit der restlichen Butter einreiben, locker in Alufolie wickeln, in einen Bräter legen und im Ofen braten: Als Richtwert gelten 55 Min. Bratzeit pro kg Fleischgewicht. Für die letzten 30 Min. die Folie abnehmen. Die Keule mit einem Spieß anstechen und prüfen, ob das Fleisch gar ist: Der auslaufende Saft sollte klar und farblos sein.

9 ▲ Inzwischen die Innereien mit den restlichen Zwiebelvierteln und dem Wasser aufkochen, dann 1 Std. simmern lassen und abseihen.

10 Die Auberginen halbieren und ca. 10 Min. dämpfen, bis sie weich sind. Die Hälften aushöhlen und die Truthahnfüllung hineingeben, oder die Füllung extra servieren.

11 Den fertig gebratenen Truthahn auf eine vorgewärmte Servierplatte legen, mit Folie abdecken und 30 Min. ruhen lassen.

12 ▲ Das Fett vom Bratensaft abschöpfen; von der Innereien-Kochflüssigkeit ein paar Löffel abnehmen und das Maismehl darin einrühren. Den Rest der Kochflüssigkeit in den Bräter gießen, die Maismehlmischung einrühren, aufkochen und dabei den Bratensatz mit einem Holzspatel vom Boden ablösen. Für 15 Min. simmern lassen, abseihen und abschmecken.

13 Den Truthahn mit den gefüllten Auberginen und mit Petersilie garnieren und die Bratensauce in einer vorgewärmten Sauciere reichen.

Truthahn-Sandwich

FÜR 4 PERSONEN
55 g Butter oder Margarine
1/2 kleine Zwiebel, fein gehackt
225 g Champignonköpfe, geviertelt
575 g gebratene Truthahnbrust
4 dicke Scheiben Vollkornbrot
450 ml Truthahn-Bratensauce
Petersilie zum Garnieren

1 Die Hälfte der Butter oder Margarine in einer Pfanne schmelzen, die Zwiebel hinzugeben und 5 Min. anbraten, bis sie weich ist.

~ VARIATION ~

Sie können das Sandwich-Brot auch vor dem Belegen toasten.

2 Die Champignons hinzugeben und ca. 5 Min. braten, bis die Flüssigkeit aus den Pilzen verdampft ist, dabei ab und zu umühren.

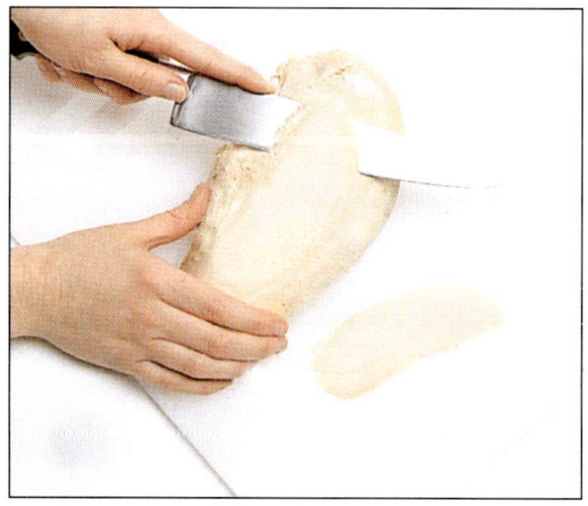

3 ▲ Die Truthahnbrust häuten und in 4 dicke Scheiben schneiden.

4 Die Truthahn-Bratensauce in einem Topf aufwärmen, Zwiebel und Champignons einrühren.

5 ▲ Die Vollkornbrotscheiben mit der restlichen Butter oder Margarine bestreichen, mit je einer Scheibe Truthahnbrust belegen und mit der Pilzsauce übergießen. Mit frischer Petersilie garnieren und sofort servieren.

Truthahn-Auflauf

FÜR 6 PERSONEN
125 ml Pflanzenöl
4 Eier
450 ml Milch
115 g Weizenmehl
Salz und Pfeffer
700 g gekochtes Truthahnfleisch, gewürfelt
125 ml Vollmilchjoghurt
85 g Cornflakes, grob zerkleinert

1 Ofen auf 220° C/Gas 7 vorheizen.

2 Das Öl in eine 33x23 cm große Auflaufform gießen und im Ofen ca. 10 Min. anwärmen.

3 Die Eier in eine Schüssel aufschlagen, Milch hinzugießen, das Mehl in die Schüssel sieben und mit Pfeffer und Salz würzen. Die Zutaten zu einem glatten Teig vermischen.

4 ▲ Die Truthahnwürfel im Jogurt wenden und danach mit den Cornflakes panieren.

5 ▲ Die Auflaufform aus dem Ofen nehmen und mit dem Teig füllen. Die panierten Truthahnwürfel obenauf verteilen. Wieder in den Ofen stellen und 35-40 Min. backen, bis sich der Teig gesetzt hat und goldbraun ist. Heiß servieren.

Truthahn-Sandwich (oben); Truthahn-Auflauf

Putenschnitzel „Kiew“

Für 4 Personen

4 Putenschnitzel à 175 g
Salz und Pfeffer
115 g Butter oder Margarine, gekühlt
1 Teelöffel abgeriebene Orangenschale
2 Esslöffel Schnittlauch, gehackt
Weizenmehl zum Panieren
3 Eier, geschlagen
115 g feine Semmelbrösel
Pflanzenöl zum Braten
Orangenschnitze und Petersilie zum Garnieren

1 ▼ Jedes Schnitzel zwischen 2 Bögen Pergamentpapier legen und das Fleisch vorsichtig flach klopfen, bis es nur noch ca. 5 mm dick ist.
Das Pergamentpapier entfernen und die Schnitzel mit Salz und Pfeffer bestreuen.

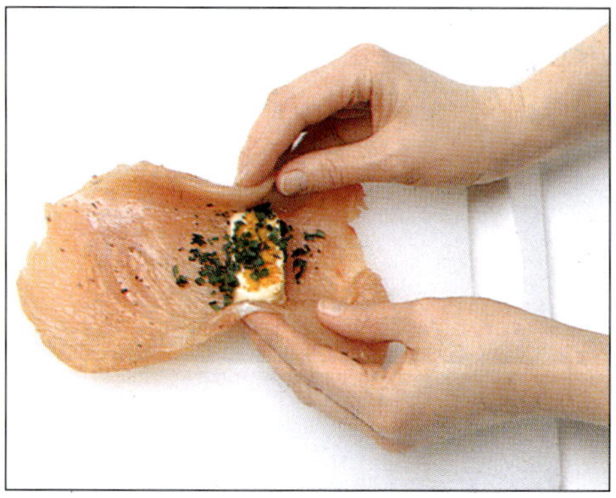

2 ▲ Butter oder Margarine in 4 fingerlange Stücke schneiden und quer in die Mitte jedes Schnitzels legen. Mit ein wenig geriebener Orangenschale und Schnittlauch bestreuen.

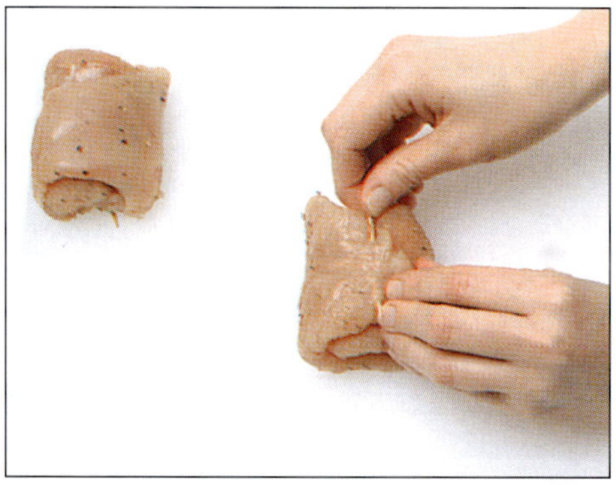

3 ▲ Die Längsseiten jedes Schnitzels einklappen und von der Querseite her aufrollen. Mit einem hölzernen Cocktailspieß feststecken.

4 Die Röllchen leicht im Mehl wenden, dann in die geschlagenen Eier tauchen und zum Schluss mit den Semmelbröseln panieren. Für 1 Std. in den Kühlschrnak stellen, damit sich die Panade setzen kann.

5 Öl in einer Höhe von 1 cm in eine Pfanne gießen und erhitzen. Die panierten Truthahn-Röllchen hineingeben und für ca. 15-20 Min. rundum goldbraun und knusprig braten, dabei vorsichtig mit Zangen wenden.

6 Vor dem Servieren Cocktailspieße entfernen und mit Orangenschnitzen und Petersilie garnieren.

Putenbrust mit Zitrone und Salbei

Für 4 Personen

4 Putenbrüste à 175 g

Salz und Pfeffer

1 Esslöffel abgeriebene Zitronenschale

1 Esslöffel frischer Salbei, gehackt oder 1 Teelöffel getrockneter Salbei

65 ml frisch gepresster Zitronensaft

6 Esslöffel Pflanzenöl

115 g feine Semmelbrösel

frischer Salbei und Zitronenschnitze zum Garnieren

1 Jede Putenbrust zwischen 2 Bögen Pergamentpapier legen und mit einem Fleischklopfer vorsichtig flach klopfen, bis sie nur noch ca. 5 mm dick sind. Das Pergamentpapier entfernen und mit Salz und Pfeffer bestreuen.

2 ▲ In einer kleinen Schüssel Zitronenschale und -saft, Salbei, und 2 Esslöffel des Öls gut vermischen.

3 ▼ Die Putenbrüste nebeneinander in eine oder zwei flache Backformen legen. Die Zitronen-Salbei-Marinade auf die Putenbrüste verteilen und gut in das Fleisch einreiben. Für 20 Min. einziehen lassen.

4 ▲ Das restliche Öl in einer Pfanne erhitzen. Die Putenbrüste in den Semmelbröseln wenden und in der Pfanne auf jeder Seite ca. 2 Min. goldbraun braten. Mit Salbeiblättern und Zitronenschnitzen garnieren und servieren.

~ VARIATION ~

Eine köstliche Alternative zum Salbei sind frische Estragonblätter.

Truthahn-Chili

FÜR 8 PERSONEN
- 2 Esslöffel Pflanzenöl
- 1 mittelgroße Zwiebel, halbiert und fein geschnitten
- 1 grüne Paprika, gewürfelt
- 3 Knoblauchzehen, gepresst
- 900g Hackfleisch vom Truthahn
- 2-3 Esslöffel mildes Chilipulver
- 1 1/2 Teelöffel Kumin, gemahlen
- 1 Teelöffel getrockneter Oregano
- 450g Dosentomaten, gehackt
- 2 Esslöffel Tomatenmark
- 250ml Hühnerbrühe
- 450g rote Kidney-Bohnen aus der Dose, abgespült und abgetropft
- 1/4 Teelöffel Salz

1 Öl in einer großen Pfanne erhitzen, Zwiebel, Paprika und Knolauch hineingeben und bei mittlerer Hitze für ca. 5Min. anbraten, dabei öfter umrühren.

2 ▼ Das Hackfleisch hinzugeben und unter Rühren für 5Min. braten, bis es leicht angebräunt ist.

3 ▼ Chilipulver, Kumin und Oregano einrühren, danach Tomaten, Tomatenmark, Brühe, Bohnen und Salz hinzugeben und gut verrühren.

4 Zum Kochen bringen und die Hitze reduzieren. Für 30Min. simmern lassen, dabei gelegentlich umrühren. Mit gekochtem Reis servieren.

Überbackene Spaghetti mit Truthahn

FÜR 4 PERSONEN
- 70 g Butter oder Margarine
- 225g Champignons, dünn geschnitten
- 30g Weizenmehl
- 400ml Milch
- 450ml Hühnerbrühe
- 65ml trockener Weißwein
- 300g Spaghetti
- 350g gekochtes Truthahnfleisch, gehackt
- 140g Tiefkühlerbsen, aufgetaut
- 70g Parmesankäse, gerieben
- Salz und Pfeffer
- 30g feine Semmelbrösel

1 Ofen auf 190°C/Gas 5 vorheizen. Eine flache Backform (Fassungsvermögen ca. 3Liter) einfetten.

2 ▲ 55g der Butter oder Margarine in einem Topf schmelzen, die Champignons hinzugeben und 5Min. unter Rühren anbraten. Das Mehl einstreuen und unter ständigem Rühren 3Min. anschwitzen. Milch, Brühe und Wein hinzugießen, aufkochen und für 5Min. bei reduzierter Hitze simmern lassen.

3 Inzwischen die Spaghetti in einem großen Topf Salzwasser „al dente" kochen (für die Kochzeit Packungshinweis beachten). Abtropfen lassen.

4 ▼ Die Spaghetti in eine Schüssel geben, die Pilzsauce hinzugeben und gut vermischen. Truthahnfleisch, Erbsen und die Hälfte des Parmesans einrühren und mit Salz und Pfeffer abschmecken. Diese Mischung in die Backform geben.

5 Den restlichen Parmesan mit den Semmelbröseln mischen und die Nudelmischung in der Backform damit bestreuen. Butterflöcken aufsetzen und im Ofen 30-40Min. backen, bis die Sauce zu brodeln beginnt und die Kruste goldbraun ist. Heiß aus der Backform servieren.

Truthahn-Chili (oben); Überbackene Spaghetti mit Truthahn

Pasta, Pizza & Getreide

~

In diesen variationsreichen Rezepten dreht sich alles um Nudeln und Getreidesorten – Reis, Couscous und Bulgurweizen –, begleitet von schmackhaften Saucen und Beilagen, als Vorspeise oder Hauptgang. Auch köstliche Pizza-Rezepte fehlen nicht.

Scharf gewürzte Lasagne

Für 8 Personen

- 225g Lasagne-Nudeln
- 55g Butter oder Margarine
- 1 große Zwiebel, fein gehackt
- 3 Knoblauchzehen, gepresst
- 1 1/2 Esslöffel grüne Chilischote, gehackt
- 55g Weizenmehl
- 1 Liter Milch
- 750ml Dosentomaten, gehackt
- 1 große Zucchini, in Scheiben
- 1/2 Teelöffel getrocknete Chilischoten, gemahlen
- Salz und Pfeffer
- 350g Cheddarkäse, gerieben

1 Ofen auf 190°C/Gas 5 vorheizen. Eine 33x23 cm-Backform einfetten.

2 Die Lasagne nacheinander in eine Schüssel mit heißem Wasser legen und 10-15Min. einweichen lassen.

3 ▲ Butter oder Margarine in einem großen Topf schmelzen, Zwiebel, Knoblauch und gehackte grüne Chili für 5Min. anbraten.

4 Mehl hinzugeben und unter ständigem Rühren 3Min. kochen. Milch hinzugießen, aufkochen und dabei weiterrühren. Die Hitze reduzieren und für 5Min. leise köcheln lassen, bis die Sauce andickt.

5 Tomaten, Zucchini und getrocknete Chilischote einrühren und mit Salz und Pfeffer würzen.

6 Etwas von der Sauce in die Backform geben, so dass sie den Boden gleichmäßig bedeckt. Mit einer Schicht Lasagneplatten belegen.

7 ▲ Von der Sauce 1/3 auf die Lasagne verteilen und 1/3 des Käses auf die Sauce streuen. Auf diese Weise die Backform mit den Zutaten füllen.

8 Im Ofen ca. 45Min. backen, bis die Lasagne oben gebräunt ist. Heiß aus der Backform heraus servieren.

Spaghetti mit Tomatensauce

Für 4 Personen

- 350g Spaghetti
- 4 Knoblauchzehen, gepresst
- 10-15 getrocknete Tomaten in Öl, abgetropft und gehackt
- 140g schwarze Oliven, entsteint
- 125ml olivenöl „extra virgine"
- 3 Fleischtomaten, enthäutet, gehackt
- 3 Esslöffel Kapern, abgetropft
- 3 Esslöffel frischeS Basilikum, oder 1 Teelöffel getrocknetes Basilikum
- Salz und Pfeffer
- frischer Basilikum zum Garnieren

1 Die Spaghetti in einem großen Topf Salzwasser „al dente" kochen (für Kochzeit Packungshinweis beachten). Gut abtropfen lassen.

2 ▲ Knoblauch, getrocknete Tomaten und die Hälfte der Oliven in einer Küchenmaschine oder einem Mixer fein hacken.

3 Während des Zerkleinerns langsam das Olivenöl einlaufen lassen und weiter zerkleinern, bis eine feste Masse entsteht.

4 ▼ Die Mischung in eine Schüssel geben, frische Tomaten, Kapern und Basilikum einrühren und mit Salz und Pfeffer abschmecken.

5 Die Spaghetti wieder in den Topf geben und mit der Tomatensauce gut vermischen. Sofort servieren, nach Wunsch mit den restlichen Oliven und frischem Basilikum garnieren.

Scharf gewürzte Lasagne (oben); Spaghetti mit Tomatensauce

Pasta mit frischem Basilikum

FÜR 4 PERSONEN

- 55g frisches Basilikum, gehackt
- 30g frische Petersilie, gehackt
- 45g Parmesan, gerieben
- 2 Knoblauchzehen
- 55g Butter oder Margarine, temperiert
- 65ml Olivenöl, „extra virgine“
- Salz
- 350g grüne und weiße Fettucine- oder Tagliatelle-Bandnudeln
- 55g Pinienkerne
- frische Basilikumblätter zum Garnieren

1 ▲ Basilikum, Petersilie, Parmesan und Knoblauch in einer Küchenmaschine oder einem Mixer fein hacken.

2 Butter oder Margarine hinzugeben und die Maschine weiter arbeiten lassen, bis alle Zutaten gut vermischt sind.

3 ▼ Während die Maschine mixt, das Olivenöl langsam einlaufen lassen. Mit Salz würzen.

4 ▲ Die Pasta in einem großen Topf Salzwasser gar kochen (für Kochzeit Packungshinweis beachten). Gut abtropfen lassen.

5 Basilikumsauce und Nudeln locker mischen, mit Pinienkernen bestreuen und mit Basilikum garniert servieren.

Penne mit Auberginen-Käsesauce

FÜR 6 PERSONEN

- 580g Auberginen, in 1cm große Würfel geschnitten
- Salz und Pfeffer
- 3 Esslöffel Olivenöl
- 15g Butter oder Margarine
- 1 Knoblauchzehe, gehackt
- 450ml Dosentomaten, gehackt
- 350g Penne-Nudeln (Rohrnudeln)
- 115g fester Ziegenkäse, gewürfelt
- 3 Esslöffel frisches Basilikum, in Streifen geschnitten oder 1 Teelöffel getrocknetes Basilikum

1 Die Auberginenwürfel in ein großes Sieb geben und mit Salz bestreuen. Mind. 30Min. trocknen lassen.

2 Die Auberginen mit kaltem Wasser abspülen, gut abtropfen lassen und auf Küchenkrepp trocknen.

3 Öl und Butter oder Margarine in einem großen Topf erhitzen, die Auberginen hineingeben und anbraten, bis sie rundherum goldbraun sind.

4 ▲ Knoblauch und Tomaten einrühren, 15Min. simmern lassen, bis die Sauce andickt, und abschmecken.

5 ▲ Die Penne-Nudeln in einem großen Topf Salzwasser gar kochen (für Kochzeit Packungshinweis beachten). Gut abtropfen lassen und in eine vorgewärmte Schüssel geben.

6 Auberginensauce, Ziegenkäse und Basilikum mit den Nudeln gut vermischen. Sofort servieren.

Pasta mit Basilikumsauce (oben); Penne mit Auberginen-Käsesauce

Farfalle mit Huhn und Wurst

FÜR 4 PERSONEN

- 3 Esslöffel Olivenöl
- 450 g Hähnchenbrust ohne Haut und Knochen, in 1 cm großen Stücken
- 3 kleine würzige Kochwürste, schräg in Scheiben geschnitten
- Salz und Pfeffer
- 6 Frühlingszwiebeln, schräg in 5 mm lange Stücke geschitten
- 10 getrocknete, in Öl eingelegte Tomaten, abgetropft und gehackt
- 250 ml Dosentomaten, gehackt
- 1 mittelgroße Zucchini, schräg in 5 mm dicke Scheiben geschnitten
- 350 g Farfalle (Schmetterlingsnudeln)

1 ▼ Olivenöl in einer Pfanne erhitzen, Hähnchenfleisch und Wurst hineingeben, ein wenig salzen und pfeffern und ca. 10 Min. anbräunen. Mit einer Schöpfkelle aus der Pfanne nehmen und auf Küchenkrepp trocknen lassen.

2 ▲ Frühlingszwiebeln und getrocknete Tomaten in die Pfanne geben und 5 Min. braten, bis sie weich sind.

3 ▲ Dosentomaten einrühren und für 5 Min. kochen, bis die Sauce andickt.

4 ▲ Zucchini in die Pfanne geben sowie das Hähnchenfleisch und die Wurst. Nochmals 5 Min. kochen.

5 Die Farfalle-Nudeln in einem großen Topf Salzwasser gar kochen (für Kochzeit Packungshinweis beachten). Gut abtropfen lassen.

6 Die Farfalle-Nudeln mit der Hähnchen-Wurst-Sauce servieren.

Pasta mit Spinat, Schinken und Pilzen

FÜR 4 PERSONEN

- 6 Streifen Schinkenspeck, gewürfelt
- 1/2 kleine Zwiebel, fein gehackt
- 225 g kleine Champignons, geviertelt
- 450 g frische Spinatblätter
- 1/4 Teelöffel Muskatnuss, gerieben
- Salz und Pfeffer
- 350 g Hörnchen- oder Muschelnudeln
- 2 Esslöffel Parmesankäse, gerieben

1 ▼ Den Speck in einer Pfanne anbraten, bis das Fett ausgelassen ist. Auf Küchenkrepp trocknen lassen und dann in eine Schüssel geben.

2 Die Zwiebeln im Schinkenfett in der Pfanne für ca. 5 Min. anbraten, bis sie weich ist.

3 ▲ Die Champignons hinzugeben und für ca. 5 Min. unter Rühren leicht anbräunen. Mit einer Schöpfkelle Zwiebel und Pilze herausnehmen und in die Schüssel mit dem Speck geben. Das Fett aus der Pfanne abgießen.

4 ▼ Die Spinatblätter in die Pfanne geben und bei mittlerer Hitze unter Rühren andünsten.

5 Mit Muskatnuss bestreuen. Die Temperatur erhöhen und bei starker Hitze unter Rühren weiterkochen, bis das Wasser aus dem Spinat verdampft ist. Den Spinat auf einem Brett grob hacken und wieder in die Pfanne geben.

6 ▲ Schinkenspeck, Zwiebel und Pilze in die Pfanne geben, mit dem Spinat vermischen, mit Salz und Pfeffer würzen und beiseite stellen.

7 Die Nudeln in einem großen Topf Salzwasser gar kochen (für Kochzeit Packungshinweis beachten). Kurz bevor die Nudeln fertig sind, die Spinatsauce aufwärmen.

8 Die Nudeln gut abtropfen lassen und wieder in den Topf geben, die Spinatsauce hinzufügen und alles gut vermischen. Mit Parmesan servieren.

Spiralnudeln mit Wurst

FÜR 4 PERSONEN

- 3 Esslöffel Olivenöl
- 450g Chorizo-Wurst oder andere würzige Kochwurst, schräg in 1cm dicke Stücke geschnitten
- 1 Zwiebel, gehackt
- 1 Knoblauchzehe, gepresst
- 2 rote Paprika, in Streifen
- 350g Dosen- oder Tiefkühlmais
- Salz und Pfeffer
- 350g Spiralnudeln z.B. Fusilli
- 1 Esslöffel frisches Basilikum, gehackt oder 1/2 Teelöffel getrocknetes Basilikum
- Basilikumblätter zum Garnieren

1 Von dem Olivenöl 1 Esslöffel in einer Pfanne erhitzen und die Wurstscheiben rundum anbräunen.

2 Die Wurst aus der Pfanne nehmen und auf Küchenkrepp trocknen lassen.

3 ▲ Das restliche Öl erhitzen, Zwiebel, Knoblauch und Paprika hineingeben und für ca. 5 Min. unter Rühren anbraten.

4 ▲ Wurstscheiben und Mais einrühren und 5 Min. durchwärmen. Mit Salz und Pfeffer würzen.

5 Die Nudeln in einem großen Topf Salzwasser kochen (für Kochzeit Packungshinweis beachten). Gut abtropfen lassen.

6 Die Wurstmischung mit den Spiralnudeln gut vermischen, mit frischen Basilikumblättern garnieren und sofort servieren.

Pasta mit Tomaten-Limetten-Sauce

FÜR 4 PERSONEN

- 450g vollreife Tomaten, enthäutet und gehackt
- 1 Handvoll frische junge Spinatblätter
- 4 Knoblauchzehen, gepresst
- abgeriebene Schale von 1/2 Limone
- ausgepresster Saft von 2 Limonen
- 1/4 Teelöffel Chilisauce
- 350g dünne Spaghetti (Capellini)
- 65ml Olivenöl
- Salz und Pfeffer
- frisch geriebener Parmesankäse als Beilage

1 ▼ Tomaten, Spinat, Chilisauce, Limonenschale und -saft gut vermischen und für 20-30 Min. beiseite stellen.

2 Die Nudeln in Salzwasser gar kochen (für Kochzeit Packungshinweis beachten). Abtropfen lassen und in den Topf zurückgeben.

3 ▲ Olivenöl und Tomaten-Limonensauce zu den Nudeln in den Topf geben und vermischen. Mit Salz und Pfeffer würzen, nach Belieben mit Parmesan bestreuen und servieren.

Spiralnudeln mit Wurst (oben); Pasta mit Tomaten-Limonens-Sauce

Makkaroni-Käse-Gratin

FÜR 4 PERSONEN

115 g Makkaroni
55 g Butter oder Margarine
30 g Weizenmehl
575 ml Milch
170 g Cheddarkäse, gerieben
3 Esslöffel frische Petersilie, gehackt
Salz und Pfeffer
100 g trockene Brotkrumen
45 g Parmesankäse, gerieben

1 Ofen auf 180° C/Gas 4 vorheizen. Eine Gratinform mit 25 cm Durchmesser einfetten.

2 Die Makkaroni bissfest kochen (für Kochzeit Packungshinweis beachten). Gut abtropfen lassen.

3 Butter oder Margarine in einem Topf schmelzen, das Mehl für 2 Min. anschwitzen, dabei rühren. Die Milch hinzugießen, aufkochen und unter ständigen Rühren für 5 Min. simmern lassen, bis die Sauce andickt.

4 ▲ Den Topf vom Herd nehmen, Makkaroni, Cheddar und Petersilie hinzugeben und gut verrühren. Mit Salz und Pfeffer würzen.

5 Die Makkaroni-Mischung in die eingefettete Gratinform geben und mit einem Löffel glattstreichen.

6 ▲ Brotkrumen und Parmesankäse mit einer Gabel vermischen und über die Nudeln streuen.

7 Im Ofen für ca. 30 Min. backen, bis die Kruste goldbraun ist und die Nudelfüllung brutzelt.

Auflauf mit Nudeln und Gemüse

FÜR 4 PERSONEN

450 g Eiernudeln
85 g Butter oder Margarine
1 Zwiebel, gehackt
3 Knoblauchzehen, gehackt
3 Möhren, gerieben
350 g Champignons, geviertelt
3 Eier, geschlagen
350 g Hüttenkäse
250 ml saure Sahne
2 Zucchini, in der Küchenmaschine fein gehackt
3 Esslöffel frisches Basilikum oder 1 Esslöffel gerocknetes Basilikum
Salz und Pfeffer
frisches Basilikum zum Garnieren

1 Ofen auf 180° C/Gas 4 vorheizen. Eine 33x23 cm-Backform einfetten.

2 Die Nudeln in Salzwasser gar kochen (für Kochzeit Packungshinweis beachten). Abtropfen lassen und mit kaltem Wasser abspülen und in eine Schüssel geben.

3 Von der Butter oder Margarine 2/3 in einer Pfanne schmelzen, Zwiebel, Knoblauch und Möhren hineingeben und ca. 10 Min. unter Rühren anbraten, bis das Gemüse weich ist.

4 ▲ Die Champignons einrühren und 5 Min. braten. Das Gemüse zu den Nudeln in die Schüssel geben.

5 Eier, Hüttenkäse, saure Sahne, Zucchini und Basilikum in einer Schüssel vermischen und mit Salz und Pfeffer würzen.

6 ▲ Die Hüttenkäsemischung zu den Nudeln geben und gut vermischen, dann alles in einer Backform verteilen. Butterflocken oben aufsetzen.

7 Die Form mit Folie abdecken und für ca. 1 Std. backen, bis sich der Auflauf gesetzt hat. Heiß in der Form servieren und mit frischem Basilikum garnieren.

Makkaroni-Käse-Gratin (oben); Auflauf mit Nudeln und Gemüse

Gebackene Nudeln mit Meeresfrüchten

FÜR 6 PERSONEN

- 225 g Eiernudeln
- 70 g Butter oder Margarine
- 30 g Mehl
- 500 ml Milch
- 1/2 Teelöffel Senfpulver
- 1 Teelöffel ausgepresster Zitronensaft
- 1 Esslöffel Tomatenmark
- Salz und Pfeffer
- 2 Esslöffel Zwiebel, gehackt
- 55 g Sellerie, fein gewürfelt
- 125 g Champignons, in Scheiben
- 225 g Shrimps, gekocht und geschält
- 225 g Krebsfleisch
- 1 Esslöffel frischer Dill, gehackt
- frische Dillzweige zum Garnieren

1 Ofen auf 180° C/Gas 4 vorheizen. Eine 2-Liter-Backform großzügig einfetten.

2 Die Nudeln in kochendem Salzwasser gar kochen (für Kochzeit Packungshinweis beachten). Gut abtropfen lassen.

3 ▲ Während die Nudeln kochen, eine Mehlschwitze zubereiten: 45 g der Butter in einem Topf schmelzen, das Mehl einstreuen und 2 Min. unter Rühren anschwitzen. Milch hinzugießen, aufkochen und dabei ständig rühren. Für 5 Min. simmern lassen, bis die Sauce andickt.

4 ▲ Senfpulver, Zitronensaft und Tomatenmark hinzufügen und gut verrühren. Mit Salz und Pfeffer abschmecken und beiseite stellen.

5 ▲ Die restliche Butter oder Margarine in einer Pfanne schmelzen, Zwiebel, Champignons und Sellerie für 5 Min. anbraten.

6 ▲ Mehlsauce, Zwiebeln, Pilze, Sellerie, Shrimps, Krebsfleisch und Dill mit den Nudeln in einer großen Schüssel gut vermischen.

7 Die Mischung in die Backform geben und für ca. 30-40 Min. backen, bis die Oberfläche leicht gebräunt ist. Mit frischem Dill garnieren.

Paprika mit Nudelfüllung

FÜR 4 PERSONEN

6 Streifen Schinkenspeck, gehackt
1 kleine Zwiebel, gehackt
350 ml Dosentomaten, gehackt
1/8 Teelöffel getrocknete Chilischoten, gehackt
55 g Makkaroni
170 g Mozzarella, gewürfelt
12 schwarze Oliven, entsteint, in dünnen Scheiben
Salz und Pfeffer
je 2 große rote und gelbe Paprika
2 Esslöffel Olivenöl

1 Ofen auf 180°C/Gas 4 vorheizen. Eine Backform einfetten.

2 ▲ Den Speck in der Pfanne anbräunen, bis das Fett ausgelassen ist. Auf Küchenkrepp trocknen.

3 Die Zwiebel in dem Speckfett 5 Min. anbraten. Das Fett aus der Pfanne abgießen.

4 ▲ Tomaten und getrocknete Chili einrühren, bei starker Hitze ca. 10 Min. kochen und eindicken lassen.

5 Die Nudeln in kochendem Salzwasser gar kochen (für Kochzeit Packungshinweis beachten). Gut abtropfen lassen.

6 ▲ Die Nudeln in eine Schüssel geben; Speck, Tomatensauce, Mozzarella und Oliven hinzufügen und gut vermischen. Abschmecken.

7 Die Stielansätze der Paprika abschneiden und als Deckel zurückbehalten. Von innen die Kerne und weißes Fruchtfleisch entfernen.

8 ▲ Die Nudelmischung in die ausgehöhlten Paprika füllen und mit den „Deckeln" verschließen. Die Paprika mit Olivenöl bestreichen und in die Backform setzen.

9 Die Backform mit Folie abdecken und für 30 Min. im Ofen backen, dann die Folie entfernen und nochmals für 25-30 Min. backen, bis die Paprika weich sind.

Pizza mit Brokkoli und Ziegenkäse

Für 2-3 Personen
225 g Brokkoliröschen
2 Esslöffel Maismehl oder Polenta
125 ml Tomaten, enthäutet, gedünstet und passiert
6 Kirschtomaten, halbiert
12 schwarze Oliven, entsteint
115 g Ziegenkäse, in Stücken
45 g Parmesankäse, gerieben
Für den Pizza-Teig
225-250 g Weizenmehl
7,5 g Hefe
1/8 Teelöffel Zucker
150 ml lauwarmes Wasser
2 Esslöffel Olivenöl
1/2 Teelöffel Salz

1 Für den Pizzateig 85 g des Mehls mit der Hefe und dem Zucker in der Küchenmaschine kneten, dabei langsam das Wasser einfließen lassen. Die Maschine abstellen und das Öl hinzugeben sowie 140 g des Mehls und das Salz.

2 ▲ Den Teig in der Maschine kneten, bis er sich zu einer Kugel formt. Je nachdem, ob er zu trocken oder zu nass ist, teelöffelweise Wasser oder Mehl hinzufügen.

3 ▲ Den Teig in eine eingeölte Schüssel legen und in dem Öl wenden. Den Teig abgedeckt ca. 1 Std. an einem warmen Ort bis zur doppelten Menge aufgehen lassen.

4 ▲ Inzwischen den Brokkoli ca. 5 Min. in Salzwasser kochen oder dämpfen, bis er zart ist. Gut abtropfen lassen und beiseite stellen.

5 Den Ofen auf der höchsten Schaltstufe vorheizen. Eine runde Pizzaform (30 cm Durchmesser) einölen und mit Maismehl ausstreuen.

6 Den Pizzateig auf eine bemehlte Arbeitsfläche werfen, um die Luft herauszupressen. Kurz durchkneten.

~ KOCHTIPP ~

Der Pizzateig kann auch sofort verarbeitet werden, ohne ihn vorher aufgehen zu lassen.

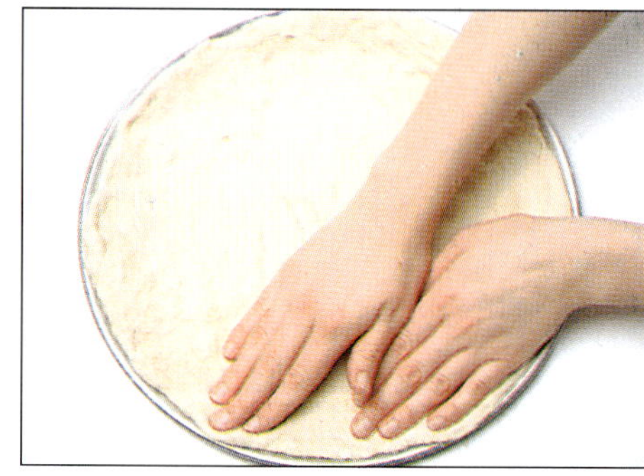

7 ▲ Den Teig zu einem Kreis von 30 cm Durchmesser ausrollen, auf die Pizza-Backform legen und überall gut festdrücken.

8 ▲ Die Tomatensauce gleichmäßig auf den Teigboden verteilen, dabei einen ca. 1 cm breiten unbedeckten Rand lassen.

9 ▲ Die Pizza mit Brokkoliröschen, Kirschtomaten und Oliven belegen und den Ziegenkäse darüber streuen. Mit Olivenöl beträufeln.

10 Für 10-15 Min. backen, bis der Käse geschmolzen und der Teigrand aufgegangen und gebräunt ist.

Pitta

Für 4 Personen

runde Pittabrote, Ø 15 cm , halbiert
65 ml Olivenöl
Salz und Pfeffer
je 1 kleine rote und gelbe Paprika, in Streifen geschnitten
225 g kleine Kartoffeln, gekocht und in Scheiben geschnitten
1 Esslöffel frischer Rosmarin, gehackt oder 1 Teelöffel Trockenrosmarin
45 g Parmesankäse, gerieben

1 Ofen auf 180°C/Gas 4 vorheizen.

2 ▼ Die Pitta-Scheiben auf ein Backblech legen, von beiden Seiten mit 2 Esslöffeln Olivenöl bestreichen. Mit Salz bestreuen und für ca. 10 Min. goldbraun rösten.

3 ▲ Das restliche Öl in einer Pfanne erhitzen und die Paprikastreifen für 5 Min. unter Rühren anbraten, bis sie weich sind.

4 ▲ Kartoffeln und Rosmarin hinzufügen und ca. 3 Min. durchwärmen, dabei gut umrühren. Mit Salz und Pfeffer abschmecken.

5 Den Grill vorheizen.

6 ▲ Die Gemüsemischung auf die Pitta-Hälften verteilen, mit Parmesankäse bestreuen und auf eine Grillpfanne legen.

7 Im Abstand von 8 cm zur Heizquelle 3-4 Min. goldbraun grillen.

Pizza mit Sardellen, Oliven und Zwiebel

Für 4 Personen

6 Esslöffel Olivenöl
450 g Zwiebeln, in dünnen Scheiben
3 Knoblauchzehen, gepresst
1 Lorbeerblatt
2 Teelöffel getrockneter Thymian
Salz und Pfeffer
2 Dosen Sardellenfilets in Öl, abgetropft
12 schwarze und grüne Oliven

Für den Pizza-Teig

115 g Vollkornmehl
85 g Weizenmehl
1 1/4 Teelöffel Hefe
1/8 Teelöffel Zucker
150 ml lauwarmes Wasser
2 Esslöffel Olivenöl
1/2 Teelöffel Salz

1 Für den Pizzateig Mehl, Hefe und Zucker in der Küchenmaschine verkneten, dabei das Wasser einlaufen lassen. Maschine abschalten, Öl und Salz hinzufügen,wieder einschalten und den Teig zu einer Kugel kneten.

2 Den Teig in eine eingeölte Schüssel legen und in dem Öl wenden. Abdecken und aufgehen lassen.

3 ▲ Von dem Öl 3 Esslöffel in einer Pfanne erhitzen. Zwiebeln, Knoblauch und Kräuter hineingeben und bei geringer Hitze ca. 45 Min. schmoren, bis die Kochflüssigkeit verdampft ist. Mit Salz und Pfeffer würzen.

4 Den Ofen auf höchster Schaltstufe vorheizen. Ein 33 x 23 cm großes Backblech einölen.

5 ▼ Den Pizzateig auf eine bemehlte Arbeitsfläche werfen und dann kurz durchkneten. Rechteckig ausrollen, so dass er in das Backblech hineinpasst. Den Teig auf das Blech legen und an den Rändern fest andrücken.

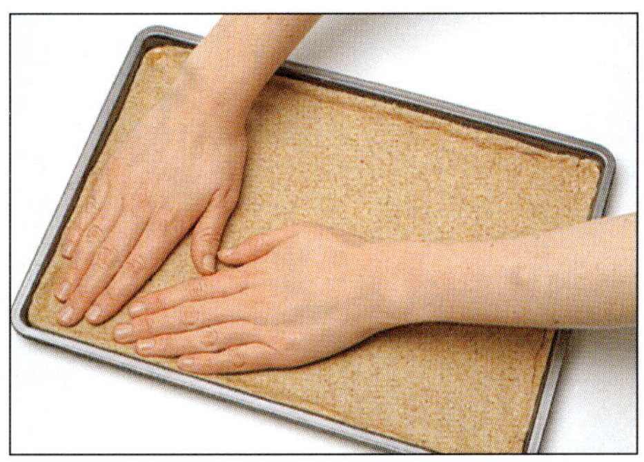

6 Den Teig mit 1 Esslöffel Olivenöl bestreichen, die Zwiebelmischung gleichmäßig darauf verteilen; vorher das Lorbeerblatt entfernen. Einen 1 cm breiten Teigrand freilassen.

7 ▲ Die Pizza mit den Sardellen und Oliven belegen und mit dem restlichen Olivenöl beträufeln.

8 Die Pizza für ca. 15-20 Min. im Ofen backen, bis der Teigrand aufgegangen und goldbraun ist.

Salami-Pizza

FÜR 2-3 PERSONEN
2 Esslöffel Maismehl
125 ml Tomatensauce
225 g Salami, in Scheiben
225 g Mozzarellakäse, zerkleinert
Pizzateig

1 Einen Pizzateig wie auf S. 372, Schritt 1-3 beschrieben zubereiten.

2 Ofen auf 240° C/Gas 9 vorheizen. Eine runde Pizzabackform (Ø 30 cm) einfetten und mit Maismehl ausstreuen.

3 Den Teig auf eine bemehlte Arbeitsfläche werfen, um die Luft herauszupressen, dann kurz durchkneten.

4 ▼ Den Teig kreisförmig ausrollen, so dass er in die Backform hineinpasst. In die Backform legen und fest andrücken.

5 ▲ Die Tomatensauce gleichmäßig auf der Pizza verteilen, einen 1 cm breiten Rand freilassen. Mit Salamischeiben belegen und mit Mozzarella bestreuen.

6 Für 10-15 Min. backen, bis der Käse verlaufen und der Teigrand goldbraun aufgegangen ist.

Gefüllte Pizza-Taschen

FÜR 2 PERSONEN
3-4 Esslöffel Olivenöl
1/2 kleine Aubergine, in 1 cm lange Streifen geschnitten
je 1/2 rote und gelbe Paprika, in Streifen geschnitten
1 kleine Zwiebel, halbiert, in Scheiben
1 Knoblauchzehe, gepresst
Salz und Pfeffer
125 g Mozzarella, zerkleinert
Pizzateig

1 Einen Pizzateig wie auf S. 372, Schritt 1-3 beschrieben, zubereiten.

2 Von dem Olivenöl 3 Esslöffel in einer Pfanne erhitzen und die Aubergine darin ca. 6-8 Min. anbräunen. Paprika, Zwiebel und Knoblauch hinzufügen. Für 5 Min. unter Rühren weich kochen lassen, falls nötig, Öl hinzugeben. Mit Salz und Pfeffer abschmecken.

3 Ofen auf 240° C/Gas 9 vorheizen.

4 Den Pizzateig auf eine bemehlte Arbeitsfläche werfen, um die Luft herauszupressen, dann kurz durchkneten. Den Teig halbieren.

5 Jedes Teigstück kreisförmig ausrollen (Ø ca. 18 cm). Die Teigstücke quer durch die Mitte mit einem Messer einkerben und somit den Kreis halbieren.

6 ▲ Auf jede Teighälfte die Hälfte der Gemüsemischung geben und den Käse auf die Teighälften verteilen.

7 ▲ Die Teigkreise an der Markierung über die Füllung falten und an den Kanten festdrücken.

8 Die Pizzataschen auf ein eingeöltes Backblech legen und 20-25 Min. backen, bis der Teig aufgegangen ist. Zum Servieren jede Teigtasche in der Mitte aufbrechen.

Salami-Pizza (oben); Gefüllte Pizza-Taschen

Überbackener Pizza-Toast

FÜR 4 PERSONEN

- 2 kleine Auberginen (225 g), schräg in dünne Scheiben geschnitten
- 1 Esslöffel Salz
- 125 ml Olivenöl
- 1 Knoblauchzehe, mit der Messerseite gepresst
- 8 Scheiben französisches Weißbrot, in 1 cm dicke Scheiben geschnitten
- 225 g Mozzarella, in 8 Scheiben
- 3 Esslöffel Schnittlauch, gehackt
- 3 Esslöffel frisches Basilikum, gehackt

1 ▲ Die Auberginenscheiben in ein Sieb geben und mit dem Salz bestreuen, mind. 30 Min. trocknen lassen. Mit kaltem Wasser abspülen, dann mit Küchenkrepp trockentupfen.

2 Die Hälfte des Olivenöls in einer Pfanne erhitzen, die Auberginen auf jeder Seite ca. 5 Min. goldbraun anbraten. Falls nötig, Öl hinzufügen. Die Auberginen auf Küchenkrepp trocknen lassen.

3 Ofen auf 170° C/Gas 3 vorheizen.

4 ▲ Das restliche Olivenöl mit dem Knoblauch in einer kleinen Schüssel vermischen und beide Brotseiten damit bestreichen. Die Brotscheiben auf ein Backblech legen und für 10 Min. goldbraun rösten.

5 Den Grill vorheizen.

6 ▲ Jede Brotscheibe mit je einer Scheibe Aubergine und Mozzarella belegen. Auf ein Backblech legen.

7 Im Abstand von 8 cm von der Heizquelle für 5-7 Min. grillen, bis der Käse geschmolzen ist. Die Pizza-Toasts mit den gehackten Kräutern bestreuen und servieren.

Mini-Pizzas

Für 6 Personen

4 große oder 8 kleine Bögen Tiefkühl-Strudelteig, aufgetaut
65 ml Olivenöl
450 g Tomaten, enthäutet, gewürfelt
55 g Parmesankäse, gerieben
115 g Fetakäse, zerbröckelt
9 schwarze Oliven, entsteint, halbiert
1/4 Teelöffel getrockneter Oregano
1/2 Teelöffel frischer Thymian oder 1/8 Teelöffel getrockneter Thymian
Salz und Pfeffer
Thymian oder Basilikum zum Garnieren

1 Ofen auf 180°C/Gas 4 vorheizen. 2 Backbleche einfetten.

2 ▲ Die Teigplatten aufstapeln, mit einem scharfen Messer in Kreise mit 15 cm Durchmesser zuschneiden.

3 ▲ Je 3 Teigplatten auf ein Backblech legen und mit Olivenöl bestreichen. Eine Teigplatte nach der anderen aufstapeln und einölen, bis insgesamt 6 Teigstapel mit jeweils 4 Teigplatten enstanden sind.

4 Die Strudelteigstapel ca. 5 Min. backen, bis sie knusprig und goldbraun sind.

5 ▲ Tomaten, Oliven, Kräuter, Feta- und Parmesankäse in einer Schüssel gut vermischen. Salzen und pfeffern.

6 ▲ Die Tomatenmischung auf die Strudelteig-Platten geben, den Rand freilassen. Im Ofen ca. 5 Min. durchwärmen.

7 Mit frischen Kräutern garnieren und heiß servieren.

Couscous mit Gemüse

Für 4 Personen

- 2 Esslöffel Olivenöl
- 8 Champignonköpfe
- 1 rote Paprika, geviertelt
- 1 Lauchstange, in 2,5 cm große Stücke geschnitten
- 1/4 Teelöffel Safranfäden
- 1/2 Teelöffel Kurkuma
- 1/4 Teelöffel Cayennepfeffer
- 1 Teelöffel Ingwer, gemahlen
- eine 8 cm lange Zimtstange
- 3 große Möhren, schräg in 2,5 cm lange Stücke geschnitten
- 1 Steckrübe, geschält und gewürfelt
- 2 Kartoffeln, geschält und geviertelt
- 450 g Dosentomaten, gehackt
- 750 ml Hühnerbrühe
- Salz und Pfeffer
- 2 Zucchini, in 2,5 cm dicken Scheiben
- 115 g ganze grüne Bohnen
- 420 g Dosen-Kichererbsen, abgetropft
- 2 Esslöffel frischer Koriander, gehackt
- 2 Esslöffel frische Petersilie, gehackt

Für den Couscous

- 580 ml Wasser
- 1/2 Teelöffel Salz
- 250 g Instant-Couscous

1 Das Öl in einem großen Topf oder einer Kasserolle erhitzen. Zwiebel, Paprika und Lauch für 2-3 Min. anbraten.

~ KOCHTIPP ~

Dieses Gericht ergibt eine vegetarische Hauptmahlzeit und die Zutaten können verdoppelt oder verdreifacht werden.

2 ▲ Safran, Kurkuma, Zimt, Cayennepfeffer und Ingwer einrühren.

3 ▲ Möhren, Tomaten, Steckrübe, Kartoffeln und Hühnerbrühe hinzufügen, salzen und aufkochen. Die Hitze reduzieren, Topf abdecken und bei geringer Hitze ca. 25 Min. simmern lassen, bis das Gemüse fast gar ist.

4 ▲ Inzwischen Wasser und Salz in einen Topf geben, aufkochen und den Couscous einrühren. Den Topf vom Herd nehmen und 10 Min. stehen lassen, bis der Couscous die Flüssigkeit aufgenommen hat.

5 ▲ Zucchini, grüne Bohnen und Kichererbsen einrühren und nochmals für 5 Min. simmern lassen.

6 ▲ Die Kräuter hinzufügen und nach Belieben mit Pfeffer würzen.

7 ▲ Den Couscous mit einer Gabel auflockern und auf tiefe Servierteller häufen. In der Mitte eine Vertiefung bilden und das Gemüse hineingeben und servieren.

Pikanter Bulgur-Salat

FÜR 6 PERSONEN

- 115 g feiner Bulgurweizen
- 250 ml Wasser
- 85 g frische Petersilie, fein gehackt
- 4 Esslöffel frische Minze, gehackt oder 2 Teelöffel getrocknete Minze
- 2 Frühlingszwiebeln, fein gehackt
- 1/2 kleine rote Zwiebel, fein gehackt
- 1 große Tomate, gehackt
- 65 ml Olivenöl
- 85 ml frisch gepresster Zitronensaft
- Salz und Pfeffer
- 1/2 Kopf römischer Salat, mit abgetrennten Salatblättern

1 Den Bulgur in eine Schüssel geben und mit dem Wasser übergießen. Für ca. 30 Min. einweichen lassen, bis der Bulgur aufgequollen ist.

2 ▲ Mit der Hand überschüssiges Wasser aus dem Bulgur herauspressen und ihn in eine Schüssel geben.

3 ▲ Petersilie, Minze, Frühlingszwiebel, rote Zwiebel und Tomate mit dem Bulgur vermischen, Olivenöl und Zitronensaft einrühren und abschmecken.

4 Die Bulgurmischung auf einem Teller mit Salatblättern anrichten.

Polenta-Käse-Schnitten

FÜR 6 PERSONEN

- 750 ml Wasser
- 1/4 Teelöffel Salz
- 115 g Instant-Polenta
- 1 Ei
- 175 g Cheddarkäse, gerieben
- 30 g Butter oder Margarine
- 1/8 Teelöffel Cayennepfeffer

1 Ofen auf 180° C/Gas 4 vorheizen. Eine 33 x 23 cm große Backform einfetten.

2 Wasser und Salz in einem Topf zum Kochen bringen.

~ KOCHTIPP ~

Mit Tomatensauce oder Salat ist dies ein köstlicher Imbiss oder eine Beilage zu einem Hauptgang anstelle von Kartoffeln oder Reis.

3 ▲ Die Polenta einrühren und die Hitze reduzieren. Den Topf abdecken und die Polenta 5-7 Min. kochen, bis sie andickt, ab und zu umrühren.

4 ▲ Das Ei in einer kleinen Schüssel schlagen. Einen Löffel voll Polentabrei hinzugeben und gut verrühren.

5 Die Eimischung in die Polenta einrühren, 2/3 des Käses sowie die Butter und den Cayennepfeffer hinzugeben. Bei geringer Hitze rühren, bis der Käse schmilzt.

6 ▲ Die Mischung in die Backform geben, mit dem restlichen Käse bestreuen und für 35-40 Min. backen, bis sich der Teig gesetzt hat und die Kruste goldbraun ist. Vor dem Servieren 5 Min. abkühlen lassen.

Pikanter Bulgur-Salat (oben); Polenta-Käse-Schnitten

Bunter Reisring

Für 8 Personen

2 Esslöffel Pflanzenöl

1 große Zwiebel, gehackt

350g Wild- und Langkornreis, gemischt

1,25 Liter Hühnerbrühe

75g Rosinen

Salz

6 Frühlingszwiebel, schräg in 5mm lange Stücke geschnitten.

frische Petersilie zum Garnieren

1 Einen Kuchenring (1,75 Liter Fassungsvermögen) einölen.

2 ▼ Öl in einem großen Topf erhitzen und die Zwiebel 5Min. anbraten.

3 ▲ Den Reis in den Topf geben und gut mit dem Öl verrühren.

4 ▲ Die Hühnerbrühe hinzugießen und aufkochen.

5 Die Hitze reduzieren, die Rosinen einrühren und nach Geschmack salzen. Bei geringer Hitze für ca. 20Min. simmern lassen, bis der Reis die Brühe aufgenommen hat und gar ist.

6 Den Reis wenn nötig abtropfen lassen und in einer Schüssel mit den Frühlingszwiebeln vermischen.

7 ▲ Die Reismischung in den Kuchenring einfüllen und auf eine Servierplatte stürzen. Nach Wunsch mit frischen Petersilienzweigen im Reisring servieren.

Risotto mit Kürbis

Für 4 Personen

1,25 Liter Hühnerbrühe
45 g Butter oder Margarine
1 kleine Zwiebel, gehackt
55 g Eichelkürbis oder eine andere Kürbissorte, grob gehackt
250 g Rundkornreis
1 Zucchini, längs geviertelt und gehackt
140 g Tiefkühlerbsen, aufgetaut
45 g Parmesankäse, gerieben
Salz und Pfeffer

1 Die Brühe in einem Topf erhitzen und leise köcheln lassen.

2 1/3 der Butter oder Margarine in einer schweren Pfanne schmelzen und die Zwiebel für ca. 5 Min. anbraten, bis sie weich ist.

3 ▲ Den gehackten Kürbis hinzugeben, unter Rühren 1 Min. kochen.

4 ▲ Den Reis hinzufügen und gut mit den anderen Zutaten vermischen. Für 1 Min. unter rühren kochen.

5 Einen Löffel der Brühe zum Reis hinzugeben und unter rühren weiterkochen, bis der Reis die Brühe aufgenommen hat. Die Brühe löffelweise weiter hinzugeben und zwischendurch warten, bis der Reis die Brühe aufgenommen hat.

6 ▲ Nach 5 Min. die Zucchini einrühren und nach 10 Min. die Erbsen. Das Risotto in 20 Min. fertig kochen.

7 ▲ Den Topf vom Herd nehmen. Das Risotto mit der restlichen Butter oder Margarine und dem Parmesan gut vermischen, mit Salz und Pfeffer abschmecken. Nach Wunsch in ausgehöhlten, gekochten Kürbis-Hälften servieren.

Rote Bohnen mit Reis

FÜR 4 PERSONEN

1 Zwiebel, gehackt
1 grüne Paprika, gewürfelt
4 Streifen Schinkenspeck, gehackt
1 Knoblauchzehe, gewürfelt
170g Langkornreis
2-3 Teelöffel Chilipulver
2 Teelöffel frischer Thymian oder 1/2 Teelöffel getrockneter Thymian
450ml Dosentomaten, gehackt
250ml Hühner- oder Rinderbrühe
Salz und Pfeffer
420g rote Kidney-Bohnen aus der Dose, abgespült und abgetropft

1 ▼ Zwiebel, Paprika, Speck und Knoblauch in einem mittelgroßen Topf für ca. 5 Min. anbraten, bis das Gemüse zart und das Speckfett ausgelassen ist.

2 ▲ Den Reis hinzufügen und gut mit dem Fett des Specks vermischen. Chilipulver einrühren und für 1 Min. kochen.

3 ▲ Thymian, Tomaten und Brühe hinzugeben und gut verrühren. Mit Salz und Pfeffer abschmecken, aufkochen und die Hitze reduzieren.

4 Den Topf abdecken und bei geringer Hitze 15 Min. simmern lassen, bis der Reis fast gar ist.

5 ▲ Die Kidneybohnen einrühren, wieder abdecken und 5 Min. simmern lassen, bis der Reis gar ist und die Brühe ganz aufgenommen hat.

6 Die Reis-Bohnen-Mischung mit einer Gabel auflockern und auf vorgewärmten Tellern servieren.

Pilaw mit Pekannüssen

Für 4 Personen

- 30 g Butter oder Margarine
- 1 Zwiebel, fein gehackt
- 350 g Langkornreis
- 1/2 Teelöffel geriebene Zitronenschale
- 450 ml Hühnerbrühe
- 450 ml Wasser
- 1/4 Teelöffel Salz
- 4 Frühlingszwiebeln, fein gehackt
- 2 Esslöffel ausgepresster Zitronensaft
- 45 g Pekannüsse, in Hälften

1 ▲ Butter oder Margarine in einem mittelgroßem Topf schmelzen und die Zwiebel darin für ca. 5 Min. anbraten, bis sie weich ist.

2 ▲ Den Reis einrühren und für 1 Min. unter rühren anbraten.

3 ▲ Zitronenschale, Brühe, Wasser und Salz hinzufügen und gut verrühren. Aufkochen, die Hitze reduzieren und abgedeckt für ca. 30-35 Min. simmern lassen, bis der Reis die Flüssigkeit ganz aufgenommen hat.

4 ▼ Den Topf vom Herd nehmen und 5 Min. stehen lassen. Frühlingszwiebeln, Zitronensaft und Pekannüsse einrühren und auf vorgewärmten Tellern servieren.

Bratreis mit Garnelen und Spargel

Für 4 Personen

- 3 Esslöffel Pflanzenöl
- 350 g Spargel, schräg in 2,5 cm lange Stücke geschnitten
- 85 g Champignonköpfe, in Scheiben
- 350 g Langkornreis, gekocht
- 1 Teelöffel Ingwerwurzel, fein gerieben
- 225 g Garnelen, gekocht, geschält und ohne Darm
- 115 g Wasserkastanien als Konserve, abgetropft und zerkleinert
- 3 Esslöffel Sojasauce
- Pfeffer

~ VARIATION ~

Es gibt fast nichts, das nicht zu Bratreis passt: Probieren Sie statt der Garnelen z.B. auch Muscheln oder Würfel aus festem Fischfleisch.

1 ▲ Das Öl in einem Wok hocherhitzen, Spargel und Pilze hinzugeben und 3-4 Min. unter rühren anbraten.

2 ▲ Reis und Ingwerwurzel hinzufügen und ca. 3 Min. durchwärmen lassen, dabei ständig rühren.

3 ▲ Die Garnelen hinzufügen und für 1 Min. unter rühren braten.

4 ▲ Zum Schluss Wasserkastanien und Sojasauce hinzugeben und nochmals 1 Min. kochen. Mit Pfeffer würzen und servieren.

Safran-Reis

Für 6 Personen

- 4 Esslöffel Butter oder Margarine
- 1/8 Teelöffel Safranfäden, zerkleinert
- 450 g Langkornreis
- 1 Liter Hühnerbrühe
- 1/2 Teelöffel Salz

~ KOCHTIPP ~

Sie können den Safranreis auch in einer feuerfesten Kasserolle aufkochen und im vorgeheizten Ofen bei 190° C/Gas 5 garen.

1 Butter oder Margarine in einem Topf schmelzen, Safran einrühren.

2 ▲ Den Reis hinzugeben und mit der Safranbutter gut vermischen.

3 ▼ Brühe und Salz hinzugeben. Aufkochen, die Hitze reduzieren, abdecken und bei geringer Hitze ca. 20 Min. simmern lassen, bis der Reis die Flüssigkeit aufgenommen hat.

4 Vor dem Servieren den Reis mit einer Gabel auflockern.

Bratreis mit Garnelen und Spargel (oben); Safranreis

Salate, Gemüse, Eier & Käse

~

Hier finden Sie eine reiche Auswahl an Gemüsegerichten, als Hauptgang oder Beilage, sowie frische, bunte Salate und herzhaft-pikante Speisen aus Eiern und Käse.

Salat mit Avocado, Grapefruit und Melone

FÜR 6 PERSONEN

- je 1 gelbe Grapefruit und eine Grapefruit rosé
- 1 Honigmelone
- 2 große, reife Avocados
- 2 Esslöffel frisch gepresster Zitronensaft
- 2 Esslöffel Pflanzenöl
- 1 Esslöffel flüssiger Honig
- 3 Esslöffel frische Minze, gehackt
- Salz und Pfeffer
- frische Minzeblätter zum Garnieren

1 ▲ Die Grapefruits schälen und filetieren, die Grapefruitsegmente in eine Schüssel geben.

2 Die Melone halbieren und die Kerne entfernen. Mit einem Melonenstecher kleine Kugeln aus dem Fruchtfleisch stechen und zu den Grapefruits hinzufügen. Für mind. 30 Min. kühlen.

3 ▲ Die Avocados halbieren, den Stein entfernen, jede Hälfte nochmals halbieren, die Haut abziehen und das Fruchtfleisch zerkleinern.

4 ▲ Die Avocadostücke im Zitronensaft wälzen, dann herausnehmen und zur Grapefruit-Melonenmischung hinzufügen.

5 ▲ Für das Dressing den Zitronensaft mit dem Öl verquirlen, Honig und gehackte Minze einrühren und mit Salz und Pfeffer abschmecken.

6 Das Dressing über den Salat gießen und vorsichtig mischen. Mit Minze garnieren und sofort servieren.

Süß-saurer Salat

FÜR 4 PERSONEN

- 1 rote Zwiebel, in dünnen Scheiben
- Salz und Pfeffer
- 2 Orangen, geschält und filetiert
- 1 feste Jícama, geschält und gestiftelt oder Wasserkastanien als Konserve, abgetropft
- 2 Radicchio-Köpfe, ohne Strunk
- 3 Esslöffel frische Petersilie, gehackt
- 3 Esslöffel frischer Basilikum, gehackt
- 1 Esslöffel Weißweinessig
- 65 ml Walnussöl

1 ▲ Die Zwiebel in ein Sieb geben und mit Salz bestreuen. 15 Min. trocknen lassen.

2 Orangen und Jícama oder Wasserkastanien in einer Schüssel mischen.

3 Die Radicchio-Blätter auf einem Servierteller oder in einer flachen Servierschüssel verteilen.

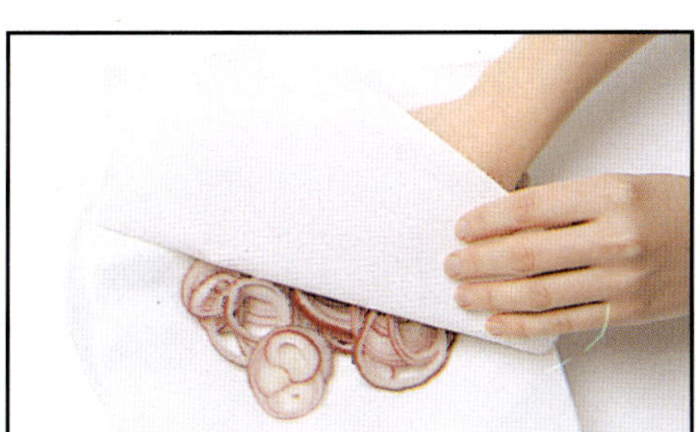

4 ▲ Die Zwiebel abspülen, auf Küchenkrepp trocknen und zur Orangenmischung hinzugeben.

5 ▼ Den Salat aus Orangen, Zwiebel und Jícama oder Wasserkastanien auf dem Radicchio anrichten und mit Petersilie und Basilikum bestreuen.

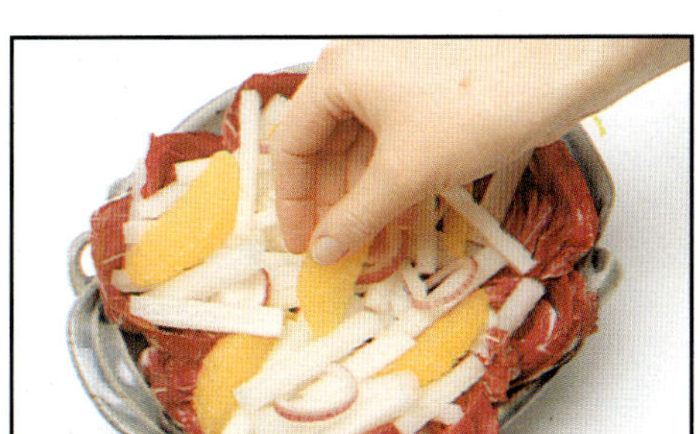

6 ▲ Weinessig, Öl, Salz und Pfeffer in ein Schraubglas füllen und gut durchschütteln, dann das Dressing über den Salat gießen und sofort servieren.

Knackiger Krautsalat

FÜR 6 PERSONEN

- 350 g Weißkohl und grüner Kohl (Frühkohl), ohne Strunk
- 115 g Rotkohl
- 3 Frühlingszwiebeln, eingehackt
- 2 mittelgroße Möhren, gestiftelt
- 1 Teelöffel Zucker
- 2 Esslöffel frisch gepresster Zitronensaft
- 2 Esslöffel Weißweinessig
- 125 ml saure Sahne
- 125 ml Majonäse
- 3/4 Teelöffel Stangensellerie-Samen
- Salz und Pfeffer

1 ▼ Den Kohl quer zu den Blättern in feine Streifen schneiden.

2 Die Kohlstreifen in eine Schüssel geben, Frühlingszwiebeln und Möhren hinzufügen und vermischen.

3 Zucker, Weinessig, Zitronensaft, saure Sahne, Majonäse und Selleriesamen in einer Schüssel verrühren.

4 ▲ Das Dressing über den Krautsalat gießen, mit Salz und Pfeffer abschmecken, gut vermischen und in eine Servierschüssel geben.

Kartoffelsalat

FÜR 8 PERSONEN

- 1,35 kg kleine neue Kartoffeln
- 2 Esslöffel Weißweinessig
- 1 Esslöffel Dijon-Senf
- 3 Esslöffel Pflanzen- oder Olivenöl
- 85 g rote Zwiebel, gehackt
- Salz und Pfeffer
- 125 ml Majonäse
- 2 Esslöffel frischer Thymian, gehackt oder 1 1/2 Teelöffel Trockenthymian
- 1 Selleriestange, in dünnen Scheiben

1 Die Kartoffeln ungeschält in einem Topf Salzwasser für 15-20 Min. gar kochen. Abgießen.

2 Essig mit Senf in einer kleinen Schüssel verrühren, bis sich der Senf aufgelöst hat, dann die Mischung mit dem Öl verquirlen.

3 ▲ Die abgekühlten Kartoffeln in Scheiben schneiden und in eine große Schüssel geben.

4 ▲ Die Zwiebel zu den Kartoffeln geben, das Dressing darübergießen, würzen und vorsichtig durchmischen. Für mind. 30 Min. ziehen lassen.

5 ▲ Die Majonäse mit dem Estragon mischen und zusammen mit dem Sellerie vorsichtig in den Kartoffelsalat einrühren. Mit Salz und Pfeffer abschmecken und servieren.

~ VARIATION ~

Den Weinessig nach Wunsch durch 3 Esslöffel Weißwein ersetzen. Kleine rote Kartoffeln (falls diese erhältlich sind) geben dem Salat mehr Farbe.

Knackiger Krautsalat (oben); Kartoffelsalat

Cäsar-Salat

FÜR 4 PERSONEN

- 2 Eier
- 1 Knoblauchzehe, gepresst
- 1/2 Teelöffel Salz
- 125 ml Olivenöl
- Saft von 1 Zitrone
- 1/4 Teelöffel Worcestersauce
- 450 g römischer Salat, zerpflückt
- 45 g Parmesankäse, gerieben
- Pfeffer
- 8 Sardellenfilets aus der Dose, abgetropft und trockengetupft

FÜR DIE CROÛTONS

- 1 Knoblauchzehen
- 1/4 Teelöffel Salz
- 65 ml Olivenöl
- 4-6 Scheiben Weißbrot, gewürfelt

1 Ofen auf 180°C/Gas 4 vorheizen.

2 ▲ Für die Croûtons Knoblauch und Salz in einer Schüssel vermischen, dann das Öl einrühren. Die Brotwürfel in die Schüssel geben und in dem Knoblauchöl wenden.

3 Die Brotwürfel auf ein Backblech streuen und für 20-25 Min. goldbraun rösten.

4 Inzwischen die Eier in einem Topf für 7 Min. kochen, dann in eine Schüssel mit kaltem Wasser legen und, sobald sie abgekühlt sind, die Schale entfernen.

5 ▼ Die Knoblauchzehe zuammen mit dem Salz in einer Salatschüssel zerstoßen. Olivenöl, Zitronensaft und Worcestersauce einrühren.

6 Die Salatblätter in die Schüssel geben und in dem Dressing wenden.

7 Parmesankäse hinzufügen und pfeffern. Die Croûtons einstreuen und untermischen.

8 Die hartgekochten Eier vierteln und zusammen mit den Sardellenfilets auf dem Salat verteilen. Sofort servieren.

Grüner Salat mit Edelpilzkäse

FÜR 6 PERSONEN

- 4 Handvoll gemischte Salatblätter (Eichblatt, Frisée usw.), zerpflückt
- 1 kleiner Bund Feldsalat oder Brunnenkresse

FÜR DAS DRESSING

- 125 ml Vollmilchjogurt
- 1 1/2 Teelöffel Weißweinessig
- 1/2 Teelöffel Zucker
- 1 Esslöffel frisch gepresster Zitronensaft
- 1 Knoblauchzehe, gepresst
- 30 g Edelpilzkäse (Blauschimmelkäse), zerkleinert

1 ▼ Für das Dressing Jogurt, Weinessig, Zucker, Zitronensaft und Knoblauch in einer kleinen Schüssel vermischen. Den Edelpilzkäse unterrühren. Das Dressing sollte klumpig sein.

2 ▲ Die Salatblätter in eine Salatschüssel geben und das Dressing vorsichtig untermischen. Sofort servieren.

Cäsar-Salat (oben); Grüner Salat mit Edelpilzkäse

Spinat-Schinken-Salat

Für 4 Personen

- 1 hartgekochtes Ei
- 85 ml Weißweinessig
- 1 Teelöffel Dijon-Senf
- 2 Esslöffel Pflanzen- oder Olivenöl
- Salz und Pfeffer
- 450 g frische junge Spinatblätter
- 55 g kleine Champignons, in Scheiben
- 3 Streifen Schinkenspeck
- 1 mittelgroße Zwiebel, gehackt
- 2 Knoblauchzehen, gepresst

1 Das hartgekochte Ei in Eiweiß und Eigelb trennen. Das Eiweiß kleinhacken und beiseite stellen.

2 ▲ Für das Dressing das Eigelb durch ein Sieb in eine Schüssel pressen. Essig, Senf und Öl einrühren und mit Salz und Pfeffer würzen.

3 Spinat und Champignons in eine Salatschüssel geben.

4 Den Schinkenspeck in einer kleinen Pfanne knusprig braten und auf Küchenkrepp trocknen lassen.

5 ▼ Den abgekühlten Speck zerkleinern und über den Salat streuen.

6 Zwiebel und Knoblauch in dem Schinkenfett für ca. 5 Min. unter rühren anbraten, bis sie weich sind.

7 Zwiebel und Knoblauch zusammen mit dem Fett über den Spinatsalat gießen. Das Dressing hinzufügen und untermischen. Den Salat mit dem gehackten Eiweiß bestreuen und sofort servieren.

Warmer Rotkohlsalat mit Wurst

Für 4 Personen

- 450 g Rotkohl, ohne Strunk, in Stücke geteilt
- 65 ml Olivenöl
- 2 Schalotten oder 1 kleine Zwiebel, gehackt
- 2 Knoblauchzehen, gehackt
- 3 Esslöffel Apfelessig
- 115 g Chorizo-Wurst oder eine andere würzige Kochwurst, schräg in 5 mm dicke Scheiben geschnitten
- Salz und Pfeffer
- 2 Esslöffel frische Petersilie, gehackt
- 2 Esslöffel Schnittlauch, gehackt

1 Den Rotkohl quer zu den Blättern in sehr dünne Streifen schneiden.

2 ▲ Öl in einer Pfanne erhitzen, Schalotten und Knoblauch für ca. 4 Min. anbraten, bis sie weich sind, dann mit einer Schöpfkelle herausnehmen und in eine Salatschüssel geben.

3 Die Rotkohlstreifen in die Pfanne geben und ca. 10 Min. braten, ab und zu umrühren. 1 Esslöffel des Essigs hinzugeben und 1 Min. kochen. Den Kohl zusammen mit dem Öl aus der Pfanne in die Salatschüssel geben.

4 ▼ Die Wurstscheiben in die Pfanne geben und gut anbräunen, dann ebenfalls zum Salat in die Schüssel hinzufügen.

5 Den restlichen Essig über den Salat gießen und untermischen. Mit Salz und Pfeffer abschmecken und mit den gehackten Kräutern bestreuen.

Spinat-Schinken-Salat (oben); Warmer Rotkohlsalat mit Wurst

Nudelsalat mit Oliven und Avocado

FÜR 6 PERSONEN
225 g Spiralnudeln
115 g Tiefkühl- oder Dosenmais, abgetropft
1/2 rote Paprika, gewürfelt
8 schwarze Oliven, entsteint, in Scheiben
3 Frühlingszwiebeln, fein gehackt
2 mittelgroße Avocados
FÜR DAS DRESSING
2 halbe getrocknete Tomaten (nicht in Öl eingelegt)
1 1/2 Esslöffel Balsamico- oder Weißweinessig
1/2 Knoblauchzehe, gepresst
1/2 Teelöffel Salz
5 Esslöffel Olivenöl
1 Esslöffel frisches Basilikum, gehackt

1 ▼ Die getrockneten Tomaten in einen Topf mit kochendem Wasser geben und 3 Min. simmern lassen, bis sie weich sind. Abgießen und fein hacken.

2 ▲ Die Tomaten mit Essig, Knoblauch und Salz in der Küchenmaschine zerkleinern, dabei das Öl einlaufen lassen, Basilikum einrühren.

3 Die Nudeln in einem Topf mit kochendem Salzwasser bissfest kochen (für Kochzeit Packungshinweis beachten). Gut abtropfen lassen.

4 ▲ Die Nudeln mit Mais, Paprika, Oliven und Frühlingszwiebeln in einer großen Schüssel vermischen und das Dressing unterrühren.

5 ▲ Die Avocado schälen und das Fruchtfleisch würfeln. Vorsichtig in den Salat unterheben und den Salat bei Zimmertemperatur servieren.

Deftiger Salat mit Bohnen und Schinken

FÜR 8 PERSONEN

175 g getrocknete Augenbohnen
1 Zwiebel
1 Möhre
225 g Räucherschinken, gewürfelt
3 mittelgroße Tomaten, enthäutet und gewürfelt
Salz und Pfeffer

FÜR DAS DRESSING

2 Knoblauchzehen, gepresst
3 Esslöffel Olivenöl
3 Esslöffel Rotweinessig
2 Esslöffel Pflanzenöl
1 Esslöffel frisch gepresster Zitronensaft
1 Esslöffel frisches Basilikum, gehackt oder 1 Teelöffel Trockenbasilikum
1 Esslöffel grobkörniger Senf
1 Teelöffel Sojasauce
1/2 Teelöffel getrockneter Oregano
1/2 Teelöffel Streuzucker
1/4 Teelöffel Worcestersauce
1/2 Teelöffel Chilisauce

1 Die Augenbohnen über Nacht einweichen, dann abtropfen lassen.

2 ▲ Die Bohnen mit der Zwiebel und der Möhre in einen großen Topf geben. Mit frischem kalten Wasser auffüllen und aufkochen. Die Hitze reduzieren und für ca. 1 Std. simmern lassen, bis die Bohnen gar sind. Abgießen und die Bohnen in eine Salatschüssel geben.

3 ▼ Zwiebel und Möhre fein hacken und mit den Bohnen vermischen. Tomaten und Schinken einrühren.

4 Die Dressingzutaten in einer kleinen Schüssel gut vermischen.

5 ▲ Das Dressing über den Salat gießen, mit Salz und Pfeffer abschmecken und durchmischen.

Bunte Salatplatte

FÜR 4 PERSONEN
1 großer römischer Salat, quer in Streifen geschnitten
8 Streifen Schinkenspeck, knusprig gebraten
2 große Avocados, geschält, gewürfelt
6 hartgekochte Eier, gehackt
2 Fleischtomaten, enthäutet, gewürfelt
170 g Edelpilzkäse, zerkleinert
FÜR DAS DRESSING
1 Knoblauchzehe, gepresst
1 Teelöffel Zucker
1/2 Esslöffel ausgepresster Zitronensaft
1 1/2 Esslöffel Rotweinessig
125 ml Erdnussöl
Salz und Pfeffer

1 Die Dressingzutaten in ein Schraubglas füllen und gut durchschütteln.

2 ▲ Die Salatblätter auf einer ovalen oder rechteckigen Servierplatte ausbreiten.

3 ▲ Alle Salatzutaten bis auf den Speck nebeneinander auf den Salatblättern aufschichten. Mit dem kleingehackten Speck bestreuen.

4 Die Salatplatte kurz vor dem Servieren mit dem Dressing übergießen.

Pikanter Maissalat

FÜR 4 PERSONEN
2 Esslöffel Pflanzenöl
450 g Tiefkühl- oder Dosenmais
1 grüne Paprika, gewürfelt
1 kleine frische rote Chilischote, ohne Kerne, fein gewürfelt
4 Frühlingszwieben, schräg in 1 cm lange Stücke geschnitten
3 Esslöffel frische Petersilie, gehackt
225 g Kirschtomaten, halbiert
Salz und Pfeffer
FÜR DAS DRESSING
1/2 Teelöffel Zucker
2 Esslöffel Weißweinessig
1/2 Teelöffel Dijon-Senf
1 Esslöffel frisches Basilikum, gehackt oder 1 Teelöffel Trockenbasilkum
1 Esslöffel Majonäse
1/4 Teelöffel Chilisauce

1 Das Öl in einer Pfanne erhitzen, Mais, Paprika, Chilischote und Frühlingszwiebeln hineingeben und bei mittlerer Hitze ca. 5 Min. unter rühren anbraten.

2 ▲ Das Gemüse in eine Salatschüssel geben. Gehackte Petersilie und Kirschtomaten einrühren.

3 ▲ Die Dressingzutaten in eine kleine Schüssel geben und verquirlen. Das Dressing über den Maissalat gießen, mit Salz und Pfeffer abschmecken, gut durchmischen und servieren.

Bunte Salatplatte (oben); Pikanter Maissalat

Kartoffelgratin

FÜR 6 PERSONEN

- 1,2 kg Kartoffeln, geschält, in 3 mm dicke Scheiben geschnitten
- Salz und Pfeffer
- 1 große Zwiebel, in dünnen Scheiben
- 30 g Weizenmehl
- 55 g Butter oder Margarine
- 175 g Cheddarkäse, gerieben
- 200 ml Milch
- 500 ml Sahne

1 Ofen auf 180° C/Gas 4 vorheizen. Eine ovale Gratinform einfetten.

2 Von den Kartoffeln 1/4 in die Gratinform füllen. Mit Salz und Pfeffer würzen.

3 ▼ Von den Zwiebelscheiben 1/4 auf die Kartoffeln verteilen, mit 1/4 des Mehls bestreuen. Von der Butter oder Margarine 1/4 abnehmen und Butterflöckchen aufsetzen. Mit 1/4 des Käses bestreuen.

4 Auf diese Weise die Gratinform mit vier Schichten füllen.

5 ▲ Milch und Sahne in einem Topf erhitzen und über die Kartoffeln gießen.

6 Die Gratinform mit Folie abdecken und für 1 Std. backen dann die Folie entfernen und nochmals 15-20 Min. backen, bis die Kartoffeln gar sind und die Kruste goldbraun ist.

Neue Kartoffeln mit Zwiebeln

FÜR 6 PERSONEN

- 580 g kleine neue Kartoffeln
- 55 g Butter oder Margarine
- 3 Schalotten oder 1 Zwiebel, fein gehackt
- 2 Knoblauchzehen, gepresst
- Salz und Pfeffer
- 1 Teelöffel frischer Estragon, gehackt
- 1 Teelöffel Schnittlauch, gehackt
- 1 Teelöffel frische Petersilie, gehackt

1 Die Kartoffeln in einen Topf kochendes Salzwasser geben und 15-20 Min. kochen, bis sie gerade gar sind. Gut abtropfen lassen.

2 ▼ Butter oder Margarine in einer Pfanne schmelzen, Knoblauch und Schalotten oder Zwiebel bei geringer Hitze für ca. 5 Min. anbraten.

3 ▲ Die Kartoffeln in die Pfanne geben und in dem Fett wenden, mit Salz und Pfeffer abschmecken und unter rühren durchwärmen.

4 Die Kartoffeln in eine vorgewärmte Servierschüssel geben und vor dem Servieren mit den gehackten Kräutern bestreuen.

Kartoffelgratin (oben); Neue Kartoffeln mit Zwiebeln

Kartoffelbrei mit Knoblauch

Für 6 Personen

2-3 Knoblauchknollen, die einzelnen Zehen separiert

55 g Butter oder Margarine

1,2 kg Kartoffeln, geschält, geviertelt

Salz und Pfeffer

125 ml Schlagsahne

3 Esslöffel Schnittlauch, gehackt

1 Die Knoblauchzehen in einen Topf mit kochendem Wasser geben, 2 Min. kochen lassen und abschälen.

2 ▲ Die Hälfte der Butter oder Margarine in einem Topf schmelzen. die geschälten Knoblauchzehen abgedeckt bei geringer Hitze 20-25 Min. weich dünsten, ab und zu umrühren.

3 Inzwischen die Kartoffeln in kochendem Salzwasser in 15-20 Min. gar kochen. Das Wasser abgießen und die Kartoffeln 2-3 Min. bei mittlerer Hitze stehen lassen, damit die Feuchtigkeit verdampft.

4 ▲ Die Kartoffeln mit einer Presse oder einem Stampfer zerdrücken. Wieder in den Topf geben und die restliche Butter oder Margarine in 2 Portionen einrühren. Mit Salz und Pfeffer abschmecken.

5 ▲ Den Topf mit dem Knoblauch vom Herd nehmen und den Knoblauch mit einer Gabel zerdrücken. Sahne einrühren, wieder auf den Herd stellen und kurz aufkochen.

6 Die Knoblauchsahne teelöffelweise in den Kartoffelbrei einrühren; den Kartoffelbrei falls nötig anwärmen.

7 Den größten Teil des Schnittlauchs in die Kartoffeln untermischen und den Kartoffelbrei mit dem restlichen Schnittlauch bestreut servieren.

Kandierte Süßkartoffeln

FÜR 8 PERSONEN
1,4 kg Süßkartoffeln, geschält
45 g Butter oder Margarine
125 ml Ahornsirup
3/4 Teelöffel Ingwer, gemahlen
1 Esslöffel frisch gepresster Zitronensaft

1 Ofen auf 190° C/Gas 5 vorheizen. Eine große flache Backform einfetten.

2 ▲ Die Kartoffeln in 1 cm dicke Scheiben schneiden, 10 Min. kochen, abtropfen und abkühlen lassen.

3 ▲ Butter oder Margarine in einem Topf bei mittlerer Hitze schmelzen. Den Ahornsirup mit dem Fett verrühren. Den Ingwer einrühren, 1 Min. simmern lassen, dann den Zitronensaft hinzufügen.

4 ▼ Die Kartoffeln in der eingefetteten Backform so zurechtlegen, dass sie sich leicht überlappen.

5 ▲ Die Ahornsirup-Mischung über die Kartoffeln gießen. Für 30-35 Min. backen, bis die Kartoffeln glasiert sind, zwischendurch mit der Flüssigkeit in der Backform begießen.

Sahne-Mais mit Paprika

Für 4 Personen

- 30 g Butter oder Margarine
- je 1 kleine rote und grüne Paprika, fein gewürfelt
- 4 Maiskolben, kochfertig zubereitet
- 125 ml Schlagsahne
- Salz und Pfeffer

1 ▲ Butter oder Margarine in einem Topf schmelzen und die Paprikawürfel für 5 Min. unter Rühren anschwitzen.

2 ▼ Die Maiskörner von den Kolben schneiden. Mit dem Messerrücken die Kolben entlangschaben, um die milchige Flüssigkeit der Maiskörner aufzufangen.

~ VARIATION ~

Als Ersatz für frische Maiskolben kann 450 g Tiefkühl- oder Dosenmais verwendet werden.

3 ▲ Die Maiskörner zusammen mit der Flüssigkeit zu den Paprika hinzufügen, die Sahne einrühren, zum Kochen bringen und 3-4 Min. simmern lassen, bis der Mais zart ist. Mit Salz und Pfeffer abschmecken.

Gebratene Okra-Schoten

Für 6 Personen

- 700 g Okraschoten
- 55 g Maismehl oder Polenta
- 1/8 Teelöffel schwarzer Pfeffer
- 85 g Schinkenfett oder Öl
- 3/4 Teelöffel Salz

~ KOCHTIPP ~

Schneiden Sie die Stielansätze der Okras möglichst sauber ab, ohne die Schote selber zu verletzen; das zähflüssige Fruchtfleisch läuft sonst aus.

1 Die Okra gut waschen, abtropfen lassen und Stielansätze abschneiden.

2 ▲ Maismehl mit Pfeffer in einer Schüssel vermischen. Die noch feuchten Okraschoten hinzugeben und in dem Maismehl wenden.

3 ▼ Schinkenfett oder Öl in einer Pfanne erhitzen und die Okraschoten für ca. 4-5 Min. braten, bis sie zart sind. Auf Küchenkrepp trocknen.

4 Die gebratenen Okraschoten vor dem Servieren mit Salz bestreuen.

Sahne-Mais mit Paprika (oben); Gebratene Okraschoten

Rosenkohl mit Maronen

Für 6 Personen

- 450 g Rosenkohl, geputzt
- 115 g Butter oder Margarine
- 3 Selleriestangen, schräg in 1 cm dicke Stücke geschnitten
- 1 große Zwiebel, in dünnen Scheiben
- 400 g Maronen (Esskastanien) in Lake, abgespült und abgetropft
- 1/4 Teelöffel Muskatnuss, gerieben
- Salz und Pfeffer
- abgeriebene Schale einer Zitrone

1 ▲ Den Rosenkohl in kochendes Salzwasser geben und 3-4 Min. kochen. Gut abtropfen lassen.

2 ▲ Butter oder Margarine in einer Pfanne bei geringer Hitze schmelzen, Sellerie und Zwiebel für 5 Min. andünsten, bis sie weich sind.

3 ▲ Die Hitze auf mittlere Schaltstufe erhöhen. Den Rosenkohl und die Maronen hinzugeben.

4 Muskat und Salz einrühren, nach Belieben pfeffern. Für 2 Min. weiter kochen, dabei häufig umrühren.

5 ▲ Die abgeriebene Zitronenschale einrühren und auf einer vorgewärmten Platte servieren.

> **~ VARIATION ~**
>
> Wenn der Rosenkohl zu Schwein oder Truthahn serviert wird, passt auch abgeriebene Orangenschale statt der Zitrone sehr gut.

Grüne Erbsen mit Silberzwiebeln

Für 6 Personen

- 15 g Butter oder Margarine
- 12 Silberzwiebeln, geschält
- 1 kleiner Kopfsalat, zerpflückt
- 300 g frische grüne Erbsen, geschält oder Tiefkühlerbsen
- 1 Teelöffel Zucker
- 2 Esslöffel Wasser
- Salz und Pfeffer
- 2 frische Minzblätter

1 Butter oder Margarine in einer Pfanne erhitzen. Die Zwiebeln bei mittlerer Hitze ca. 10 Min. andünsten, bis sie Farbe annehmen.

2 ▼ Salat, Erbsen, Zucker und Wasser hinzugeben, mit Salz und Pfeffer abschmecken und aufkochen. Die Hitze reduzieren und abgedeckt bei geringer Hitze simmern lassen, bis die Erbsen gar sind: 15 Min. bei frischen Erbsen, 10 Min. bei Tiefkühlerbsen.

3 ▲ Die Minzblätter fein hacken und in die Erbsen einrühren. Das Gericht in eine vorgewärmte Servierschüssel geben.

Rosenkohl mit Maronen (oben); Grüne Erbsen mit Silberzwiebeln

Brokkoli und Blumenkohl in der Form gebacken

Für 6 Personen

450-700 g Brokkoli, geputzt
450-700 g Blumenkohl, geputzt

Für die Käsesauce

3 Esslöffel Butter oder Margarine
30 g Weizenmehl
380 ml Milch
85 g Cheddarkäse, gerieben
1/8 Teelöffel Muskatnuss, gerieben
Salz und Pfeffer

1 Ofen auf 150° C/Gas 2 vorheizen. Eine feuerfeste Schüssel (Fassungsvermögen 1 Liter) einfetten.

2 Den Brokkoli in Röschen zerkleinern und in kochendes Salzwasser geben. 5 Min. kochen. Abgießen und mit kaltem Wasser abbrausen. Auf Küchenkrepp gut trocknen lassen.

3 Den Blumenkohl in Röschen zerkleinern und in kochendes Salzwasser geben. 5 Min. kochen. Abgießen und mit kaltem Wasser abbrausen. Auf Küchenkrepp gut trocknen lassen.

4 ▲ Den Schüsselboden mit Blumenkohl auslegen, die Strünke nach innen richten. dann eine Schicht Brokkoli darüberlegen, wieder mit den Strünken nach innen. Die Mitte mit kleinen Röschen ausfüllen.

5 ▲ Noch eine Schicht Blumenkohl legen; oben mit Brokkoli abschließen.

6 Die Schüssel mit gebutterter Alufolie abdecken, 10-15 Min. backen, bis das Gemüse durchgewärmt ist.

7 Für die Sauce die Butter oder Margarine in einem Topf schmelzen, das Mehl einstreuen und 2 Min. unter Rühren anschwitzen lassen. Milch hinzugießen, unter Rühren aufkochen und ca. 5 Min. simmern lassen, bis die Sauce eindickt. Den Käse hinzugeben, mit Muskat, Salz und Pfeffer würzen. Die Sauce bei sehr geringer Hitze warm halten.

8 ▲ Einen vorgewärmten Teller über die Schüssel halten, die Schüssel umdrehen und den Kohl auf den Teller stürzen. Brokkoli und Blumenkohl mit der Käsesauce servieren.

Bohnen-Paprika-Pfanne

Für 4 Personen

450 g junge grüne Brechbohnen, schräg in 2,5 cm lange Stücke geschnitten
2 Esslöffel Olivenöl
1 rote Paprika, in Streifen geschnitten
1/2 Esslöffel Sojasauce
1 Teelöffel ausgepresster Zitronensaft

1 Die Bohnen in kochendem Salzwasser 3 Min. kochen. Abgießen, mit kaltem Wasser abspülen und auf Küchenkrepp trocknen lassen.

2 ▼ Öl in einer Pfanne erhitzen, Bohnen und Paprika hineingeben und unter rühren ca. 2 Min. garen, bis sie zart, aber noch bissfest sind.

3 ▲ Die Pfanne vom Herd nehmen und Zitronensaft und Sojasauce einrühren. Das Gemüse in einer vorgewärmten Schüssel servieren.

Brokkoli und Blumenkohl in der Form gebacken (oben); Bohnen-Paprika-Pfanne

Gebackene Zwiebeln mit Tomaten

Für 4 Personen
450g kleine runde Zwiebeln
2 Teelöffel frischer Rosmarin, gehackt oder 3/4 Teelöffel Trockenrosmarin
1 Esslöffel frische Petersilie, gehackt
Salz und Pfeffer
125ml getrocknete Tomaten in Öl, abgetropft und gehackt
6 Eslöffel Olivenöl
1 Esslöffel Weißweinessig

1 Ofen auf 150° C/Gas 2 vorheizen. Eine flache Backform einfetten.

2 ▼ Die Zwiebeln in kochendes Wasser geben und 5 Min. kochen, dann in einem Sieb abtropfen lassen.

3 ▲ Den Boden der eingefetteten Backform mit den Zwiebeln auslegen.

4 ▲ Rosmarin, Knoblauch, Petersilie, Salz und Pfeffer vermischen und über die Zwiebeln streuen.

5 ▲ Die Zwiebeln mit den getrockneten Tomaten belegen und mit Olivenöl und Essig beträufeln.

6 Mit Folie abdecken und im Ofen für 45 Min. backen, ab und zu mit Öl beträufeln. Die Folie abnehmen und noch ca. 15 Min. backen, bis die Zwiebeln gebräunt sind.

Tomaten-Eintopf

FÜR 6 PERSONEN

900g vollreife Tomaten, ohne Stielansatz

30g Butter oder Margarine

2 Selleriestangen, gehackt

1 kleine grüne Paprika, gewürfelt

2 Frühlingszwiebeln, fein gehackt

Salz und Pfeffer

2 Esslöffel frisches Basilikum, gehackt

1 Zwei Schüsseln jeweils mit kochend heißem Wasser und mit Eiswasser füllen. Immer jeweils drei- oder vier Tomaten auf einmal für 30Sek. in das heiße Wasser legen.

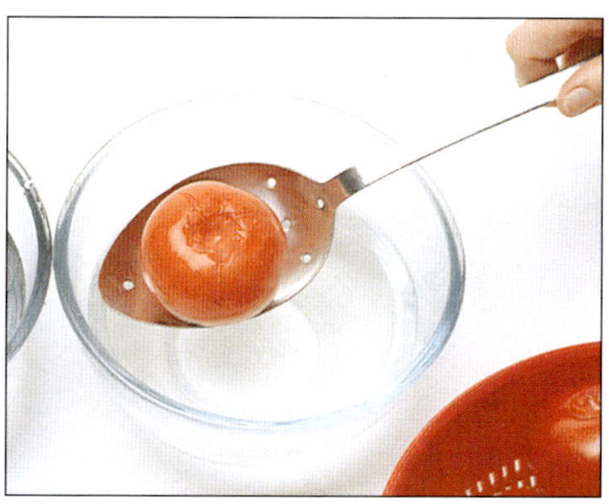

2 ▲ Die Tomaten dann mit einem Schöpflöffel in die Schüssel mit dem Eiswasser legen. Wenn sie genügend abgekühlt sind, aus dem Eiswasser herausnehmen.

3 ▲ Die Tomaten häuten und in Segmente schneiden.

4 ▼ Butter oder Margarine in einem Topf schmelzen, Sellerie, Paprika und Frühlingszwiebeln hineingeben und für ca. 5Min. andünsten, bis das Gemüse weich ist.

~ VARIATION ~

Sie können den Eintopf zu einer Tomatensauce verarbeiten, indem Sie ihn unter Rühren in der offenen Pfanne bis zur gewünschten Konsistenz einkochen lassen.

5 ▲ Die Tomaten einrühren, den Topf abdecken und 10-15Min. kochen lassen, bis die Tomaten weich sind; sie dürfen aber nicht zerkochen. Mit Salz und Pfeffer würzen.

6 Den Topf vom Herd nehmen und das gehackte Basilikum einrühren.

Geschmorter Rotkohl mit Äpfeln

Für 6 Personen

- 900g Rotkohl, geviertelt, ohne Strunk
- Salz und Pfeffer
- 2 mittelgroße rote Zwiebeln, halbiert und in dünnen Scheiben
- 2 Äpfel (Red Delicious), geschält, entkernt, halbiert und in dünne Scheiben geschnitten
- 1 1/2 Teelöffel Kümmel
- 3 Esslöffel brauner Zucker
- 3 Esslöffel Rotweinessig
- 30g Butter oder Margarine

1 Ofen auf 200°C/Gas 6 vorheizen.

2 Die Rotkohlviertel quer zu den Blättern in dünne Streifen schneiden.

~ VARIATION ~

Für eine Geschmacksverstärkung den milden Red Delicious durch Granny Smith oder andere säuerliche Apfelsorten ersetzen.

3 ▲ Eine große tiefe Backform mit 1/4 der Rotkohlstreifen füllen. Mit Salz und Pfeffer würzen.

4 ▲ Den Rotkohl mit 1/3 der roten Zwiebeln und Apfelscheiben belegen. Mit etwas Kümmel und 1 Esslöffel braunem Zucker bestreuen.

5 Auf diese Weise nacheinander alle Zutaten aufschichten und mit einer Schicht Rotkohl abschließen.

6 ▲ Mit Rotweinessig begießen und Butterflöckchen aufsetzen. Im Ofen abgedeckt 1 Std. schmoren lassen.

7 Das Gericht unabgedeckt für ca. 30 Min. weiter schmoren lassen, bis der Rotkohl zart und die Kochflüssigkeit verdampft ist.

Glasierte Möhren mit Frühlingszwiebeln

Für 6 Personen

- 450g junge Möhren, geputzt
- 45g Butter oder Margarine
- 2 Esslöffel Honig
- 2 Esslöffel frisch gepresster Orangensaft
- 225g Frühlingszwiebeln, schräg in 2,5cm lange Stücke geschnitten
- Salz und Pfeffer

1 Die Möhren für ca. 10 Min. in Salzwasser kochen oder dämpfen, bis sie fast gar sind. Abtropfen lassen.

2 ▼ Butter oder Margarine in einer Pfanne schmelzen, Honig und Orangensaft hinzufügen und zu einer glatten Flüssigkeit verrühren.

3 ▲ Möhren und Frühlingszwiebeln hinzufügen. Bei mittlerer Hitze für ca. 5 Min. dünsten, bis das Gemüse durchgewärmt und glasiert ist. Vor dem Servieren mit Salz und Pfeffer abschmecken.

Geschmorter Rotkohl mit Äpfeln (oben); Glasierte Möhren mit Frühlingszwiebeln

Spanisches Omelette

Für 4 Personen

- 4 Streifen Schinkenspeck
- 3 Esslöffel Olivenöl
- 1 Zwiebel, in dünnen Scheiben
- je 1/2 kleine rote und grüne Paprika, in Streifen
- 1 große Knoblauchzehe, gepresst
- 350 g kleine Kartoffeln, gekocht und in Scheiben geschnitten
- 4 Eier
- 2 Esslöffel Sahne (geringer Fettanteil)
- Salz und Pfeffer

1 Ofen auf 180° C/Gas 4 vorheizen.

2 In einer großen schweren Pfanne mit feuerfestem Griff den Speck knusprig braten und auf Küchenkrepp trocknen lassen.

3 Das Schinkenfett aus der Pfanne abgießen. 1 Esslöffel Öl hineingeben und die Zwiebel und Paprika für 5 Min. anbraten, bis das Gemüse weich ist.

4 ▲ Die Pfanne vom Herd nehmen, den Knoblauch einrühren, den Speck zerkleinern und einstreuen. Alles zusammen in eine Schüssel geben.

5 ▲ Das restliche Öl in der Pfanne erhitzen. Den Pfannenboden mit dem Kartoffelscheiben auslegen, so dass sie sich leicht überlappen. Die Zwiebel-Speck-Paprikamischung gleichmäßig über die Kartoffeln verteilen.

6 Eier und Sahne in einer kleinen Schüssel verquirlen und mit Salz und Pfeffer würzen.

7 ▲ Die Eimischung in die Pfanne gießen. Bei geringer Hitze garen, bis die Eimasse stockt, ab und zu das Omelett am Rand mit einem Messer anheben, um rohe Eimasse nach unten abfließen zu lassen.

8 Die Pfanne in den Ofen stellen und das Omelett in 5-10 Min. fertig backen. Heiß oder lauwarm servieren.

Spinat-Käse-Strudel

Für 8 Personen

- 1,4 kg frische Spinatblätter, ohne Stengel
- 2 Esslöffel Olivenöl
- 1 mittelgroße Zwiebel, fein gehackt
- 2 Esslöffel frischer Oregano, gehackt oder 1 Teelöffel Trockenoregano
- 4 Eier
- 450 g Hüttenkäse
- 6 Esslöffel Parmesankäse, gerieben
- geriebene Muskatnuss
- Salz und Pfeffer
- 12 kleine Bögen Tiefkühlstrudelteig, aufgetaut
- 55 g flüssige Butter oder Margarine

1 Ofen auf 190° C/Gas 5 vorheizen.

2 ▲ Die Spinatblätter aufschichten und mit einem Messer in dünne Streifen schneiden.

3 Öl in einem großen Topf schmelzen und die Zwiebel ca. 5 Min. andünsten, bis sie weich ist.

4 Spinat und Oregano hinzufügen und bei starker Hitze unter Rühren ca. 5 Min. kochen, bis die Flüssigkeit aus dem Spinat verdampft ist. Vom Herd nehmen und abkühlen lassen.

5 Die Eier in einer Schüssel aufschlagen und verquirlen. Hüttenkäse und Parmesan einrühren und großzügig mit Salz, Pfeffer und Muskatnuss würzen. Zum Spinat hinzugeben.

6 ▲ Eine 33x23 cm große Backform einfetten und den Boden der Form mit der Hälfte der Teigplatten auslegen, so dass sie am Rand ca. 2,5 cm überstehen. Mit Butter bestreichen.

7 ▲ Die Spinat-Käsefüllung in die Backform geben, mit den restlichen Teigplatten abdecken und die Kanten dabei einschlagen.

8 Die Oberfläche mit der restlichen Butter bestreichen und mit einem Messer rautenförmig einschneiden.

9 Für 30 Min. backen, bis der Teig goldbraun ist. In Quadrate schneiden und heiß servieren.

Spinattörtchen mit Tomaten

Für 6 Personen

- 700g Tiefkühlspinat, aufgetaut
- 30g Butter oder Margarine
- 85g frische Semmelbrösel
- Salz und Pfeffer
- 2 Eier
- 1 Eigelb
- 350ml Milch
- 3 Esslöffel Parmesan, gerieben
- frischer Thymian zum Garnieren

Für das Dressing

- 5 Teelöffel ausgepresster Zitronensaft
- 1 Teelöffel Zucker
- 1/2 Teelöffel grobkörniger Senf
- 1/2 Teelöffel frische Thymianblätter oder 1/8 Teelöffel Trockenthymian
- 125ml Olivenöl
- 3 Tomaten, enthäutet, gewürfelt

1 Ofen auf 180°C/Gas 4 vorheizen. 6 Törtchenformen einfetten und in eine flache Backform stellen.

2 ▲ Mit der Hand das überschüssige Wasser aus dem aufgetauten Spinat auspressen.

3 Butter oder Margarine in einem Topf schmelzen, den Spinat hinzufügen und 1 Min. bei starker Hitze unter rühren andünsten.

4 ▲ Den Topf vom Herd nehmen und die Semmelbrösel einrühren. Mit Salz und Pfeffer würzen.

5 Die Eier in eine Schüssel aufschlagen und mit dem Eigelb mischen. Die Milch in einem kleinen Topf aufkochen und mit den Eiern verrühren.

6 ▲ Parmesankäse in die Ei-Milchmischung rühren und das Ganze dann zum Spinat hinzugießen.

7 ▲ Die Spinatmischung in die Törtchen einfüllen. Jede Törtchenform fest mit Folie verschließen.

8 ▲ Heißes Wasser in die Backform gießen, so dass die Törtchenformen zur Hälfte im Wasser stehen. Für ca. 35Min. backen (Garprobe mit einem Spieß oder einer Messerspitze).

9 ▲ Für das Dressing Zitronensaft, Zucker, Senf und Thymian in einer Schüssel vermischen, Olivenöl und Tomaten einrühren und mit Salz und Pfeffer abschmecken.

10 Die Spinattörtchen auf vorgewärmte Teller stürzen, ein wenig Tomaten-Dressing dazugeben und mit frischem Thymian garnieren.

~ KOCHTIPP ~

Frische Semmelbrösel lassen sich leicht mit der Küchenmaschine herstellen: von trockenen Brotscheiben die Kruste entfernen, das Brot grob zerkleinern und in der Maschine fein zermahlen.

Maisplätzchen mit Schnittlauchdip

Für 4 Personen

- 5 Knoblauchzehen
- 3 Eier, geschlagen
- 85g Weizenmehl
- Salz und Pfeffer
- 175g Tiefkühl- oder Dosenmais
- 250ml saure Sahne
- 2 Esslöffel Schnittlauch, gehackt
- 3 Esslöffel Maiskeimöl

1 Den Grill vorheizen.

2 Die Knoblauchzehen auf einen Spieß stecken und im geringen Abstand zur Heizquelle grillen, bis sie weich sind, die Spieße ab und zu drehen. Abkühlen lassen.

3 ▼ Die Knoblauchzehen schälen, in einer Schüssel mit der Gabel zerdrücken, Eier, Mehl und Salz hinzugeben, nach Belieben pfeffern und durchmischen. Den Mais einrühren und mind. 30Min. stehen lassen.

4 Saure Sahne und Schnittlauch in einer Schüssel verrühren, abdecken und in den Kühlschrank stellen.

5 ▲ Öl in einer Pfanne stark erhitzen, den Maisteig löffelweise hineingeben und für ca. 2Min. auf jeder Seite ausbacken, bis der Teig leicht gebräunt ist. Auf Küchenkrepp trocknen lassen.

6 Die Maisplätzchen heiß servieren. Den Schnittlauchdip dazu reichen.

Pilz-Käse-Omelette

Für 4 Personen

- 2 Esslöffel Olivenöl
- 115g kleine Champignons, in Scheiben
- 3 Frühlingszwiebeln, fein gehackt
- 6 Eier
- 115g Cheddarkäse, gerieben
- 1 Esslöffel frische Dillspitzen, oder 1/4 Teelöffel getrockneter Dill
- Salz und Pfeffer

1 Öl in einer schweren Pfanne (mit 20cm Durchmesser und wenn möglich mit einem feuerfestem Griff) erhitzen. Champignons und Frühlingszwiebeln für ca. 3Min. bei mittlerer Hitze andünsten, dabei umrühren.

2 ▲ Eier in eine Schüssel aufschlagen und verquirlen, Käse und Dill hinzugeben und mit Salz und Pfeffer würzen.

3 Den Grill vorheizen.

4 ▼ Das Gemüse gleichmäßig in der Pfanne verteilen und die Eimischung darübergießen. Für 5-6Min. backen, bis der Rand anfängt zu stocken und die Unterseite goldbraun ist.

5 Die Pfanne im Abstand von 8cm über den Grill stellen. Das Omelette für 3-4Min. grillen, bis es leicht gebräunt ist. Zum Servieren auf einem vorgewärmten Teller legen.

Maisplätzchen mit Schnittlauchdip (oben); Pilz-Käse-Omelette

Gebackener Ziegenkäse mit Paprikasauce

Für 4 Personen

350g Ziegenkäse, in 12 gleich große Scheiben geschnitten
115g Semmelbrösel
1 Esslöffel frische Petersilie, gehackt
45g Parmesankäse, gerieben
2 Eier, geschlagen
frische Petersilie zum Garnieren

Für die Paprika-Sauce

4 Esslöffel Olivenöl
4 Knoblauchzehen, gehackt
2 rote Paprika, gewürfelt
1 Teelöffel frische Thymianblätter
2 Teelöffel Tomatenmark
Salz und Pfeffer

1 Ofen auf 230°C/Gas 8 vorheizen.

2 ▼ Für die Sauce das Öl in einem Topf erhitzen. Knoblauch, Paprika und Thymian hinzugeben und unter rühren für 10Min. dünsten, bis der Paprika weich ist.

3 Die Paprikamischung in einer Küchenmaschine oder einem Mixer pürieren. Das Püree wieder in den Topf geben, Tomatenmark einrühren und mit Salz und Pfeffer würzen.

4 ▲ Jedes Stück Ziegenkäse zwischen 2 Bögen Pergamentpapier legen und mit einem breiten Messer leicht flach drücken.

5 ▲ Semmelbrösel, Petersilie und Parmesan in einer Schüssel vermischen und auf einen Teller geben.

6 ▲ Die Käsescheiben in die geschlagenen Eier tauchen, dann in der Semmelmischung wälzen, so dass der Käse rundum paniert ist. Den Käse auf ein ungefettetes Backblech legen.

7 Den Käse für 5Min. goldbraun backen. Die Paprikasauce anwärmen.

8 Die Paprikasauce auf 4 vorgewärmte Teller verteilen, die gebackenen Ziegenkäsescheiben in die Mitte legen und mit Petersilie garnieren.

Käse-Dill-Soufflés

Für 6 Personen
2 Esslöffel Parmesankäse, gerieben
55 g Butter oder Margarine
45 g Weizenmehl
300 ml Milch
115 g reifer Cheddarkäse, gerieben
3 Eier, getrennt
2 Esslöffel frischer Dill, gehackt
Salz und Pfeffer

1 Ofen auf 200° C/Gas 6 vorheizen. 6 Souffléförmchen einfetten und mit Parmesankäse ausstreuen.

2 ▲ Butter oder Margarine in einem Topf schmelzen, Mehl einstreuen und 2 Min. unter Rühren anschwitzen. Milch hinzugießen und unter Rühren aufkochen. Ca. 5 Min. simmern lassen, bis die Sauce andickt. Vom Herd nehmen, 10 Min. abkühlen lassen.

3 ▲ Käse, Eigelbe und Dill in die Sauce einrühren, mit Salz und Pfeffer würzen und in eine Schüssel geben.

4 Die Eiweiße in einer sauberen, fettfreien Schüssel mit 1/8 Teelöffel Salz steif schlagen.

5 ▲ 1/4 des Eischnees in die Käsemischung einrühren, um sie aufzulockern, danach den restlichen Eischnee vorsichtig unterheben.

6 ▲ Die Käse-Eimischung in die Souffléförmchen einfüllen und für 15-20 Min. backen, bis die Soufflés aufgegangen und goldbraun sind. Sofort servieren.

Quiche mit Spargel, Mais und Paprika

Für 6 Personen

225 g frischer Spargel, geputzt, ohne holzige Stellen
30 g Butter oder Margarine
1 kleine Zwiebel, fein gehackt
1 rote Paprika, fein gehackt
115 g Tiefkühlmais, aufgetaut, oder Dosenmais, abgetropft
2 Eier
250 ml Sahne mit geringem Fettanteil
55 g Cheddarkäse, gerieben
Salz und Pfeffer

Für den Teig

190 g Weizenmehl
1/2 Teelöffel Salz
115 g Schweineschmalz oder Pflanzenfett
2-3 Esslöffel Eiswasser

1 Ofen auf 200° C/Gas 6 vorheizen.

2 Mehl und Salz in eine Schüssel sieben. Das Fett stückchenweise hinzugeben und vermischen, bis eine krümelige Masse entsteht. Das Wasser teelöffelweise hinzugeben und vorsichtig mit den Händen oder einer Gabel verkneten, bis sich der Teig zu einer Kugel formt.

3 ▲ Den Teig auf einer leicht bemehlten Arbeitsfläche so ausrollen, dass er in eine Quiche-oder Tortenbackform mit 25 cm Durchmesser passt. Den Teig in die Form einlegen, ohne ihn zu dehnen, und überstehende Teigränder abschneiden.

4 ▲ Den Teig mit Pergamentpapier abdecken, mit getrockneten Bohnen füllen und für 10 Min. „blind" backen. Papier und Bohnen entfernen und weitere 5 Min. backen, bis der Teig leicht gebräunt ist und sich gesetzt hat. Abkühlen lassen.

5 Von den Spargelstangen 8 Stück auf eine Länge von 10 cm zurechtschneiden. Beiseite stellen.

6 ▲ Den restlichen Spargel und die abgeschnittenen Stücke fein hacken und auf dem Teigboden verteilen.

7 ▲ Butter oder Margarine in einer Pfanne schmelzen, Zwiebel und rote Paprika für ca. 5 Min. andünsten, bis sie weich sind. Den Mais einrühren und weitere 2 Min. dünsten.

8 Die Mais-Paprikamischung über die Spargelstücke verteilen.

9 ▲ Die Eier mit der Sahne in einer kleinen Schüssel verquirlen, Käse hinzugeben, mit Salz und Pfeffer würzen und in die Teigform gießen.

10 ▲ Die Quiche dekorativ mit den 8 Spargelstangen belegen, indem sie sternförmig angeordnet werden.

11 Für 25-30 Min. backen, bis sich die Füllung der Quiche gesetzt hat.

~ VARIATION ~

Um kleine Quiches und Törtchen herzustellen, kann der Teig in ein entsprechendes Backblech mit 12 Vertiefungen eingelegt werden. Für die Füllung nur die Spargelspitzen und zarten Teile zerkleinern und zusammen mit dem gegarten Gemüse und dem Käse in die Ei-Sahnemischung rühren. Diese Füllung in die Förmchen geben und wie oben beschrieben backen, dann allerdings nur für 8-10 Min.

Gebackenes Brot mit Käsekruste

Für 4 Personen

- 3 Esslöffel Butter oder Margarine
- 630 ml Milch
- 3 Eier, geschlagen
- 45 g Parmesankäse, gerieben
- 1/8 Teelöffel Cayennepfeffer
- Salz und Pfeffer
- 5 große, dicke Scheiben Weißbrot
- 225 g Cheddarkäse, gerieben

1 Eine ovale Gratinform mit Butter oder Margarine einfetten.

2 ▼ Milch, Eier und Cayennepfeffer mit 3 Esslöffeln von dem Parmesankäse in einer Schüssel vermischen und mit Salz und Pfeffer würzen.

3 ▲ Die Weißbrotscheiben halbieren. Mit 5 von diesen Hälften den Boden der Gratinform auslegen; sie können sich auch überlappen.

4 ▲ Das Brot mit 2/3 des Cheddars bestreuen. Die restlichen Brotscheiben obenauf legen.

5 Die Eimischung in die Gratinform gießen. Die Brotscheiben vorsichtig nach unten drücken, damit sie gut durchtränkt sind. Mit dem restlichen Parmesan- und Cheddarkäse bestreuen. Für mind. 30 Min. stehen lassen, bis das Brot den größten Teil der Eimischung aufgesogen hat.

6 Ofen auf 220° C/Gas 7 vorheizen.

7 Die Gratinform in ein Bratgefäß stellen. Kochendes Wasser bis zur halben Höhe der Gratinform in das Bratgefäß gießen.

8 In den Ofen stellen und für 30 Min. backen, bis sich das Gratin leicht gesetzt hat und gebräunt ist. Wenn das Gericht zu schnell bräunt, locker mit Folie abdecken.

Pikante italienische Pastetchen

Für 12-18 Stück

2 Eier

3 Esslöffel Schlagsahne

3 Esslöffel Fetakäse, zerbröckelt

Salz und Pfeffer

225 g Tomaten, enthäutet, gehackt

12 frische Basilikumblätter, in dünnen Streifen

Für den Teig

190 g Weizenmehl

1/2 Teelöffel Salz

115 g Schweineschmalz oder Pflanzenfett

2-3 Esslöffel Eiswasser

1 Ofen auf 200° C/Gas 6 vorheizen.

2 Mehl und Salz in eine Schüssel sieben, das Fett stückchenweise einschneiden und vermischen, bis eine krümelige Masse entsteht. Das Eiswasser teelöffelweise zugeben und mit den Fingern oder einer Gabel verkneten, bis der Teig sich zu einer Kugel formt.

3 ▲ Aus dem dünn ausgerollten Teig Kreise ausstechen und damit Törtchen-Backformen auslegen. Mit einem Teigschneider von 6 cm Durchmesser reicht der Teig für ca. 18 Förmchen; bei größeren Kreisen sind es entsprechend weniger.

4 Eier und Sahne in einer Schüssel verquirlen, den Fetakäse einrühren und mit Salz und Pfeffer würzen.

5 ▼ Die Tomaten mit dem Basilikum in einem Topf anwärmen, dann die Flüssigkeit abgießen und die Tomaten zur Eimischung hinzugeben.

6 ▲ Die Förmchen mit der Tomatenmischung füllen und für 10 Min. backen, dann die Hitze auf 180° C/ Gas 4 reduzieren und nochmals für 10 Min. backen, bis sich die Füllung gesetzt hat und der Teig goldbraun ist. Vor dem Servieren abkühlen lassen.

Brote, Kuchen, Torten & Gebäck

~

Hier finden Sie sowohl klassische Rezepte als auch neue Backideen für Brote und Muffins, sahnige Torten, Kuchen mit Früchten oder Nüssen, Teegebäck und Kekse.

Maisbrot

Für 9 Stück
2 Eier, geschlagen
250 ml Buttermilch
115 g Weizenmehl
115 g Maismehl oder Polenta
2 Teelöffel Backpulver
1/2 Teelöffel Salz
1 Esslöffel Zucker
115 g Cheddarkäse
225 g Tiefkühlmais, aufgetaut, oder Dosenmais, abgetropft

~ VARIATION ~

Für eine geschmacklich schärfere Variante dieses Maisbrotes 2 Teelöffel gehackte Chilischoten in den Maisteig mischen.

1 Ofen auf 200° C/Gas 6 vorheizen. Eine rechteckige Backform einfetten.

2 Die Eier und die Buttermilch in einer kleinen Schüssel gut verquirlen. Beiseite stellen.

3 ▼ Mehl, Maismehl, Backpulver, Salz und Zucker in einer anderen Schüssel vermischen. Die Eiermischung hinzugeben und mit einem Holzlöffel gut einrühren. Zum Schluss Käse und Mais hinzugeben.

4 ▲ Den Teig in die Backform geben und ca. 25 Min. backen; mit einem Spieß in die Mitte einstechen, um zu prüfen, ob das Maisbrot fertig ist.

5 Das Maisbrot auf einen Kuchenrost stürzen und abkühlen lassen. Zum Servieren in 8 cm große Quadrate schneiden.

Maisstangen auf amerikanische Art

Für 6 Stück
1 Ei
125 ml Milch
1 Esslöffel Pflanzenöl
115 g Maismehl oder Polenta
55 g Weizenmehl
2 Teelöffel Backpulver
3 Esslöffel Streuzucker

~ KOCHTIPP ~

Sie können den Maisteig auch in Törtchen- oder Muffinformen backen; die Backzeit beträgt dann nur noch ca. 10 Min.

1 Ofen auf 190° C/Gas 5 vorheizen. Eine Maisstangen-Form einfetten.

2 Das Ei in einer Schüssel aufschlagen. Milch und Öl einrühren.

3 ▼ Maismehl oder Polenta, Weizenmehl, Backpulver und Zucker in einer Schüssel vermischen. Die Eimischung hinzugeben und mit einem Holzlöffel einrühren.

4 ▲ Den Teig in die Maisstangen-Backform einfüllen und ca. 25 Min. backen. Zur Probe einen Spieß in die Mitte einer Maistange stecken: Wenn an ihm kein Teig mehr haften bleibt, sind die Maisstangen durchgebacken. In der Form 10 Min. abkühlen lassen, dann stürzen.

Maisbrot (oben); Maisstangen auf amerikanische Art

Zucchinibrot

FÜR 2 BROTE
225g Mehl
2 Teelöffel Natron
1 Teelöffel Backpulver
1 Teelöffel Salz
1 Teelöffel Zimt, gemahlen
1 Teelöffel Muskat, gerieben
3 Eier
300g Zucker
320 ml Maiskeimöl
1 Teelöffel Vanilleextrakt
ca. 225g Zucchini, gerieben

1 Ofen auf 180°C/Gas 4 vorheizen. 2 Backformen à 13x11cm oder 1 Backform in der Größe 23x13cm einfetten.

2 ▼ Mehl, Natron, Backpulver und Salz in eine Schüssel sieben, Zimt und Muskat hinzufügen und mischen.

3 ▲ Eier und Zucker mit einem Elektromixer verquirlen. Öl, Vanilleextrakt und geriebene Zucchini mit einem Holzlöffel einrühren.

4 ▲ Die Mehlmischung hinzufügen und alles gut durchmischen, den Teig aber nicht zu lange rühren.

5 ▲ Den Teig in die Backform einfüllen und auf der mittleren Schiene im Ofen backen: ca. 1Std. für 2 kleine Backformen und 1 1/4Std. für o eine große. Das Brot mit einem Spieß anstechen, um die Backzeit zu prüfen.

6 Das Brot in der Form für 15Min. auf einem Rost abkühlen lassen, dann stürzen und ganz auskühlen lassen.

Brot mit Süßkartoffeln und Rosinen

FÜR 1 BROT

- 300g Weizenmehl
- 2 Teelöffel Backpulver
- 1/2 Teelöffel Salz
- 1 Teelöffel Zimt, gemahlen
- 1/2 Teelöffel Muskat, gerieben
- 450g gekochte Süßkartoffeln, zerstampft
- 100g brauner Zucker
- 115g weiche Butter oder Margarine
- 3 Eier, geschlagen
- 85g Rosinen

1 ▼ Ofen auf 180°C/Gas 4 vorheizen. Eine 23x13cm große Brotbackform einfetten.

2 Mehl, Backpulver, Salz, Muskat und Zimt in eine kleine Schüssel sieben. Beiseite stellen.

3 ▼ Die zerstampften Süßkartoffeln, den braunen Zucker, Butter oder Margarine und Eier mit einem Elektromixer gut durchmischen.

4 ▼ Die Mehlmischung und die Rosinen mit einem Holzlöffel in den Kartoffelteig einrühren.

5 ▲ Die Brotbackform mit dem Teig füllen und für 1-1 1/4Std. backen. Mit einem Spieß prüfen, ob das Brot durchgebacken ist.

6 Das Brot in der Form auf einem Rost abkühlen lassen, dann stürzen und auf dem Rost ganz auskühlen lassen.

Bananen-Nuss-Muffins

Für 8 Stück

140g Weizenmehl
1 1/2 Teelöffel Backpulver
55g Buter oder Margarine, bei Zimmertemperatur
170g Streuzucker
1 Ei
1 Teelöffel Vanilleextrakt
etwa 3 mittelgroße Bananen, zerdrückt
55g Pekannüsse, gehackt
85ml Milch

~ VARIATION ~

Die Pekannüsse können Sie auch durch 55g gehackte Walnüsse ersetzen.

1 Ofen auf 190°C/Gas 5 vorheizen. 8 Törtchenbackformen einfetten.

2 Mehl und Backpulver in eine kleine Schüssel sieben. Beiseite stellen.

3 ▲ Butter oder Margarine und Zucker mit dem Elektromixer cremig schlagen, Ei und Vanille hinzugeben und zu einem lockeren Teig schlagen und dann die Bananen einrühren.

4 ▼ Die Nüsse hinzufügen. Mit dem Mixer auf unterer Schaltstufe Mehl und Milch einrühren.

5 Die Backförmchen zu 2/3 mit dem Teig füllen und 20-25Min. goldbraun backen. Die Törtchen mit einem Spieß einstechen: Wenn an ihm kein Teig mehr haften bleibt, sind sie durchgebacken.

6 Die Törtchen in der Form 10Min. abkühlen lassen, dann mit dem Messer am Rand entlang fahren, um sie aus der Form zu lösen. Noch 10Min. abkühlen lassen, dann servieren.

Blaubeermuffins

Für 8 Stück

115g Weizenmehl
1 Teelöffel Backpulver
1/8 Teelöffel Salz
65g brauner Zucker
1 Ei
175ml Milch
3 Esslöffel Pflanzenöl
2 Teelöffel Zimt, gemahlen
140g Blaubeeren, frisch oder tiefgefroren

1 Ofen auf 190°C/Gas 5 vorheizen. Muffinförmchen einfetten.

2 Alle Zutaten bis auf die Blaubeeren mit einem Elektromixer zu einem glatten Teig verarbeiten.

3 ▲ Die Blaubeeren in den Teig einrühren.

4 ▲ Die Muffinförmchen zu 2/3 mit dem Teig füllen, ca. 25Min. backen. Die Muffins mit einem Spieß einstechen, um zu prüfen, ob sie durchgebacken sind.

5 In den Förmchen für 10Min. abkühlen lassen, dann die Muffins auf einen Rost stürzen und ganz auskühlen lassen.

Bananen-Nuss-Muffin (oben); Blaubeermuffins

Buttermilch-Scones

FÜR 10 STÜCK
225 g Weizenmehl
1 Teelöffel Backpulver
1/2 Teelöffel Natron
1 Teelöffel Salz
55 g Butter oder Margarine, gekühlt
175 ml Buttermilch

~ KOCHTIPP ~

Wenn es schnell gehen soll: Den Teig esslöffelweise direkt auf das Backblech setzen, ohne ihn vorher auszurollen und auszustechen.

1 Ofen auf 220°C/Gas 7 vorheizen.

2 ▼ Mehl, Backpulver, Natron und Salz in eine Schüssel sieben, Butter oder Margarine stückchenweise hinzugeben und mit der Gabel zu einem krümeligen Teig verkneten.

3 ▲ Buttermilch hinzugießen und zu einem weichen Teig vermischen.

4 ▲ Den Teig auf einer bemehlten Arbeitsfläche 30 Sek. durchkneten.

5 ▲ Den Teig 1 cm dick ausrollen. Mit einem Teigschneider (6 cm Durchmesser) Kreise ausschneiden.

6 Die Kreise auf ein Backblech legen und für 10-12 Min. goldbraun backen. Heiß servieren.

Parmesanbrötchen

FÜR 6 STÜCK
8 Esslöffel Parmesan, frisch gerieben
115 g Weizenmehl
1/4 Teelöffel Salz
2 Eier
250 ml Milch
1 Esslöffel flüssige Butter oder Margarine

1 ▼ Ofen auf 230° C/Gas 8 vorheizen, Brötchenformen einfetten und jeweils mit 1 Esslöffel Parmesan ausstreuen. Wenn Sie Muffinförmchen verwenden, diese auf einem Backblech im Ofen anwärmen, einfetten und mit Parmesan bestreuen, kurz bevor der Teig eingefüllt wird.

2 Mehl und Salz in eine kleine Schüssel sieben. Beiseite stellen.

3 ▲ Eier, Milch und flüssige Butter in einer Schüssel verquirlen, das Mehl hinzugeben und zu einem glatten Teig verarbeiten.

4 ▼ Die Brötchen- oder Muffinbackformen etwa zur Hälfte mit dem Teig füllen. Für 15 Min. backen, dann die Oberseite mit dem restlichen Parmesankäse bestreuen. Die Hitze auf 180° C/Gas 4 reduzieren und nochmals für 20-25 Min. backen, bis die Brötchen fest und goldbraun geworden sind.

5 ▲ Die fertigen Brötchen aus dem Ofen nehmen. Mit einem dünnen Messer vorsichtig den Rand entlang fahren, um sie aus der Form zu lösen. Auf einem Rost abkühlen lassen.

Traditionelle Schokoladentorte

FÜR 10 PERSONEN

- 115g Vollmilchschokolade
- 275ml Milch
- 200g brauner Zucker
- 1 Eigelb
- 260g Weizenmehl
- 1 Teelöffel Natron
- 1/2 Teelöffel Salz
- 140g Butter oder Margarine, bei Zimmertemparatur
- 260g Streuzucker
- 3 Eier
- 1 Teelöffel Vanilleextrakt

FÜR DIE GLASUR

- 225g Vollmilchschokolade
- 1/4 Teelöffel Salz
- 175ml saure Sahne

1 Ofen auf 180°C/Gas 4 vorheizen. 2 runde Backformen (Durchmesser 20-23cm) mit Backpapier auslegen.

2 ▲ Eine feuerfeste Schüssel über einen Topf mit kochendem Wasser stellen. Schokolade, 1/3 der Milch, braunen Zucker und Eigelb hineingeben und rühren, bis die Masse glatt ist und andickt. Abkühlen lassen.

3 ▲ Mehl, Natron und Salz in eine Schüssel sieben. Beiseite stellen.

4 ▲ Butter oder Margarine und Streuzucker mit dem Mixer zu einer lockeren Masse verquirlen. Die Eier nacheinander hinzugeben und unterrühren. Die Vanille hinzugeben.

5 Bei niedriger Schaltstufe die Mehlmischung und die Milch abwechselnd in den Teig rühren, dabei mit dem Mehl anfangen und aufhören.

6 ▲ Die Schokoladenmischung hinzugeben und glatt verrühren.

7 Den Teig in die Backformen gießen und für 35-40 Min. backen. Den Teig mit einem Spieß einstechen und prüfen, ob er durchgebacken ist.

8 Die Tortenböden in der Form auf einem Rost 10Min. abkühlen lassen, dann stürzen und auf dem Rost ganz auskühlen lassen.

9 ▲ Für die Glasur die Schokolade in einer feuerfesten Schüssel über heißem, nicht kochendem Wasser schmelzen. Vom Herd nehmen, Salz und saure Sahne einrühren und leicht abkühlen lassen.

10 ▲ Einen Tortenboden auf eine Kuchenplatte legen, mit 1/3 der Schoko-Glasur bestreichen und den zweiten Tortenboden darüberlegen. Die Torte mit der restlichen Glasur rundherum bestreichen, auf der Oberseite dekorativ verzieren.

Kokosnusstorte

FÜR 10 PERSONEN
175g Puderzucker
115g Weizenmehl
375ml Eiweiße (von ca. 12 Eiern)
1 1/2 Teelöffel Weinstein
225g Streuzucker
1/4 Teelöffel Salz
2 Teelöffel Mandelextrakt
100g Kokosnussstreusel
FÜR DIE GLASUR
2 Eiweiße
115g Streuzucker
1/4 Teelöffel Salz
2 Esslöffel kaltes Wasser
2 Teelöffel Mandelextrakt
200g Kokosnussstreusel, geröstet

1 ▲ Ofen auf 180° C/Gas 4 vorheizen. Mehl und Puderzucker in eine Schüssel sieben und beiseite stellen.

2 Die Eiweiße und Weinstein mit dem Elektromixer bei mittlerer Schaltstufe sehr steif schlagen. Dann auf hoher Stufe den Streuzucker immer nur 2 Esslöffel auf einmal einrühren. 2 Esslöffel Zucker zurückbehalten.

3 ▲ Die Mischung zu einer festen, glänzenden Masse schlagen. Die 2 restlichen Esslöffel Streuzucker sowie Salz und Mandelextrakt einrühren.

4 ▲ Das Mehl hinzugeben, immer nur 1 gehäufter Teelöffel auf einmal, und schnell in die Baisermasse unterheben, dann die Kokosnussstreusel in 2 Portionen einrühren.

5 ▲ Die Masse in eine ungefettete Tortenspringform (25cm Durchmesser) mit Anti-Haftbeschichtung einfüllen und mit einem Metallspatel vorsichtig einstechen. Für 30-35Min. backen, bis die Masse auf Druck leicht nachfedert.

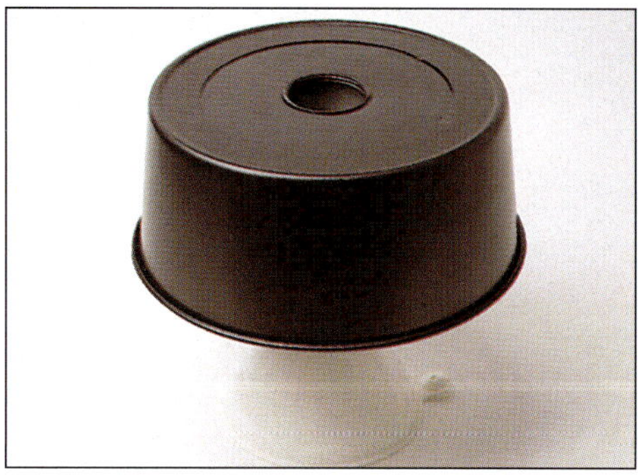

6 ▲ Die Tortenform umdrehen und kopfüber auf einen Flaschenhals oder einen Trichter aufstellen. Für 1Std. abkühlen lassen.

7 ▲ Für die Glasur Eiweiße, Zucker, Salz und Wasser in eine feuerfeste Schüssel geben, mit einem Elektromixer durchrühren, dann über einen Topf mit kochendem Wasser stellen und bei mittlerer Schaltstufe ca. 3Min. weiter mixen, bis das Eiweiß steif ist. Den Topf vom Herd nehmen und den Mandelextrakt einrühren.

8 ▲ Die Torte aus der Springform auf eine Kuchenplatte stürzen, rundum mit der Glasur bestreichen und mit gerösteter Kokosnuss bestreuen.

Möhrenkuchen

Für 10 Personen
450g Streuzucker
250ml Pflanzenöl
4 Eier
ca. 225g Möhren, fein geraspelt
225g Weizenmehl
1 1/2 Teelöffel Natron
1 1/2 Teelöffel Backpulver
1 Teelöffel Piment, gemahlen
1 Teelöffel Zimt, gemahlen
Für die Glasur
225g Puderzucker
225g Sahnequark, bei Zimmertemperatur
55g Butter oder Margarine, bei Zimmertemperatur
2 Teelöffel Vanilleextrakt
175g Wal- oder Pekannüsse, gehackt

1 Ofen auf 190°C/Gas 5 vorheizen.

2 2 Backformen (23cm Durchmesser) einfetten und einmehlen.

3 ▲ Streuzucker, Öl, Eier und Möhren in eine Schüssel geben und für 2Min. schlagen.

4 Die trockenen Zutaten in eine andere Schüssel sieben und in vier Portionen zum Möhrenteig hinzugeben; jede Portion gut unterrühren.

5 ▲ Den Teig in die Backformen füllen und 35-40 Min. backen. Mit einem Spieß in die Mitte stechen: Wenn an ihm kein Teig mehr haften bleibt, ist der Teig durchgebacken.

6 Die Tortenböden in der Form 10Min. abkühlen lassen, dann auf einen Kuchenrost stürzen und ganz auskühlen lassen.

7 Alle Zutaten für die Glasur bis auf die gehackten Nüsse in einer Schüssel glatt verrühren.

8 ▲ Einen Tortenboden auf eine Kuchenplatte legen und mit 1/3 der Glasur bestreichen, den zweiten Tortenboden obenauf legen. Die restliche Glasur rundum verteilen und die Oberseite dekorativ verzieren. Den Rand rundherum mit den gehackten Nüssen bestreuen.

Apfel-Birnenkuchen in der Pfanne gebacken

FÜR 6 PERSONEN

- 1 Apfel, geschält, ohne Kerngehäuse, in dünne Scheiben geschnitten
- 1 Birne, geschält, ohne Kerngehäuse, in dünne Scheiben geschnitten
- 55 g Walnüsse, gehackt
- 1 Teelöffel Zimt, gemahlen
- 1 Teelöffel Muskatnuss, gemahlen
- 3 Eier
- 85 g Weizenmehl
- 30 g brauner Zucker
- 175 ml Milch
- 1 Teelöffel Vanilleextrakt
- 55 g Butter oder Margarine
- Puderzucker zum Bestreuen

1 ▲ Ofen auf 190° C/Gas 5 vorheizen. Apfel- und Birnenscheiben in einer Schüssel mit Walnüssen, Zimt und Muskat durchmischen. Beiseite stellen.

2 ▲ Eier, Mehl, braunen Zucker, Milch und Vanilleextrakt mit einem Elektromixer verquirlen.

3 ▼ Butter oder Margarine in einer feuerfesten Pfanne mit 23-25 cm Durchmesser (möglichst Gußeisen) bei mittlerer Hitze schmelzen, den Apfelteig hinzugeben und ca. 5 Min. karamellisieren, ab und zu umrühren.

4 ▲ Die Eimischung in die Pfanne gießen und im Ofen ca. 30 Min. backen, bis der Teig aufgegangen ist und sich am Rand von den Pfannenseiten ablöst.

5 Den Kuchen leicht mit Puderzucker bestreuen und heiß servieren.

Ingwerkuchen mit scharfer Sahne

Für 9 Personen

- 170 g Weizenmehl
- 2 Teelöffel Backpulver
- 1/2 Teelöffel Salz
- 2 Teelöffel Ingwer, gemahlen
- 2 Teelöffel Zimt, gemahlen
- 1 Teelöffel Gewürznelken, gemahlen
- 1/4 Teelöffel Muskatnuss, gemahlen
- 2 Eier
- 225 g Streuzucker
- 250 ml Schlagsahne
- 1 Teelöffel Vanilleextrakt
- Puderzucker zum Bestreuen

Für die scharfe Sahne

- 175 ml Schlagsahne
- 1 Teelöffel Puderzucker
- 1/4 Teelöffel Zimt, gemahlen
- 1/4 Teelöffel Ingwer, gemahlen
- 1/8 Teelöffel Muskatnuss, gemahlen

1 Ofen auf 180° C/Gas 4 vorheizen. Eine quadratische Backform mit 23 cm Seitenlänge einfetten.

2 Mehl, Backpulver, Salz und Gewürze in eine Schüssel sieben.

3 ▲ Die Eier mit einem Elektromixer ca. 5 Min. auf höchster Schaltstufe schlagen, bis eine dickflüssige Masse entsteht. Den Streuzucker nach und nach hinzugeben.

4 ▲ Bei niedriger Schaltstufe das Mehl im Wechsel mit der Sahne einrühren, dabei mit Mehl anfangen und aufhören. Vanille hinzugeben.

5 ▲ Den Teig in die Backform füllen und für 35-40 Min. backen, bis der Kuchen auf Fingerdruck leicht nachfedert. Auf einem Rost 10 Min. abkühlen lassen.

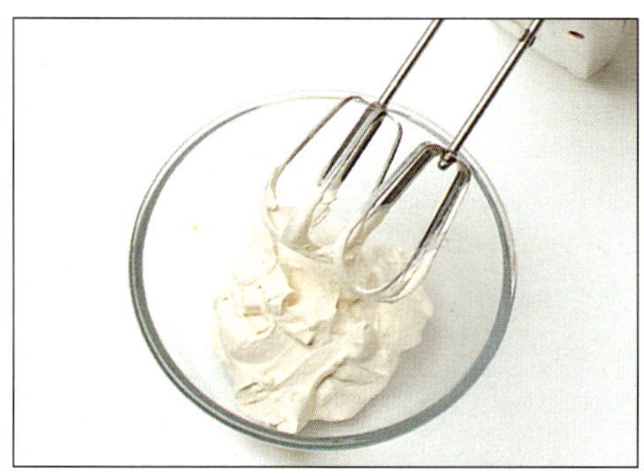

6 ▲ In der Zwischenzeit die Zutaten für die scharfe Sahne in eine Schüssel geben und mit einem Mixer cremig schlagen.

7 Den Ingwerkuchen mit Puderzuckr bestreuen, in 9 Quadrate schneiden und mit der Sahne servieren.

Madeirakuchen

FÜR 12 PERSONEN
225 g Weizenmehl
1 Teelöffel Backpulver
225 g Butter oder Margarine, bei Zimmertemperatur
225 g Streuzucker
abgeriebene Schale von 1 Zitrone
1 Teelöffel Vanilleextrakt
4 Eier

1 Ofen auf 170° C/Gas 3 vorheizen. Eine 23 x 13 cm-Backform einfetten.

2 Mehl und Backpulver in eine Schüssel sieben. Beiseite stellen.

3 ▲ Butter oder Margarine mit dem Mixer cremig schlagen. Jeweils 2 Teelöffel Zucker auf einmal hinzugeben, bis eine lockere Masse entsteht. Zitronenschale und Vanille einrühren.

4 ▲ Die Eier nacheinander hinzugeben; nach jedem Ei 1 Min. mixen.

5 ▼ Die Mehlmischung hinzugeben und gut durchmischen.

6 ▲ Den Teig in die Backform geben und ca. 1 1/4 Std. backen. Der Kuchen ist fertig, wenn an einem Spieß, den man in die Mitte einsticht, kein Teig mehr haften bleibt.

7 In der Backform auf einem Rost 10 Min. abkühlen lassen, dann stürzen und ganz auskühlen lassen.

Apfelkuchen

Für 10 Personen
700g Äpfel, geschält, geviertelt, ohne Kerngehäuse
500g Streuzucker
1 Esslöffel Wasser
350g Weizenmehl
1 3/4 Natron
1 Teelöffel Zimt, gemahlen
1 Teelöffel Gewürznelke, gemahlen
170g Rosinen
140g Walnüsse, gehackt
225g Butter oder Margarine, bei Zimmertemperatur
1 Teelöffel Vanilleextrakt
Für den Guss
115g Puderzucker
1/4 Teelöffel Vanilleextrakt
2-3 Esslöffel Milch

1 ▲ Die Äpfel mit dem Wasser und 55g von dem Zucker in einen Topf geben und aufkochen. Für 25Min. simmern lassen, dabei ab und zu mit einem Holzspatel umrühren. Abkühlen lassen.

~ KOCHTIPP ~

Bei diesem Kuchen sollte die Backform gut eingefettet und der Kuchen vor dem Stürzen vollständig ausgekühlt sein.

2 ▲ Ofen auf 170°C/Gas 3 vorheizen. Eine Gugelhupfform (ca. 2L) einfetten und mit Mehl bestreuen.

3 Mehl, Natron, und Gewürze in eine Schüssel sieben. 2 Esslöffel davon abnehmen und in einer anderen Schüssel mit den Rosinen und 30g der Walnüsse vermischen.

4 ▲ Butter oder Margarine und den restlichen Zucker mit dem Elektromixer zu einer lockeren Masse verrühren. Die Äpfel vorsichtig mit einem Holzlöffel untermischen.

5 ▲ Das Mehl in den Teig einrühren, danach die Rosinen-Nussmischung und den Vanilleextrakt.

6 Den Teig in die Backform füllen und 1 1/2 Std. backen. Den Kuchen in der Mitte mit einem Spieß anstechen, um die Backzeit zu überprüfen.

7 Den Kuchen in der Form auf einem Rost für 20Min. abkühlen lassen, dann stürzen und ganz auskühlen lassen.

8 ▲ Für den Guss den Puderzucker in eine Schüssel geben, Vanilleextrakt und 1 Esslöffel Milch einrühren, dann die restliche Milch teelöffelweise hinzugeben, bis eine glatte, dickflüssige Masse entsteht.

9 ▲ Den abgekühlten Kuchen auf eine Servierplatte stellen, mit Zuckerguss begießen und mit den restlichen Walnüssen bestreuen. Vor dem Anschneiden 2Std. stehen lassen, damit sich der Guss setzen kann.

Kürbiskuchen

FÜR 8 PERSONEN
ca. 250g Kürbis, püriert
450ml Sahne mit geringem Fettanteil
135g brauner Zucker
1/4 Teelöffel Salz
1 Teelöffel Zimt, gemahlen
1/4 Teelöffel Gewürznelken, gemahlen
1/8 Teelöffel Muskatnuss, gerieben
2 Eier
FÜR DEN TEIG
165g Weizenmehl
115g Schmalz oder Pflanzenfett
2-3 Esslöffel Eiswasser
45g Pekannüsse, gehackt

1 Ofen auf 220°C/Gas 7 vorheizen.

2 ▲ Mehl und Salz in eine Schüssel sieben. Das Fett stückchenweise in den Teig einarbeiten, bis eine krümelige Masse entsteht. Das Eiswasser teelöffelweise hinzugeben und mit einer Gabel einrühren, bis der Teig sich zu einer Kugel formt.

3 ▲ Den Teig auf einer bemehlten Arbeitsfläche 5mm dick ausrollen und eine runde Backform mit 23cm Durchmesser auslegen. Überstehenden Teig am Rand abschneiden.

4 ▲ Die Teigreste nach Belieben zur Dekoration verwenden: Zwei Teigstreifen zu einer Kordel zusammendrehen und auf den angefeuchteten Teigrand legen oder mit den Fingerspitzen einen Wellenrand formen. Die gehackten Pekannüsse auf den Teigboden streuen.

5 Den pürierten Kürbis, Sahne, braunen Zucker, Salz, Eier und Gewürze mit einem Elektromixer bei mittlerer Schaltstufe verrühren.

6 Die Kürbismischung in die Teigform geben, 10Min. backen, dann die Hitze auf 180°C/Gas 4 reduzieren und 45Min. backen, bis sich die Füllung gesetzt hat. Den Kuchen in der Form auf einem Rost abkühlen lassen.

Pekannuss-Kuchen mit Ahornsirup

FÜR 8 PERSONEN
3 Eier, geschlagen
100 g brauner Zucker
150 ml Zuckersirup
85 ml Ahornsirup
1/2 Teelöffel Vanilleextrakt
1/8 Teelöffel Salz
115 g Pekannüsse, halbiert

FÜR DEN TEIG
165 g Weizenmehl
1/2 Teelöffel Salz
1 Teelöffel Zimt, gemahlen
115 g Schmalz oder Pflanzenfett
2-3 Esslöffel Eiswasser

1 Ofen auf 220° C/Gas 7 vorheizen.

2 Mehl, Salz und Zimt in eine Schüssel sieben. Das Fett stückchenweise in den Teig einarbeiten, bis eine krümelige Masse entsteht. Das Eiswasser teelöffelweise hinzugeben und mit den Fingern oder einer Gabel verkneten, bis sich der Teig zu einer Kugel formt.

3 Den Teig auf einer bemehlten Arbeitsfläche zu einem Kreis mit ca. 38 cm Durchmesser ausrollen und damit eine runde Backform mit 23 cm Durchmesser auslegen.

4 ▲ Mit den Fingern einen Zackenrand formen, Teigboden und Seitenwände mit einer Gabel einstechen und 10-15 Min. backen, bis der Teig leicht gebräunt ist. Abkühlen lassen.

5 ▼ Die Hitze auf 180° C/Gas 4 reduzieren. Eier, Zucker, Vanille, Salz und die beiden Sirups in einer Schüssel gut durchmischen.

6 ▲ Den Boden der gebackenen Tortenform mit Pekannüssen füllen, mit der Eimischung begießen und ca. 40 Min. backen, bis sich die Füllung gesetzt hat und der Teig goldbraun ist. Auf einem Rost abkühlen lassen.

Gedeckte Apfeltorte

Für 8 Personen
ca. 900 g Äpfel, z.B. Granny Smith, geschält, entkernt, in Scheiben
1 Esslöffel ausgepresster Zitronensaft
1 Teelöffel Vanilleextrakt
115 g Streuzucker
1/2 Teelöffel Zimt, gemahlen
45 g Butter oder Margarine
1 Eigelb
2 Teelöffel Schlagsahne
Für den Teig
225 g Weizenmehl
1 Teelöffel Salz
170 g Schweineschmalz oder Pflanzenfett
4-5 Esslöffel Eiswasser
1 Esslöffel schnelllösliche Tapioka (Stärkemehl)

1 Ofen auf 230°C/Gas 8 vorheizen.

2 Mehl und Salz in eine Schüssel sieben und das Fett stückchenweise in das Mehl einarbeiten, bis eine krümelige Masse entsteht.

3 ▲ Das Wasser teelöffelweise hinzugeben und mit den Fingern oder mit der Gabel einkneten, bis der Teig sich zu einer Kugel formt.

4 ▲ Den Teig halbieren, die Hälften jeweils zu einer Kugel formen. Eine der Kugeln auf einer leicht bemehlten Arbeitsfläche zu einem Kreis mit ca. 30 cm Durchmesser ausrollen.

5 ▲ Mit dem Teig eine 23 cm Backform auslegen, ohne ihn zu dehnen. Überstehende Teigränder abtrennen und für die Dekoration zurückbehalten. Den Teigboden mit der Tapioka bestreuen.

6 ▲ Die Teigreste 3 mm dick ausrollen und mit einem Messer 8 große Rauten ausschneiden und so einritzen, dass sie wie Blätter aussehen. Aus aus dem übrigen Teig kleine Rauten ausschneiden.

7 ▲ Die Äpfel mit Zitronensaft, Vanille, Zucker und Zimt in einer Schüssel verrühren, die Mischung in die Teigform einfüllen und obenauf Butterflöckchen aufsetzen.

8 ▲ Die Äpfel sternförmig mit den großen Teigblättern und den Teigrand mit den kleinen Blättern belegen.

9 ▲ Eigelb mit Sahne verrühren und damit die Teigblätter und den Teigrand glasieren.

10 Für 10 Min. backen, dann die Hitze auf 180°C/Gas 4 reduzieren und für 35-45 Min. backen, bis der Teig goldbraun ist. In der Form auf einem Rost abkühlen lassen.

Schokoladentorte

Für 8 Personen
- 85 g Vollmilchschokolade
- 55 g Butter oder Margarine
- 3 Esslöffel Zuckersirup
- 3 Eier, geschlagen
- 140 g Streuzucker
- 1 Teelöffel Vanilleextrakt
- 115 g Schokolade zum Dekorieren
- 500 ml Schlagsahne

Für den Teig
- 165 g Weizenmehl
- 1/2 Teelöffel Salz
- 115 g Schmalz oder Pflanzenfett
- 2-3 Esslöffel Eiswasser

1 Ofen auf 220° C/Gas 7 vorheizen.

2 Mehl und Salz in eine Schüssel sieben, das Fett stückchenweise in den Teig schneiden und einarbeiten, bis eine krümelige Masse entsteht. Das Wasser teelöffelweise hinzugeben und mit einer Gabel verkneten, bis der Teig sich zu einer Kugel formt.

3 Den Teig auf einer bemehlten Arbeitsfläche ausrollen und damit eine Tortenbackform mit 20 oder 23 cm Durchmesser auslegen. Einen gezackten Teigrand formen.

4 Teigboden und Seitenwände mit einer Gabel einstechen, 10-15 Min. backen, bis der Teig leicht gebräunt ist, und in der Form abkühlen lassen.

5 ▲ Schokolade, Butter oder Margarine und Sirup in einer feuerfesten Schüssel über einem Topf mit kochendem Wasser schmelzen. Die Schüssel vom Herd nehmen und Eier, Zucker und Vanille einrühren.

6 Die Ofenhitze auf 180° C/Gas 4 reduzieren, die Schokomischung in die Teigform gießen und 35-40 Min. backen, bis sich die Füllung gesetzt hat. In der Form abkühlen lassen.

7 ▲ Für die Dekoration die Schokoladentafel mit der Hand leicht anwärmen und mit einem Gemüse- oder Spargelschäler von der Querseite der Schokolade Späne abhobeln. Diese Späne bis zur Weiterverwendung in den Kühlschrank stellen.

8 Die Schlagsahne steif schlagen und mit einem Gummispatel über der Schokoladenfüllung verstreichen, dann die Torte mit den Schokoladenspänen dekorieren.

Bananen-Käsekuchen

Für 6 Personen
200 g Ingwerkekse, zerkleinert
70 g flüssige Butter oder Margarine
1/2 Teelöffel Muskat oder Zimt, gerieben
175 g reife Bananen, zerstampft
350 g Doppelrahmfrischkäse, bei Zimmertemperatur
65 ml Vollmilchjogurt oder saure Sahne
3 Esslöffel dunkler Rum oder 1 Teelöffel Vanilleextrakt
Für die Glasur
250 ml Schlagsahne
3-4 Bananen

1 Ofen auf 190° C/Gas 5 vorheizen.

2 ▲ Die Kekskrümel, Butter oder Margarine und Gewürze in einer Schüssel mit einem Holzlöffel gründlich durchmischen.

3 ▲ Die Keksmischung auf Boden und Seiten einer 23 cm-Backform festdrücken, für 5 Min. backen und in der Form abkühlen lassen.

4 ▼ Die zerstampften Bananen und den Frischkäse mit einem Mixer verrühren, Jogurt oder saure Sahne, Rum oder Vanille unterheben und in die Biskuitform einfüllen. Mind. 4 Std. oder über Nacht kühlen.

5 ▲ Für die Glasur die Sahne steif schlagen, oben auf den Bananenkuchen verstreichen und mit Bananenscheiben verzieren.

Limonen-Baisertorte

Für 8 Personen

- 3 Eigelbe
- 350 ml Kondensmilch, gesüßt
- fein abgeriebene Schale und Saft von 4 Limonen
- 7 Eiweiße
- 1/8 Teelöffel Salz
- Saft von 1 Zitrone
- 115 g Zucker
- 1/2 Teelöffel Vanilleextrakt

Für den Teig

- 165 g Weizenmehl
- 1/2 Teelöffel Salz
- 115 g Schmalz oder Pflanzenfett
- 2-3 Esslöffel Eiswasser

1 Ofen auf 220° C/Gas 7 vorheizen.

2 ▲ Mehl und Salz in eine Schüssel sieben, das Fett stückchenweise hineinschneiden und zu einer krümeligen Masse verarbeiten. Das Eiswasser teelöffelweise hinzugeben und mit einer Gabel verrühren, bis der Teig sich zu einer Kugel formt.

~ KOCHTIPP ~

Eiweiß wird mit einem Elektromixer am besten zuerst langsam geschlagen und erst dann schneller, wenn es steif wird, dabei die Schüssel ständig drehen.

3 ▲ Den Teig auf einer bemehlten Arbeitsfläche ausrollen und eine Tortenbackform mit 23 cm Durchmesser auslegen. Mit den Fingern einen gezackten Teigrand formen.

4 Die Teigform innen mit der Gabel einstechen und 10-15 Min. backen, bis sie leicht gebräunt ist. Auf einem Rost abkühlen lassen. Die Ofenhitze auf 180° C/Gas 4 reduzieren.

5 ▲ Eigelbe und Kondensmilch mit dem Elektromixer schnell verquirlen. Limonenschale und -saft einrühren.

6 ▲ In einer sauberen Schüssel 3 von den Eiweißen steif schlagen und in die Limonenmischung unterheben.

7 ▲ Die Limonenmischung in die Torte einfüllen und 10 Min. backen.

8 ▲ Das restliche Eiweiß zusammen mit Salz und Limonensaft verquirlen, dann esslöffelweise Zucker hinzugeben, bis das Eiweiß steife Spitzen bildet. Die Vanille hinzugeben.

9 ▲ Die Torte aus dem Ofen nehmen, die Limonenfüllung vollständig mit der Baisermasse bedecken und die Baisermasse mit einem Metallspatel dekorativ verstreichen.

10 Die Torte für 12 Min. backen, bis das Baiser leicht gebräunt und der Teig goldbraun ist. In der Form auf einem Kuchenrost abkühlen lassen.

Kirschkuchen

Für 8 Personen

- 900g frische Schattenmorellen, entsteint, oder 450g Kirschen aus dem Glas, abgetropft und entsteint
- 70g Streuzucker
- 30g Weizenmehl
- 1 1/2 Esslöffel Saft einer Zitrone
- 1/4 Teelöffel Mandelextrakt
- 30g Butter oder Margarine

Für den Teig

- 225g Weizenmehl
- 1 Teelöffel Salz
- 175g Schmalz oder Pflanzenfett
- 4-5 Esslöffel Eiswasser

1 Mehl und Salz in eine Schüssel sieben. Das Fett stückchenweise einschneiden und verkneten, bis eine krümelige Masse entsteht.

2 ▲ Das Wasser teelöffelweise hinzugeben und mit den Fingerspitzen oder einer Gabel einrühren, bis der Teig sich zu einer Kugel formt.

3 Den Teig halbieren und zwei Kugeln formen. Eine der Kugeln auf einer bemehlten Arbeitsfläche zu einem Kreis von ca. 30cm Durchmesser ausrollen.

4 ▲ Mit diesem Teig eine 23cm-Backform auslegen, ihn aber dabei nicht dehnen. Rund um die Backform einen 1cm breiten Teigrand lassen, den restlichen Teig abschneiden.

5 ▲ Die andere Teigkugel 3mm dick ausrollen und in 11 Streifen schneiden, die 1cm breit sind.

6 ▲ Kirschen, Zucker, Mehl, Zitronensaft und Mandelextrakt in einer Schüssel vermischen und in die mit Teig ausgelegte Backform geben. Butterflöckchen aufsetzen.

7 ▲ 5 Streifen über die Füllung verteilen, jeden 2. Streifen zurückklappen, einen Streifen quer über die restlichen Streifen legen, die zurückgebogenen Streifen wieder flach über den Querstreifen legen. In dieser Weise ein Gitter herstellen (siehe S. 228).

8 ▲ Überstehende Streifenenden abschneiden und am Teigrand fest andrücken. Mit den Fingern einen gezackten Rand formen. Den Kuchen für 15Min. kühlen.

9 Ofen auf 220°C/Gas 7 vorheizen.

10 Für 30Min. backen. Wenn nötig, den Teigrand mit Folie abdecken, damit er nicht zu braun wird. In der Backform auf einem Rost abkühlen lassen.

Ingwerplätzchen

FÜR 60 STÜCK
300g Weizenmehl
1 Teelöffel Natron
1 1/2 Teelöffel Ingwer, gemahlen
1/4 Teelöffel Zimt, gemahlen
1/4 Teelöffel Gewürznelken, gemahlen
115g Butter oder Margarine, bei Zimmertemperatur
350g Zucker
1 Ei, geschlagen
4 Esslöffel Zuckerrübensirup
1 Teelöffel ausgepresster Zitronensaft

1 Ofen auf 170°C/Gas 3 vorheizen. 3-4 Backbleche einfetten.

2 Mehl, Natron und Gewürze in eine kleine Schüssel sieben. Beiseite stellen.

3 Butter oder Margarine und 2/3 des Zuckers mit einem Elektromixer zu einer cremigen Masse verrühren.

4 ▲ Eier, Sirup und Zitronensaft einrühren. Die Mehlmischung hinzugeben und mit einem Holzlöffel gründlich durchmischen.

5 ▲ Den Teig in Kugeln mit 2cm Durchmesser formen, in dem restlichen Zucker wälzen und im Abstand von 5cm auf die Backbleche setzen.

6 Die Plätzchen für ca. 12Min. backen, bis sie sich fest anfühlen. Mit einem Spatel auf einen Kuchenrost legen und abkühlen lassen.

Schokoladen-Haferplätzchen

FÜR 60 STÜCK
115g Weizenmehl
1/2 Teelöffel Natron
1/4 Teelöffel Backpulver
1/4 Teelöffel Salz
115g Butter oder Margarine, bei Zimmertemperatur
115g Streuzucker
100g brauner Zucker
1 Ei
1/2 Vanilleextrakt
85g Haferflocken
170g Schokoladenchips

1 Ofen auf 180°C/Gas 4 vorheizen. 3-4 Backbleche einfetten.

2 Mehl, Natron, Backpulver und Salz in eine Schüssel sieben. Beiseite stellen.

3 Butter oder Margarine und Zucker mit dem Elektromixer verrühren. Ei und Vanille hinzufügen und zu einer lockeren Masse schlagen.

4 ▲ Die Mehlmischung hinzugeben und auf unterer Schaltstufe einrühren. Haferflocken und Schokochips hinzugeben und mit einem Holzlöffel gründlich durchmischen. Der Teig sollte bröckelig sein.

5 ▲ Den Teig portionsweise (ca. ein gehäufter Teelöffel) im Abstand von ca. 2,5cm auf das Backblech setzen und 15Min. backen, bis der Teig am Rand fest ist, aber in der Mitte noch nachgibt. Die Plätzchen auf einen Kuchenrost legen und abkühlen lassen.

Ingwerplätzchen (oben); Schokoladen-Haferplätzchen

Klassische Zuckerplätzchen

FÜR 36 STÜCK
350g Weizenmehl
1 Teelöffel Natron
2 Teelöffel Backpulver
1/4 Teelöffel Muskat, gerieben
115g Butter oder Margarine, bei Zimmertemperatur
225g Streuzucker
1/2 Teelöffel Vanilleextrakt
1 Ei
125ml Milch
farbige Zuckerstreusel zum Garnieren

1 Mehl, Natron, Backpulver und Muskat in eine kleine Schüssel sieben. Beiseite stellen.

2 ▲ Butter oder Margarine, Streuzucker und Vanille mit einem Elektromixer zu einer lockeren Masse schlagen. Das Ei hinzufügen und gut unterrühren.

3 ▲ Die Mehlmischung im Wechsel mit der Milch hinzugeben und mit einem Holzlöffel unterrühren, so dass ein weicher Teig entsteht. Mit Klarsichtfolie abdecken und mindestens 30Min. oder über Nacht kühlen.

4 ▲ Ofen auf 180°C/Gas 4 vorheizen. Den Teig auf einer leicht bemehlten Arbeitsfläche 3mm dick ausrollen und mit runden Plätzchenformen Kreise ausschneiden.

5 ▲ Die Teigkreise auf ein ungefettetes Backblech legen und mit Zuckerstreusel bestreuen.

6 Die Plätzchen für 10-12Min. goldbraun backen. Mit einem Spatel auf einen Kuchenrost legen und auskühlen lassen.

Schokoladen-Nussplätzchen

FÜR 36 STÜCK	
115g Weizenmehl	
1 Teelöffel Backpulver	
1/4 Teelöffel Salz	
85g Butter oder Margarine, bei Zimmertemperatur	
115g Streuzucker	
50g brauner Zucker	
1 Ei	
1 Teelöffel Vanilleextrakt	
130g Schokoladenchips	
55g Haselnüsse, gehackt	

1 ▲ Ofen auf 180°C/Gas 4 vorheizen. 2-3 Backbleche einfetten.

2 Mehl, Backpulver und Salz in eine kleine Schüssel sieben.

3 ▲ Butter oder Margarine und die beiden Zuckersorten mit einem Mixer verrühren, Ei und Vanille einrühren.

4 Die Mehlmischung bei unterer Schaltstufe in den Teig mischen.

5 ▼ Schokoladenchips und die Hälfte der Haselnüsse mit einem Holzlöffel einrühren.

6 Den Teig teelöffelweise im Abstand von ca. 2-5cm auf die Backbleche setzen.

7 ▲ Die Plätzchen mit einer nassen Gabel flachdrücken, mit den restlichen Haselnüssen bestreuen und die Nüsse leicht in den Teig drücken.

8 Für ca. 10-12 Min. goldbraun backen. Die Plätzchen mit einem Spatel auf einen Kuchenrost legen und abkühlen lassen.

Würzige Pfefferkuchen

FÜR 48 STÜCK

- 200g Weizenmehl
- 55g Maismehl
- 2 Teelöffel Backpulver
- 1/2 Teelöffel Kardamon, gemahlen
- 1/2 Teelöffel Zimt, gemahlen
- 1/2 Teelöffel Muskat, gemahlen
- 1/2 Teelöffel Ingwer, gemahlen
- 1/2 Teelöffel Piment, gemahlen
- 1/2 Teelöffel Salz
- 1/2 Teelöffel schwarzer Pfeffer, frisch gemahlen
- 225g Butter oder Margarine, bei Zimmertemperatur
- 100g brauner Zucker
- 1/2 Teelöffel Vanilleextrakt
- 1 Teelöffel abgeriebene Zitronenschale
- 65ml Schlagsahne
- 85g Mandeln, fein gemahlen
- 2 Esslöffel Puderzucker

1 Ofen auf 180°C/Gas 4 vorheizen.

2 Mehl, Maismehl, Backpulver, Gewürze, Salz und Pfeffer in eine Schüssel sieben. Beiseite stellen.

3 Butter oder Margarine und braunen Zucker mit einem Mixer zu einer lockeren Masse vermischen. Vanille und Zitronenschale einrühren.

4 ▲ Bei unterer Schaltstufe die Mehlmischung im Wechsel mit der Sahne einrühren, dabei mit dem Mehl anfangen und aufhören.

5 ▲ Die Mandeln einrühren und den Teig zu ca. 2cm großen Kugeln formen. Im Abstand von ca. 2,5cm auf ungefettete Backbleche setzen und 15-20Min. backen, bis die Unterseite der Plätzchen goldbraun ist.

6 Die Pfefferkuchen auf den Backblechen 1Min. stehen lassen, dann auf einen Kuchenrost legen, um ganz auszukühlen. Vor dem Servieren leicht mit Puderzucker bestäuben.

Schokoladen-Kokosschnitten

FÜR 24 STÜCK

- 175g Vollkornkekse, zerbröckelt
- 55g Streuzucker
- 1/8 Teelöffel Salz
- 115g flüssige Butter oder Margarine
- 85g Kokosnussstreusel
- 260g Vollmilch-Schokoladenchips
- 250ml Kondensmilch, gesüßt
- 115g Walnüsse, gehackt

1 Ofen auf 180°C/Gas 4 vorheizen.

2 ▼ Kekskrümel mit Zucker, Salz und Butter oder Margarine in einer Schüssel vermischen. Auf den Boden einer ungefetteten 33 x 23cm großen Backform gleichmäßig festdrücken.

3 ▲ Die Kokosstreusel gleichmäßig über den Keksboden streuen, danach die Schokochips verteilen. Mit der Kondensmilch übergießen und zum Schluss mit Walnüssen bestreuen.

4 Für 30Min. backen. Auf einen Rost stürzen und abkühlen lassen, am besten über Nacht. Den abgekühlten Kuchen in Schnitten aufschneiden.

Würzige Pfefferkuchen (oben); Schokoladen-Kokosschnitten

Zitronenschnitten

FÜR 12 STÜCK

225g Weizenmehl
55g Puderzucker
1/4 Teelöffel Salz
170g kalte Butter oder Margarine
1 Teelöffel kaltes Wasser

FÜR DIE ZITRONENFÜLLUNG

4 Eier
450g Streuzucker
30g Weizenmehl
1/2 Teelöffel Backpulver
1 Teelöffel geriebene Zitronenschale
65ml Zitronensaft
Puderzucker zum Bestäuben

1 Ofen auf 180°C/Gas 4 vorheizen.

2 ▼ Mehl, Puderzucker und Salz in eine Schüssel sieben. Butter oder Margarine stückchenweise in den Teig schneiden und verkneten, bis eine krümelige Masse entsteht. Das Wasser hinzugeben und mit einer Gabel untermischen, bis der Teig sich zu einer Kugel formt.

3 ▲ Den Teig gleichmäßig in eine ungefettete 33 x 23cm große Backform pressen und für 15-20 Min. goldbraun backen. Aus dem Ofen nehmen und leicht abkühlen lassen.

4 Inzwischen Eier, Streuzucker, Mehl, Backpulver, Zitronenschale und -saft mit einem Elektromixer verrühren.

5 ▲ Die Zitronenfüllung auf den gebackenen Teigboden gießen. Im Ofen 25 Min. backen. In der Form auf einem Rost abkühlen lassen.

6 ▲ Den Kuchen vor dem Servieren mit Puderzucker bestäuben und in Quadrate aufschneiden.

Haselnuss-Quadrate

FÜR 9 STÜCK

55 g Vollmlichschokolade

70 g Butter oder Margarine

225 g Streuzucker

55 g Weizenmehl

1/2 Teelöffel Backpulver

2 Eier, geschlagen

1/2 Teelöffel Vanilleextrakt

115 g Haselnüsse, grob gehackt

1 Ofen auf 180° C/Gas 4 vorheizen. Eine quadratische 20 cm breite Backform einfetten.

2 ▲ Schokolade und Butter oder Margarine in einer feuerfesten Schüssel über einem Topf mit leicht köchelndem Wasser schmelzen. Die Schüssel vom Herd nehmen.

3 ▲ Zucker, Mehl, Backpulver, Eier, Vanille und die Hälfte der Nüsse zur Schokolade hinzugeben und mit einem Holzlöffel gut untermischen.

4 ▼ Den Teig in die Backform gießen und für 10 Min. backen, dann auf der Oberseite mit den restlichen Haselnüssen bestreuen. Für ca. 25 Min. weiterbacken, bis der Kuchen fest geworden ist.

5 ▲ Den Kuchen in der Form 10 Min. abkühlen lassen, dann auf einen Rost stürzen und ganz auskühlen lassen. Zum Servieren in Quadrate schneiden.

Warme & kalte Desserts

~

Auch nach einer guten Mahlzeit bleibt immer noch Platz genug für eine köstliche Nachspeise. Ob fruchtig, knusprig oder sahnig, warm oder eiskalt – hier finden Sie süße Rezeptideen für jeden Anlass.

Gebackene Bananen

Für 6 Personen
6 reife Bananen
200g brauner Zucker
250ml Ananassaft, ungesüßt
125ml dunkler Rum
2 Zimtstangen
12 ganze Gewürznelken

1▼Ofen auf 180° C/Gas 4 vorheizen. Eine 23cm-Backform einfetten.

2 ▲ Die Bananen schälen, schräg in 2,5cm lange Stücke schneiden und gleichmäßig auf den Boden der eingefetteten Backform verteilen.

3 ▲ Zucker und Ananassaft in einen Topf geben und den Zucker bei mittlerer Hitze schmelzen lassen, dabei ab und zu umrühren.

4 Rum, Zimtstangen und Gewürznelken hinzugeben, zum Kochen bringen und vom Herd nehmen.

5 ▲ Die Mischung über die Bananen gießen und für 25-30Min. backen, bis die Bananen sehr weich sind. Heiß servieren.

Äpfel mit Walnusskruste

Für 6 Personen

900g milde Äpfel z.B. Granny Smith, geschält, ohne Kerngehäuse, in Scheiben
abgeriebene Schale von 1/2 Zitrone
1 Teelöffel Zitronensaft
100g brauner Zucker
85g Weizenmehl
1/4 Teelöffel Salz
1/4 Telöffel Muskat, gerieben
1/2 Teelöffel Kardamon, gemahlen
1/2 Teelöffel Zimt, gemahlen
115g Butter oder Margarine, in Stücken
55g Walnüsse, gehackt

1 Ofen auf 180°C/Gas 4 vorheizen. Eine ovale Gratinform oder flache Backform einfetten.

2 ▲ Die Äpfel in der Zitronenschale und im Saft wenden und gleichmäßig auf den Boden der Form verteilen.

3 Den braunen Zucker mit Mehl, Salz, Muskat, Kardamon und Zimt in einer Schüssel vermischen. Die Butter- oder Margarinestücke in den Teig einarbeiten, bis die Masse krümelig wird. Die Walnüsse einrühren.

4 ▼ Die Mischung mit einem Löffel gleichmäßig auf die Apfelscheiben verteilen, mit Aluminiumfolie abdecken und für 30Min. backen.

5 ▲ Die Folie abnehmen und weitere 30 Min. backen, bis die Äpfel weich sind und die Kruste knusprig ist. Warm servieren.

Gebackene Äpfel mit Karamellsauce

Für 6 Personen

- 3 Granny-Smith-Äpfel, ungeschält, ohne Kerngehäuse
- 3 Red Delicious-Äpfel, ungeschält, ohne Kerngehäuse
- 140 g brauner Zucker
- 175 ml Wasser
- 1/2 Teelöffel Muskat, gerieben
- 1/4 Teelöffel schwarzer Pfeffer, frisch gemahlen
- 45 g Walnüsse, grob gehackt
- 45 g Sultaninen

Für die Karamellsauce

- 15 g Butter oder Margarine, gewürfelt
- 125 ml Schlagsahne

1 Ofen auf 190° C/Gas 5 vorheizen. Eine Backform einfetten, die groß genug ist für die Äpfel.

2 ▲ Mit einem kleinen Messer die Öffnung am Stielansatz der Äpfel auf ca. 2,5 cm Durchmesser verbreitern und trichterförmig aushöhlen.

3 ▲ Die Äpfel mit der Öffnung nach oben in die Backform setzen.

4 ▲ Braunen Zucker, Wasser, Muskat und Pfeffer in einen kleinen Topf geben, aufkochen und für 6 Min. unter rühren kochen lassen.

5 ▲ Walnüsse und Sultaninen miteinander vermischen und mit einem Löffel in die Apfelöffnungen einfüllen.

6 ▲ Auf jeden Apfel ein Stück Butter oder Margarine legen.

7 ▲ Die Äpfel mit der Zuckersauce begießen und ca. 50 Min. backen, dabei öfters mit der Flüssigkeit begießen, bis die Äpfel weich sind. Dann die Äpfel auf einen Servierteller legen und warm stellen. Die Zuckersauce aus der Backform zurückbehalten.

8 ▲ Für die Karamellsauce Butter oder Margarine mit der Sahne und der Zuckersauce in einem Topf vermischen. Aufkochen und unter rühren ca. 2 Min. simmern lassen, bis die Sauce andickt. Vor dem Servieren leicht abkühlen lassen.

~ VARIATION ~

Statt der Äpfel können Sie auch feste rote und gelbe Birnen verwenden; sie brauchen dann eine ca. 10 Min. längere Backzeit.

Birnenkuchen

Für 8 Personen

- 55 g Weizenmehl
- 1 Teelöffel Backpulver
- 1/4 Teelöffel Salz
- 200 g Vollmilchschokolade
- 115 g Butter oder Margarine
- 2 Eier
- 115 g Streuzucker
- 1/2 Teelöffel Vanilleextrakt
- 1 Esslöffel starker schwarzer Kaffee
- 45 g Schokoladenplättchen
- 85 g Walnüsse, gehackt
- 700 g reife Birnen, oder 450 g Birnenviertel aus der Dose, abgetropft

1 Ofen auf 190° C/Gas 5 vorheizen. Eine 23 cm-Backform einfetten.

2 Mehl, Backpulver und Salz in eine Schüssel sieben. Beiseite stellen.

3 Schokolade und Butter oder Margarine in einer feuerfesten Schüssel über einem Topf mit köchelndem Wasser schmelzen. Vom Herd nehmen und leicht abkühlen lassen.

4 ▲ Eier, Zucker, Vanille und Kaffee mit der flüssigen Schokolade verrühren, dann die Mehlmischung, Schokoladenplättchen und Walnüsse hinzugeben und vermischen.

5 ▲ Die frischen Birnen schälen, entkernen, vierteln und auf den Boden der Backform legen, so dass das spitze Birnenende nach innen zeigt. Den Schokoladenteig gleichmäßig über die Birnen verteilen.

6 Für 1 Std. backen, nach 30 Min. mit Folie abdecken. Für 15 Min. leicht abkühlen lassen. Den Kuchen auf einen Servierteller stürzen und warm servieren.

Gebackene Ingwerbirnen

Für 6 Personen

- 6 große feste Birnen, geschält, ohne Kerngehäuse, längs geschnitten
- 85 ml Honig
- 55 g brauner Zucker
- 1 Teelöffel frisch geriebener Ingwer
- 125 ml Schlagsahne

~ VARIATION ~

Statt der Birnen können Sie auch feste oder halbreife Pfirsiche nehmen: 1 Min. in kochendes Wasser legen, die Haut abziehen, dann wie die Birnen weiterbehandeln.

1 ▼ Ofen auf 200° C/Gas 6 vorheizen. Eine ovale Gratinschüssel oder flache Backform einfetten. Die Birnenscheiben spiralförmig auf den Boden der Form verteilen.

2 ▲ Honig, braunen Zucker, Ingwer und Sahne in einer kleinen Schüssel verrühren und damit die Birnen übergießen.

3 Für ca. 30 Min. backen, bis die Birnen weich und leicht gebräunt sind. Warm servieren.

Birnenkuchen (oben), Gebackene Ingwer-Birnen

Sommerlicher Blaubeerpudding

Für 8 Personen
225 g Weizenmehl
2 Teelöffel Backpulver
1/2 Teelöffel Salz
115 g Butter oder Margarine, bei Zimmertemperatur
140 g Streuzucker
1 Ei
1/2 Teelöffel Vanilleextrakt
175 ml Milch
300 g Blaubeeren
Schlagsahne zum Servieren
Für die Kruste
100 g brauner Zucker
55 g Weizenmehl
1/2 Teelöffel Salz
1/2 Teelöffel Piment, gemahlen
55 g Butter oder Margarine
2 Teelöffel Milch
1 Teelöffel Vanilleextrakt

1 Ofen auf 190°C/Gas 5 vorheizen. Eine runde 23 cm-Gratinform oder eine flache Backform einfetten.

2 Mehl, Backpulver und Salz in eine Schüssel sieben. Beiseite stellen.

3 ▲ Butter oder Margarine und Streuzucker mit einem Elektromixer oder Holzlöffel verrühren, Ei und Vanille hinzugeben, dann die Mehlmischung im Wechsel mit der Milch einrühren, dabei mit dem Mehl anfangen und aufhören.

4 ▲ Den Teig in die Backform geben und gleichmäßig mit den Blaubeeren bestreuen.

5 ▲ Braunen Zucker, Mehl, Salz und Piment vermischen. Die Butter oder Margarine stückchenweise hinzufügen und verkneten, bis eine krümelige Masse entsteht.

6 ▲ Milch und Vanille vermischen, in den Teig einträufeln und mit einer Gabel locker vermischen.

7 Die Masse über die Fruchtfüllung geben. Ca. 45 Min. backen, bis an einem Spieß, den man in die Mitte sticht, kein Teig mehr haften bleibt. Warm mit Schlagsahne servieren.

Überbackene Pfirsiche

FÜR 6 PERSONEN

1,4 kg Pfirsiche, enthäutet und in Scheiben geschnitten
3 Esslöffel Streuzucker
2 Esslöffel Pfirsichbrandy
1 Esslöffel ausgepresster Zitronensaft
1 Esslöffel Maismehl

FÜR DIE KRUSTE

115 g Weizenmehl
1 1/2 Teelöffel Backpulver
1/4 Teelöffel Salz
45 g Mandeln, fein gemahlen
55 g Streuzucker
55 g Butter oder Margarine
85 ml Milch
1/4 Teelöffel Mandelextrakt

1 Ofen auf 220° C/Gas 7 vorheizen.

2 Die Pfirsiche in einer Schüssel mit Zucker, Brandy, Zitronensaft und Maismehl vermischen.

3 Diese Mischung in eine Backform (2 Liter Fassungsvermögen) füllen.

4 ▲ Mehl, Backpulver und Salz in eine Schüssel sieben, gemahlene Mandeln und den Streuzucker einrühren, aber vom Zucker 1 Esslöffel zurückbehalten. Butter oder Margarine stückchenweise einkneten, bis eine krümelige Masse entsteht.

5 ▼ Milch und Mandelextrakt hinzugeben und alles gründlich durchmischen.

6 ▲ Mit dem Löffel kleine Teighaufen auf die Pfirsiche setzen und mit dem restlichen Zucker bestreuen.

7 Für 30-35 Min. backen, bis die Kruste gebräunt ist. Warm servieren, nach Belieben mit Eiscreme.

Würziger Milchpudding

Für 6 Personen

1 Liter Milch
45 g Grieß
1/2 Teelöffel Salz
1/4 Teelöffel Ingwer, gemahlen
3/4 Teelöffel Zimt, gemahlen
55 g Butter oder Margarine
250 ml Zuckerrübensirup
2 Eier, geschlagen

1 Von der Milch 3/4 L abnehmen und in einem Topf erwärmen.

2 Grieß, Salz, Ingwer, Zimt und die restliche Milch in einer feuerfesten Schüssel über einem Topf mit kochendem Wasser verrühren.

3 ▼ Die angewärmte Milch hinzugießen. Unter rühren weiterkochen, bis eine glatte Sauce entsteht.

4 Die Hitze reduzieren, so dass das Wasser nur noch simmert, und 25 Min. kochen, dabei umrühren.

5 Ofen auf 180°C/Gas 4 vorheizen. Eine Keramikbackform (Fassungsvermögen 1 Liter) einfetten.

6 ▲ Die Schüssel vom Herd nehmen. Butter oder Margarine und Sirup hinzugeben und verrühren, dann die Eier einrühren.

7 Die Mischung in die Backform gießen und für ca. 1 Std. backen. Warm servieren.

Zitronenpudding

Für 6 Personen

115 g Weizenmehl
1 Teelöffel Backpulver
1/4 und 1/8 Teelöffel Salz
115 g Butter oder Margarine, bei Zimmertemperatur
300 g Streuzucker
abgeriebene Schale und Saft von 4 großen Zitronen
4 Eier, getrennt
300 ml Milch

1 Ofen auf 180°C/Gas 4 vorheizen. Eine 23 cm-Backform einfetten.

2 Mehl, Backpulver und 1/4 Teelöffel Salz in eine kleine Schüssel sieben. Beiseite stellen.

3 ▼ Butter oder Margarine, Zucker und Zitronenschale mit einem Elektromixer verrühren. Nacheinander die Eigelbe hinzufügen. Die Mehlmischung im Wechsel mit Milch und Zitronensaft (Saft von 1 Zitrone zurückbehalten) einrühren, dabei mit Mehl anfangen und aufhören.

4 ▲ Eiweiße in einer sauberen Schüssel mit 1/8 Teelöffel Salz und dem restlichen Zitronensaft steif schlagen, den Zitronenteig einrühren.

5 Den Teig in die Backform einfüllen und 40-45 Min. goldbraun backen. Warm servieren.

Würziger Milchpudding (oben); Zitronenpudding

Brotpudding mit Whisky-Sauce

Für 8 Personen

- ca. 170g trockenes französisches Weißbrot, in 2cm großen Würfeln
- 450ml Milch
- 2 Eier
- 225g Streuzucker
- 1 Esslöffel Vanilleextrakt
- 1/2 Teelöffel Zimt, gemahlen
- 1/4 Teelöffel Muskat, gerieben
- 55g weiche Butter oder Margarine
- 85g Rosinen

Für die Sauce

- 2 Eigelbe
- 115g Butter oder Margarine
- 225g Zucker
- 85ml Bourbon oder Irischer Whisky

1 ▲ Ofen auf 180°C/Gas 4 vorheizen. Eine 20cm-Backform einfetten.

2 ▲ Die Brotwürfel in der Milch einweichen lassen, bis sie gut durchtränkt sind.

3 ▲ Eier und Zucker mit dem Elektromixer schlagen, bis eine dickflüssige Masse entsteht. Vanille, Zimt, Muskat, Rosinen und Butter oder Margarine einrühren.

4 ▲ Die eingeweichten Brotwürfel hinzugeben und alles gut durchmischen. Für 10Min. ziehen lassen.

5 ▲ Die Mischung in die Backform geben und für ca. 45-50Min. backen. Zur Probe in der Mitte mit einem Messer anstechen: Es sollte kein Teig mehr haften bleiben. In der Form auf einem Rost leicht abkühlen lassen.

6 ▲ Inzwischen für die Sauce die Eigelbe mit einem Mixer schlagen, bis eine dickflüssige Masse entsteht.

7 ▲ Butter oder Margarine und Zucker in einem Topf schmelzen, zu den Eigelben hinzugießen, währenddessen weiter mixen, bis die Sauce dick wird. Den Whisky einrühren.

8 Den Brotpudding warm aus der Form heraus servieren, die heiße Whisky-Sauce getrennt dazu reichen.

~ KOCHTIPP ~

Es ist wichtig, das Brot für 10 Min. im Eier-Teig gründlich einzuweichen, weil es beim Backen sonst nach oben steigt und in der Backform unten nur eine Schicht Vanillepudding zurückbleibt.

Schokoladenpudding

FÜR 6 PERSONEN
85 g Weizenmehl
2 Teelöffel Backpulver
1/8 Teelöffel Salz
55 g Butter oder Margarine, bei Zimmertemperatur
30 g Vollmilchschokolade
115 g Streuzucker
85 ml Milch
1/4 Teelöffel Vanilleextrakt
Schlagsahne zum Servieren
FÜR DIE KRUSTE
2 Esslöffel Instant-Kaffeepulver
315 ml heißes Wasser
100 g brauner Zucker
70 g Streuzucker
2 Esslöffel Kakaopulver, ungesüßt

1 Ofen auf 180°C/Gas 4 vorheizen. Eine quadratische, 23 cm breite Backform, antihaftbeschichtet, einfetten.

2 Mehl, Backpulver und Salz in eine Schüssel sieben. Beiseite stellen.

3 Butter oder Margarine, Schokolade und Streuzucker in einer feuerfesten Schüssel über einem Topf mit köchelndem Wasser schmelzen, ab und zu umrühren. Die Schüssel vom Herd nehmen.

4 ▲ Die Mehlmischung sowie Milch und Vanille gut unterrühren.

5 ▲ Den Schokoladenteig in die Backform gießen.

6 Das Kaffeepulver in heißem Wasser auflösen und abkühlen lassen.

7 ▲ Die beiden Zuckersorten mit dem Kakao vermischen und gleichmäßig über den Pudding streuen.

8 ▲ Den Pudding mit aufgelösten Kaffee begießen, 40 Min. backen und sofort mit Schlagsahne servieren.

Schokoladen-Soufflés

Für 6 Personen
70g Streuzucker
55g plus 1 Esslöffel Kakaopulver, ungesüßt
85ml kaltes Wasser
6 Eiweiße
Puderzucker zum Bestäuben

1 Ofen auf 190°C/Gas 5 vorheizen. 6 einzelne Soufflé-Förmchen mit Butter einfetten. 1 Esslöffel des Zuckers mit 1 Esslöffel Kakaopulver mischen und die Förmchen innen damit ausstreuen, überschüssiges Pulver herausschütteln.

2 ▲ Das restliche Kakaopulver mit dem kalten Wasser in einem Topf vermischen, bei mittlerer Hitze aufkochen, dabei ständig umrühren, dann in eine Schüssel gießen.

3 ▲ Die Eiweiße mit einem Mixer schlagen, bis sie weiche Spitzen bilden. Den restlichen Zucker einrühren und das Eiweiß steif schlagen.

4 ▼ 1/4 des Eischnees mit der Schokoladenmischung verrühren, dann den restlichen Eischnee vorsichtig, aber gründlich unterheben, bis eine gleichmäßig braune Masse ohne weiße Streifen entsteht.

5 ▲ Die Mischung in die Soufflé-Formen bis zum Rand einfüllen, die Oberseite mit einem Metallspatel glätten und den Rand der Förmchen sauber abwischen, damit kein Teig kleben bleibt.

6 Für 14-16 Min. backen, bis die Soufflés aufgegangen sind, mit Puderzucker bestäuben und servieren.

Frucht-Kebabs mit Mango-Jogurtsauce

Für 4 Personen

- 1/2 Ananas, geschält, gewürfelt
- 2 Kiwis, geschält, gewürfelt
- 140g Erdbeeren, halbiert
- 1/2 Mango, geschält, ohne Stein, gewürfelt

Für die Sauce

- 125ml Mangopüree aus den Fruchtfleisch von 1-1 1/2 Mangos
- 125ml Vollmilchjogurt
- 1 Teelöffel Zucker
- 1/8 Teelöffel Vanilleextrakt
- 1 Esslöffel frische Minze, gehackt

1 Für die Sauce das Mangopüree, den Jogurt, Zucker und Vanille mit einem Elektromixer verrühren.

2 ▼ Die Minze einrühren, die Sauce abdecken und bis zum Servieren in den Kühlschrank stellen.

3 ▲ Die Erdbeer-, Mango-, Ananas- und Kiwi-Fruchtstücke abwechselnd auf 15cm lange Holzspieße stecken.

4 Die Mango-Jogurt-Sauce in die Mitte eines Serviertellers stellen und die Fruchtspieße rundherum legen.

Tropische Früchte mit Zimtsirup

Für 6 Personen

- 450g Streuzucker
- 1 Zimtstange
- 1 große oder 2 mittlere Papayas (ca. 700g), geschält, ohne Kerne und längs in dünne Streifen geschnitten
- 1 große oder 2 mittlere Mangos (ca. 700g), geschält, entsteint und längs in dünne Streifen geschnitten
- 1 große oder 2 mittlere Sternfrüchte, (ca. 225g), in dünnen Scheiben

1 Den Boden eines großen Topfes mit 1/3 des Streuzuckers bedecken, die Zimtstange und die Hälfte der Früchte hinzugeben.

~ KOCHTIPP ~

Die Sternfrucht wird im Handel oft auch „Karambole" genannt.

2 ▼ Die Früchte mit der Hälfte des restlichen Zuckers bestreuen, die andere Hälfte der Früchte hinzugeben, mit dem restlichen Zucker bestreuen.

3 Den Topf abdecken und die Früchte bei mittlerer Hitze 35-45Min. kochen, bis sich der Zucker vollständig aufgelöst hat. Den Topf ab und zu schütteln, aber nicht umrühren, sonst zerfallen die Früchte.

4 ▲ Den Deckel abnehmen und die Früchte 10 Min. simmern lassen, bis sie leicht transparent aussehen. Den Topf vom Herd nehmen und abkühlen lassen. Die Zimtstange entfernen.

5 Die Früchte mit dem Zimtsirup in eine Schüssel füllen, abdecken und über Nacht kühlen.

Frucht-Kebabs mit Mango-Jogurt-Sauce (oben); Tropische Früchte mit Zimtsirup

Reispudding mit Früchten

Für 6 Personen
350g Rundkornreis
335ml Milch
1/8 Teelöffel Salz
100g brauner Zucker
1 Teelöffel Vanilleextrakt
2 Eier, geschlagen
abgeriebene Schale von 1 Zitrone
1 Esslöffel Zitronensaft
30g Butter oder Margarine
Für die Sauce
140g Erdbeeren, geviertelt
115g Himbeeren
115g Streuzucker
abgeriebene Schale von 1 Zitrone

1 Ofen auf 170°C/Gas 3 vorheizen. Eine 2-Liter-Backform einfetten.

2 ▼ Einen Topf mit Wasser zum Kochen bringen, den Reis hineingeben, 5Min. kochen und abgießen. Den Reis in die Backform füllen.

3 Milch, Salz, braunen Zucker, Vanille, Eier, Zitronensaft und -schale in einer Schüssel mischen, über den Reis gießen und gut durchrühren.

4 ▲ Auf den Reispudding Butterflöckchen aufsetzen und für ca. 50Min. backen, bis der Reis durchgegart und cremig ist.

5 ▲ Inzwischen für die Sauce Früchte und Zucker in einen Topf geben und unter Rühren bei geringer Hitze erwärmen, bis der Zucker sich aufgelöst hat. Die Sauce in eine Schüssel geben und den Zitronensaft einrühren. Kühl stellen.

6 ▲ Den Reispudding aus dem Ofen nehmen, ganz auskühlen lassen und mit der Fruchtsauce servieren.

Überraschungs-Fruchtkörbe

FÜR 6 PERSONEN

- 4 große oder 8 kleine Tiefkühl-Strudelteigplatten, aufgetaut
- 70 g flüssige Butter oder Margarine
- 250 ml Schlagsahne
- 3 Esslöffel Erdbeermarmelade
- 1 Esslöffel Cointreau oder einen anderen Orangen-Likör
- 115 g kernlose blaue Trauben, halbiert
- 115 g kernlose weiße Trauben, halbiert
- 140 g frische Ananas, gewürfelt, oder Dosenananas, abgetropft
- 115 g Himbeeren
- 2 Esslöffel Puderzucker
- 6 frische Minzzweige, zum Garnieren

1 Ofen auf 180° C/Gas 4 vorheizen. Ein Muffin-Backblech einfetten.

2 ▲ Die Teigplatten aufstapeln und mit einem Messer oder einer Schere in 11 cm breite Quadrate aufteilen.

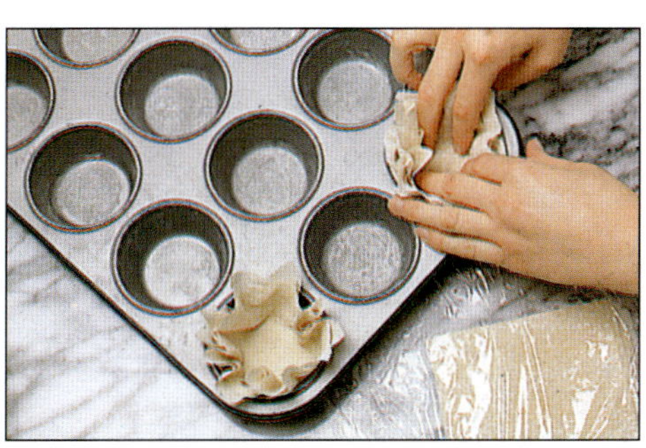

3 ▲ Jeweils 4 Teigquadrate leicht versetzt zueinander in die Formen eindrücken, so dass sternförmige Körbchen entstehen.

4 ▼ Die Teigkorbe leicht mit Butter oder Margarine bestreichen und 5-7 Min. backen, bis der Teig knusprig-braun ist. Abkühlen lassen.

5 Die Sahne in einer Schüssel schlagen, bis sich weiche Spitzen bilden. Vorischtig die Marmelade und den Cointreau unterheben.

6 ▲ Kurz vor dem Servieren die Körbe mit der Sahne füllen und die Früchte hineingeben. Mit Puderzucker bestreuen und jeden Fruchtkorb mit Minze garnieren.

Erdbeer-Biskuit

FÜR 6 PERSONEN

- 450 g Erdbeeren, je nach Größe halbiert oder geviertelt
- 3 Esslöffel Puderzucker
- 250 ml Schlagsahne
- Minzblätter zum Garnieren

FÜR DEN TEIG

- 225 g Weizenmehl
- 85 g Streuzucker
- 1 Esslöffel Backpulver
- 1/2 Teelöffel Salz
- 250 ml Schlagsahne

1 Ofen auf 200° C/Gas 6 vorheizen. Ein Backblech leicht einfetten.

2 ▲ Mehl in eine Schüssel sieben, 55 g des Zuckers hinzufügen sowie Backpulver und Salz. Gut vermischen.

3 ▲ Langsam die Sahne hinzugießen und mit einer Gabel untermischen, bis der Teig klumpig wird.

4 ▲ Die Teigklumpen zusammenschaben, aber nicht durchkneten. Den Teig zu einer 15 cm langen Rolle formen, in 6 Scheiben schneiden und auf das Backblech legen.

5 ▲ Die Plätzchen mit dem restlichen 30 g Zucker bestreuen, ca. 15 Min. backen, bis der Teig leicht gebräunt ist. Abkühlen lassen.

6 ▲ Inzwischen 1/4 der Erdbeeren mit dem Puderzucker mischen und mit der Gabel zerdrücken. Die restlichen Erdbeeren einrühren. Für 1 Std. bei Zimmertemperatur stehen lassen.

7 ▲ Die Sahne schlagen, bis sie weiche Spitzen bildet.

8 ▲ Jeden Biskuitkeks quer durchschneiden. Die Unterseiten auf Servierteller legen und die Schlagsahne darauf verteilen, dann die Sahne mit den Erdbeeren belegen und mit den Biskuit-Oberseiten bedecken. Mit frischer Minze garnieren und mit Schlagsahne servieren.

~ KOCHTIPP ~

Schlagsahne wird besonders gut, wenn Sie Rührschüssel und Quirl durchkühlen. Bei einem Elektromixer die Geschwindigkeit langsam steigern und die Schüssel beim Schlagen drehen, um möglichst viel Luft einzufangen.

Tiramisu im Glas

Für 4 Personen

- 225 g Mascarpone-Käse
- 1 1/2 Esslöffel Streuzucker
- 2 Eier, getrennt, bei Zimmertemperatur
- 1/8 Teelöffel Salz
- frisch ausgepresster Zitronensaft
- 125 ml starker schwarzer kalter Kaffee
- 2 Esslöffel Kaffee-Likör
- 115 g Biskuits, Makronen oder Madeirakuchen, zerkleinert
- 2 Esslöffel Kakaopulver, gesiebt

~ KOCHTIPP ~

Wenn Sie rohe Eier verarbeiten, sollten Sie besonders darauf achten, dass sie absolut frisch sind.

1 Mascarpone-Käse, Zucker und Eigelbe mit einem Mixer zu einer glatten, cremigen Masse verrühren.

2 ▲ Die Eiweiße mit Salz und Zitronensaft in einer sauberen Schüssel steif schlagen und in die Käsemischung unterheben.

3 Den kalten Kaffee mit dem Likör in einer kleinen Schüssel vermischen.

4 ▲ Die Hälfte der Biskuits auf vier Stielgläser verteilen und mit 1-1 1/2 Esslöffeln der Kaffee-Likörmischung beträufeln, dann die Hälfte der Mascarponecreme in die Gläser einfüllen. Diese Schichtung – Biskuits, Kaffee-Likörmischung, Mascarpone – nochmals wiederholen.

5 Die Gläser abdecken und für 1-2 Stunden kühl stellen. Vor dem Servieren mit Kakaopulver bestäuben.

Mousse aus weißer Schokolade

Für 8 Personen

- 250 g weiße Schokolade
- 85 ml Milch
- 350 ml Schlagsahne
- 1 Teelöffel Vanilleextrakt
- 3 Eiweiße, bei Zimmertemperatur
- 1/8 Teelöffel Salz
- frisch gepresster Zitronensaft
- Kaffeebohnen mit Schokoladenglasur zum Garnieren

1 Die Schokolade in einer feuerfesten Schüssel über einem Topf mit leise köchelndem Wasser schmelzen.

2 Die Milch in einem Topf erwärmen. Die Schüssel mit der Schokolade vom Herd nehmen und in die warme Milch einrühren. Abkühlen.

3 Die Sahne mit der Vanille steif schlagen und bis zur weiteren Verwendung in den Kühlschrank stellen.

4 ▲ Eiweiß, Salz und Zitronensaft in einer sauberen Schüssel mit dem Elektromixer steif schlagen (nicht zu lange mixen, sonst wird die Mousse körnig) und in die Schokoladenmasse unterheben.

5 ▲ Die Schokoladen-Eiweißmousse sehr vorsichtig in die Schlagsahne unterheben.

6 In Stielgläser oder in eine Servierschale einfüllen, abdecken und für mind. 1 Std. kühlen. Die Mousse vor dem Servieren mit Schokoladenbohnen garnieren.

Tiramisu im Glas (oben); Mousse aus weißer Schokolade

Schokoladen-Käsekuchen

FÜR 12 PERSONEN

- 450 g Vollmilchschokolade, zerkleinert
- 115 g Streuzucker
- 2 Teelöffel Vanilleextrakt
- 4 Eier
- 700 g Doppelrahmfrischkäse, bei Zimmertemperatur
- 2-3 Esslöffel Puderzucker

FÜR DEN TORTENBODEN

- 115 g Vollkornkekse, zermahlen
- 70 g Butter oder Margarine, geschmolzen
- 2 Esslöffel Vollmilchschokolade, gerieben
- 30 g Streuzucker

1 ▲ Ofen auf 170° C/Gas 3 vorheizen. Eine Springform mit 23-25 cm Durchmesser einfetten und den Boden mit eingefettetem Backpapier auslegen.

~ VARIATION ~

Für den Tortenboden kann statt der Vollkornkekse auch dieselbe Menge an zermahlenen Schokoladenwaffeln verwendet werden. Oder verzieren Sie die Torte mit Sahne, die mit einem Spritzbeutel um den Rand aufgetragen und mit Puderzucker bestäubt wird.

2 ▲ Kekskrümel, geschmolzene Butter oder Margarine, geriebene Schokolade und Zucker vermischen. Diese Masse auf den Boden und an die Seiten der Springform verteilen und gut andrücken.

3 ▲ Schokolade und Zucker in einer feuerfesten Schüssel über einem Topf mit leise köchelndem Wasser schmelzen. Die Schüssel vom Herd nehmen und die Vanille einrühren. Leicht abkühlen lassen.

4 ▲ Eier und Frischkäse in einer anderen Schüssel gut vermischen. Vorsichtig die abgekühlte Schokolade einrühren, bis eine gleichmäßig braune Masse entsteht.

5 ▲ Die Schokoladenmasse in die Springform einfüllen und für 45 Min. backen, bis sie sich gesetzt hat.

6 ▲ Auf einem Rost abkühlen lassen, dann mind. 12 Std. auskühlen.

7 ▲ Die Springform ablösen und den Kuchen auf eine Servierplatte legen. Zum Garnieren eine Papierschablone auf die Oberseite legen und gleichmäßig mit Puderzucker bestreuen, dann die Schablone mit beiden Händen vorsichtig abheben.

Kaffee-Eiscreme-Sandwiches

Für 8 Personen

- 115g Butter oder Margarine, bei Zimmertemperatur
- 55g Streuzucker
- 115g Weizenmehl
- 2 Esslöffel Instant-Kaffee
- Puderzucker zum Bestreuen
- 450ml Mokka-Eiscreme
- 2 Esslöffel Kakaopulver zum Bestreuen

1 2-3 Backbleche leicht einfetten.

2 Butter oder Margarine mit einem Elektromixer oder einem Holzlöffel weich schlagen, dann den Streuzucker einrühren.

3 ▲ Mehl und Kaffee hinzugeben und den Teig mit den Händen gleichmäßig verkneten. In eine Plastiktüte einwickeln und mind. 1Std. kühlen.

4 Den Teig auf einer leicht mit Puderzucker bestreuten Arbeitsfläche für ein paar Minuten durchkneten, damit er weich wird.

5 ▼ Ein Nudelholz mit Puderzucker bestäuben und damit den Teig 3mm dick ausrollen. 16 Kreise im Durchmesser von 6cm ausschneiden und die Kreise auf die Backbleche legen. Für mind. 30Min. in den Kühlschrank stellen.

6 Ofen auf 150°C/Gas 2 vorheizen und die Kekse ca. 30Min. backen, bis sie leicht gebräunt sind. Abkühlen und fest werden lassen, dann erst vom Backblech herunternehmen und auf einen Rost legen, um auszukühlen.

7 Die Eiscreme aus der Tiefkühltruhe holen und bei Zimmertemperatur 10Min. weich werden lassen.

8 ▲ Die Eiscreme mit einem Metallspatel auf die flache Seite von 8 Keksen streichen. Die restlichen 8 Kekse mit der flachen Seite nach unten auf die Eiscreme legen.

9 Die Eiscreme-Sandwiches auf ein Backblech legen, mit Folie abdecken und mind. 1Std. einfrieren. Vor dem Servieren auf der Oberseite mit Kakaopulver bestäuben.

Eistorte mit Schokolade und Minze

FÜR 8 PERSONEN
85 g Vollmilch-Schokoladenplättchen
45 g Butter oder Margarine
55 g Reis-Crispies oder andere Reis-Frühstücksflocken
1 Liter Schokoladen-Minze-Eiscreme
85 g Vollmilchschokolade

1 Eine 23 cm-Backform mit Alufolie auslegen, einen Kreis aus Backpapier auf den Boden der Form legen.

2 Schokoladenplättchen und Butter oder Margarine in einer Schüssel über einem Topf mit leise köchelndem Wasser schmelzen.

3 ▲ Die Schüssel vom Herd nehmen und die Reis-Crispies portionsweise einrühren. 5 Min. abkühlen lassen.

4 ▲ Die Schokoladen-Reismischung in die mit Alufolie ausgekleidete Form pressen, dabei den Boden und die Seiten bedecken. Solange kühlen, bis die Masse vollständig hart ist.

5 Die Schoko-Reis-Tortenform vorsichtig von der Alufolie ablösen, das Backpapier entfernen und dann wieder in die Backform legen.

6 Die Eiscreme aus dem Tiefkühlfach holen. 10 Min. weich werden lassen.

7 ▼ Die Eiscreme gleichmäßig in die Tortenform einfüllen und für ca. 1 Std. einfrieren.

8 Zum Garnieren der Torte die Schokoladentafel mit den Händen leicht anwärmen, dann mit einem Gemüse- oder Spargelschäler von der Querseite der Schokolade lockere Späne abhobeln. Die Schokoladenspäne bis zur weiteren Verwendung kühl stellen.

9 ▲ Vor dem Servieren die Eistorte mit den Schoko-Spänen bestreuen.

Haselnuss-Eisbecher mit heißem Fondant

Für 8 Personen
- 9 Haselnuss-Quadrate (siehe Rezept S. 467)
- 500 ml Vanilleeiscreme
- 500 ml Schokoladeneiscreme
- 55 g Walnüsse, gehackt

Für das heisse Fondant
- 45 g Butter oder Margarine
- 70 g Streuzucker
- 55 g brauner Zucker
- 55 g Kakaopulver, ungesüßt
- 85 g Schlagsahne
- 1/8 Teelöffel Salz

1 ▼ Alle Fondant-Zutaten in einen Topf unter Rühren schmelzen, bis eine glatte Masse entsteht.

2 In 8 große Eisbecher je ein Haselnuss-Quadrat legen.

3 ▼ In jeden Becher je eine Kugel Vanille- und Schokoladeneiscreme geben, mit dem heißem Fondant begießen und mit gehackten Walnüssen bestreuen. Sofort servieren.

Schokoladen-Biskuit-Eiscreme

Ergibt 1,5 Liter
- 500 ml Schlagsahne
- 3 Eigelbe
- 375 ml Kondensmilch
- 4 Teelöffel Vanilleextrakt
- ca. 12 Doppelkekse mit Schokoladenfüllung, grob zerkleinert

1 ▲ Eine 23 x 13 cm-Backform mit ausreichend Alufolie auslegen, um sie auch oben abdecken zu können.

2 Die Sahne in einer Schüssel steif schlagen und beiseite stellen.

3 ▼ Die Eigelbe in einer anderen Schüssel mixen, bis sie blass und dickflüssig sind. Kondensmilch und Vanille einrühren, danach die Kekskrümel und die Schlagsahne.

4 Die Masse in die Backform gießen, die Alufolie darüberschlagen. Für ca. 6 Std. einfrieren, bis das Eis fest ist.

5 ▲ Die Eiscreme aus der Backform nehmen, Alufolie entfernen und das Eis in dünne Scheiben schneiden.

~ KOCHTIPP ~

Wenn Sie rohe Eier verarbeiten, sollten Sie besonders darauf achten, dass sie absolut frisch sind.

Haselnuss-Eisbecher mit heißem Fondant (oben); Schokoladen-Biskuit-Eiscreme

INDEX

C

D

H

I

J

K

L

O

P

Q

R

T

V

W